ACCESO GRATIS *a la Lectura en la Nube*

Para visualizar el libro electrónico en la nube de lectura envíe junto a su nombre y apellidos una fotografía del código de barras situado en la contraportada del libro y otra del ticket de compra a la dirección:

ebooktirant@tirant.com

En un máximo de 72 horas laborables le enviaremos el código de acceso con sus instrucciones.

La visualización del libro en **NUBE DE LECTURA** excluye los usos bibliotecarios y públicos que puedan poner el archivo electrónico a disposición de una comunidad de lectores. Se permite tan solo un uso individual y privado.

SOSTENIBILIDAD FINANCIERA EUROPEA DESDE LA ÓPTICA REGULATORIA
Panorama normativo actual

SOSTENIBILIDAD FINANCIERA EUROPEA DESDE LA ÓPTICA REGULATORIA

Panorama normativo actual

PILAR ÍÑIGUEZ ORTEGA

tirant lo blanch
Valencia, 2025

En caso de erratas y actualizaciones, la Editorial Tirant lo Blanch publicará la pertinente corrección en la página web www.tirant.com.

EDITA: TIRANT LO BLANCH
C/ Artes Gráficas, 14 - 46010 - Valencia
TELFS.: 96/361 00 48 - 50
FAX: 96/369 41 51
Email: tlb@tirant.com
www.tirant.com
Librería virtual: www.tirant.es
DEPÓSITO LEGAL: V-4149-2025
ISBN: 979-13-7010-772-7

Si tiene alguna queja o sugerencia, envíenos un mail a: *atencioncliente@tirant.com*. En caso de no ser atendida su sugerencia, por favor, lea en *www.tirant.net/index.php/empresa/politicas-de-empresa* nuestro procedimiento de quejas.

Responsabilidad Social Corporativa: http://www.tirant.net/Docs/RSCTirant.pdf

Índice

PRÓLOGO

Son dos los motivos que justifican la gran satisfacción que siento al escribir unas palabras sobre esta obra, *Sostenibilidad financiera europea desde la óptica regulatoria. Panorama normativo actual*: la particular relación de afecto y admiración que me une a su autora, la doctora Pilar Íñiguez Ortega, Catedrática de Derecho Mercantil de la Universidad de Alicante, y la indudable calidad científica y técnica del estudio. El lector tiene en sus manos un trabajo de madurez académica que refleja los profundos conocimientos jurídicos adquiridos por la autora a lo largo de su dilatada trayectoria investigadora en el ámbito del Derecho Mercantil y, de manera muy especial, en el Derecho de la Propiedad Intelectual y en las más recientes manifestaciones del Derecho Económico y Financiero de la Unión Europea.

La labor científica de la doctora Íñiguez Ortega no puede ser más completa. Ha dedicado su carrera investigadora a los sectores más relevantes y, al tiempo, más complejos y comprometidos del Derecho Mercantil, sin descuidar los ámbitos más innovadores del mismo. Su primera monografía, *Efectos del concurso del empresario en el sistema arbitral*, recibió el primer Premio Nacional convocado por la Corte Vasca de Arbitraje sobre fomento del Arbitraje Institucional. La segunda, *El contrato de gestión hotelera*, fue pionera en su materia y continúa constituyendo hoy una obra de referencia ineludible en el panorama doctrinal y profesional. A estas se han sumado otras de gran relevancia, como *El procedimiento de registro para la concesión del título de obtención vegetal* (Thomson Reuters Aranzadi, 2022) y *La protección jurídica de las innovaciones biotecnológicas en materia vegetal* (Tirant lo Blanch, 2024).

A su obra monográfica se añaden numerosos artículos y capítulos de libro publicados en revistas y editoriales de máximo prestigio. Entre ellos destacan: *Medicamentos "huérfanos": reflexiones ante los nuevos desafíos regulatorios* (*La Ley Mercantil*, 2025), *Cambios regulatorios en la Unión Europea con relación a los certificados complementarios de protección: procedimiento de examen centralizado y creación de CCP unitario* (*Revista Propiedad Intelectual e Innovación Digital*, 2024), y contribuciones en volúmenes colectivos como *Plant Variety Rights for Sustainable Fashion* (Oxford University Press, 2025), *Nuevas técnicas genómicas (NGTs) como herramientas innovadoras de un sistema agrícola en proceso de transición verde* (2024), *Sujeción de los medicamentos huérfanos al sistema de precios de referencia* (2023), *Derecho a la salud y acceso a los medicamentos* (2023), *Las patentes y el derecho a gozar de los beneficios del progreso científico* (2023), *Perspectivas actuales de los modelos de utilidad como valor emergente empresarial* (2023) o *Derecho concursal y preconcursal. Texto refundido de la Ley Concursal tras la reforma por la Ley 16/2022* (2022).

Estas publicaciones, junto a otras de igual mérito como *Cálculo del período de validez de los certificados complementarios de protección, Intellectual Property Rights, Artificial Intelligence and Big Data: Future Perspectives, La responsabilidad de los prestadores de servicios de intermediación de nombres de dominio por infracciones de terceros, La excepción a la protección conferida a un medicamento original por un certificado complementario de protección en supuestos de exportación y almacenamiento ("SPC manufacturing waiver")*, o *La especial problemática de la edición genómica en plantas*, ponen de manifiesto una trayectoria marcada por la coherencia temática, la excelencia metodológica y la constante atención a los retos regulatorios que plantea la innovación tecnológica y científica.

Ha sido sin duda el notable esfuerzo exegético y constructivo llevado a cabo en estos trabajos, así como la experiencia y los conocimientos adquiridos, lo que ha permitido a la doctora Íñiguez Ortega acometer en esta oportunidad una tarea especialmente ambiciosa, con un interés teórico y práctico innegables: ofrecer una panorámica rigurosa, sistemática y exhaustiva del nuevo marco normativo europeo en materia de sostenibilidad financiera, en un contexto de transición ecológica, digital y empresarial sin precedentes.

I

La sostenibilidad, entendida como un principio transversal del orden económico y jurídico, ha adquirido una relevancia creciente en la dimensión interna y externa de las compañías mercantiles. La autora parte de esta premisa para construir un estudio de profundo alcance sistemático, apoyado en la *Agenda 2030 para el Desarrollo Sostenible* y en la *Estrategia renovada de Finanzas Sostenibles* de la Comisión Europea de 2021, situando su investigación en el cruce entre la regulación financiera, la gobernanza corporativa y los objetivos ambientales, sociales y de buen gobierno (ESG).

El capítulo primero de la obra, titulado "Precedentes inherentes a las inversiones sostenibles y factores ESG", sienta las bases conceptuales del sistema europeo de clasificación unificada de las inversiones sostenibles, ofreciendo una precisa contextualización de los factores ambientales, sociales y de gobierno corporativo que estructuran la sostenibilidad financiera. Su análisis de los antecedentes en las operaciones crediticias y en los mercados de renta fija resulta particularmente clarificador al explicar la progresiva incorporación de los factores ESG en la financiación empresarial.

El capítulo segundo, "Sostenibilidad financiera: análisis regulatorio europeo", constituye una exhaustiva revisión normativa de los principales instrumentos jurídicos de la Unión Europea. La autora examina con rigor el *Reglamento de Taxonomía* (UE) 2020/852, el *Reglamento sobre Transparencia* (UE) 2019/2088, así como los reglamentos delegados de 2021 y 2022 que precisan los criterios técnicos de selección, las obligaciones de divulgación y las condiciones de sostenibilidad para entidades financieras y de seguros. Destaca también el estudio del *Reglamento (UE) 2023/2631 sobre bonos verdes europeos*, del *Reglamento (UE) 2023/2859 sobre el punto de acceso único europeo (ESAP)* y de la *Directiva (UE) 2022/2464 sobre información corporativa en materia de sostenibilidad (CSRD).*

El capítulo tercero, "Implementación de la diligencia debida en la sostenibilidad financiera", aborda la integración de las consideraciones medioambientales y de derechos humanos en la gobernanza empresarial, analizando la *Directiva sobre diligencia debida en materia de sos tenibilidad empresarial (CS3D)*, así como el *Reglamento (UE) 2024/3005* relativo a la transparencia e integridad de las actividades de calificación ESG. Cierra la obra un apartado de gran actualidad dedicado al *Paquete de Simplificación Ómnibus* (2025), que plantea reformas sustanciales en las normas europeas de sostenibilidad, información corporativa y taxonomía verde.

En su conjunto, el libro ofrece al lector una visión panorámica y sistematizada de un entramado normativo complejo y en constante evolución, que está redefiniendo la estructura de los mercados de capitales y el papel de las empresas en la transición hacia una economía sostenible.

II

El mérito de esta monografía reside no solo en la precisión técnica de sus análisis, sino también en su capacidad para ofrecer una lectura coherente del *nuevo derecho de la sostenibilidad financiera europea* desde una perspectiva jurídico-mercantil. La autora no se limita a describir los textos normativos, sino que los inserta en un contexto dinámico, evaluando sus interrelaciones, sus solapamientos y su impacto práctico sobre la actividad de las empresas y los operadores financieros.

El trabajo resulta especialmente valioso por la claridad con que explica la convergencia entre la información financiera y la información no financiera, anticipando los desafíos que plantea la homogeneización de los estándares ESG, la canalización de inversiones sostenibles y la función de los bonos verdes como instrumentos de financiación responsable. Asimismo, el tratamiento que dedica a la diligencia debida corporativa y a las obligaciones de gobernanza sostenible demuestra un conocimiento profundo de las transformaciones normativas que están remodelando la responsabilidad empresarial en Europa.

Cada capítulo combina un exhaustivo estudio documental con una exposición ordenada, rigurosa y de enorme claridad, apoyada en una cuidadosa selección de fuentes legislativas, doctrinales y comparadas. En este sentido, el libro ofrece tanto a la doctrina como a los profesionales de la regulación financiera un marco de referencia indispensable para interpretar las exigencias de cumplimiento derivadas de la sostenibilidad en el ámbito empresarial.

III

Incluso una breve lectura de esta obra permite apreciar su indudable valor científico y práctico. En ella se armonizan la sistematicidad conceptual y la sensibilidad hacia las necesidades reales de los operadores económicos. La doctora Íñiguez Ortega combina un sólido enfoque dogmático con una perspectiva crítica y constructiva, fruto de una esmerada labor de documentación y de una amplia experiencia docente e investigadora.

Su condición de Directora del Título Propio sobre Patentes, Transferencia de Tecnología e Innovaciones Digitales del Máster en

Propiedad Intelectual e Innovación Digital (Magister Lvcentinvs) de la Universidad de Alicante —referente internacional con treinta y una ediciones de éxito— acredita sobradamente su autoridad en la materia y explica la excelencia metodológica que impregna cada página de este trabajo.

El resultado es una publicación de mérito excepcional, llamada a convertirse en obra de referencia para quienes pretendan adentrarse en el estudio del marco regulatorio europeo de la sostenibilidad financiera. Felicito afectuosamente a la Pilar Íñiguez Ortega por este nuevo y brillante logro, y auguro a esta publicación el reconocimiento académico y profesional que, sin duda, merece.

Esperanza Gallego Sánchez
Catedrática de Derecho Mercantil
Vocal Permanente de la Comisión General de Codificación, sección segunda, Mercantil

ABREVIATURAS

AA.VV.:	Autores varios
ABE (EBA):	Autoridad Bancaria Europea
ACR:	Alta Cámara de Recurso
ABE:	Autoridad Bancaria Europea
AEB:	Asociación Española de Banca
AES:	Autoridades Europeas de Supervisión
AEVM:	Autoridad Europea de Valores y Mercados
AF:	Asesores Financieros
Apdo. (s):	Apartado (s)
art.:	artículo
ASG:	(Factores) Ambiental, Social y Gobernanza
BCE:	Banco Central Europeo
BEI:	Banco Europeo de Inversiones
BVEu:	Bonos Verdes Europeos
CBGSC:	Código de Buen Gobierno de Sociedades Cotizadas
Cc:	Código Civil
Ccom:	Código de Comercio
CDS:	Credit Default Swaps
CE:	Comisión Europea
CECA:	Confederación Española de Cajas de Ahorro
CESE:	Comité Económico y Social Europeo
coord.:	Coordinador (a) (es)(as)
cfr.:	confer
CGPJ:	Consejo General del Poder Judicial
CJEU:	Court of Justice of the European Union
CNMV:	Comisión Nacional del Mercado de Valores
Coord (s):	Coordinador (a) (es) (as)
CRMA:	Critical Raw Materials Act
CSAP:	Certified Sustainability Assurance Practitioner Program.

CS3D:	Directiva 2024/1760, de 13 de junio sobre la diligencia debida en materia de sostenibilidad empresarial
D.A.:	Disposición Adicional
DPP:	Digital Product Passport
DFI:	Datos Fundamentales para Inversores
dir. (s):	Director (es) (as)
Directrices de la OCDE:	Directrices de la OCDE para empresas multinacionales
Doc.:	Documento
DO *L*:	Diario Oficial de la Unión Europea (anteriormente Diario Oficial de las Comunidades Europeas), serie "Legislación".
DOUE:	Diario Oficial de la Unión Europea
DN:	Revista Derecho de los Negocios
DNSH:	Principio de no causar perjuicio significativo al medio ambiente
ECLI:	European Case Law Identifier
ECR:	Entidades de Capital Riesgo
Ed:	Edición
EFRAG:	European Financial Reporting Advisory Group
EINF:	Estado de Información No Financiera
ESAs:	European Supervisory Authorities
ESAP:	European Single Access Point
ESG:	Environmental, Social and Governance (issues)
ESMA:	European Securities and Market Authority - Autoridad Europea de los Valores y Mercados.
ESRS (NEIS):	European Sustainability Reporting Standards-Normas Europeas de Información sobre Sostenibilidad
EU:	European Union
EE.UU:	Estados Unidos de Norteamérica
FASEE:	Fondo de Apoyo a la Solvencia de Empresas Estratégicas
FEDS:	Fondo Europeo de Desarrollo Sostenible

FIA: Fondo de Inversión Alternativo
FIAMM: Fondos de Inversión en Activos del Mercado Monetario.
FINRESP: Centro de Finanzas responsables y Sostenibles de España
FINTECH: Tecnofinanzas
FOREAC: Fondo de Recapitalización de Empresas afectadas por COVID
FPE: Directiva relativa a las actividades y la supervisión de los fondos de pensiones de empleo, de 14 de diciembre de 2016.
GAR: Ratio de activos verdes
GBPs: Principios de Bonos verdes o Bonos Sociales
GFIA: Gestor de fondos de Inversión Alternativos
GJ: Gaceta Jurídica de la Unión Europea y de la Competencia
GLESI: Guidelines on Enforcement of Sustainability Information- Directrices sobre la Supervisión de la Información sobre Sostenibilidad.
GRC: Gobernanza, Riesgos y Cumplimiento
GRI: Global Reporting Initiative
GRUR: Grewerblicher Rechtschutz und Urheberrecht
IBIP: Productos de inversión basados en Seguros
ICANN: Internet Corporation for Assigned names and Numbers
IFIAM: Fondos de Inversión en activos de mercado monetario internacional
IIC: Instituciones de Inversión Colectiva
INSURTECH: Tecnoseguros
INVERCO: Asociación de Instituciones de Inversión Colectiva
IOSCO: Organización Internacional de Comisiones de Valores
IPCC: Panel Intergubernamental sobre cambio Climático
ISR: Inversión Socialmente Responsable

ISSB:	International Sustainability Standards Board.
ITS:	Implementing Technical Standards
LAC:	Ley de Auditoría de Cuentas
LCD:	Ley 3/1991, de 10 de enero, de Competencia Desleal
LEI:	Identificadores de seguridad jurídica
LIES:	Ley de Información Empresarial sobre Sostenibilidad
LSC:	Ley de Sociedades de Capital
MERER:	Mecanismo de Recuperación y Resilencia establecido por el Reglamento (UE) 2021/2431 del Parlamento Europeo y del Consejo, de 12 de febrero de 2021
MiFID II:	Markets in Financial Instruments Directive (Directiva 2014/65/UE de 15 de mayo de 2014)
MiFIR:	Reglamento relativo a los Mercados de Instrumentos Financieros
MUS:	Mecanismo Único de Supervisión
NFRD:	Directiva sobre informes no financieros
NGFS:	Network for Greening the Financial System
NIIF:	Normas Internacionales de Información Financiera
UN:	Naciones Unidas
núm:	número
np:	Nota a pie
OCDE:	Organización para la Cooperación y el Desarrollo Económico
ODS:	Objetivos de Desarrollo Sostenible de las naciones Unidas
OICVM:	Organismos de Inversión Colectiva en Valores Mobiliarios
OIT:	Organización Internacional del Trabajo
OMC:	Organización Mundial del Comercio
op. cit.:	Obra citada
Pág. (s):	página (s)
párr:	párrafo

PEV: Política Europea de Veracidad
PIAS: Principales Incidencias Adversas
PIBS: Productos de Inversión Basados en Seguros
PMF: Participantes del Mercado Financiero
PRNU: Principios Rectores de las Naciones Unidas sobre Empresas y Derechos Humanos
PYMES: Pequeñas y Medianas Empresas
RD: Real Decreto
RDL: Real Decreto-Ley
RDM: Revista de Derecho Mercantil
RDP: Revista de Derecho Privado
RDMV: Revista del Mercado de Valores
REDIV: Requerimiento de Divulgación.
REFISO: Reglamento (UE) 2019/2088 del Parlamento Europeo y del Consejo, de 27 de noviembre de 2019 sobre la divulgación de la información relativa a la sostenibilidad en el sector de servicios financieros
RGD: Revista General de Derecho
RIS: Reglamento (UE) 2020/852 del Parlamento Europeo y del Consejo, de 18 de junio de 2020 relativo al establecimiento para facilitar las inversiones sostenibles y por el que se modifica el Reglamento (UE) 2019/2088
RJ: Base de datos Aranzadi Insignis
RM: Registro Mercantil
RTS: Regulatory Technical Standards
SAS: Sustainability Accounting Standards (Criterios de Calificación de la Sostenibilidad)
SASB: Sustainability Accounting Standards Boards (Consejo de los Criterios de Calificación de la Sostenibilidad)
SCIIS: Sistema de Control Interno de la Información sobre Sostenibilidad.
SESF: Sistema Europeo de Supervisión Financiera
SFDR: Sustainable Finance Disclosure Regulation. Regulación de la Transparencia de la Sos-

	tenibilidad Financiera. Reglamento (UE) 2019/2088
SFN:	Sustainable Finance Network
SGC:	Sociedades Gestoras de Cartera
SGEIIC:	Sociedades Gestoras de Instituciones de Inversión Colectiva
ss.:	siguientes
SPV:	Special Purpose Vehicle
SV:	Sociedades de Valores
TC:	Tribunal Constitucional
TCFD:	Task Force on Climate-related Financial Disclosure
TFEU:	Treaty on the Functioning of the European Union
Tit.:	Título
TOL:	Tirant on line
TS:	Tribunal Supremo
TSC:	Criterios de selección de la taxonomía
TSJ:	Tribunal Superior de Justicia
TUE:	Tratado de la Unión Europea
UE:	Unión Europea
UN:	United Nations
UNESPA:	Unión española de Entidades Aseguradoras y Reaseguradoras
Vol:	volumen

Capítulo Primero

PRECEDENTES INHERENTES A LAS INVERSIONES SOSTENIBLES Y FACTORES *ESG*

I. INTRODUCCIÓN

Es bien sabido, que la forma en que abordamos una determinada disciplina jurídica configurada sistemáticamente y proyectada a otros ámbitos normativos no es una cuestión neutra, por más que, en apariencia, obedezca a un designio ordenador, sin otra pretensión que la de ofrecer una distribución racional de la materia concernida.

A *priori,* en la medida en que la dicha opción agrupe o disperse, anteponga o relegue, necesariamente introduce un criterio material más allá de donde a simple vista parecería que sólo se tratara de una cuestión formal. Sin embargo, si los elementos tomados en consideración para fundamentarla o los aspectos afectados por ella, son complejos y variados— como acontece con el tema objeto de nuestro estudio— las consecuencias generadas en su ámbito legal serán aún más relevantes puesto que terminarán condicionando su estructura además de orientar ineludiblemente su contenido.

Por su parte, resulta pertinente precisar que dentro de un proceso regulatorio vinculado a la evolución de los mercados financieros europeos continentales a través de su tecnificación-profesionalización y digitalización, unido a la sostenibilidad de los diferentes recursos operacionales (tanto materiales como humanos) será determinada la relevancia de los mismos en aras al logro, en primer término, no sólo de una deseable estabilidad económica y financiera, sino también, en segundo término, a la existencia de un interés público en su "eficiencia", lo que conducirá a una normativa pluridisciplinar y exigirá, como analizaremos, una adecuación de los diferentes supervisores y órganos jurisdiccionales tendente a que las diferentes funciones públicas regulatorias, sigan mostrándose eficientes, y no presenten, como expone un sector de la doctrina, asimetrías que las conviertan en obsoletas[1].

Bajo este contexto de configuración, la progresiva preocupación existente por el cuidado de medioambiente y por la conservación de los recursos existentes ha "calado" en profundidad entre los inversores que demandan a las empresas la adopción de modelos de negocio de crecimiento sostenible[2].

Con sustento en las ideas que preceden, en los últimos años, hemos visto la existencia de una imperiosa necesidad no sólo de promover un cambio de mentalidad entre los inversores— qué quieren conocer que actividades son financiadas con sus ahorros y obtener, del mismo modo, una rentabilidad razonable—, sino también, de

---

1 TAPIA HERMIDA, J. A., "Sostenibilidad financiera en la Unión Europa: el Reglamento (UE) 2019/2088 sobre finanzas sostenibles", *La Ley Unión Europea*, núm. 77, Wolters Kluwers, 2020, págs. 16; GONZÁLEZ PÁRAMO, J. M., "Las finanzas sostenibles, entre dos emergencias", *Cuadernos de Información Económica*, núm. 282, Funcas, Madrid, 2021, págs. 14-17; GONZÁLEZ MARTÍNEZ, C. I. "Sostenibilidad financiera e integración de factores Ambientales, Sociales y de Gobernanza. De lo intangible a lo tangible" en EDUFINET (dir.), *Situación, tendencias y retos del sistema financiero*, Pamplona, 2022, págs. 23 y ss.

2 Bajo unas ideas generales, recordaremos que el concepto de sostenibilidad ha evolucionado considerablemente desde su definición en el "Informe *Brundtland*" de 1987, titulado "Nuestro Futuro Común" (Naciones Unidas, 1987). Este informe, producido por la Comisión Mundial sobre el Medio Ambiente y el Desarrollo de las Naciones Unidas y presidido por Gro Harlem Brundtland, introdujo la idea de desarrollo sostenible como "aquel que satisface las necesidades del presente sin comprometer la capacidad de las futuras generaciones para satisfacer sus propias necesidades" (Comisión Mundial sobre el Medio Ambiente y el Desarrollo, 1987). Este enfoque integrador que conecta el desarrollo económico, la equidad social y la protección ambiental, ha sido el sustento para la actual Agenda 2030 para el Desarrollo Sostenible (Naciones Unidas, 2015) adoptada en 2015 por todos los Estados Miembros de las Naciones Unidas. La misma establece 17 Objetivos de Desarrollo Sostenible (ODS) que buscan, en esencia, erradicar la pobreza, proteger el planeta y asegurar la prosperidad para todos. Estos objetivos abordan diversos desafíos globales como el cambio climático, la desigualdad, la innovación, el consumo sostenible y la paz y justicia, entre otros. La Agenda 2030 es un plan ambicioso que refuerza y expande los principios del Informe *Brundtland*, subrayando la importancia de la cooperación internacional y la acción conjunta (Naciones Unidas, 2015).

incorporar criterios socialmente responsables[3] a su actividad económica, tendente a una mixtión entre la aludida sostenibilidad[4] y las finanzas en el mercado europeo[5], que busca en esencia, internalizar las externalidades negativas sociales y medioambientales[6] de sus actividades productivas, además de realinear sus intereses con aquellos otros inherentes a la economía real[7].

---

3 TAPIA HERMIDA, J. A., *Sostenibilidad financiera*, Reus, Madrid, 2021, págs. 23-26; ABRAMSON, L. y CHUNG, D., "Socially responsible investing: viable for value investors?", *The Journal of Investing*, 2020, págs. 73-80; MUÑOZ PÉREZ, A. F., "Los mercados de capitales y el impulso de las finanzas sostenibles", *La Ley*, núm. 15563, Madrid, 2019, págs. 1-18.

4 Recordaremos, de forma general, que el desarrollo sostenible, se encuentra contenido en los artículos 3.1 y 3.5 del Tratado de la Unión Europea y en el artículo 37 de la Carta de los Derechos Fundamentales. Disponible en *https://eur-lex.europa.eu/legal-content/EN/TXT/?uri=CELEX:12012P/TXT*. Desde un ámbito doctrinal, DOMÍNGUEZ MARTÍNEZ, J. M. y LÓPEZ JIMÉNEZ, J. M., "El nuevo paradigma de las finanzas sostenibles: consideraciones generales" en AA.VV., *La sostenibilidad y el nuevo marco institucional y regulatorio de las finanzas sostenibles*, Aranzadi, Cizur menor (Navarra), 2021, págs. 71 a 148, en donde es efectuado un pormenorizado análisis del papel que asume el sistema financiero en el marco del desarrollo de una economía sostenible.

5 A este respecto, traeremos a colación el "Plan de recuperación para Europa-*NextGenerationEU*-2021-2027, que fomenta la investigación e innovación, a través de Horizonte Europa, la transición climática y digital justa, mediante el Fondo de Transición Justa y el programa Europa Digital, reparación, recuperación y resiliencia, por medio del Mecanismo de Recuperación y Resiliencia (*rescEU*), y un nuevo programa de salud (*UEproSalud*), además de la modernización de políticas tradicionales, como la de cohesión y la Política Agrícola Común, para que contribuyan al máximo a las prioridades de la Unión, tales como la lucha contra el cambio climático, con el 30% de los fondos de la UE destinados a la protección de la biodiversidad e igualdad de género: *https://ec.europa.eu/info/strategy/recovery-plan-europe_es#nextgenerationeu*.(último acceso 10 de enero de 2025).

6 COMISIÓN EUROPEA, *Commission Staff Working Document: Impact Assessment Report. Accompanying the document Proposal for a Regulation of the European Parliament and of the Council on the Transparency and Integrity of Environmental, Social and Governance (ESG) rating activities* (SWD (2023) 204 final). Disponible en: *http//www.lex.europa.eu/legal-content/EN/TXT/PDF/?uri=CELEX:52023SC0204* (acceso 10 enero 2025).

7 Con relación a la economía y comercio mundial, es interesante El Informe sobre Estabilidad Financiera Mundial de 4 d abril de 2025 elaborado por el Fondo Monetario Internacional. Desde un punto doctrinal, ampliamente, VIÑES, H. y BLASCO, J. L., "La hoja de ruta sobre las finanzas sostenibles", *Instituto Español de Analistas Financieros*, Madrid, 2021, págs. 243-262; GIMENO, R. y SOLS, F., "La

Como puede observarse, y sobre la base de este entendimiento, es preciso reconocer, bien por genuina convicción, o bien haciendo de la necesidad virtud, que el sistema financiero, dentro de un proceso normativizador y regulatorio vinculado a la evolución de los mercados de capitales europeos continentales, tiene ante sí una oportunidad única de ponerse al servicio de los parámetros mencionados[8]. En efecto, como veremos a lo largo de nuestro trabajo, los denominados factores *ASG*[9] (ambientales[10], sociales[11] y de

---

incorporación de factores de sostenibilidad en la gestión de carteras", *Revista de Estabilidad Financiera*, núm. 9, 2020, pág. 183-203.

8 LEE, P., "Green bonds and green loans: Implementing EU green bond standard, green loan principles, and sustainability linked fund principles", *Lexology*, 2020. En *https://www.philiplee.ie/green-bonds-and-green-loans-implementing-theeu-green-bond-standard-green-loan-principles-andsustainability-linked-loan-principles* (último acceso 5 de febrero de 2025); EDMANS, A. y KACPERCZYK, M. "Sustainable Finance", Review of Finance, Oxford University Press, Oxford, UK, 2022, págs. 1309-1313.

9 *ESG* (*Environmental, Social and Governance*, acrónimo en inglés). Desde un ámbito doctrinal y abordando la forma de atender a la transición a una economía no carbónica, MINGUEZ PRIETO, R., "La regulación de los bonos verdes europeos como eje central del marco normativo de la renta fija sostenible", *Revista del Mercado de Valores*, núm. 32, Wolters Kluwers, Madrid, 2023, págs. 1-30; DONG, X., XIONG, Y., NIE, S. y YOON, S. M. "Can bonds hedge stock market risks? Green bonds vs conventional bonds", *Finance Research Letters*, núm. 52, 2023, págs. 1-9; POLLMAN, E., "The Making and Meaning of ESG, *Institute for Law & Economics Research Paper*, núm. 22-23", Universidad de Pensilvania, 2022, págs. 7-10; MARINA ROSADO, P. J., "Críticas a los ratings de *ESG*", *Revista de Derecho del Sistema Financiero: mercados, operadores y contratos*, núm. 7, Thomson Reuters Aranzadi, Cizur menor (Navarra), 2024, págs. 337-370.

10 BLASCO, J. L. y DELRIEU, J. C., (dirs), *El rol de las finanzas en una economía sostenible*, Papeles de la Fundación, Instituto Español de Analistas Financieros, Madrid, 2021, págs. 19-23.

11 Destacaremos la aprobación del 24 de abril de 2024 por parte del Parlamento Europeo de la Directiva sobre diligencia debida de las empresas en materia de sostenibilidad (CSDDD, por sus siglas en inglés) la cual ha supuesto un nuevo impulso a la responsabilidad de las organizaciones con los derechos humanos y el medioambiente. La Directiva sobre diligencia debida establecerá normas sobre las obligaciones que incumben a las grandes empresas en relación con los efectos adversos, reales y potenciales, para los derechos humanos y el medio ambiente de sus propias operaciones, de las operaciones de sus filiales y de las operaciones efectuadas por sus socios comerciales.
En: *https://www.consilium.europa.eu/es/press* (acceso 25 de febrero 2025).

buen gobierno[12]) interaccionados con los otros tres factores tradicionales de evaluación de las inversiones (rentabilidad, riesgo y liquidez)[13] desempeñan, en la actualidad, un papel determinante en las decisiones inversoras de buena parte del sistema de finanzas en Europa[14] que tiende hacia la organización y financiación de una transición socialmente justa y sostenible[15], desde el punto de vista

---

12 Traeremos a colación el Reglamento (UE) 2023/2859 del Parlamento Europeo y del Consejo, de 13 de diciembre de 2023, por el que se establece un Punto de Acceso Único Europeo que proporciona un acceso centralizado a la información disponible al público pertinente para los servicios financieros, los mercados de capitales y la sostenibilidad. Sobre esta cuestión, son interesantes las aportaciones de FERNÁNDEZ PÉREZ, N., "Instrumentos financieros complejos y su tratamiento jurisprudencial" en CASTILLO MARTÍNEZ, C., (dir.) *Jurisprudencia sobre hipotecas y contratos bancarios y financieros: Análisis de la jurisprudencia reciente sobre préstamos, créditos, cláusulas de préstamos hipotecarios, contratos bancarios, tarjetas, productos financieros y usura,* Tirant lo Blanch, Valencia, 2019, págs. 247-264.

13 ALEJOS GÓNGORA, C., "La inversión socialmente responsable (ISR): una opción comprometida con el bienestar", *Cuadernos de la Cátedra "La Caixa" de Responsabilidad Social de la Empresa y Gobierno Corporativo,* núm. 22, Barcelona 2014.

14 Sobre la definición de lo que es considerado como inversión sostenible, el Reglamento de Taxonomía, en su Considerando 18 indica que "la información divulgada debe permitir a los inversores comprender la proporción de las inversiones subyacentes al producto financiero en actividades económicas medioambientalmente sostenibles en forma de porcentaje del total de las inversiones subyacentes a ese producto financiero, lo que debe permitir a los inversores comprender el grado de sostenibilidad medioambiental de la inversión". Asimismo, un análisis sobre la definición de la inversión sostenible y los aspectos contables de la normativa *ASG* es abordado por MORALES ZAPATA, R., "Cuestiones contables para la clasificación de activos y pasivos financieros con cláusula ESG", *Revista de Técnica Contable y Financiera,* núm, 50, Madrid 2022, págs. 1 y ss.

15 Un enfoque doctrinal es aportado, entre otros autores, por FONTRODONA, J., MULLER, P. y MARÍN, S., "La inversión sostenible y responsable. Introducción y guía para inversores particulares", *Cuadernos de la Cátedra CaixaBank de Responsabilidad Social Corporativa,* núm. 43, Navarra, 2020, págs. 4-11; MINGUEZ PRIETO, R., "El impacto del marco normativo *ESG* en las operaciones de financiación crediticia bancaria y en la de los mercados de renta fija", *Revista de Derecho de Mercado de Valores,* núm. 30, Sección Estudios, Madrid, págs. 1-31; SEQUEIRA MARTÍN, A., "El desarrollo de la responsabilidad social corporativa versus sostenibilidad, y su relación con el gobierno corporativo en las Directivas comunitarias y en el Derecho español de sociedades cotizadas", *Revista de Derecho de Sociedades,* núm. 61, Thomson Reuters Aranzadi, 2021 págs. 4 y ss.

medioambiental, en aras al logro efectivo de una economía climáticamente neutra[16] y resiliente[17].

---

16 Un notable interés adquiere un documento consultivo del año 2022 del BIS sobre *"Principes for the effective management and supervison of climated fiancial risk"*, en el que como eje de su planteamiento regulatorio, incide en que los riesgos de gestión del cambio climático afectan tanto a nivel individual, que es la versión micro, como desde una óptica más macro, la cual incidirá en la estabilidad financiera. El punto de partida es que las entidades bancarias tienen que hacer del riesgo climático, del tipo que sea, una de sus premisas iniciales para estructurar cualquier operación o emisión. De ahí que se comprendan principios de "*corporate governance*" en cuanto a los procedimientos de control interno y la residenciación en órganos especializados de seguimiento y evaluación permanente. En segundo término, s estableen las que se denomina "lineras de defensa" para control de riesgo de crédito, al objeto de superar un filtro muy definido cara a la evaluación de la autorización de la operación crediticia en cuestión. Como es fácilmente comprobable, en la definición de hojas de términos de operaciones financieras va a incidir notablemente la apreciación, entre otros riesgos, del riesgo climático y de cómo se deforma la individualidad de la actividad de la contraparte a numerosos efectos jurídicos, pero aun va más allá el documento de principios, al introducir un lógico control de impacto en capital y en la liquidez de la entidad financiadora, seguido todo ello, de una monitorización permanente de la evolución del crédito en ciertos hitos temporales, lo cual marcará las obligaciones de información y otro tipo de *covenants* de seguimiento. Así las cosas, el análisis financiero determinará los términos jurídicos a acordar por las partes en una operación financiera desde el momento del *term sheet* a la formalización de la operación, y del mismo modo, con posterioridad, durante la vida de la operación crediticia. Disponible: *https://www.fsb.org/2022/* (acceso 10 enero 2025). En complemento a lo expuesto, el 4 de diciembre de 2024 se publicó en el DOUE y el 24 de diciembre entró en vigor una iniciativa importante para garantizar la seguridad y la eficiencia del cumplimiento de las operaciones financieras, la conocida como *Clearing Strategy* (EMIR 3.038). El Reglamento sobre la infraestructura del mercado europeo (EMIR) tiene como finalidad mejorar los servicios de compensación de la UE, haciéndolos más atractivos y resilientes, apoyar la autonomía estratégica de la UE y preservar su estabilidad financiera.

17 Queremos destacar el Plan *REPowerEU*, publicado en mayo de 2022, cuyo el objetivo era reducir rápidamente la dependencia de los combustibles fósiles rusos, así como las Enmiendas aprobadas por el Parlamento Europeo el de 10 de noviembre de 2022 sobre la propuesta de Reglamento del Parlamento Europeo y del Consejo por el que se modifica el Reglamento (UE) 2021/241 en lo relativo a los capítulos de *REPowerEU* en los planes de recuperación y resiliencia y se modifican el Reglamento (UE) 2021/1060, el Reglamento (UE) 2021/2115 y la Directiva 2003/87/CE. A este respecto, son interesantes los comentarios de STERN, N., *The Economics of Climate Change: The Stern Review* Cambridge University Press, Cambridge, United Kingdom, 2007.

En este estado de la cuestión, y con sustento en la anterior perspectiva, es de común aceptación que la complejidad inherente a este tema concreto[18], al tenerse que acotar el significado de los riesgos asociados a los factores referidos[19], unido a la carencia de estándares concretos, a la creciente multitud de metodologías aplicables para la gestión de dichos riesgos, además de la palpable necesidad de integrar intereses de múltiples agentes que enmarcan la citada transformación en diversos niveles —a los que se adiciona un desajuste estructural entre los horizontes utilizados por los científicos del clima (pronósticos a muy largo plazo) y la longitud de los ciclos utilizados por los actores económicos y financieros, habitualmente más cortos— y la unión de todas las preocupaciones sobre la privacidad de datos acentuadas por el Reglamento General de Protección de Datos de la Unión Europea[20], muestran la dificultad de obtención de una articulación dogmática adecuada.

---

18 Abordando el problema de la teorización, de la valoración y de la transparencia, véase, entre otros autores, las aportaciones de ABHAYAWANSA, S. y TYAGI, S., "Sustainable Investing: The Black Box of Enviromental, Social and Governance (ESG) Ratings", *Journal of Wealth Management,* núm. 24, 2021, págs. 2-5. RZEŹNIK, A.; HANLEY, K. W. y PELIZZON, L., "Investor Reliance on ESG Ratings and Stock Price Performance", Working paper, núm. 310, 2022. Disponible: *https://ssrn.com/abstract=3801703* (acceso 23 octubre 2024).

19 El Foro Económico Mundial, en su último informe sobre riesgos globales, considera que los fenómenos climáticos extremos son el principal riesgo global al que se enfrenta el planeta y así seguirá siendo durante los próximos diez años (*World Economic Forum*, 2024).

20 Reglamento (UE) 2016/679 del Parlamento Europeo y del Consejo, de 27 de abril de 2016, relativo a la protección de las personas físicas en lo que respecta al tratamiento de datos personales y a la libre circulación de estos datos y por el que se deroga la Directiva 95/46/CE (con correcciones de errores publicadas en DOUE *L* 127 de 23 de mayo de 2018 y DOUE *L* 74 de 4 de marzo de 2021) Asimismo, véase el Reglamento (UE) 2022/868 del Parlamento Europeo y del Consejo, de 30 de mayo de 2022 relativo a la gobernanza europea de datos y por el que se modifica el Reglamento (UE) 2018/1724 (Reglamento de Gobernanza de Datos) aplicable desde septiembre de 2023, recordando que los beneficios del texto reglamentario se podrían resumir en el fomento de la innovación al facilitar el acceso a datos de alta calidad y promover la colaboración entre diferentes actores, así como en el impulso a la economía digital al crear un marco legal claro y predecible para el intercambio de datos, y el Reglamento (UE) 2023/2854, del Parlamento Europeo y del Consejo de 13 de diciembre de 2023 por el que se modifica el Reglamento (UE) 2017/2394 y la Directiva 2020/1821. En atención a lo expuesto, los desafíos que presenta rotan sobre la capacidad de

La aprobación en el marco de la UE del Reglamento sobre Bonos verdes (RBVE, en adelante), ha supuesto, sin ningún género de duda, no sólo un avance considerable en la conformación del marco normativo de finanzas sostenibles[21] del Plan de Acción de la Comisión Europea, esto es, aquellas que tienen en cuenta los elementos integradores del esquema legal *ESG,* que no forman parte de un análisis puramente financiero y que no sólo se dedican a apoyar proyectos que ya son medioambientalmente sostenibles (finanzas verdes)[22], sino en los que también son incluidos aquellos otros encaminados a mejorar el rendimiento climático y medioambiental para alcanzar los objetivos fijados por la UE[23], como el logro de "finanzas de transición"[24], que como tendremos ocasión de abordar en el presente trabajo, suponen un hito fundamental para la construcción de un acervo comunitario esencial sobre los instrumentos financieros verdes[25] o sostenibles de renta fija en aras a facilitar la obtención de recursos financieros a través de un sistema financiero que ofrezca cobertura a las necesidades de transición energética en el marco de

---

lograr un equilibrio adecuado entre la protección de datos y la promoción de la innovación, teniendo que dejar claros los límites entre estas esferas, requiriendo para su adecuada implementación, una colaboración estrecha y continua entre los actores y una adaptación constante a los cambios tecnológicos y sociales.

21 *Vid. Financing a Sustainable European Economy, https://finance.ec.europa.eu-finance-final-report_en.pdf* (consultado 20 de enero 2025).

22 MASCAREÑAS, J., "ESG y finanzas de empresa (ESG and Corporate Finance)". Disponible: *https://papers.ssrn.com/sol3/papers.cfm?abstract_id=4721704* (acceso el 21 de noviembre 2024); BERROU R., et al. "An Overview of Green Finance", en MIGLIORELLI y DESSERTINE (eds.), *The Rise of Green Finance in Europe,* Palgrave, 2019, págs. 15 y ss.; CARTA, M. C., "Il Green Deal europeo. Considerazioni critiche sulla tutela dell'ambiente e le iniziative di diritto UE", *Eurojus,* 2020, págs. 54 ss; ROLANDO, F, "L'attuazione del *Green Deal* e del Dispositivo per la ripresa resilienza: siamo effettivamente sulla strada per raggiungere la sostenibilità ambientale?", *Derecho de la Unión Europea,* núm. 1, Giapichelli, Bruselas, 2022, pág. 1 y ss.

23 BLASCO, J. L. y DELRIEU, J.C. (dirs.), "El rol de las finanzas en una economía sostenible", *Papeles de la Fundación,* núm. 60, Fundación de Estudios Financieros, Madrid, 2021. Disponible: *https://www.unepfi.org/wordpress* (acceso 2 de marzo 2025).

24 Véase: *https://www.consilium.europa.eu/es/policies/climate-finance/.*

25 RAMOS MUÑOZ, D., CERRATO, E., y LAMANDINI, M., "The EU's 'green' finance. Can exit, voice and coercion be enlisted to aid sustainability goals?", *European Banking Institute Working Paper* Series, núm. 90, 2021.

la Unión[26], racionalizando sus políticas de inversión, la descarbonización y el fomento de la economía circular[27].

---

[26] MÍNGUEZ PRIETO, R., "La regulación de los bonos verdes europeos como eje central del marco normativo de la renta fija sostenible", *Revista del Mercado de Valores*, núm. 32, Sección Estudios, La Ley, Madrid, 2023, págs. 1-30.

[27] En línea con el objetivo de neutralidad climática de la UE para 2050 en virtud del Pacto Verde, la Comisión Europea propuso en marzo de 2022 el primer paquete de medidas para acelerar la transición hacia la economía circular, como se recoge en el Plan de Acción de Economía Circular. Las propuestas incluyen una expansión del alcance de las reglas de ecodiseño, capacitar a los consumidores de cara a la transición ecológica y una estrategia sobre textiles sostenibles. En noviembre de 2022, la Comisión publicó un segundo paquete, que incluía una propuesta sobre nuevas normas para toda la UE sobre envases y una propuesta sobre la certificación de la UE para la absorción de carbono. Un tercer paquete se presentó en marzo de 2023, incluida una propuesta para regular los reclamos ecológicos de las empresas y garantizar el derecho a reparar productos. En julio de 2023, la Comisión propuso revisar la Directiva Marco sobre residuos para promover la gestión sostenible de los residuos textiles y alimentarios. El Parlamento aprobó en octubre de 2022 una revisión de las normas sobre contaminantes orgánicos persistentes para reducir aún más la cantidad de sustancias químicas peligrosas en los residuos y los procesos de producción. Las nuevas normas introducirán límites más estrictos, eliminarán los contaminantes de la cadena de reciclaje y prohibirán determinadas sustancias químicas. En abril de 2024, el Parlamento aprobó el establecimiento de un esquema de certificación a nivel de la UE para la absorción de carbono, que garantizará que las actividades de eliminación de carbono se midan de manera precisa, mientras que el carbono se almacena durante el mayor tiempo. En el mismo se incluye el Reglamento de Diseño Ecológico de Productos Sostenibles (*Ecodesign for Sustainable Products Regulation, ESPR*), la legislación sobre el Derecho a Reparar (*Right to Repair Legislation*) y el Reglamento de Envases y Residuos de Envases (*Packaging and Packaging Waste Regulation, PPWR*). En cuanto a la gestión de residuos al final de su vida útil, se espera que el Reglamento sobre Traslados de Residuos (*EU Waste Shipments Regulation*) y las modificaciones de la Directiva Marco de Residuos (*EU Waste Framework Directive*). Para poder orientarse entre todos estos requisitos legales, el informe recomienda a las empresas adoptar una visión integradora que les permita identificar los retos relativos al diseño de sus productos para hacerlos más circulares; evaluar el impacto diferencial de la transformación circular en sus modelos de negocio; revisar las bases de datos y políticas de gobernanza— especialmente con la implementación del *DPP (Digital Product Passport)*; mejorar la captura y *reporting* de los indicadores de circularidad y preparar la hoja de ruta de una estrategia de transformación circular. Del mismo modo, la próxima Ley de Materias Primas Críticas (*Critical Raw Materials Act*) reforzará la resistencia de las cadenas de suministro y el Reglamento de la UE Sobre Productos Libres de Deforestación prohibirá la venta, importación o exportación de productos que no estén libres de deforestación o que no hayan

Así las cosas, y una vez realizadas las necesarias consideraciones precedentes, nos proponemos abordar en los apartados siguientes, la definición vinculante de lo que es denominado "inversión sostenible" a nivel global y europeo, su enfoque práctico y empírico de su incidencia en operaciones de financiación— tanto crediticia como de mercados de capitales— fruto de la aplicación de la compleja estructura normativa sobre criterios Ambientales, Sociales y de Gobernanza (*ASG/ESG*)[28] para, finalmente, analizar el complejo cuadro legal inherente a este ámbito de conocimiento el cual culminó en el antes aludido Reglamento (UE) 2023/2631 del Parlamento europeo y del Consejo, de 22 de noviembre de 2023 sobre bonos verdes europeos y la divulgación de información opcional como bonos comercializados como bonos medioambientalmente sostenibles y bonos vinculados a la sostenibilidad[29], paso esencial a la hora de hacer realidad el marco comunitario de finanzas sostenibles de renta fija, dado que sus premisas, con las necesarias adaptaciones, van a servir para asentar los mimbres de la titulización[30] sostenible, así como del régimen de

---

sido producidos acorde a la legislación de su país. También, el 25 de enero de 2025 se parobó el Reglamanto (UE) del Parlamento Europeo y del Consejo de residuos y envases por el que se modifica el Reglamento (UE) 2029/1020 y la Directiva (UE) 2029/904 y se deroga la Directiva 94/62 (CE). Ampliamente, exponiendo pautas generales sobre este punto, BALDI, F. y PANDIMIGLIO, A., "The role of ESG scoring and greenwashing risk in explaining the yields of green bonds: A conceptual framework and an econometric analysis", *Global Finance Journal,* núm. 52, Elsevier, 2022, págs. 1 y ss.

28 Según un informe elaborado por PWC de acuerdo con los últimos datos facilitados por esta firma, en todo el mundo hay ya tres billones de dólares (2,76 billones de euros) de fondos con perfil ESG. De ese importe, el 86% está en vehículos de inversión registrados en Europa y solo el 10% en fondos de Estados Unidos. Disponible: *https://ideas.pwc.es/archivos/20240524/el-sismografo-de-la-esg-la-inversion-sostenible-en-eeuu-se-hunde-mientras-sigue-creciendo-en-europa/* (acceso 23 enero de 2025).

29 Como es sabido, las exigencias europeas sobre sostenibilidad deben integrarse en la definición y realización de las distintas políticas y acciones de la UE, velando así por la coherencia entre las mismas (*ex* artículo 7 TFUE) y con el objeto de "fomentar un desarrollo sostenible" (artículo 11 TFUE). Abordado un punto de vista general, O'FLYNN, A. "Sostenibilidad financiera y el Reglamento Europeo sobre los Bonos Verdes", *Revista de Derecho del Sistema Financiero: mercados, operadores y contrato,* núm. 8, Thomson Reuters Aranzadi, Cizur menor, 2024, págs 4 y ss.

30 Entendida esta, en líneas generales, como un proceso financiero mediante el cual se agrupan diversos tipos de activos financieros para crear valores negocia-

los bonos garantizados[31] verdes en aras de una economía descarbonizada y limpia, reforzando, en última instancia, la seguridad jurídica y financiera de los inversores[32], emisores y agentes participantes además de una adecuada transparencia, al cuantificarse las pautas que garantizan, en esencia, la diversificación de recursos financieros hacia una economía verdes, proporcionando garantías específicas de protección a través de la gobernanza del producto, representando un cambio de paradigma en el sector financiero que sin duda, como tendremos ocasión de exponer, resultará de especial relevancia en el futuro más inmediato.

II. CONTEXTUALIZACIÓN DEL SISTEMA DE CLASIFICACIÓN UNIFICADO EUROPEO

1. Significado y alcance conceptual

El cambio climático implica un número de retos relevantes, tanto para la sociedad como para la economía, de forma particular, para el sistema financiero. No obstante, de cara a poder delimitar de forma correcta el tema que nos ocupa, es necesario comprender las

---

bles que se venden a inversores, transformado activos ilíquidos, como préstamos hipotecarios, créditos al consumo o facturas pendientes de cobro, en títulos o bonos que pueden ser fácilmente comercializados en los mercados financieros, residiendo su esencia en su capacidad para diversificar el riesgo, al distribuirlo entre un amplio espectro de inversores, y en proporcionar a las empresas una alternativa eficaz para acceder a financiación sin recurrir a métodos tradicionales de endeudamiento. En relación con la sostenibilidad, véase OFISO (2024). *La financiación sostenible en España en 2023. Informe anual. Observatorio Español* de la Financiación Sostenible. Disponible en: *https://www.ofiso.es/files/informe-anualofiso-2024.pdf* (acceso 20 enero de 2025).

31 MARTÍ MIRAVALLS, J., "Transposición por el RD-Ley 24/2021, de 2 de noviembre, de la Directiva (UE) 2019/2162, del Parlamento Europeo y del Consejo, de 27 de noviembre de 2019 ", *Ars Iuris Salmanticensis: AIS: Revista Europea e Iberoamericana de pensamiento y análisis de Derecho, Ciencia Política y Criminología,* Vol. 10, núm. 1, Universidad de Salamanca, 2022, págs. 305-309.

32 TAPIA HERMIDA, J. A., *La nueva normativa de consumo en España y en la Unión Europea,* Editorial Reus, Madrid, 2022, pág 107; GIMENO BEVIÁ, V., "La tutela de inversores y consumidores frente a la contratación de productos financieros complejos" en DEMETRIO CRESPO, (dir.), *Corrupción y delincuencia económica,* Ediciones Jurídicas Castillo de Luna, Madrid, 2015, págs. 20 y ss.

características de los riesgos asociados al mismo, así como todas las transformaciones necesarias que permitan una adecuada transición tendente, en esencia, hacia el logro de una economía neutra en carbono[33], además de reorientar los flujos de capital hacia inversiones sostenibles[34] con un crecimiento inclusivo[35], y paralelamente, hacia la necesaria emisión de activos financieros etiquetados como soste-

---

33 Para poder cumplir su objetivo de neutralidad de carbono para 2050, la Comisión Europea ha desarrollado una completa agenda política sobre finanzas sostenibles, donde se han incluido no sólo el "Plan de Acción: Financiar el crecimiento sostenible" del año 2018, y la "Estrategia para financiar la transición hacia una economía sostenible", publicada el 6 de julio del año 2021 y como tendremos ocasión de comentar en el presente trabajo el denominado "Paquete Omnibus" que incluye propuestas para simplificar la normativa sobre finanzas sostenibles de 4 de abril de 2025. Asimismo, el Reglamento (UE) 2018/1999 del Parlamento Europeo y del Consejo, de 11 de diciembre de 2018, sobre la gobernanza de la Unión de la Energía y de la Acción por el Clima, establece un mecanismo de gobernanza en la Unión cuyo objetivo es propiciar el logro de los objetivos generales de la Unión de la Energía y, en particular, de los objetivos específicos relativos al marco de actuación 2030 en materia de clima y energía, en el ámbito de la reducción de las emisiones de GEI, de energía procedente de fuentes renovables y de la eficiencia energética. Asimismo, el Marco Financiero Plurianual 2021-2027 el cual destina, al menos, el 30% de sus recursos a la acción climática y el Paquete 2020 de Energía y Cambio Climático y el Marco de Energía y Clima a 2030, respondiendo ambas a la apuesta europea por una descarbonización de la economía de la UE, y por una Unión resiliente al cambio climático. El marco europeo determina, en gran medida, la adopción de medidas e iniciativas en España para conseguir alcanzar los objetivos de reducción de emisiones acordados a nivel europeo y alcanzar el resto de los objetivos comunitarios relacionados con el cambio climático.

34 SPAINSIF. Foro Español de Inversión Sostenible y Responsable, Estudio Spainsif 2020: La inversión sostenible y responsable en España. Disponible en: *https://www.spainsif.es/af_estudio_anual_spainsif_2020web-2/* (accceso 10 enero 2025).

35 CORREA-GARCÍA, J. y CORREA-MEJÍA, D. A., "Importancia del estado de flujos de efectivo para la gestión financiera sostenible", *Cuadernos de Contabilidad,* núm. 22, Redalyc, 2021. En: *https://www.redalyc.org/articulo.oa?id=383674637014* (acceso 15 noviembre 2024); CALVO VÉRGEZ, J., "La delimitación del concepto de inversión financiera sostenible", *Revista Aranzadi de Derecho Ambiental,* núm. 50, Cizur menor (Navarra), 2021, págs. 119-144; LLORCA GALIANA, J., "El nuevo enfoque europeo para el fomento de las inversiones en actividades medioambientalmente sostenibles", La Ley Mercantil, núm. 108, 2023. Del mismo autor, "The Relevance of Governance in the Insurance Sector Within the Framework of Sustainable Investments" en BATALLER-GRAU, J., KAWI⊠SKI, M. y MARANO, P. (edits) *Sustainability and the Insurance Market Trends and Challenges,* Springer 2025.

nibles. Por otro lado, las ideas preconizadas deben, a su vez, incardinarse con los diferentes cambios enlazados no sólo con relación a políticas medioambientales, sino también, con aquellos otros implícitos a impactos reputacionales, a innovaciones tecnológicas[36] y a modificaciones en las preferencias de los mercados y normas sociales[37].

Antes de su estudio, debemos advertir que la crisis financiera surgida a partir del 2018[38] y las consecuencias generadas sobre el tejido social, centraron la preocupación de buena parte de las políticas sociales que buscaban, en esencia, no solo la recuperación económica, sino también, el incremento de la empleabilidad y la mitigación de las desigualdades generadas y que una vez superada, permitió centrar la atención, de forma más efectiva, en el ámbito medioambiental[39].

Al mismo tiempo, la verdadera novedad en la evolución del mercado financiero global responde a cuestiones de fondo, tanto legislativas como de técnica jurídica, que derivan no solo hacia la imperiosa necesidad de adaptación a las nuevas normativas —instadas bien por el propio mercado o por diferentes iniciativas privadas, en aras a una adecuada taxonomía[40] sostenible, consensuada y transparente[41], sino también, en abogar por la necesidad de creación no sólo de un lenguaje común, así como una definición clara y precisa de lo que

---

36 MOTTA, J. y MORERO, H., "La teoría moderna de la innovación y sus antecedentes en el pensamiento económico", en SUÁREZ, D., ERBES, A. y BARLETTA, F. (comp.), *Teoría de la innovación: evolución, tendencias y desafíos*, Ediciones Complutense, Madrid, 2020, págs. 23-70.

37 GONZÁLEZ PÁRAMO, J. M., "Las finanzas sostenibles..." *op. cit.* pág. 18.

38 VIÑALS, J., "Reflexiones sobre la crisis financiera internacional", *Revista del Instituto de Estudios Económicos*, núm. 1, Madrid, 2010, págs. 25-40.

39 Son interesantes las pautas que fueron establecidas inicialmente por el Informe de Riesgo Global de 12 de enero del año 2022. En: *https://www.dsn.gob.es/es/actualidad/sala-prensa/global-risk-report-2022-3n-del-riesgo-un-mundo-desigual* (acceso 7 marzo 2025).

40 En este contexto, la palabra "Taxonomía" es la segunda acepción de la palabra taxonomía, según la Real Academia de la Lengua Española. Equivale a un conjunto de definiciones, aunque en la práctica, éste concepto engloba también un sistema de clasificación de éstas. Véase Diccionario de la Lengua Española. Disponible en: *www.rae.es*.

41 Ampliamente, MUÑOZ PÉREZ, A. F., "Los mercados de capitales..." *op. cit.* pág. 10; TAPIA SÁNCHEZ, M. R., "La Taxonomía UE: una regla de oro de las finanzas sostenibles", *Revista de Derecho del Mercado de Valores*, núm. 27, La Ley, 2020, págs. 158-192.

es considerado como "medioambientalmente sostenible"[42]. Por otro lado, lo contrario podría suponer, en última instancia, una fragmentación del mercado interior o incluso, constituir un obstáculo a las

---

42 La Taxonomía, asimismo, sienta las bases de otros objetivos de la UE, como la etiqueta ecológica de la Unión, los estándares de bonos verdes, y los posibles cambios en las políticas del Banco Central. Por otro lado, también se encuentra vinculada estrechamente, como veremos, al Reglamento (UE) 2019/2088 del Parlamento Europeo y del Consejo, de 27 de noviembre del 2019 sobre la divulgación de información relativa a la sostenibilidad en el sector de los servicios financieros modificado por el Reglamento 2020/852 Reglamento (UE) 2020/852, de 18 de junio de 2020, relativo al establecimiento de un marco para facilitar las inversiones sostenibles y a las modificaciones realizadas a la *MiFID* II. Asimismo, tras más de dos años de tramitación fue publicada en el DOUE de 8 de marzo de 2024 la reforma de lo que se conoce como *MiFID* II/MIFIR, esto es, de las normas europeas de nivel 1 sobre los mercados de instrumentos financieros. Se trata del Reglamento (UE) 2024/791 del Parlamento Europeo y del Consejo, de 28 de febrero, por el que se modifica el Reglamento (UE) 600/2014 (*MiFIR*) en lo que se refiere a la mejora de la transparencia de los datos, la eliminación de obstáculos al establecimiento de sistemas de información consolidada, la optimización de las obligaciones de negociación y la prohibición de recibir pagos por el flujo de órdenes, y de la Directiva (UE) 2024/790 del Parlamento y del Consejo, de 28 de febrero, por la que se modifica la Directiva 2014/65/UE relativa a los mercados de instrumentos financieros (*MiFID II*). Las modificaciones del reglamento (*MiFIR*) entraron en vigor el 28 de marzo del 2024, mientras que, en el caso de la Directiva, el plazo de transposición al Derecho interno de los Estados miembros finaliza el 29 de septiembre de 2025. *ESMA* publica el 10 de abril de 2025 un informe final sobre 3 normas técnicas bajo el marco de la revisión de *MiFIR*, en el que se aborda la aplicación del límite único de volumen y cálculos de transparencia, un nuevo régimen cualitativo para internalizadores sistemáticos y normas sobre disyuntores y resistencia operativa de los centros de negociación. Asimismo, ha publicado un informe final sobre políticas de ejecución de órdenes en el marco de *MiFID II*, explicando cómo deben establecer las empresas de inversión sus políticas de ejecución de órdenes y evaluar su eficacia con el objetivo de mejorar su ejecución y fomentar la protección de los inversores. Disponible en: *https://www.esma.europa.eu/press-news/esma-news/esma-finalises-rules-firms-execution-policies-under-mifid-ii*. Ampliamente, analizando dichas cuestiones PALÁ LAGUNA, R., "Diez años de la *MiFiD II*: hacia un régimen único de los mercados de valores y de quienes en ellos participan", *La Ley Mercantil*, núm. 10597, Madrid, 2024, págs. 1 y ss; DELLA NEGRA, F., "The civil effects of MiFID II between private law and regulation", *Quaderni di Ricerca Giuridica della Consulenza Legale*, núm. 90, Banco de Italia, Roma, 2020, págs. 4 y ss; CANALEJAS MERÍN, J. F., "Las obligaciones de gobernanza de producto en la MiFID II y su transposición al Derecho español", *Revista de Derecho del Mercado de Valores*, núm. 24, Madrid, 2019, págs. 21 y ss.

inversiones transfronterizas europeas[43], dejando abierta la posibilidad de un arbitraje regulatorio en el que las empresas y los inversores pudieran acogerse a una normativa nacional especialmente laxa o poco transparente, tendente a etiquetar sus productos sostenibles[44].

En este ámbito de definición, la taxonomía europea se caracteriza, asimismo, por el alto grado de detalle de sus criterios técnicos, de sus umbrales delimitativos, y en ocasiones, por su palpable rigurosidad[45]. A estos efectos, se busca el facilitar la obtención de información a los inversores europeos, ampliando las obligaciones de divulgación de las compañías sujetas a la Directiva de información no financiera[46] y

---

43 Véase Grupo Técnico de Expertos, "*Taxonomy Technical Report*", 2020 (en adelante, Informe de Expertos sobre la Taxonomía), págs. 2-4.

44 Abordando la exhibición de distintivos de sostenibilidad, traeremos a colación el literal del artículo 2.1 de la Directiva (UE) 2024/825. del Parlamento Europeo y del Consejo, de 28 de febrero de 2024, por la que se modifican las Directivas 2005/29/CE y 2011/83/UE. Sobre sostenibilidad de productos financieros, véase CARBÓ VALVERDE, S.; CUADROS SOLAS, P. y RODRÍGUEZ FERNÁNDEZ, F., "Taxonomy of the Spanish FinTech ecosystem and the drivers of FinTechs' performance", *Revista de Estabilidad Financiera,* núm. 38, Banco de España, Madrid, 2020, págs. 27-52.

45 RYNSKA, E., "Introduction to European Union Taxonomy" RYNSKA, E. (ed), (Chapter 1) *Embedding Resilience in the Built Environment Using the EU Taxonomy,* Routledge, Taylor & Francis Group, London, United Kingdom, págs. 1-30.

46 Ya el informe de la Comisión Europea, de 21 de abril de 2021, sobre las cláusulas de revisión de la Directiva sobre información no financiera, señaló como problema significativo la limitada comparabilidad y fiabilidad de la información sobre sostenibilidad. Además, puso de manifiesto que muchas empresas de las que los usuarios necesitan información sobre sostenibilidad no están obligadas a presentarla. En consecuencia, la UE necesita disponer de un marco de presentación de información sólido y asequible para las empresas, acompañado de prácticas de auditoría eficaces, para garantizar la fiabilidad de los datos y evitar el blanqueo ecológico (*greenwashing*) y la doble contabilización y las sobrestimaciones en la información que se publique. La falta de parámetros y métodos generalmente aceptados para medir, valorar y gestionar los riesgos relacionados con la sostenibilidad supone también un obstáculo a la hora de que las empresas se esfuercen por garantizar la sostenibilidad de sus modelos de negocio y actividades. Considera la Directiva que es necesario mejorar la coherencia y la comparabilidad de la información no financiera divulgada en la Unión Europea, para lo que "algunas grandes empresas deben preparar un estado no financiero que contenga información relativa por lo menos a cuestiones medioambientales y sociales, así como relativas al personal, al respeto de los derechos humanos y a la lucha contra la corrupción y el soborno. Ese estado

aclarando las obligaciones de divulgación de los participantes en los mercados que ofrecen fondos sostenibles[47].

Con todo ello, se ha estimado que la taxonomía citada —como piedra angular del Plan de Acción Europeo sobre finanzas sostenibles[48], asistiendo a un fenómeno económico con raíces científicas que ha tenido una importante evolución desde normas más programáticas o "*soft law*" a normas más imperativas o determinantes o "*hard law*"— ayudará a redirigir los recursos financieros hacia actividades más sostenibles ajustando su actividad a las premisas de orden legal para atraer ahorro público con el objeto de desarrollar dicha actividad, fomentando la transparencia[49]—, además de hacer realidad, como analizaremos, la aplicación de los principios y reglas *ESG* (*Environmental, Social* and *Governance* o riesgos de naturaleza medioambiental, social y de gobernanza)[50] procediéndose a su inclusión en el

---

debe incluir una descripción de las políticas, resultados y riesgos vinculados a esas cuestiones y debe incluirse en el informe de gestión de la empresa de que se trate.

47 Recordaremos que los *SFDR* sujetos por el Reglamento de taxonomía se sitúan en dos ámbitos. En primer término, las empresas no financieras, que deben incluir en el Estado de Información no Financiera, la proporción de actividades económicas elegibles y no elegibles para los objetivos de mitigación y adaptación al cambio climático en su volumen total de negocios, sus inversiones (*CapEx*) y sus gastos operativos (*OpEx*). En segundo término, las empresas financieras, que deben divulgar la proporción de sus exposiciones a actividades económicas elegibles y no elegibles respecto de sus activos totales, así como a otro tipo de exposiciones descritas en la normativa.

48 Sobre este particular, entre otros autores, TRIAS PINTO, C., "Finanzas sostenibles y pacto verde europeo" en AA.VV. *La sostenibilidad y el nuevo marco institucional y regulatorio de las finanzas sostenibles*, Aranzadi, Pamplona, 2021, págs. 197-199; KISKIS, E., "La inversión sostenible como nuevo eje del mercado financiero", *Revista de Derecho del Mercado de Valores*, núm. 26, La Ley, Madrid, 2020, pág. 1-20.

49 TAPIA HERMIDA, J. A., *Sostenibilidad financiera*, Reus, Madrid, 2021, págs. 23-29.

50 En relación con ello, debemos mencionar las adaptaciones en materia de reglas de contabilidad al objeto de dar respuesta a los contenidos financieros sostenibles en los esquemas contractuales de las operaciones de financiación crediticia— como es el caso de LMA (*Loan Market Association*) con los "*Sustainability-Linked Loan Principles*" donde se están dirigiendo sus esfuerzos a ir modelando y normalizando los postulados contractuales en materia de *ESG*, además de dar pautas sobre esenciales que deben integrarse en los contratos de financiación y de mercado en las cuales se alterarán las pautas normativas de cómputo de

denominado Pilar II de Basilea[51], esto es, dentro de los requerimientos de capital discrecionales para cada entidad con la idea de que las exigencias individuales tengan en consideración el grado de cumplimiento o no de la recomendación[52] aplicable a sistemas de gestión, lo que contribuirá, sin duda, a clausurar la brecha de inversión en los sectores relevantes e impulsará, en última instancia, el logro de los objetivos climáticos delimitados por la UE.

Siendo esto así, la taxonomía[53], como propuesta normativa que tiene como objetivo primordial la mejora del flujo de capitales hacia actividades sostenibles en todo el territorio de la Unión, surge con diferentes particularidades con relación a otras taxonomías[54], encon-

---

riesgo del crédito y el tratamiento, a efectos de solvencia, de las entidades de crédito. Son interesantes los comentarios a este respecto de MORALES ZAPATA, R., "Cuestiones contables para la clasificación y medición de activos y pasivos financieros con cláusula ESG", *Revista Técnica Contable y Financiera*, núm. 50, Madrid, 2022, págs. 1-7.

51 CALVO VERGEZ, J., "La delimitación del concepto de inversión financiera sostenible", *Revista Aranzadi de Derecho Ambiental*, núm. 50, Cizur menor, 2021, pág. 2 y ss., en donde el autor analiza la posibilidad de suavizar los requerimientos de capital en esta materia para intentar impulsar las finanzas sostenibles, además de abordar diferentes trabajos realizados en sedes internacionales sobre favorecimiento de las fianzas e inversiones sostenibles a los efectos de cálculo de capital regulatorio.

52 Ya el *Financial Stability Board* (FSB) en 2024 formula una serie de recomendaciones destinadas a que las compañías pudieran suministrar información a inversores, entidades financieras y aseguradoras sobre el posible impacto de sus balances de riesgo derivados del cambio climático al estimarse, y que dada su magnitud y trascendencia, el riesgo financiero asociado al cambio climático será más visible y jugará un rol cada vez más determinante en la toma de decisiones financieras. Disponible: *https://www.fsb.org/work-of-the-fsb/financial-innovation-and-structural-change/climate-related-risks/* (acceso 23 de enero 2025).

53 En nuestro país, desde un punto de vista general societario, vemos interesante mencionar los ilustrativos comentarios de GALLEGO SÁNCHEZ, E., "El Derecho de la sociedad emisora a conocer la identidad de los accionistas" en RODRÍGUEZ ARTIGAS, F.; FERNÁNDEZ DE LA GÁNDARA, L.; QUIJANO GONZÁLEZ, J.; ALONSO UREBA, A; VELASCO SAN PEDRO, L. A. y ESTEBAN VELASCO, G., (dirs.), *Sociedades cotizadas y transparencia en los mercados*, Aranzadi Thomson Reuters, 2019, págs. 201-252; TAPIA HERMIDA, J. A., "Sostenibilidad financiera..." *op. cit.* págs. 11-12.

54 OCDE. *Financing SMEs and Entrepreneurs* 2022.

trándose sustentada sobre seis pilares ambientales (clima[55], cambio de mitigación y adaptación, agua, economía circular[56] y prevención de residuos, contaminación[57] y ecosistemas)[58], anudándose en un marcado proceso de evaluación, mediante el cual se asegura que cualquier actividad económica empresarial cumpla con el principio de no dañar significativamente cualesquiera otros objetivos relacio-

---

55 BLASCO, J. L. y DELRIEU, J. C., *El rol de las finanzas en una economía sostenible*, Instituto Español de Analistas Financieros, núm. 60, Madrid, 2021.

56 Dicho término, recordaremos, aparece mencionado por primera vez en la obra "Economics of natural Resources and the Environment" escrita por David Pearce y Kerry Turner, la cual fue publicada en 1990 por la editorial Johnson Hopkins University Press. En ella era plasmada una idea que tendría relevancia posteriormente, como es la de desarrollo sostenible, esto es, maximizar los beneficios netos del desarrollo económico mientras se mantiene los servicios y la calidad d los recursos naturales a lo largo del tiempo. En abril de 2025, ISO ha publicado una nueva norma ISO-ISO 59040:2025 Economía circular —Hoja de datos de circularidad de productos— que establece una metodología general para el intercambio de información que apoya la interoperabilidad de la información relacionada con la economía circular, sustentada en el uso de una hoja de datos de circularidad de productos. Sobre la aplicación práctica de la economía circular, véase las indicaciones de SERÓN GALINDO, D., "Economia circular: de alternativa a necesidad", *Economistas sin fronteras, Dossieres Esf*, núm. 37, 2020, pág 17.

57 Son interesantes los datos recogidos por la Agencia Europea de Medio Ambiente en su *Estudio sobre contaminación y salud de 2024*. Disponible en: *https://www.eea.europa.eu/es/themes/human* (acceso 25 enero 2025).

58 Véase el *Informe de la Plataforma Europea de Finanzas Sostenibles sobre la evaluación de la Taxonomía* de 12 de diciembre de 2023. Recientemente, traeremos a colación la publicación por parte de la Comisión Europea del *Informe de la Plataforma sobre Finanzas Sostenibles: Racionalización de la financiación sostenible para las PYMES*, de 26 de marzo de 2025, en donde es propuesta una "norma de financiación sostenible de las PYME"s y un marco simplificado y voluntario para que los bancos y otras instituciones financieras clasifiquen los préstamos (u otros tipos de financiación) concedidos a las PYMEs como financiación sostenible, simplificando al mismo tiempo las divulgaciones voluntarias conexas. Asimismo, el texto permite a las PYMEs revelar a sus financiadores sus indicadores clave de rendimiento y demostrar sus esfuerzos relacionados con el clima, facilitando a las instituciones financieras su evaluación y apoyo, incluso mediante una herramienta en línea adaptada a las necesidades y capacidades de las mismas. De la misma forma, las pautas recogidas en su linead directrices se centran inicialmente en la sostenibilidad relacionada con el clima estando previsto ampliarla a otros objetivos medioambientales. Disponible: *https://finance.ec.europa.eu/publications/platform-sustainable-finance-report-streamlining-sustainable-finance-*(acceso 24 de marzo de 2025).

nados con el medioambiente y debiéndose verificar, al mismo tiempo, la no alteración de otras salvaguardas sociales[59] antes de declarar expresamente si una actividad es considerada como "verde" o no[60].

En una misma línea argumental, permite la mejora de la integridad del mercado al reducir el riesgo del denominado "*greenwashing*" (blanqueo ecológico[61]), esto es, se disminuye la exposición de inver-

---

59 A estos efectos, *European Commision. Platform on Sustainable Finance*, 2022. Disponible: *https://ec.europa.eu/info/publications/220711-sustainable-finance-platform-report-minimum-safeguards_en* (acceso el 17 de enero de 2025).

60 Ampliamente, Unión Europea. *La taxonomía de la financiación sostenible de la Unión*. Disponible: *https://assets.contentstack.io/v3/assets/blt4eb669caa7dc65b2/blt4e7b0f848b2a3068/6e963fc3cbfd37e10aed2d8/eu_sust_finance_taxonomy_es.pdf?utm_source=eloqua&utm_medium=email&utm_campaign=direct&utm_content=33595* (acceso el 17 de enero de 2025).

61 Siguiendo las pautas delimitadas en el Reglamento de Taxonomía, el denominado "blanqueo ecológico" hace referencia a "la práctica de obtener una ventaja competitiva desleal comercializando un producto financiero como respetuoso con el medioambiente cuando, en realidad, no cumple los requisitos medioambientales básicos". Recordaremos que el 6 de marzo del 2024 fue publicado en el DOUE, la Directiva (UE) 2024/825 del Parlamento Europeo y del Consejo, de 28 de febrero, por la que se modifican la Directiva 2005/29/CE, del Parlamento Europeo y del Consejo, de 11 de mayo, relativa a las prácticas comerciales desleales de las empresas en sus relaciones con los consumidores (la "Directiva sobre prácticas comerciales desleales") y la Directiva 2011/83/UE del Parlamento Europeo y del Consejo, de 25 de octubre, sobre los derechos de los consumidores en lo que respecta al empoderamiento de los mismos para la transición ecológica mediante una mejor protección contra las prácticas desleales y mediante una mejor información. Al objeto de garantizar su cumplimiento se prevé la verificación por terceros expertos. Así las empresas pueden ser requeridas a someter sus compromisos y metas medioambientales a la verificación de terceros expertos independientes. Estos expertos deben tener experiencia y competencia en cuestiones medioambientales y estar facultados para supervisar el progreso de las empresas en relación con sus compromisos. Del mismo modo habrá disponibilidad de información, esto es, las empresas deben garantizar que las conclusiones periódicas de los terceros expertos estén a disposición de las personas consumidoras. Esto asegura la transparencia en el cumplimiento de las obligaciones y permite a los/as consumidores/as tomar decisiones informadas. Por otro lado, las autoridades competentes pueden llevar a cabo inspecciones y auditorías para verificar el cumplimiento de las obligaciones establecidas en la Directiva. En caso de incumplimiento, se pueden aplicar sanciones y medidas correctivas como la retirada o suspensión del uso de distintivos de sostenibilidad, multas o penalizaciones y supervisión o seguimiento continuo. El plazo para la transposición al ordenamiento jurídico interno de la Directiva

tir en activos financieros dudosamente sostenibles o la competencia desleal de aquellos emisores que aseguren ser socialmente sostenibles, sin serlo realmente[62]. No se trata de conductas aisladas o esporádicas, sino muy presentes en los mercados financieros. En efecto, así es conformado mediante un informe publicado por las Autoridades Europeas de Supervisión (*ESA*), según el cual, los supuestos de blanqueo ecológico en el sector financiero de la Unión Europea se han quintuplicado desde el año 2018. Por ello, no sorprende que en nuestro país, el supervisor financiero español (*CNMV*) haya fijado como una línea de acción preferente para los próximos dos años,

---

por parte de los Estados miembros expira el 27 de marzo del 2026, debiendo entrar en vigor las nuevas obligaciones, como tarde, el 27 de septiembre de ese mismo año. En líneas generales, aborda esta cuestión, entre otros autores, FURLO, N. E., "Greenwashing in the New Millennium", *The Journal of Applied Business and Economics*, North American Business Press, Atlanta, United States, 2010, págs. 22-26.

62 *Cfr.* Directiva 2024/ 825, del Parlamento Europeo y del Consejo, de 28 de febrero de 2024 por la que se modifican las Directivas 2005/29/CE y 2011/83/ UE en lo que respecta al empoderamiento de los consumidores para la transición ecológica mediante una mejor protección de las prácticas desleales y una mejor información. Implícitamente relacionado, bajo el nombre de *Strengthening Consumer Resilience for Sustainable Recover*, se encuentra la Nueva Agenda del Consumidor 2020-2025, que pretende capacitar a los consumidores europeos para que desempeñen un papel activo en la doble transición ecológica y digital. Desde un punto de vista doctrinal, es exhaustivo el estudio efectuado sobre dicho término en relación con el "ecoblanqueamiento" en la publicidad efectuado por TATO PLAZA, A. identificándose los distintos supuestos de alegaciones medioambientales engañosas, tanto en los tipificados en la Directiva 2024/825 como otros identificados por la jurisprudencia y los organismos de autorregulación, así como a la propuesta de Directiva relativa a la justificación y comunicación de alegaciones medioambientales explícitas. Véase TATO PLAZA, A., "Sobre el uso de alegaciones medioambientales en la publicidad: estado actual y perspectivas de futuro", Revista de Derecho Mercantil, núm. 32, Civitas, Madrid, 2024, págs. 101-140; GARCÍA VIDAL, Á., "Propuesta de Directiva sobre alegaciones ecológicas" 2023. Disponible en: *https://www.ga-p.com/publicaciones-sobre-alegaciones-ecologicas*. En nuestro país, como primer caso de *Greenwashing* en los Tribunales españoles, abordando la Directiva (UE) 2024/825 del Parlamento Europeo y del Consejo, de 28 de febrero de 2024, véase la Sentencia del Juzgado Mercantil, núm. 2 de Santander, de 21 de febrero de 2025, asunto *Iberdrola vs Repsol*.

la vigilancia del blanqueo ecológico o *greenwashing*[63] de productos financieros, especialmente a través del reforzamiento de la información no financiera.

Como puede apreciarse, dicho marco reglamentario aporta la necesaria claridad al mercado, reduciendo sensiblemente los costes de investigación y diligencia de los inversores institucionales, además de mejorar no sólo el proceso de descubrimiento de precios, sino también, el etiquetado de una forma eficiente, de productos de inversión sostenibles, con el fin último de convertirse en un importante catalizador de flujos financieros que deriven hacia ello y siempre enclavado en un marco normativo adecuado[64]. Consecuentemente, se salvaguarda una adecuada definición de umbrales cuantitativos, tendente a homogeneizar las métricas utilizadas por los inversores a la hora de valorar fehacientemente la sostenibilidad de sus carteras. En cualquier caso, ayudará a redirigir los recursos hacia actividades sostenibles y contribuirá a cerrar la brecha de inversión en los sectores relevantes, además de favorecer el alcance de los objetivos climáticos delimitados en el ámbito europeo.

2. *Precedentes inherentes a las inversiones sostenibles en las operaciones de financiación crediticia bancaria y en los mercados de renta fija: implantación de los factores adicionales típicos de la sostenibilidad financiera: ambiental, social y gobierno corporativo (ESG/ASG)*

En un entorno geopolítico incierto, en el que la concienciación respecto a los riesgos del cambio climático se mezcla con la preocu-

---

[63] GUILLÉN, P., "El legislador de la UE contra el *Greenwashing*". Disponible en: *https://baylos.com/blog/el-legislador-de-la-ue-contra-el-greenwashing* (acceso 21 de enero de 2025).

[64] Como antecedentes, en el año 2013, la *Climate Bonds Initiative* publicó su primera versión de taxonomía para su estándar de bonos climáticos, y en el año 2014, un consorcio de bancos de inversión creó los "Principios de los Bonos Verdes", gestionados por la *International Capital Market Association,* que nacieron en paralelo con los Objetivos de Desarrollo Sostenible definidos por la ONU en el año 2012. Una visión amplia sobre estas cuestiones es abordada por GÓMEZ RETUERTO, G., "Bonos verdes y finanzas sostenibles", *Revista Inversión,* núm. 1137, Inversor Ediciones SL, Madrid, pág. 22.

pación por la seguridad nacional, crece el empeño de los gobiernos por acelerar los procesos nacionales de transición hacia energías con bajas emisiones de carbono, donde las ya mencionadas medidas legislativas destacadas como la Ley de Reducción de la Inflación de EE.UU[65], *REPowerEU*[66] y el referenciado Pacto Verde de la UE[67], constituyen pasos fundamentales en esa dirección.

Con estas iniciativas se quiere impulsar la inversión privada en tecnología climática y proyectos de infraestructuras, utilizando fondos públicos e incentivos financieros como catalizadores. Por ello, el objetivo es implantar dentro de su territorio una capacidad de fabricación y financiación sólida y local que permita vincular la protección del medioambiente con la seguridad económica y energética. Así las cosas, con las nuevas políticas que aumentan el atractivo económico de los proyectos del sector privado, están atrayendo capital privado a través de una serie de estructuras de financiación de deuda ligadas a los proyectos.

A estos efectos, no es extraño que abunden las oportunidades de inversión en renta fija de planes orientados a transformar las infraestructuras existentes en favor de la electrificación, la reducción de las emisiones de carbono y el fortalecimiento de la resiliencia frente al cambio climático. En este sentido, el fomento del crédito al sector privado en estos ámbitos podría dar lugar, como tendremos ocasión de analizar, a nuevos tipos de titulizaciones[68] relacionadas con proyectos sostenibles.

---

65 La Ley de Reducción de la Inflación (Ley IRA), firmada el 16 de agosto de 2022 y que entró en vigor el 1 de marzo de 2023, dirige nuevos gastos federales hacia la reducción de las emisiones de carbono, la disminución de los costes de atención médica, el financiamiento del servicio de impuestos internos y la mejora del cumplimiento tributario. De esta forma, la ley tiene entre sus objetivos aumentar inversiones en la capacidad de fabricación nacional y fomentar la adquisición de suministros críticos dentro del país (o de socios comerciales de libre comercio), así como la comercialización de tecnologías de vanguardia, como la captura y almacenamiento de carbono y el hidrógeno limpio. No obstante, con el gobierno actual en EE.UU se quiere aplicar la agenda del Proyecto 2025 con el fin de suprimir esta legislación histórica.

66 Véase: *https://www.consilium.europa.eu/es/policies/eu-recovery-reu/* (acceso 18 enero de 2025).

67 Comisión Europea. (2019). Pacto Verde Europeo. En: *https://ec.europa.eu/info/strategy/priorities-2019-2024/european-green-deal_es* (acceso 18 de enero de 2025).

68 En relación con ello, el 9 de octubre de 2024 se abrió plazo para responder a una consulta emitida por la Dirección General de Estabilidad Financiera, Servi-

cios Financieros y Unión de los Mercados de Capitales (*FISMA*) de la Comisión Europea, acerca del funcionamiento de la normativa comunitaria sobre titulizaciones, en que como principales cuestiones susceptibles de ser revisadas se aludía a: 1) La posible modificación de las definiciones de titulización (que requiere de una distribución en tramos del riesgo de crédito inherente a la cartera titulizada) y de sponsor (con una posible extensión más allá de las entidades financieras, que son las únicas que hoy en día pueden calificar como tal y, por tanto, asumir las obligaciones de retención de riesgo junto con los originadores y prestamistas originales); b) a la simplificación de los requisitos relacionados con la *due diligence* que tienen que realizar los inversores antes de la inversión en una titulización y durante el mantenimiento de su posición; c) a la flexibilización de las obligaciones de transparencia, con unos modelos que hoy en día se perciben por parte del mercado como excesivamente rígidos y no adaptados a las distintas clases de activo susceptibles de ser titulizados, y con tipos de operaciones en relación con las que convendría relajar o incluso eliminar el requisito de transparencia (como las operaciones intragrupo); d) a la posible reforma del régimen de las titulizaciones simples, transparentes y normalizadas (STS), para hacerlas más atractivas y usadas de lo que lo son actualmente (representan menos de la mitad del volumen hoy en día); e) a la creación de mecanismos o plataformas para otorgar garantías públicas o acceso a menores costes de ejecución a las operaciones; f) a el tratamiento de las titulizaciones a efectos de requerimientos de capital y de liquidez por parte de las entidades de crédito. En respuesta a ello, el 17 de febrero de 2025, fue publicada por parte de la Comisión europea la *Feedback statement: Targeted consultation on the functioning of the EU securitisation framework*. Disponible: *https://finance.ec.europa.eu/regulation-and-/targeted-consultation-functioning-eu-securitisation-framework-2024_*en (acceso 3 de marzo de 2025). Unido a lo anterior, la *EBA* publicó el 27 de mayo 2024, las Directrices finales sobre los criterios *STS* (simplicidad, normalización, trasparencia), para las titulizaciones en balance, cuyo objetivo es garantizar una interpretación y aplicación coherente de los mismos, también, una implementación coherente en términos de requisitos de capital. Los putnos más importantes de las mismas son: a) Las titulizaciones en balance deben cumplir ciertos criterios para ser consideradas *STS*, incluyendo la divulgación completa de la información relevante, el uso de estructuras de transacción sencillas y la evaluación rigurosa del riesgo crediticio; b) Los originadores y los patrocinadores de las titulizaciones en balance deben cumplir con ciertos requisitos, incluyendo una evaluación adecuada del riesgo crediticio de los activos subyacentes y la retención de un interés en la titulización; c) Se proporciona orientación sobre el uso de ciertos términos clave relacionados con las titulizaciones en balance, incluyendo "activos subyacentes", "tramos de titulización" y "retención de riesgo"; d) Se establece un marco para la evaluación continua del cumplimiento de las titulizaciones en balance con los criterios *STS* y para la revisión periódica de las directrices para mantenerlas actualizadas. En este marco, las autoridades competentes deberán notificar a la *EBA* si cumplen o tienen la intención de cumplir con las citadas Directrices.

Bajo las anteriores circunstancias, ante la posibilidad de que los cambios de política amplíen la emisión de deuda para financiar la transición energética, la pregunta efectuada es cómo reaccionaría el mercado de renta fija ante el aumento de la oferta, en donde, a tales efectos, dos dinámicas podrían contrarrestar la presión alcista resultante sobre los rendimientos y los diferenciales. En primer término, si bien la oferta de deuda sostenible es cada vez mayor, también lo es su demanda[69]. En segundo término, el interés de los gobiernos en que los proyectos verdes tengan éxito indica que, en conjunto, el riesgo crediticio asociado debería ser inferior al que perciben actualmente los mercados[70].

---

69 *Cfr. Loan Market Association* la cual delimita las pautas que deben cumplir los préstamos sostenibles y vinculados a la sostenibilidad. Con relación a los bonos, una de las entidades que vigila que se cumpla una serie de criterios es la Asociación Internacional de Mercados de Capitales (ICMA, en sus siglas en inglés), que promueve una guía y una serie de principios para los bonos verdes. Igualmente, ofrece guías para la emisión de bonos sociales y bonos asociados a la sostenibilidad.

70 Como mencionaremos, en julio de 2021, la Comisión Europea publicó su estrategia renovada de finanzas sostenibles, definiendo nuevas acciones para fomentar la inversión privada en proyectos y actividades sostenibles, de cara a apoyar las diferentes acciones establecidas en el Pacto Verde Europeo y a gestionar e integrar los riesgos climáticos y medioambientales en el sistema financiero. La regulación financiera no se ha quedado atrás frente a estas tendencias, y está avanzando a pasos agigantados en este novedoso campo. Desde un punto de vista global, la Red para Enverdecer el Sistema Financiero (*NGFS*, por sus siglas en inglés: *Network for Greening the Financial System*) es un foro mundial de bancos centrales y supervisores que está trabajando en publicar guías para los bancos centrales, en estudiar si los activos verdes y el resto tienen diferente riesgo y en diseñar escenarios futuros climáticos. Por su parte, el Comité de Basilea está analizando si los riesgos climáticos pueden ser abordados por el marco prudencial bancario, incluyendo la regulación, la supervisión y la divulgación de información al mercado. En paralelo, Europa está tomando pasos mucho más concretos. En términos de divulgación al mercado (Pilar 3, según la terminología de Basilea) la Autoridad Bancaria Europea (*EBA*, por sus siglas en inglés) publicó una propuesta que incorpora la ratio de activos verdes, que es la proporción del balance que se considera sostenible. En cuanto al proceso supervisor, el cual analizaremos, (Pilar 2), la *EBA* publicó las directrices y estándares sobre la posible inclusión en el examen supervisor anual (*SREP*, en sus siglas en inglés) de los riesgos ambientales, sociales y de gobernanza, y en el 2022 el BCE realizó su primer "test de estrés verde" desarrollado para evaluar la resistencia de las empresas no financieras y los bancos de la zona del euro a los riesgos climáticos

Ciertamente, a lo largo de la última década la inversión sostenible[71] y responsable (*ISR*)[72] refiere a diferentes estrategias de gestión que incorporan los antes mencionados criterios ambientales, sociales y de gobernanza (*ASG*)[73] en el ámbito configurador de estudio, análisis y selección de valores de una cartera de inversión[74].

(riesgo de transición y riesgo físico), bajo una serie de supuestos dependiendo de la aplicación de futuras políticas climáticas. Los resultados muestran cómo el cambio climático representa una fuente importante de riesgo sistémico y cómo para las empresas y los bancos más expuestos el impacto es potencialmente muy significativo. Si no se reducen los riesgos climáticos, los costes para las empresas derivados de los fenómenos meteorológicos extremos aumentarían sustancialmente, afectando negativamente a su solvencia e incrementando las pérdidas crediticias de los bancos. Disponible en: *ecb.europa.eu* (acceso 19 de enero de 2025).

71 MARIMÓN DURÁ, R., "Los principios de la inversión responsable auspiciados por Naciones Unidas (UN-PRI)" en BATALLER GRAU, J. y BOQUERA MATARREDONA, J., *Responsabilidad social y sostenibilidad. El marco de actuación de la empresa*, Tirant lo Blanch, Valencia, 2023, págs. 353-375.

72 ALEJOS, C. L., "La inversión socialmente responsable..." *op. cit.* págs 2 y ss; DEVALLE, A., FIANDRINO, S. y CANTINO, V., "The Linkage between ESG performance and Credit Ratings: A Firm-Level Perspective Analysis", *International Journal of Business and Management, Canadian Center of Science and Education*, Vol. 12, núm. 9, 2017, pág. 12.

73 Es interesante, *EBA Guidelines on the management of Environmental, Social and Governance (ESG) risks* —2025. Disponible: *https://www.bde.es.* (acceso 9 de enero 2025). No es ocioso recordar que en materia prudencial, se producirá la transposición del paquete *CRRIII/CRDVI*, que tenía por objeto la incorporación al marco comunitario de los últimos elementos del Acuerdo de Basilea III y la regulación de los riesgos *ESG*, así como la actualización y publicación por parte de la *EBA* de un significativo número de guías y estándares técnicos de implementación. El marco normativo se compone de un Reglamento de directa aplicación (RUE 575/2013), que ya ha entrado en vigor, y de una Directiva (*Capital Requirements Directive* 2013/36/EU) que los Estados miembros estaban obligados a transponer a sus ordenamientos jurídicos nacionales antes del 10 de enero de 2026. Como consecuencia del nuevo marco normativo, se espera en España una modificación de la Ley 10/2014, de 26 de junio, de ordenación, supervisión, y solvencia de las entidades de crédito y su reglamento de desarrollo (Real Decreto 84/2015). Entre otras cuestiones, la reforma de la Directiva incluye, asimismo, un nuevo régimen prudencial para las inversiones significativas de las entidades de crédito, así como nuevas definiciones y estándares aplicables al gobierno interno de las mismas.

74 Son excluidos determinados sectores o empresas debido a su mala praxis *ASG*, esto es, aquellas que hayan cometido infracciones graves de los principios generales de responsabilidad social corporativa y desarrollo sostenible establecidos

Considerando esta última perspectiva, la implantación de la aludida filosofía de inversión se sustenta en la aplicación de una o varias estrategias, que con distinto grado de sofisticación, permiten identificar aquellos activos alineados con la política de inversión establecida[75], asegurando que todos los factores relevantes sean tenidos en consideración al evaluar el riesgo[76] y rendimiento de las mismas.

---

en los diferentes convenios internacionales (particularmente, los principios del Pacto Mundial de las Naciones Unidas y de las Directrices de la *OCDE*).

75 Tal y como hemos avanzado, la integración *ASG* es una estrategia al alcance de aquellas entidades e instituciones que han acumulado el conocimiento y la experiencia suficientes en la definición y medición de los citados criterios, lo que necesariamente, requiere de un conocimiento especializado del sector en que dicha compañía opera, de la empresa en particular y de los ámbitos en los que las cuestiones *ASG* aparecen con una especial incidencia en dicho sector. Para el presente 2024 se vislumbra la consolidación del avance de las compañías en este enfoque doble, así como algunas tendencias complementarias y relacionadas, tales como una mayor transparencia de la gestión de las empresas en sostenibilidad, de la mano de regulaciones; Intensificación del escrutinio de la información pública disponible, especialmente de los objetivos planteados para evitar prácticas de *washing;* la atención y cuestionamiento es especialmente fuerte respecto de los objetivos de reducción de emisiones y las estrategias de descarbonización, siendo necesario la adopción de metodologías de referencia como *SBTi*; consolidación de la gobernanza climática, con la activa participación del nivel gerencial y el directorio, y la integración de la respuesta a los riesgos dentro de los planes corporativos. En este punto recogemos las recomendaciones del *Task Force on Climate-related Financial Disclosures (TCFD)* el cual pasa a ser sustituido por la norma *NIIF* de sostenibilidad S2, ya de aplicación en calendario global a partir de 2025 sobre la información contable 2024 (están pendientes los diferentes calendarios propios en los diferentes países); atención de los riesgos relacionados con la naturaleza y las afectaciones a la biodiversidad, luego de la priorización de los climáticos, por la conexión intrínseca que tienen y cómo el agotamiento de los recursos puede afectar a la viabilidad de las compañías; aprovechamiento de las oportunidades de fondeo, de la disponibilidad de recursos relacionados con la sostenibilidad. Así, en un contexto de altas tasas de interés, la obtención de mejores condiciones en el fondeo es clave, así como la seguridad de su colocación (en el caso de las emisiones de deuda). Véase *Sustainability and Climate Trends to Watch* for 2025. Disponible: *https://www.msci.com/research-and-insights/2025-sustainability-climate-trends-to-watch* (acceso 18 de enero 2025).

76 Si bien no desde el punto estrictamente legislativo, cabe destacar también la publicación por parte del Mecanismo Único de Supervisión (*MUS*) de sus prioridades supervisoras para el trienio 2025-2027. Por ello, son establecidas tres prioridades para este periodo: a) La evaluación de la resistencia de las entidades contra riesgos financieros y geopolíticos, b) La pronta eliminación de las defi-

Desde otra perspectiva, la consideración de criterios aplicativos de sostenibilidad en el ámbito financiero[77] comenzó a cobrar importancia hace más de 30 años, con la introducción de los denominados "factores extra financieros" en los procesos de evaluación de las inversiones sostenibles o responsables[78].

Sin embargo, como previamente hemos anticipado, no ha sido hasta después del surgimiento de dos hitos clave en el año 2015, como la firma del Acuerdo de París[79] —que supuso dar entrada a un

---

ciencias que el MUS ha identificado en sus actuaciones de supervisión. Particularmente, el *MUS* buscará evaluar que los bancos han adoptado medidas para la adecuada gestión de los riesgos *ESG*, especialmente a la vista de la entrada en vigor de la *CRRIII/CRDVI* y que han acometido la mejora de sus sistemas para la agregación y *reporting* de la información de riesgos; c) El fortalecimiento de las estrategias de digitalización de las entidades y la mejora en sus mecanismos de gestión de los riesgos emergentes derivados del uso de las nuevas tecnologías. Por tanto, se espera que el *MUS* siga incrementando la atención sobre el modo y los mecanismos de control que los bancos aplican al uso de la inteligencia artificial en su modelo de negocio. En suma, para el año 2025 se espera también la prueba de estrés cuyo marco es definido por la *EBA* y gestionada por el *MUS*. Este ejercicio incorporará los riesgos emergentes a los que se exponen las entidades en la UE, incluyendo una atención particular al riesgo asociado a eventos geopolíticos.

77 Recordaremos que la acción 9 del Plan de acción de la Comisión del año 2018 contemplaba, de forma general, revisar la Directiva 2014/95 sobre información corporativa no financiera y el Reglamento 2016/2067 relativo a las normas internacionales de contabilidad y la divulgación de información sobre sostenibilidad del sector financiero, para reforzar su vinculación al desarrollo sostenible, mediante el Reglamento (UE) 2019/2088, del Parlamento Europeo y del Consejo, de 27 de noviembre de 2019, sobre la divulgación de información relativa a la sostenibilidad en el sector de los servicios financieros, o *SFDR* (*Sustainable Finance Disclosure Regulation*), donde fue establecido desde el 10 de marzo de 2021, un procedimiento simplificado para actualizar los folletos de *IIC* que promoviera características medioambientales o sociales o que tuviera como objetivo, inversiones sostenibles.

78 Una de las primeras iniciativas que se adoptaron en el 2003, fueron los llamados Principios de Ecuador, formulados por la Corporación Financiera Internacional (*IFC*), como un conjunto de directrices ambientales y sociales de carácter voluntario para la financiación de grandes proyectos de infraestructura. Actualmente, más de 100 instituciones financieras de 38 países han adoptado estos principios.

79 Acuerdo firmado en la Conferencia de las Partes (COP-21) sobre el Clima en París, en diciembre del año 2015 que entró en vigor en 2016, donde 195 países, incluida España, se comprometieron a luchar contra el cambio climático y a im-

modelo económico sustentado en energías de bajo contenido en carbono[80] además de especificar el papel que juega el sistema financiero para coadyuvar el logro de los objetivos de cambio climático[81] y de otros órdenes, en aras al logro de una economía sostenible como respuesta al reto climático[82] —y la adopción de los Objetivos de

---

pulsar acciones e inversiones para lograr un futuro bajo en carbono, resistente y sostenible. Disponible: *http://agendapublica.elpais.com-ods-hay-que-mirar-al-sector-privado* (acceso 3 enero de 2025). En la actualidad, EE.UU. no forma parte del mismo, dadas las nuevas políticas implantadas por el gobierno americano.

80 Supone la neutralización de emisiones de CO2 que emite a la atmósfera cualquier persona, empresa u organización con su actividad. La compensación de dichas emisiones consiste en la aportación de una cantidad económica, proporcional a las emisiones generadas, para un proyecto que evite o capture la misma cantidad de CO2 emitida. Así las cosas, alegaciones del tipo "cero emisiones" "neutro para el clima" o similares son en ocasiones empleadas, no sólo para promocionar productos que no generan emisiones en todo su ciclo de vida, sino para difundir productos cuyo proceso de fabricación o de comercialización ha generado emisiones, pero éstas han sido compensadas por la empresa o ésta ha adquirido los correspondientes derechos de emisión. Recordaremos que la prohibición global de las alegaciones de neutralidad climática ya fue defendida por la Comisión de Mercado Interior y Protección del Consumidor en su Informe sobre la Propuesta de Directiva de modificación de la Directiva de Prácticas Desleales (*COM (*2022) 143-C9-0128/2022-2022/0092 (*COD*). Analizando el desarrollo de las actividades de compensación de las emisiones efectuadas y la adquisición de los derechos de emisión véase las aportaciones de TATO PLAZA, A., "Sobre el uso de alegaciones medioambientales…" *op. cit.*, pág. 121.

81 BAKER, M.; BERGSTRESSER, D.; SERAFEIM, G. y WURGLER, J., *Financing the Response to Climate Change: The Pricing and Ownership of U.S. Green Bonds*, 2018. Disponible en: *https://www.brookings.edu/wpcontent/uploads/2018/07/Wurgler-J.* (acceso el 9 de enero de 2025).

82 En particular, en la enunciación de los objetivos del Tratado, puesto que ya se pone de manifiesto que lo que se persigue es situar los flujos financieros en un nivel que permita el logro de los objetivos climáticos. A este respecto, véase SÁNCHEZ GALLEGO, J., "El marco de referencia internacional y su relación con el Proyecto de Ley de cambio Climático" en LÓPEZ JIMÉNEZ, J. y ZAMARRIEGO MUÑOZ, N., (dirs.), *La sostenibilidad y el nuevo marco institucional y regulatorio de las finanzas sostenibles*, Aranzadi, Cizur menor, 2021, págs. 167-196; ONTIVEIROS, E., "Finanzas verdes y energía" en AA.VV. *Riesgos y oportunidades en la transición energética,* Civitas, Madrid 2018, págs. 53 y ss. En Derecho comparado, desde una perspectiva general LIU, C. y WU, S.S. "Green finance, sustainability disclosure and economic implications", Fulbright Review of Economics and Policy, núm. 3, 2023, págs. 1-24. Disponible en: *https://doi.org/10.1108/frep-03-2022-0021* (acceso 12 de enero 2025).

Desarrollo Sostenible o Agenda 2030[83] para el Desarrollo Sostenible de Naciones Unidas —que incluyeron, junto al objetivo climático, una serie de objetivos ecológicos y sociales (artículo 2c) y que fueron estructurando el marco de referencia para muchos de las elaboraciones efectuados en los ámbitos financieros públicos y privados (*ex* artículo 6, 8b)[84] en aras a una mejora en la movilización de recursos que permitieran la "financiación en transición"[85] —esto es, los que han configurado diferentes estrategias, planes, programas y regulaciones tendentes al alcance de un desarrollo duradero en los términos definidos en el informe "Nuestro futuro en común: el desarrollo que satisface las necesidades de la generación presente sin comprometer la capacidad de las generaciones futuras para satisfacer sus propias necesidades"[86]— abogándose por una más que necesaria implicación

---

83 Los Objetivos de Desarrollo Sostenible (*ODS*) suponen un marco común con el objetivo de conseguir un mundo más sostenible en 2030. La Agenda 2030 plantea 17 ODS; a su vez, cada uno de ellos con unas metas —en total, 169—, las cuales comprenden tanto el área económica, como la social y la ambiental.

84 Los primeros trabajos son los del G-20, con los grupos *Green Finance Study Group* en el año 2016 y *Sustainable Finance Study Group* en el año 2018, este último reactivado en el año 2021, en los que se instó para que el sistema financiero incorporara los riesgos climáticos no sólo en su toma de decisiones sino también, en el desarrollo de medidas para aumentar la implicación de los inversores institucionales en la financiación de proyectos sostenibles. El Consejo de Estabilidad Financiera (FSB, por sus iniciales en inglés) creó, a finales del año 2015, la *TCFD* a petición del G-20, liderada y formada por miembros del sector privado, en donde fueron elaboradas unas guías voluntarias para la divulgación de información en relación con los riesgos y oportunidades climáticas, con el objetivo de orientar a empresas sobre el tipo de información que deben proporcionar en las áreas de gobernanza, estrategia, gestión del riesgo, y métricas y objetivos. En este punto son interesantes las aportaciones de AL MAMUN, M.; BOUBAKER, S. y NGUYEN, D. K., "Green finance and decarbonization: Evidence from around the world", *Finance Research Letters,* núm. 46, 2022, págs. 102807; KÖRDING, J. y RESCH, F., "Criterios mínimos comunes para incorporar los riesgos climáticos en los sistemas internos de evaluación del crédito del Eurosistema", BCE— Boletín Económico, núm. 6/2022.

85 Se estima que para cumplir los objetivos del Acuerdo de París hace falta invertir unos 90 billones de dólares en infraestructuras, agricultura y sistemas energéticos desde este momento al año 2030. Disponible la información en: *https://unfccc.int/es/news/el-acuerdo-de-paris-entrara-pronto-en-vigor-es-hora-de-que-el-dinero-mpiece-a-moverse* (acceso 21 febrero 2025).

86 Enlazado con lo expuesto, vemos interesante reflejar, como compromiso asumido por el sector financiero, la definición de los Principios de Banca Res-

de inversores, reguladores y tejido empresarial[87] a la hora de vincular los objetivos de sostenibilidad citados en las actuaciones proactivas requeridas a los mismos.

A tales efectos, tomando como referencia los parámetros anteriores, la protección del medioambiente se convierte en el acicate de un crecimiento económico más responsable, que podría retrasar el riesgo de apocalipsis pronosticado por una parte de la comunidad científica, sustentado no sólo en la complejidad reguladora incardinada a la inversión sostenible, sino también, en unas pautas incompletas sobre datos y metodologías, que abocan hacia una más que evidente incertidumbre aplicativa, como iremos desgranado a los largo de los capítulos siguientes.

---

ponsable por parte de la *United Nations Environment Programme Finance Iniciative* (UNEP FI), a la que se han unido más de 200 bancos a nivel global, así como el compromiso asumido por 38 bancos en septiembre del 2019, en el marco de la Asamblea de Naciones Unidas, para alinear sus carteras con los objetivos del Acuerdo de París.

87 En nuestro país, el 20 de febrero de 2023 se publicó la Ley de Cooperación para el Desarrollo Sostenible y la Solidaridad Global, a los efectos previstos en el artículo 26.4 de la Ley 50/1997, de 27 de noviembre, alineado con la Agenda 2030, los Acuerdos de cambio climático de París y otros instrumentos internacionales. Se complementa con el RD 188/2025, de 11 de marzo por el que se regulan las subvenciones y ayudas en el ámbito de cooperación para el desarrollo sostenible y la solidaridad global.

Capítulo Segundo

SOSTENIBILIDAD FINANCIERA: ANÁLISIS REGULATORIO EUROPEO

III. *EXCURSUS* NORMATIVO PREVIO SOBRE LA SOSTENIBILIDAD FINANCIERA MEDIOAMBIENTAL EN LA UNIÓN EUROPEA

1. Definición de sostenibilidad financiera medioambiental

Como punto de partida, y con anclaje en las ideas precedentes, debemos buscar la conexión entre las nociones de sostenibilidad y el sistema financiero a partir de los conceptos respectivos de "sostenibilidad" entendida como "cualidad sostenible" y "sistema financiero" el cual alude al conjunto de mecanismos, sujetos e instituciones que persiguen la canalización de ahorro de las familias y de las empresas hacia la inversión productiva[88]

Así las cosas y de la mixtión de los dos conceptos, definimos la sostenibilidad financiera como la compatibilización de la rentabilidad exclusivamente económica con otra más omnicomprensiva y humanamente sostenible que busca, en esencia, no sólo la reorientación de los flujos de capital hacia dichos objetivos, sino la adecuada integración de los factores de sostenibilidad en la estrategia de negocios y en la evaluación y gestión de riesgos[89], sin agotar los recursos económicos ni causar daño al medioambiente.

Consecuentemente, dado que las normas y cualquier otra intervención ordenadora son consecuencia de la realidad social en que

---

88 KISKIS, E., "La inversión sostenible como nuevo eje del mercado financiero", *RMV*, núm. 26, La Ley, Madrid, 2020, págs. 3-9.

89 Son interesantes en este punto las aportaciones de GARCÍA GIMÉNEZ, U. y ÁLVAREZ GONZÁLEZ PALENZUELA, "Nueva normativa de divulgación relativa a la sostenibilidad en el sector de servicios financieros" en AA.VV., *La sostenibilidad y el nuevo marco institucional y regulatorio de las finanzas sostenibles*, Aranzadi, Pamplona 2021, pág. 950 y ss.

se diseñan y aplican, interesa alertar sobre la complejidad del *corpus* legislativo que encuadra las materias heterogéneas reguladas por Directivas y Reglamentos de contenido muy técnico inherentes al tema objeto de nuestro trabajo, que requieren por nuestra parte, un estudio exegético y pormenorizado que pasaremos a abordar en los siguientes epígrafes.

2. *Referencia al Reglamento sobre transparencia en relación con inversiones sostenibles y riesgos de sostenibilidad*

El Reglamento (UE) 2019/2088 del Parlamento Europeo y del Consejo, de 27 de noviembre de 2019 sobre la divulgación de información relativa a la sostenibilidad en el sector de los servicios financieros (denominado Reglamento sobre finanzas sostenibles)[90], pretende dar respuesta a la falta de normas armonizadas en materia de transparencia[91] respecto de productos financieros con características ambientales, sociales y de buen gobierno[92], que dificultaba la com-

---

90 Con fecha 24 de marzo de 2022, se emitió la declaración conjunta de supervisión de la *ESA* sobre la aplicación del Reglamento de divulgación de las finanzas sostenibles, en donde se trataba de trata de mitigar el riesgo de aplicación divergente del Reglamento sobre divulgación de información financiera sostenible (*SFDR*) y de las disposiciones pertinentes del Reglamento sobre Taxonomía en el "período intermedio" entre la fecha de aplicación del *SFDR*, el 10 de marzo de 2021, y la fecha de las Normas Técnicas de Reglamentación (*NTR*) que establecen detalles sobre determinadas cuestiones, cuya aplicación se retrasó a finales del año 2022, hasta el 1 de enero de 2023, indicando que el primer informe sobre la consideración de las principales incidencias adversas de sostenibilidad (*PIAS*) conforme al modelo normalizado recogido en las *RTS*. Desde un ámbito doctrinal, sobre estas cuestiones, véase las apreciaciones de CARMIGNAC, "Reglamento europeo de divulgación sobre sostenibilidad (*SFDR*): guía para los inversores". Disponible*: https://www.carmignac.es/es_ES/analisis-ymercados/flash-note/reglamento-europeo-de-divulgacion-sobre-sostenibilidad-sfdrguia-para-los-inversores-5378* (acceso el 15 de enero de 2025).

91 Abordando dichas cuestiones, VAN OSTRUM, C. H. A., "Sustainability Through Transparency and Definitions: A Few Thoughts on Regulation (EU) 2019/2088 and Regulation (EU) 2020/852", *ECLJ*, 2021, págs. 15 ss.

92 En síntesis, y adoptado como parte del marco legislativo de las finanzas sostenibles, el Reglamento sobre divulgación de información establece normas armonizadas de transparencia para los participantes en los mercados financieros y los asesores financieros sobre cómo integran los factores ambientales, sociales y de buena gobernanza en sus decisiones de inversión y asesoramiento financiero y

parabilidad de productos en cuanto a sus riesgos, objetivos y características de sostenibilidad, modificándose, a estos efectos, la Directiva (UE) 2016/2341 (*IORP*)[93].

---

sobre su ambición de sostenibilidad general y relacionada con el producto. Está diseñado para limitar el posible blanqueo ecológico en el que los productos financieros comercializados como sostenibles o respetuosos con el clima, o las alegaciones sobre la participación de empresas financieras, en la práctica no satisfacen esos estándares. Si bien el presente Reglamento establece las normas relativas a la divulgación, en la práctica requiere que los participantes del mercado financiero y los asesores financieros tomen decisiones estratégicas comerciales y de inversión, que luego deben divulgar. De esta forma, se aumenta la responsabilidad, disciplina y eficiencia de los mercados financieros y acelera la competencia en el segmento de rápido desarrollo de las finanzas sostenibles, además de mejorar la información relativa al rendimiento de la sostenibilidad y la comparabilidad para los inversores finales, así como datos e información para los responsables políticos, los supervisores, el mundo académico y las organizaciones de la sociedad civil. Por otro lado, con información comparable y fiable relativa a la sostenibilidad sobre los riesgos e impactos de las inversiones, complementa otras iniciativas que fomentan la transición del sistema financiero hacia la sostenibilidad y continúa apoyando a las empresas que ya son sostenibles. Desde un ámbito doctrinal, PALÁ LAGUNA, R., "Nuevas obligaciones de transparencia para determinadas entidades financieras en materia de sostenibilidad". Disponible: *https://www.ga-p.com* (acceso 15 enero 2025); GARCÍA MANDALONIZ, M., "Hacia un gobierno corporativo sostenible con implicación efectiva y sostenible con implicación efectiva y sostenible de los accionistas para la mejora del rendimiento financiero y no financiero a largo plazo y con divulgación de la información no financiera", *Revista de Derecho de Sociedades,* núm. 54, Thomson Reuters Aranzadi, 2018. Ampliamente abordando el Derecho comparado, SJAFJELL, B. y BRUNER, C. M., *Cambridge Handbook of Corporate Law, Corporate Governance and Sustainability*, Cambridge University Press, 2019, págs. 15 y ss.

93 Implícito a lo expuesto, merece destacarse el papel de la *European Securities and Markets Authority* (*ESMA*), cooperando en la implementación de la acción 9 del Plan de Acción de la UE, relativa a reforzar la divulgación de información sobre sostenibilidad y la elaboración de normas contables. También ha participado en la consulta del *European Financial Reporting Advisory Group* (*EFRAG*) sobre el impacto de la *NIIF* relativa a instrumentos financieros en relación a las inversiones sostenibles. A mayor abundamiento, con fecha 11 de febrero de 2022, la *ESMA* publicó su "hoja de ruta de finanzas sostenibles" para los ejercicios de 2022 a 2024 ha recogido las acciones que llevará a cabo, en este ámbito concreto, durante los próximos tres años, incluyendo un calendario tentativo para su implantación. Véase, *ESMA*.10 February 2022 *Sustainable Finance Roadmap* 2022-2024, *ESMA* 30-379-1051. Asimismo, el 14 de mayo 2024, *ESMA* también publicó las directrices sobre los nombres de los fondos con términos relacionados con la

Precisamente por esto, el mismo se ha completado por el Reglamento Delegado (UE) 2022/1288 de la Comisión, de 6 de abril de 2022, del Parlamento Europeo y del Consejo[94] respecto a las normas técnicas de regulación que concretan el contenido y presentación que ha de cumplir la información relativa al principio de "no causar

---

sostenibilidad. Se trata de una guía de supervisión cuyo objetivo es contribuir a canalizar con transparencia capitales hacia actividades económicas sostenibles y prevenir el *greenwashing*, en consonancia con los objetivos del marco regulatorio europeo para las finanzas que incorporan criterios *ASG*. También, el 26 de junio de 2024, la ESMA dio respuesta a la solicitud de la CE sobre gestión de riesgos de *greenwashing* y la supervisión de políticas de financiación sostenible, garantizando la protección de los inversores y la integridad del mercado. Asimismo, ESMA presentó este año su propuesta de trabajo para 2025 detallando sus objetivos estratégicos y las acciones a implementar para el logro de los objetivos señalados.

94 Dicho Texto reglamentario será obligatorio en todos sus elementos y directamente aplicable en cada Estado miembro, entrará en vigor a los veinte días de su publicación en el Diario Oficial de la Unión Europea. El mismo comenzó a aplicarse el 1 de enero de 2023 (artículo 68) completando el Reglamento (UE) 2019/2088 del Parlamento Europeo y del Consejo respecto a las normas técnicas de regulación que especifican los pormenores en materia de contenido y presentación que ha de cumplir la información relativa al principio de "no causar un perjuicio significativo", que delimitan el contenido, los métodos y la presentación para la información relativa a los indicadores de sostenibilidad y las incidencias adversas en materia de sostenibilidad, así como el contenido y la presentación de información relativa a la promoción de características medioambientales o sociales y de objetivos de inversión sostenible en los documentos precontractuales, en los sitios *web* y en los informes periódicos". Se deberá complementar con la corrección de errores del Reglamento Delegado (UE) 2022/1288 de la Comisión, de 6 de abril de 2022 (DOUE *L* núm. 10 de 12 de enero de 2023) debiendo decir "Reglamento Delegado (UE) 2022/1288 de la Comisión, de 6 de abril de 2022", por el que se completa el Reglamento (UE) 2019/2088 del Parlamento Europeo y del Consejo respecto a las normas técnicas de regulación que especifican los pormenores en materia de contenido y presentación que ha de cumplir la información relativa al principio de "no causar un perjuicio significativo", y especifican el contenido, los métodos y la presentación para la información relativa a los indicadores de sostenibilidad y las incidencias adversas en materia de sostenibilidad, así como el contenido y la presentación de información relativa a la promoción de características medioambientales o sociales y de objetivos de inversión sostenible en los documentos precontractuales, en los sitios web y en los informes contenido y la presentación de información relativa a la promoción de características medioambientales o sociales y de objetivos de inversión sostenible en los documentos precontractuales, en los sitios web y en los informes periódicos".

un perjuicio significativo"[95] (principio *DNSH)*, además de especificar cuáles son los métodos y la presentación para la información relativa a los indicadores de sostenibilidad y las incidencias adversas en esta materia[96].

Del mismo modo, se ha establecido el contenido y la presentación de información inherente a la promoción de características medioambientales o sociales, además de la determinación de concretos objetivos de inversión sostenible[97] en los documentos pre-

---

95 *Cfr.* Considerando 10 que establece: "Una forma en que los productos financieros pueden promover características medioambientales o sociales consiste en tener en cuenta las principales incidencias adversas de las decisiones de inversión. Los productos financieros que tienen como objetivo una inversión sostenible debe, como parte de las divulgaciones realizadas con respecto al principio de «no causar un perjuicio significativo», tener en cuenta también los indicadores de sostenibilidad en relación con las incidencias adversas contempladas en el artículo 4, apartados 6 y 7, del Reglamento (UE) 2019/2088. Por esas razones, los participantes en los mercados financieros, como parte de sus divulgaciones de información sobre sostenibilidad, deben indicar el modo en que tienen en cuenta, para esos productos financieros, las principales incidencias adversas de sus decisiones de inversión sobre los factores de sostenibilidad".

96 *Cfr.* Considerando 3 el cual reseña: "Para los inversores finales con interés en el comportamiento en materia de sostenibilidad de los participantes en los mercados financieros y de los asesores financieros, es fundamental que la información que proporcionen los participantes en los mercados financieros sobre las principales incidencias adversas de sus decisiones de inversión sobre los factores de sostenibilidad, y los asesores financieros sobre las principales incidencias adversas de su asesoramiento en materia de inversión o seguros sobre los factores de sostenibilidad, sea completa. Por consiguiente, esta información debe abarcar las inversiones en activos, tanto directas como indirectas".

97 *Cfr.* Considerando 13, cuyo tenor refleja textualmente: "Los productos financieros pueden promover características medioambientales o sociales de una gran cantidad de formas, entre otras, en un documento precontractual o periódico, en el nombre de su producto o en cualquier comunicación mercadotécnica sobre su estrategia de inversión, las normas sobre sus productos financieros, las etiquetas a las que se adhieren, o las condiciones que se aplican para la inscripción automática. Para garantizar la comparabilidad y comprensibilidad de las características medioambientales o sociales, los participantes en los mercados financieros que comercialicen productos financieros que promueven dichas características deben confirmar la información sobre dicha promoción en anexos a los documentos o a la información mencionados en el artículo 6, apartado 3, y el artículo 11, apartado 2, del Reglamento (UE) 2019/2088 sobre las divulgaciones de información precontractuales y periódicas".

contractuales insertados en los sitios *web*[98] y en los informes periódicos[99].

Todo ello evidencia, en el marco del citado texto reglamentario, el establecimiento de una serie de obligaciones que afectan, en aras al logro de los necesarios objetivos de transparencia, tanto a la organización interna de la gran mayoría de las entidades financieras[100], como a la información que las mismas deben de publicar en su página web (artículo 10)[101], referidas, entre otras, a la coherencia de

---

98 Dirigida fundamentalmente a públicos de interés (inversores, *stakeholders*, potenciales empleados, instituciones, estados, organizaciones, agencias, etc.) para informar sobre su posicionamiento en temas significativos, modelos de negocio, resultados, inversiones valores, con finalidades corporativas incluso convocatorias y anuncios).

99 Desde un punto de vista doctrinal, PALÁ LAGUNA, R., "Desarrollo Normativo del Reglamento sobre la divulgación de información relativa a la sostenibilidad en el sector de los servicios financieros". Disponible: *https://www.ga-p.com* (acceso el 23 de enero 2025).

100 Se prevé la colaboración con las tres autoridades de supervisión (*AES*), la Autoridad Bancaria Europea (*ABE*), la Autoridad Europea de Seguros y Pensiones de Jubilación (*AESPJ*) y la Autoridad Europea de Valores y Mercados (*AEVM*) quienes podrán elaborar, a través del comité mixto, proyectos de normas técnicas de ejecución con objeto de determinar la presentación normalizada de la información relativa a la promoción de las características medioambientales o sociales y las inversiones sostenibles (artículo 13.2 del texto reglamentario sobre finanzas sostenibles). Asimismo, se parte de la base de categorías reguladas en el Derecho de la UE sobre "entidades involucradas y productos supervisados", adicionándose al efecto, tres definiciones nuevas: "inversiones sostenibles" (artículo 2.17), "el riesgo de sostenibilidad" (artículo 2.22) y los "factores de sostenibilidad" (artículo 2.24). Son interesantes, abordando este aspecto, las apreciaciones de BUSUIOC, M., "Rule-making by the European Financial Supervisory Authorities: walking a tight rope", *European Law Journal*, núm. 19, *John Wiley & Sons Ltd*, págs 111-125; GUICHOT REINA, E. y GUTIÉRREZ ALONSO, J. J., "La transparencia en la regulación bancaria" en MUÑOZ MACHADO, S. y VEGA SERRANO, J., (dirs.), *Derecho de la Regulación Económica*, núm. 10, *Iustel*, Madrid, 2013, págs. 209-259.

101 A estos efectos, el Capítulo IV regula la "publicación de información relativa al producto en el sitio web" y distribuye su contenido en dos secciones dedicadas a la "publicación en el sitio web de información relativa a los productos financieros que promueven características medioambientales o sociales" y a la "publicación en el sitio web de información relativa a los productos financieros que tienen como objetivo una inversión sostenible". En especial, establece las características técnicas que debe cumplir la sección del sitio web para la divulgación de información en materia de sostenibilidad de los productos financieros

su política de remuneraciones con la integración de los riesgos de sostenibilidad (*ex* artículos 3, 5 y 7), además de la inclusión en la información precontractual de sus productos (artículo 8) en relación con la integración de los denominados "riesgos e incidencias", y la determinación del impacto que dichas entidades pueden generar en su entorno en materia de sostenibilidad en punto a los productos financieros[102].

Bajo las anteriores premisas, también se insertará una descripción de las características medioambientales o sociales del objetivo de inversión sostenible (que para en el supuesto de que se haya designado un índice de referencia, se determinará la forma en que el mismo se debe ajustar a tal objetivo, además de la inclusión de una explicación de la razón por la cual dicho índice difiere del índice general del mercado)[103], así como cualesquiera otra información relativa a los

---

indicando: "Los participantes en los mercados financieros publicarán, para cada producto financiero, la información mencionada en el artículo 10, apartado 1, del Reglamento (UE) 2019/2088 en una sección específica titulada "Información en materia de sostenibilidad", en la misma parte de su sitio web que el resto de la información relativa al producto financiero, incluidas las comunicaciones de mercadotecnia. Los participantes en los mercados financieros determinarán con claridad el producto financiero al que se refiere la información contenida en la sección relativa a la información en materia de sostenibilidad y presentarán de forma bien visible las características medioambientales o sociales o el objetivo de inversión sostenible de dicho producto" (artículo 23).

102 ESTEBAN RÍOS, J., "Entidades de crédito y medio ambiente introducción y fomento de criterios de sostenibilidad ambiental en el sector financiero", *Revista Aragonesa de Administración Pública*, núm. 19, 2018 (Ejemplar dedicado a: *Mecanismos económicos y de mercado para la protección ambiental*), Zaragoza, 2018.

103 Unido a lo indicado, en el Capítulo V se reseña de manera concreta la "publicación de información relativa al producto en informes periódicos" articulándose en 4 secciones referidas a la "promoción de características medioambientales o sociales (1), al "objetivo de inversión sostenible" (2), a las "comparaciones históricas de informes periódicos" (3) y a los "productos financieros con opciones de inversión" (4), comenzando por establecer los "requisitos de presentación y contenido de los informes periódicos en el caso de los productos financieros que promueven características medioambientales o sociales" cuando establece de manera textual: "1. Para los productos financieros que promueven características medioambientales o sociales, los participantes en los mercados financieros presentarán la información mencionada en el artículo 11, apartado 1, del Reglamento (UE) 2019/2088 en un Anexo de los documentos o la información mencionados en el artículo 11, apartado 2 de dicho marco reglamentario en el

métodos utilizados para su medición y control referidas a la prevención del blanqueo ecológico o "*Greenwashing*"[104].

Por lo demás, debe efectuarse mención específica a la obligación a cargo no solo de las entidades participantes en el mercado financiero, sino también, por parte de sus asesores, de velar por que lo publicado en sus comunicaciones publicitarias no contradiga la información divulgada en su página web (artículo 13.1 del mencionado marco reglamentario)[105].

---

formato de la plantilla establecida en el Anexo IV del presente Reglamento. 2. Los participantes en los mercados financieros incluirán en el cuerpo principal de los documentos o la información a que se hace referencia en el artículo 11, apartado 2, del Reglamento (UE) 2019/2088 una declaración bien visible de que la información sobre las características medioambientales y sociales está disponible en ese anexo" (artículo 50). A este tenor, indicaremos los 5 anexos en donde son reflejadas las plantillas que deben ser aportadas: a) El Anexo I, la "plantilla de la declaración sobre las principales incidencias adversas en materia de sostenibilidad"; b) El Anexo II, la "plantilla para la información precontractual de los productos financieros a que se refieren el artículo 8, apartados 1, 2 y 2 *bis*, del Reglamento (UE) 2019/2088 y el artículo 6, párrafo primero, del Reglamento (UE) 2020/852; c) El Anexo III, la "plantilla para la información precontractual relativa a los productos financieros a que se refieren el artículo 9, apartados 1 a 4 bis, del Reglamento (UE) 2019/2088 y el artículo 5, párrafo primero, del Reglamento (UE) 2020/852"; d) El Anexo IV, la "plantilla de información periódica de los productos financieros a que se refieren el artículo 8, apartados 1 y 2 del Reglamento (UE) 2019/2088 y el artículo 6, párrafo primero, del Reglamento (UE) 2020/852"; e) El Anexo V, la "plantilla de información periódica de los productos financieros a que refiere el artículo 9, apartados 1 a 4 bis, del Reglamento (UE) 2019/2088 y el artículo 5, párrafo primero, del Reglamento (UE) 2020/852".

104 Mencionaremos que el 10 de noviembre de 2022 el Parlamento Europeo adoptó la Directiva de divulgación de información corporativa sobre sostenibilidad. Asimismo, el 24 de noviembre de 2024, la ONU, en su XIX Conferencia de las Partes de la Convención Marco de Cambio Climático, estableció unos criterios para garantizar que los compromisos de descarbonización presentados fueran ciertos en aras a evitar el denominado "blanqueo ecológico", y concluyendo con un acuerdo para financiar países en desarrollo. Disponible: *https://unfccc.int/NCQG*. En relación con el "blanqueo ecológico" son interesantes los comentarios de SILVA, D., "The fight against "greenwashing" in the European Union", *UNIO-EU Law Journal*, Vol. 7, núm. 2, Universidade do Minho, 2022, pág. 10; KURPIERZ, J. R. y SMITH, K., "The greenwashing triangle: adapting tools from fraud to improve CSR reporting", *Sustainability Accounting, Management and Policy Journal*, Vol. 11, núm. 6, 2020, págs. 1075-1093.

105 La *ESMA* emitió una declaración pública sobre las próximas directrices relativas a los nombres de los fondos, publicadas en 2025 para adaptarse a las revisiones

2.1. El Pacto Verde Europeo (*European Green Deal*) y el "Plan de Inversión para una Europa Sostenible"

Con fecha 11 de diciembre de 2019, la Comisión Europea publicó la Comunicación de la Comisión al Parlamento Europeo, al Consejo Europeo, al Comité Económico y Social europeo y al Comité de Regiones sobre el denominado "Pacto Verde Europeo"[106] el cual, sustentado en políticas transformadoras, tiene como objetivo esencial reconstruir la UE en una sociedad equitativa y próspera tendente a su conversión en el primer continente neutro[107] desde un punto de

---

de la legislación sectorial sobre fondos— cuarta versión sobre OICMV que revisa y sustituye a la Directiva 85/611/CEE sobre OICMV—, como la Directiva 2009/65/CE del Parlamento Europeo y del Consejo, de 13 de julio de 2009 por la que se coordinan las disposiciones legales, reglamentarias y administrativas sobre determinados organismos de inversión colectiva en valores mobiliarios— la cual se ha completado mediante actos delegados por la CE, como el Reglamento delegado (UE) 2026/438 modificado por el Reglamento (UE) 2028/1619 y el Reglamento (UE) 2026/438 y Reglamento delegado 2024/911. Asimiso, la CE adoptó como actos ejecución la Directiva 2007/16/CE; la Directiva 2020/42/UE la Directiva 2020/43/UE, el Reglamento 583/2020; el Reglamento 584/2010; el Reglamento de ejecución (UE) 2016/1212 y el Reglamento de ejecución 2024/910— y la Directiva 2011/61/UE del Parlamento Europeo y del Consejo, de 8 de junio de 2011 relativa a los gestores de fondos de inversión alternativos y por la que se modifican las Directivas 2003/41/CE y 2009/65/CE y los Reglamentos (CE) 1060/2009 y (UE) 1095/2010.

106 Comunicación de la Comisión "El Pacto Verde Europeo", COM (2019) 640 final. Enlazado con lo indicado, y haciendo una reseña en el tiempo, es interesante la aprobación el 24 de abril de 2024 por parte del Parlamento Europeo de la Directiva sobre diligencia debida de las empresas en materia de sostenibilidad (*CS3D*, por sus siglas en inglés) supone un nuevo impulso a la responsabilidad de las organizaciones con los derechos humanos y el medioambiente. estableciendo un Plan de acción para la economía circular, además de la Estrategia sobre Biodiversidad junto a la Estrategia "de la Granja a la mesa" y la Estrategia para financiar la transición a una economía sostenible: *https://www.pactomundial.org/noticia/csddd-directiva-sobre-diligencia-debida*-(*acceso* 3 de enero 2025).

107 El punto de partica del Pacto Verde Europeo para la UE y sus ciudadanos reside en "constatar que la atmósfera se está calentando, y el clima cambia cada año. De los ocho millones de especies del planeta, un millón está en riesgo de extinción. Estamos contaminando y destruyendo los bosques".

vista climático[108], esto es, "cero emisiones netas en 2050"[109], lo cual supone, bajo un ámbito empresarial, la eliminación generada en el ciclo de vida de sus productos, bien para compensar las mismas[110], bien por adquirir derechos de emisión.

En atención a ello, se busca, en primer término, el logro en el año 2050, de una economía sostenible y neutra en emisiones de gases de efecto invernadero[111], que posibilite, en esencia, la restauración de

---

108 Desde un punto de vista doctrinal, DELGADO, M., "Foro "Descarbonizar la economía", El Confidencial. Discurso de apertura, 31 de octubre, 2019.

109 En nuestro país, abordando esta específica cuestión por primera vez, en relación con la Directiva 2024/825 del Parlamento Europeo y del Consejo, de 28 de febrero de 2024, traeremos a colación la Sentencia del Juzgado de lo Mercantil núm. 2 de Santander, de 21 de febrero de 2025 (párrafo 139 y 140)

110 Esto es, la neutralización de las emisiones de CO2 que emite a la atmósfera cualquier persona, empresa u organización con su actividad. La compensación de emisiones de CO2 consiste en la aportación de una cantidad económicas, proporcional a las emisiones generadas, para un proyecto que evite o capture la misma cantidad de CO2 emitida. No obstante, donde se ha suscitado un mayor debate en este punto ha sido en la doctrina alemana, diferenciando con claridad aquellos supuestos en los que la empresa ha compensado las emisiones generadas y aquellos otros en los que ha adquirido derechos de emisión y si son generados o no derechos de compensación. Véase la interesante conclusión alcanzada por el *Landgericht* de Frankfurt en su Sentencia de 31 de mayo de 2016 (*www. Wettbewerbszentrale.de*).

111 Comunicación de la Comisión. "Objetivo 55": cumplimiento del objetivo climático de la UE para 2030 en el camino hacia la neutralidad climática, COM (2021) 550 final, de 14 de julio de 2021, pág. 1. Mencionaremos, en este punto, que otro de los elementos incluidos en el paquete del citado "Objetivo 55" es la revisión de la Directiva (UE) 2018/2001 del Parlamento Europeo y del Consejo, de 11 de diciembre de 2018, relativa al fomento de energía procedente de fuentes renovables, para cumplir el nuevo objetivo del 55% de GEI. En virtud de la Norma citada, la UE está actualmente obligada a garantizar que, al menos, el 32% de su consumo energético provenga de fuentes de energía renovables para el año 2030. Asimismo, no podemos obviar que en el *DOUE* del 5-3-2025 (Serie C) se publicó la Comunicación de la Comisión sobre la interpretación y aplicación de determinadas disposiciones legales del acto delegado de taxonomía medioambiental de la UE, el acto delegado de taxonomía climática de la UE y el acto delegado sobre divulgación de información relacionada con la taxonomía de la UE" (ref. C/2025/1373), que entre otras relevantes cuestiones, da respuesta a la forma en que puede llevarse a cabo por parte de los operadores, una evaluación comparativa de las emisiones de gases de efecto invernadero (GEI) durante el ciclo de vida en el contexto de la taxonomía de la UE. De la misma forma, es planteada cuál debería ser la frecuencia de la verificación por

la biodiversidad y la reducción de la contaminación mediante un uso eficiente de los recursos[112]. Por otro lado, se intenta implementar una economía limpia y circular, protectora del hábitat natural, en donde se aboga, como una de sus principales líneas inspiradoras[113], por el logro del liderazgo de la mencionada acción climática en todo el territorio de la Unión[114].

Sustentado en los parámetros anteriores, también son descritas no solo las inversiones necesarias y las herramientas de financiación disponibles, sino que son insertadas diferentes medidas que buscan, en última instancia, el poder garantizar una transición justa, garantizada[115] e inclusiva en diferentes sectores contando con la estandarización y la transparencia necesarias que deriven en una asignación más eficiente de los recursos[116]. Parece, por tanto, que dicho Pacto

---

terceros, y si sería, en su caso necesario, llevar a cabo una verificación por terceros todos los años, en particular, en el supuesto de que los criterios técnicos de selección exijan la verificación por terceros de las emisiones de GEI durante el ciclo de vida y de si un laboratorio interno acreditado tendría la consideración de tercero independiente, a efectos de la mencionada verificación por terceros.

112 Aborda esta cuestión, ampliamente, el Estudio *Spainsift* 2020. Disponible: *https://www.spainsif.es/wp-AF_Estudio_Anual_Spainsif_2020web.pdf.* (acceso el 22 de enero de 2025).

113 En el mismo se propugna, en el marco de un contexto de calentamiento de la atmósfera y de cambio del clima, de contaminación y destrucción de bosques y océanos, con el riesgo de extinción de un millón de los ocho millones de especies que pueblan el planeta, el dar respuesta a estos desafíos. Su objetivo es "transformar la UE en una sociedad equitativa y próspera, con una economía moderna, eficiente en el uso de los recursos y competitiva, en la que no habrá emisiones netas de gases de efecto invernadero en 2050 y el crecimiento económico estará disociado del uso de los recursos", aspirando, igualmente, a "proteger, mantener y mejorar el capital natural de la UE, así como a proteger la salud y el bienestar de los ciudadanos frente a los riesgos y efectos medioambientales", de forma justa e integradora (Comisión Europea, 2019, pág. 2).

114 Ampliamente, entre otros autores, GONZÁLEZ MARTÍNEZ, C. I., "Panorámica de iniciativas institucionales globales y europeas en finanzas sostenibles", Banco de España, núm. 3, Madrid, 2021, págs. 3-6; LÓPEZ JIMÉNEZ, J. M. y ZAMARRIEGO MUÑOZ, A., *La Sostenibilidad y el Nuevo Marco Institucional y Regulatorio de las Finanzas Sostenibles,* Aranzadi, Cizur menor, 2021, págs. 9 y ss.

115 Véase: *https://ec.europa.eu/info/strategy/priorities-2019-2024/european-green-deal_es.*(acceso el 19 de enero de 2025).

116 Con el paquete de medidas denominado "Objetivo 55", la Legislación Europea sobre el Clima hace de la consecución del objetivo climático de la UE de reducción de las emisiones de la UE en al menos, un 55% de aquí al año 2030, una

Verde Europeo articuló las pautas para la denominada "Ley Europea del Clima"[117] con el objetivo de asegurar que todas las políticas de la UE contribuyan a la deseada neutralidad climática[118] y que todos los sectores de la economía y la sociedad desempeñen su concreto papel convirtiendo sus propósitos en obligaciones legales.

En consecuencia, en aras al logro de las pautas precedentes y circunscrito a "unas finanzas sostenibles[119] y una transición justa garan-

---

obligación jurídica, en aras al logro de la deseable neutralidad climática en el año 2050.

117 Traeremos a colación el Reglamento (UE) 2021/1119 del Parlamento Europeo y del Consejo de 30 de junio de 2021 por el que se establece el marco para lograr la neutralidad climática y se modifican los Reglamentos (CE) 401/2009 y (UE) 2018/1999 ("Legislación europea sobre el Clima").

118 Al respecto, véase PLUTTE, N., Disponible en: *www.ra-plurte.de, passim.*

119 No existe un concepto univoco de fianzas sostenibles pero podemos traer a colación la definición acuñada por el Reglamento (UE) 2019/2088 en donde se incluyen inversiones en aquellas actividades económicas que contribuyan a un objetivo medioambiental sostenibles, y en donde se considera que una inversión sólo es sostenible si no perjudica significativamente ninguno de los objetivos medioambientales o sociales, lo que se denomina el "principio de no causar perjuicio significativo" o *DNSH*, por sus siglas en inglés y que tiene como fin último reorientar los flujos de capital hacia inversiones sostenibles a fin de alcanzar un crecimiento sostenible e inclusivo; gestionar los riesgos financieros derivados del cambio climático, el agotamiento de los recursos, la degradación del medio ambiente y los problemas sociales; y fomentar la transparencia y el largoplacismo en las actividades financieras y económicas. Recientemente, se ha la Comunicación de la Comisión sobre la interpretación y aplicación de determinadas disposiciones legales del acto delegado de taxonomía medioambiental de la UE, el acto delegado de taxonomía climática de la UE y el acto delegado sobre divulgación de información relacionada con la taxonomía de la UE (*DOUE d*el 5-3-2025, Serie C, ref. C/2025/1373), en las que se da respuesta, entre otras importante cuestiones, a cual es la relación entre los criterios relativos al principio de "no causar un perjuicio significativo" (*DNSH)* en la taxonomía de la UE y la manera en que se aplica el principio *DNS*H en el contexto de los fondos públicos, como el Mecanismo de Recuperación y Resiliencia e *InvestEU*. Asimismo da una respuesta general a la cuestión de si son los criterios relativos al mencionado principio de "no causar un perjuicio significativo" establecidos en los actos delegados sobre la taxonomía más detallados que los requisitos de las normas europeas de información sobre sostenibilidad (Normas Europeas de Información sobre Sostenibilidad establecidas en el Reglamento Delegado (UE) 2023/2772 de la Comisión) (*NEIS*); y si existe la posibilidad de utilizar la información divulgada en el marco de las mismas (a modo ejemplificativo, con arreglo a la *NEIS* E3 o la *NEIS* E4) para demostrar el cumplimiento de los crite-

tizada, la Comisión presentó en enero del año 2021, el denominado "Plan de Inversiones para una Europea Sostenible" creando un marco para facilitar e incentivar las inversiones públicas y privadas necesarias para la transición hacia una economía climáticamente neutra, ecológica, competitiva e inclusiva[120].

Ciertamente, puede aducirse que se proporcionará, por parte de la Unión, diferentes herramientas para los inversores, al considerar a la financiación sostenible[121] como un elemento central del sistema financiero, facilitando el fomento del presupuesto de ecologización general de muchas de sus actividades como mecanismo óptimo propulsor de todas aquellas políticas incardinadas a los mismos dentro de este ámbito territorial.

Sentado lo anterior, resulta indicativo con el fin de minimizar el efecto social y socioeconómico inherente a las medidas comentadas, la creación del denominado Fondo de Transición Justa[122] como herramienta clave para apoyar a los territorios más afectados por la transición a la neutralidad climática, evitando el incremento de las

---

rios relativos al principio *DNSH*. Desde una perspectiva doctrinal, y abordando cuestiones generales, FANEGO, M., "Finanzas sostenibles: novedades regulatorias", *Revista de Derecho del Mercado de Valores*, núm. 27, La Ley, Madrid, 2020, págs. 1-32.

120 Previamente, mencionaremos la Comunicación de la Comisión al Parlamento europeo, al Consejo europeo, al *BCE* y al Comité Económico y Social, de 8 de marzo de 2018, en la Acción 2. relativa a la creación de normas y etiquetas para los productos financieros verdes, en donde se incluía la elaboración de un proyecto normativo sobre bonos verdes, todo ello dentro del apartado sobre la reorientación de flujos de capital hacia una economía más sostenible. Desde un ámbito doctrinal, ÍÑIGUEZ ORTEGA, P., "Perspectivas actuales del sistema de clasificación unificado europeo: hacia un inversor catalizador de productos financieros verdes", *RMV*, núm. 31, La Ley, Madrid, 2022, pág. 15 y ss.

121 *Vid* KISKIS, E., "La inversión sostenible…" *op. cit.* pág. 12.

122 El Fondo de Transición Justa cuenta con un presupuesto global de 17.500 millones EUR para el período 2021-2027. Se financiarán 7.500 millones EUR dentro del marco financiero plurianual y 10.000 millones de euros adicionales en el marco del *Next Generation EU*. Asimismo, los Estados miembros pueden complementar su asignación del Fondo de Transición Justa con los recursos que perciban en virtud del Fondo Europeo de Desarrollo Regional y el Fondo Social Europeo Plus. A estos efectos, véase Comisión Europea. (2020). Fondo de Transición Justa. Disponible en: *https://ec.europa.eu/info/funding-tenders/find-funding/eu-dingprogrammes/just-transition-fund_es* (acceso 25 enero 2025).

disparidades regionales, siendo su principal objetivo aligerar el impacto de la transición financiando la diversificación y la modernización de la economía local y mitigando las repercusiones negativas en el empleo, para paliar los efectos nocivos del cambio climático en los más vulnerables[123], además de abordar los cambios estructurales que se fueran produciendo en los modelos empresariales, las competencias necesarias y los precios relativos; de modo tal que afectará a los ciudadanos de la UE según sus circunstancias sociales y geográficas[124]

Por otra parte y complementando lo expuesto, el programa *InvestE*[125] se hará cargo del Régimen de Transición Específico, tratando de modificar los modelos empresariales existentes mediante una transición ecológica de las inversiones privadas hacia específicos sectores (energía sostenible, transporte) pudiéndose ejecutar los Mecanismos de Recuperación y Resiliencia, además del Mecanismo de Préstamos al Sector Público del Banco Europeo de Inversiones, respaldado por el presupuesto de la UE, en donde será facilitado, entre otros puntos, la concesión de préstamos[126] al sector público relacionados con la sostenibilidad[127] y engarzado en las prioridades de las políticas preferentes de la UE, como el Pacto Verde Europeo y la Transición digital.

---

123 AMARGANT, R. y GUTIÉRREZ DEL ARROYO, F., "El efecto del cambio climático y la transición energética sobre el sector financiero y su reacción al desafío", *EsadeEcPol Brief*, núm. 21, Barcelona, 2022.

124 TAPIA HERMIDA, A., "Sostenibilidad..." *op. cit.* pág. 57.

125 Disponible en: *http://www.europarl.europa.eu/topics/es* (acceso 19 de enero 2025). Recordaremos que el Programa se divide en tres componentes: Fondo *InvestE;* Centro de Asesoramiento *InvestE* y Portal *InvestE*. Igualmente, con fecha 5 de marzo de 2025 el BEI y la CE han presentado el primer Laboratorio de Financiación de Género para Bancos Comerciales en el marco del Centro de Asesoramiento *InvestE*.

126 En materia de finanzas sostenibles, se espera que la publicación en noviembre de 2024 por parte de la *Loan Market Association* (LMA) de "Disposiciones Modelo para Préstamos Verdes" sea un punto de partida que contribuya al desarrollo del mercado de préstamos verdes, lo que beneficiará tanto a los prestatarios como a los prestamistas. Disponible: *https://www.lma.eu.com/documentsguidelines/documents/category/sustainable-finance* (acceso 25 enero 2025).

127 DOUE de 20 de junio de 2020. Disponible: *https://ec.europa.eu/info/funding-tenders/find-funding/eu-funding-programmes/recovery-and-resilience-facility_es.*

2.2. Cambios regulatorios inherentes a la sostenibilidad financiera: Reglamento (UE) 2020/852 del Parlamento Europeo y del Consejo, de 18 de junio de 2020, relativo al establecimiento de un marco para facilitar las inversiones sostenibles (*RIS* 2020)[128] y por el que es modificado el Reglamento (UE) 2019/2088

El Reglamento (UE) 2020/852 del Parlamento europeo y del Consejo, de 18 de junio (también denominado, Reglamento de Taxonomía)[129] articula los fundamentos del sistema de clasificación

---

128 En 2025 se producirá un cambio en el panorama normativo del sector financiero en línea con los avances que se han iniciado últimamente y que está previsto que culminen a lo largo de los próximos años. Así se prevé la modificación de las Directivas UCITS y AIFMD que ya está en vigor y que será de aplicación en abril de 2026, por lo que se espera el inicio del trabajo preparatorio para su transposición durante este año. Además, se espera que tenga lugar durante este año el trílogo entre el Parlamento Europeo, el Consejo de la UE y la Comisión Europea sobre el *Retail Investment Strategy* con vistas a su aprobación durante 2026.

129 Directamente relacionado con la Taxonomía, está el Reglamento UE/2019/2088, relativo a la divulgación de información relativa a la sostenibilidad en el sector de los servicios financieros. Este reglamento señala los requisitos en materia de información precontractual que deben atender, de una parte, los productos financieros que promueven, entre otras, características medioambientales o sociales siempre y cuando las empresas en las que invierten observen buenas prácticas de gobernanza (artículo 8), así como los productos financieros que tienen como objeto exclusivamente inversiones sostenibles (artículo 9). Del mismo modo, el Reglamento Delegado UE/2021/2178 relativo a la especificación del contenido y la presentación de la información que deben divulgar las empresas sujetas a la publicación de información no financiera respecto a las actividades económicas sostenibles. Unido a ello, y como tendremos ocasión de analizar pausadamente en este trabajo, la aprobación del 24 de abril de 2024 por parte del Parlamento Europeo de la Directiva sobre diligencia debida de las empresas en materia de sostenibilidad (*CS3D*) ha supuesto un nuevo impulso a la responsabilidad de las organizaciones con los Derechos humanos y el medioambiente. La norma europea deberá adaptarse a la legislación nacional en un plazo de dos años, está llamada a ser una herramienta efectiva que permita a las empresas detectar y eliminar las acciones de su proceso productivo que atentan contra las personas o dañan el medioambiente, que complementa el Reglamento sobre la Taxonomía, facilitando información más detallada a los inversores con el objeto de asignar capital a las empresas responsables y sostenibles. No debemos olvidar que el 26 de febrero de 2025, la Comisión europea publicó en aras a mejorar la competitividad al aumentar la transparencia y promover productos y servicios

común europeo sobre actividades económicas sostenibles[130], desde

---

más limpios y respetuosos con el medio ambiente, el denominado "Reglamento *Omnibus*" que tendremos ocasión de analizar en el presente estudio junto con la Directiva "*Stop the Clock*" aprobada el 3 de abril de 2025 como parte del paquete "Omnibus I "de la Comisión. Desde un ámbito doctrinal, y efectuando un análisis de la *CS3D*, véase FONTICIELLA HERNÁNDEZ, B., "La sostenibilidad financiera desde la óptica regulatoria: compendio del panorama normativo actual", *Revista de Derecho del Sistema Financiero*, núm. 5, Madrid, 2023, págs. 259-295.

130 A modo de avance, el citado "Paquete Ómnibus" efectúa una serie de modificaciones que se incorporan al artículo 19 b) del Reglamento; el artículo 29 aa); articulo 29 ca): artículo 29 d). Asimismo, es importante recoger la Comunicación de la Comisión sobre la interpretación y aplicación de determinadas disposiciones legales del acto delegado de taxonomía medioambiental de la UE, el acto delegado de taxonomía climática de la UE y el acto delegado sobre divulgación de información relacionada con la taxonomía de la UE (*DOUE* del 5-3-2025 (Serie C) (ref. C/2025/1373 que tiene como fin, la utilización del marco de la taxonomía de manera más sencilla tanto para empresas financieras como no financieras. Refiere específicamente a la interpretación y aplicación de las tres disposiciones legales siguientes sobre taxonomía: el acto delegado de taxonomía medioambiental de la UE, instrumentado, entre otros, por el Reglamento Delegado (UE) 2023/2486 de la Comisión, de 27 de junio de 2023, por el que se completa el Reglamento (UE) 2020/852 del Parlamento Europeo y del Consejo mediante el establecimiento de los criterios técnicos de selección para determinar en qué condiciones se considerará que una actividad económica contribuye de forma sustancial al uso sostenible y a la protección de los recursos hídricos y marinos, a la transición a una economía circular, a la prevención y el control de la contaminación, o a la protección y recuperación de la biodiversidad y los ecosistemas, y para determinar si dicha actividad económica no causa un perjuicio significativo a ninguno de los demás objetivos medioambientales, y por el que se modifica el Reglamento Delegado (UE) 2021/2178 de la Comisión en lo que respecta a la divulgación de información pública específica sobre esas actividades económicas (DO *L* 2023/2486, 21.11.2023); el acto delegado de taxonomía climática de la UE, instrumentado, entre otros, por el Reglamento Delegado (UE) 2021/2139 de la Comisión, de 4 de junio de 2021, por el que se completa el Reglamento (UE) 2020/852 del Parlamento Europeo y del Consejo y por el que se establecen los criterios técnicos de selección para determinar las condiciones en las que se considera que una actividad económica contribuye de forma sustancial a la mitigación del cambio climático o a la adaptación al mismo, y para determinar si esa actividad económica no causa un perjuicio significativo a ninguno de los demás objetivos ambientales (DO *L* 442 de 9.12.2021, pág. 1); c) el acto delegado sobre divulgación de información relacionada con la taxonomía de la UE, instrumentado, entre otros, por el Reglamento Delegado (UE) 2021/2178 de la Comisión, de 6 de julio de 2021, por el que se completa el Reglamento (UE) 2020/852 del Parlamento

el punto de vista medioambiental[131], lo que permite, a su vez, de-

---

Europeo y del Consejo mediante la especificación del contenido y la presentación de la información que deben divulgar las empresas sujetas a los artículos 19 *bis* o 29 *bis* de la Directiva 2013/34/UE respecto a las actividades económicas sostenibles desde el punto de vista medioambiental, y la especificación de la metodología para cumplir con la obligación de divulgación de información (DO *L* 443 de 10.12.2021, pág. 9). En dicha Comunicación se reseñan 4 objetivos fundamentales: a) realizar las aclaraciones técnicas que responden a preguntas frecuentes sobre los CTS establecidos en el acto delegado de taxonomía climática (incluidas las modificaciones introducidas en este) y el acto delegado de taxonomía medioambiental, así como sobre las obligaciones de divulgación de información respecto de los objetivos medioambientales no climáticos establecidas en las modificaciones del acto delegado sobre divulgación de información relacionada con la taxonomía; b) complementar las anteriores Comunicaciones de la Comisión publicadas hasta la fecha sobre la taxonomía de la UE y sus actos delegados que se identifican en la propia Comunicación, dado que se centra en cuestiones técnicas sobre los criterios y las actividades incluidos en el acto delegado de taxonomía medioambiental y en las preguntas adicionales recibidas en relación con las actividades incluidas en el acto delegado de taxonomía climática; c) Facilitar la aplicación efectiva de los referidos actos. Por ello, no se abordan las numerosas preguntas y propuestas que se plantean en relación con el fundamento y las pruebas en que se basa la elección de los criterios; d) ayudar a las partes interesadas a cumplir los requisitos reglamentarios de manera rentable y garantizar que la información comunicada sea comparable y útil para aumentar las finanzas sostenibles. En esta sentido, "la Comisión pretende facilitar la presentación de información y reducir los costes para las empresas mediante la intensificación de los esfuerzos para ayudar a los usuarios de la taxonomía con la interpretación y el cumplimiento de los *CTS* establecidos en los actos delegados sobre la taxonomía y explorar soluciones digitales para la presentación de información; el trabajo en posibles ajustes para mejorar la facilidad de uso de determinados *CTS* (incluidos los criterios relativos al principio de no causar un perjuicio significativo (DNSH); la prestación de apoyo personalizado a las autoridades nacionales competentes a través del instrumento de apoyo técnico, en particular, sobre la aplicación de los *CTS* de la taxonomía y la reducción de la carga normativa".

131 El Reglamento de Taxonomía se aplica a determinadas actividades económicas, que actualmente se identifican en la Ley Delegada sobre el Clima, la Ley Delegada sobre el Clima Complementaria y la Ley Delegada sobre Medio Ambiente, que también establecen los criterios técnicos de selección para cada una de las actividades pertinentes (Reglamento Delegado 2021/2178; Reglamento Delegado (UE) 2022/1214, de 9 de marzo de 2022 —Acto Delegado Complementario sobre el Clima) y Reglamento Delegado (UE) 2023/2486 de 27 de junio de 2023, respectivamente—. No es ocioso recordar que el 26 de febrero de 2025, la Comisión Europea ha presentado un paquete de normas para simplificar las reglas de sostenibilidad que las empresas europeas ya debían seguir y cuyo ob-

terminar el grado de sostenibilidad[132] de una inversión financiera[133] que supuso un salto cualitativo en la regulación de la sostenibilidad financiera en la UE por dos motivos esenciales: en primer término, porque el precedente Reglamento (UE) 2019/2088 sobre finanzas sostenibles (REFISO 2019)[134] operaba de forma indirecta ya que bus-

---

jetivo principal, cm tendremos ocasión de analizar en el presente trabajo, es permitir que las empresas sean más sostenibles sin perder oportunidad de crecimiento, reformando, a tales efectos, las s normas de sostenibilidad, haciéndolas más fáciles de cumplir y menos costosas, especialmente para las PYMES, las cuales no estarán obligadas a informar, pero podrán hacerlo voluntariamente si lo desean. Asimismo, las empresas también podrán informar parcialmente, significando que dicha información podrá estar únicamente referida de las actividades que estén parcialmente alineadas con la Taxonomía, sin necesidad de cumplir todos los criterios establecidos. Véase *np supra* 130

132 *Cfr.* artículo 2 del Reglamento 2019/2088 que alude a lo que se denomina como "Inversión sostenible", entendiéndose como una actividad económica que contribuye a un objetivo medioambiental (por ejemplo, tiene en cuenta las emisiones de efecto invernadero, o el impacto de la actividad económica en la biodiversidad), o social (por ejemplo, para hacer frente a la desigualdad o que fomenta la cohesión social) siempre que dichas inversiones "no perjudiquen significativamente a ninguno de esos objetivos" y que "las empresas participadas sigan prácticas de buen gobierno" (por ejemplo, estructuras de gestión sólidas, relaciones con los empleados o remuneración del personal).

133 El Reglamento entró en vigor el 12 de julio de 2020. Sin embargo, los preceptos del mismo impusieron a los poderes públicos utilizar medidas públicas, normas y etiquetas que fijan los criterios para determinar si una actividad es medioambientalmente sostenible (artículo 4), y los que refuerzan las obligaciones de información no financiera (artículos 5 a 8), en relación a los objetivos medioambientales de mitigación y de adaptación al cambio climático, comenzando su aplicación el 1 de enero de 2022, y por lo que respecta a los demás objetivos medioambientales, su aplicación ha comenzado a partir del pasado 1 enero de 2023. En este apartado, son interesantes las valoraciones de MURILLO GARCÍA, U. E., "Reglamento de Taxonomía de la UE de Actividades Sostenibles", *Boletín Económico*, núm. 3126, Madrid, 2020.

134 Mencionaremos, en este punto, que el RIS 2020 estableció algunas obligaciones de divulgación de la información que completan las normas relativas a la divulgación de información recogida en el REFISO 2019. A estos efectos y para garantizar la coherencia entre ambos Reglamentos, el RIS 2020 modifica el REFISO 2019 para encomendar a las Autoridades Europeas de Supervisión (AES) "la función de elaborar conjuntamente normas técnicas de regulación en las que se especifique de modo pormenorizado el contenido y la presentación de la información relativa al principio consistente en no causar un perjuicio significativo (Considerando 36); para "encomendar a las AES la elaboración, por medio del Comité Mixto, de proyecto de normas técnicas de regulación que

caba —y sigue buscando— que "la transparencia que deberán aplicar los participantes en los mercados financieros y los asesores financieros en relación con la integración de los riesgos de sostenibilidad" tenga un efecto inducido sobre la competencia y la implantación voluntaria de la misma[135].

Sin embargo, el *RIS* 2020 "establece los criterios para determinar si una actividad económica se considera medioambientalmente sostenible a efectos de fijar el grado de sostenibilidad medioambiental de una inversión"[136]. Esto es, opera de forma directa e imperativa fijan-

---

complementen las normas sobre transparencia de la promoción de las características medioambientales y de las inversiones medioambientales sostenibles en la divulgación de información precontractual y en los informes periódicos (Considerando 37) Dichas modificaciones se realizaron en el artículo 25 del RIS 2020 sobre "modificación del Reglamento (UE) 2019/2088)".

135 THOMSON, S., *Green and sustainable finance,* Kogan Page, United Kingdom, 2025, págs. 3-47; COCHRAN, I., MACKENZIE, C. and BRANDER, M., "EU's sustainable finance disclosure regulation: does the hybrid reporting regime undermine the goal to reorient capital to climate action?", *Climate Policy*, Vol 25, Taylor & Francis, United Kingdom, 2025, págs. 76-88

136 Como documentos conexos al RIS traeremos a colación el Reglamento delegado 2023/2485 de la Comisión de 27 de junio de 2023 que modifica el Reglamento delegado (UE) 2012/21399, el Reglamento delegado (UE) 2023/2486 de la Comisión de 27 de junio que complementa el Reglamento (UE) 2020/852 del Parlamento Europeo y de la Comisión; el Reglamento delegado (UE) 2023/2772 de la Comisión de 7 de julio que complementa la Directiva 2013/34/UE de Parlamento Europeo y la Comisión en lo que respecta a normas de presentación de la información sobre sostenibilidad; la Directiva (UE) 2022/2464 del Parlamento Europeo y del Consejo de 14 de diciembre de 2024 por la que se modifica el Reglamento 537/2014; la Directiva 2004/109/CE; la Directiva 2006/43/CE y la Directiva 2013/34/UE por lo que respecta a la presentación de información sobre sostenibilidad de las empresas. Asimismo, la Comunicación de la Comisión al Parlamento Europeo y al Consejo y al Comité de regiones: Estrategia para financiar la inversión a una economía sostenible; el Reglamento delegado (UE) 2021/139 de la Comisión de 4 de junio de 2021 por el que se complementa el Reglamento (UE) 220/852 del Parlamento Europeo y del Consejo; el Reglamento 2021/2173 de la Comisión de 6 de julio de 2021; las Directrices sobre presentación de informes no financieros; el Suplemento sobre información relacionada con el Clima (COC 2029 de 20 de junio de 2019, págs. 1-30); el Reglamento (UE) 2019/2088 del Parlamento Europeo y del Consejo de 27 de noviembre; el Reglamento (UE) 2029/2089 del Parlamento Europeo y del Consejo de 27 de noviembre; la Directiva 2023/34/UE del Parlamento Europeo y del Consejo, de 28 de junio 2013.

do los criterios para determinar que inversiones son sostenibles. En segundo término, el mencionado marco reglamentario anticipa el foco de atención reguladora desde los efectos (finanzas sostenibles)[137] hasta las causas (inversiones sostenibles)[138], recordando que este sistema regulatorio parte de la base de un sistema de calificación o rating ecológico de grado de sostenibilidad medioambiental de una inversión que debe retrotraerse a la determinación de la circunstancias para calificar, en su caso, a una actividad económica como medioambientalmente sostenible (*ex* artículo 3)[139].

En esta misma línea, son recogidas determinadas medidas ya contenidas en el anteriormente citado "Plan de Acción para financiar el Crecimiento Sostenible" de la Comisión, tendentes a la determinación de un sistema de clasificación unificado de las "actividades medioambientalmente sostenibles"[140], mejorando, en última instancia, el mercado interior y la confianza del inversor, además de determinarse criterios unificados a nivel europeo que concreten la sostenibilidad de las citadas inversiones[141].

Descrito en los anteriores términos, fue encomendada a la Comisión que concretara, mediante actos delegados-como analizaremos

---

137 MUÑOZ PÉREZ, A. F., "Los mercados de capitales y el impulso de las finanzas sostenibles", *Revista de Derecho del Mercado de Valores*, núm. 25, Madrid, 2019.

138 LLORCA GALIANA, J., "El nuevo enfoque europeo para el fomento de las inversiones en actividades medioambientalmente sostenibles", La Ley Mercantil, núm. 108, Madrid, 2023, págs. 1-18.

139 TAPIA HERMIDA, A., *Sostenibilidad…op. cit.* págs. 71.

140 Recalcaremos que para que una actividad económica pueda ser calificada como "medioambientalmente sostenible", no basta con que contribuya a la consecución de estos objetivos, sino que, además, su contribución debe ser "sustancial". Es éste un concepto jurídico indeterminado que el Reglamento trata de describir normativamente concretando, para cada objetivo, cuáles son los medios o las condiciones necesarias para considerar que una actividad contribuye de manera sustancial a su consecución (*ex* artículos 10 a 14 del marco reglamentario citado).

141 El Reglamento de Taxonomía, que modifica de forma parcial el Reglamento de divulgación de información sobre sostenibilidad, se encuentra estrechamente ligado con él, particularmente en relación con los productos *Light Green* (*ex* artículo 8 SFDR) y las inversiones sostenibles medioambientales *Dark Green* (*ex* artículo 9 *SFDR)*, siendo criticable que no ha desarrollado el elemento social de los productos financieramente sostenibles, lo que ha sido solventado actualmente con las reformas especificas comentadas en el presente trabajo.

posteriormente en el presente trabajo— unos criterios técnicos de selección de las actividades económicas sostenibles para cada objetivo y cada sector ambiental pertinente. En efecto, tanto la Unión como los Estados miembros, aplicarán los criterios fijados para concretar si una actividad económica tiene la consideración de medioambientalmente sostenible a efectos de cualesquiera medidas públicas, normas o etiquetas, que mediante una adecuada incentivación de las inversiones financieras en productos ecológicos, promueva que las empresas participadas aumenten la sostenibilidad de sus modelos empresariales teniendo, como fin último, una mayor atracción del inversor.

Para ello, tal y como refiere el Texto normativo, se ha abordado la mitigación del cambio climático[142], el uso sostenible y protección de los recursos hídricos y marinos cuando contribuyan a lograr el buen estado de las masas de agua incluyendo la superficiales y subterráneas o a prevenir su deterioro cuando estén en buen estado por alguno de los medios señalados en el artículo 12; la economía circular usando los recursos naturales, especialmente materiales sostenibles de origen biológico y otras materias primas en la producción de modo más eficiente así como, el aumento de la durabilidad, la reparabilidad o las posibilidades de actualización o reutilización de los productos especialmente en las actividades de diseño y fabricación; la prevención y el control de la contaminación cuando contribuya de forma sustancial a la protección frente a la contaminación del medioambiente mediante la prevención o la reducción de las emisiones contaminantes a la atmósfera, el agua o la tierra o a la mejora de los niveles de la calidad del agua, aire o el suelo en las zonas en las que la actividad económica se realiza y minimizar, al mismo tiempo, los efectos adversos para la salud humana y el medioambiente y el riesgo de generarlos; además de la protección y restauración de la

142 LÓPEZ JIMÉNEZ, J. M., "La Ley de Cambio Climático y Transición Energética y el sistema financiero", La Ley, núm. 9864, Madrid, 2021; MURILLO GILI, R., "¿Cómo actuar ante el cambio climático? Acciones y políticas para mitigarlo", *Caixabank Research,* Informe Mensual, núm. 439/2019, Barcelona, pág. 34. Disponible: *https://www.caixabankresearch.com/sites/defaultfiles/content/file/2019/11/_im11_cast.pdf* (acceso 29 enero 2025).

biodiversidad y los ecosistemas (*ex* artículos 9-15 del Reglamento de Taxonomía citado)[143].

Inherente a lo anterior, además, no debe de causar ningún perjuicio significativo al resto de los objetivos establecidos, en aras evitar que una actividad económica sea perjudicial para el medioambiente, a pesar de su contribución a un objetivo concreto, lo que permite, junto con el criterio de garantías sociales mínimas, considerar una visión en conjunto o integradora de la aludida sostenibilidad[144].

Del mismo modo es aplicable el método del análisis coste/beneficio en el sentido de considerar "que una actividad económica no debe considerarse medioambientalmente sostenible si son más los daños que causa al medioambiente que los beneficios que aporta. Los criterios técnicos de selección deben determinar los requisitos mínimos necesarios para evitar un perjuicio significativo a otros objetivos, por ejemplo, basándose en cualquier de los requisitos mínimos establecidos de conformidad con el Derecho de la Unión"[145].

Partiendo, pues, de las premisas antedichas, es facilitada la ordenación con las Líneas Directrices de la *OCDE* para Empresas Multinacionales y con los Principios Rectores de las Naciones Unidas so-

---

143 Específicamente, el literal del artículo 12 del *RIS* indica: "Se considerará que una actividad económica contribuye de forma sustancial al uso sostenible y a la protección de los recursos hídricos y marinos cando contribuya sustancialmente a lograr el buen estado de las masas de agua, incluidas las superficiales y las subterráneas, o a prevenir su deterioro cuando estén ya en buen estado, o bien cuando contribuya sustancialmente a lograr el buen estado medioambiental de las aguas marinas o a prevenir su deterioro cuando estén en buen estado medioambiental".

144 DE SADELEER, N., *Environmental Principles: From Political Slogans to Legal Rules*, Oxford Academic, 2021, págs. 15 y ss.

145 *Vid.* Considerando 39 y 40, cuyo enfoque programático, como veremos, se refleja en la definición de las "actividades facilitadoras" (artículo 16), del "perjuicio significativo a objetivos medioambientales" (artículo 17) y la definición de "garantías mínimas" establecidas como procedimientos aplicados por una empresa que lleve a cabo una actividad económica para garantizar la conformidad con las Directrices de la OCDE para empresas multinacionales y de los Principios Rectores de las Naciones Unidas sobre las empresas y Derechos humanos, incluidos los principios y derechos establecidos en los ocho convenios fundamentales a los que se refiere la Declaración de la Organización Internacional del Trabajo relativa a los principios y Derechos fundamentales en el trabajo y la Carta Internacional de Derechos humanos" (artículo 18).

bre las empresas y los Derechos humanos[146], incluidos los principios y derechos establecidos en los ocho convenios fundamentales a los que refiere expresamente la Declaración de la Organización Internacional del Trabajo y la Carta Internacional de Derechos Humanos. Recordaremos, a estos efectos, que dichas garantías mínimas son entendidas, sin perjuicio de la aplicación de la normativa europea, cuando la misma sea más estricta, en los específicos ámbitos de medio ambiente, salud y seguridad y sostenibilidad social.

A mayor abundamiento, el Reglamento de Taxonomía en vigor— y directamente aplicable en todos los Estados miembros de la UE desde el 13 de julio de 2021[147]— recoge que los oferentes de determinados productos financieros negociados en mercados de la Unión que se oferten como sostenibles, deberán dar información concreta sobre su sostenibilidad conforme a la taxonomía, revelando el tanto por ciento que es efectivamente verde o sostenible, lo que provocará que la ciudadanía participe, de forma efectiva, en la toma de decisiones sobre sus acciones financieras[148] y conllevará, sin duda alguna, al desempeño de un papel primordial en la transición ecológica[149].

---

146 Véase OCDE (2023). Líneas Directrices de la OCDE para Empresas Multinacionales (Revisión 2023). *En https://www.oecd.org/es/publications/2023/06/oecd-guidelines-for-multinational-enterprises-on-responsible-business-conduct_a0b49990.html)* (consultada el 11 de enero de 2025). Estas Directrices contienen principios no vinculantes que sirven de guía para que las empresas contribuyan de forma responsable al progreso económico, medioambiental y social. Recientemente entre otras relevantes cuestiones, la Comunicación de la Comisión sobre la interpretación y aplicación de determinadas disposiciones legales del acto delegado de taxonomía medioambiental de la UE, el acto delegado de taxonomía climática de la UE y el acto delegado sobre divulgación de información relacionada con la taxonomía de la UE (DOUE del 5-3-2025 (Serie C), ref. C/2025/1373), da respuesta a la interpretación del artículo 18 del Reglamento sobre la taxonomía (garantías mínimas) a la luz de la actualización de junio de 2023 de las Líneas Directrices de la *OCDE* para Empresas Multinacionales.

147 Sin perjuicio de que algunos de sus preceptos postergaron su entrada en vigor al 1 de enero de 2022 y al 1 de enero del 2023 (*ex* artículo 27 del Texto citado).

148 *Vid np. supra* 123.

149 DE PAZ ARIAS, J. M., "Una primera aproximación a algunas cuestiones jurídicas planteadas por la interpretación del Reglamento de Taxonomía Europea" en DE PAZ ARIAS, J. (dir.), *Estudios Jurídicos sobre Sostenibilidad: Cambio Climático y Criterios ESG en España y la Unión Europea,* Aranzadi, Cizur Menor (Navarra), 2023, págs. 167-2002.

Al propio tiempo, refiere al "principio de no causar daño significativo"[150] ya implícito en la definición sobre inversiones sostenibles contemplada en el artículo 2 del Reglamento 2019/2088 y en sus propias normas técnicas (artículo 25.2 del Reglamento de Taxonomía). Además, de la misma forma, hay que adicionar el desarrollo de los detalles y presentación del contenido de información precontractual de los productos financieros o emisiones de renta fija privada que promuevan características medioambientales[151] de acuerdo con el literal del artículo 3 del Reglamento citado y de aquellos otros productos que tengan como principal objetivo una inversión sostenible medioambiental, así como toda la información periódica que habrá de ser presentada en referencia a aquellos productos que promuevan características relacionadas con este específico sector.

Siendo esto así, los mentados requisitos debían de ser cumplidos, específicamente, por dos grupos de sujetos que operan en los mercados financieros: los emisores de aquellos productos o valores, y dentro de ellos, en concreto, aquellas empresas que estén sujetas a la obligación de publicar estados no financieros o estados no financieros consolidados de conformidad con el literal de los artículos 19 *bis*[152] o 29

---

150 *Cfr.* artículo 17 del Texto normativo aludido.

151 El *RIS* define el "producto financiero" por remisión al artículo 2.12 del *REFISO* 2019 (*ex* artículo 2.3)

152 Por la "Propuesta Ómnibus" del 2025, el tenor sustantivo del artículo 19 *bis* queda modificado como sigue: (a) en el apartado 1, el párrafo primero se sustituye por el texto siguiente: "Las grandes empresas que, en la fecha de cierre de su balance, superen la media de 1000 empleados durante el ejercicio incluirán en su informe de gestión la información necesaria para comprender los impactos de la empresa en materia de sostenibilidad, así como la información necesaria para comprender cómo afectan las cuestiones de sostenibilidad al desarrollo, los resultados y la posición de la empresa"; (b) el apartado 3 se modifica como sigue: (i) el párrafo primero se sustituye por "Cuando proceda, la información a que se refieren los apartados 1 y 2 contendrá información sobre las operaciones propias de la empresa y sobre su cadena de valor, incluidos sus productos y servicios, sus relaciones comerciales y su cadena de suministro. 4. Los Estados miembros velarán por que, para la comunicación de la información sobre sostenibilidad exigida por la presente Directiva, las empresas no traten de obtener de las empresas de su cadena de valor que, en la fecha de cierre de su balance, no superen el número medio de 1000 empleados durante el ejercicio, ninguna información que exceda de la especificada en las normas de uso voluntario a que se refiere el artículo 29 *quater* bis, con excepción de la información adicio-

bis de la Directiva 2013/34/UE[153] del Parlamento europeo y de Consejo[154], respectivamente.

De esta suerte, el *RIS* 2020 define al "emisor" por remisión al artículo 2.h del Reglamento (UE) 2017/1129 del Parlamento europeo y del Consejo. En segundo término, los intermediarios que participan en los mercados financieros que ofrezcan productos financieros. Por tanto, El RIS 2020 se remite a la definición de "participante en los mercados financieros" que ya era ofrecida por el REFISO 2019 (*ex* artículo 2.1 y 2.2).

A tales efectos, el carácter compulsivo del mencionado RIS 2020 sobre estas entidades es proyectado de forma indirecta, remitiéndose a los Estados miembros, los cuales deberán regular las medidas y las

---

nal sobre sostenibilidad que sea comúnmente compartida entre las empresas del sector de que se trate. Las empresas que comuniquen la información necesaria sobre la cadena de valor sin informar de las empresas de su cadena de valor que, en la fecha de cierre de su balance, no superen el número medio de 1000 empleados durante el ejercicio, cualquier información que exceda de la especificada en las normas de uso voluntario a que se refiere el artículo 29 *quater bis*, excepto la información adicional sobre sostenibilidad que sea comúnmente compartida entre las empresas del sector de que se trate".

153 Teniendo en consideración el denominado "Paquete Ómnibus" de 2025, en su artículo 1 apartado 3, la primera frase introductoria es sustituida por el siguiente literal: "Las medidas de coordinación prescritas en los artículos 19 *bis*, 19 *ter*, 29 *bis*, 29 *quinquies*, 30 y 33, en la letra a bis) del párrafo segundo del apartado 1 del artículo 34, en los apartados 2 y 3 del artículo 34 y en el artículo 51 de la presente Directiva se aplicarán asimismo a las disposiciones legales, reglamentarias y administrativas de los Estados miembros relativas a las siguientes empresas, independientemente de su forma jurídica, siempre que se trate de grandes empresas que, en la fecha de cierre de su balance, superen la plantilla media de 1000 trabajadores durante el ejercicio": Del mismo modo su apartado 4 se sustituye por el texto siguiente: "4. Las medidas de coordinación prescritas por los artículos 19 bis, 29 *bis* y 29 *quinquies* no se aplicarán a la Facilidad Europea de Estabilización Financiera (FEEF) establecida por el Acuerdo Marco de la FEEF ni a los productos financieros enumerados en el artículo 2, letras 12), b) y f), del Reglamento (UE) 2019/2088 del Parlamento Europeo y del Consejo.

154 Directiva 2013/34/UE del Parlamento Europeo y del Consejo, de 26 de junio de 2013, sobre los estados financieros anuales, los estados financieros consolidados y otros informes afines de ciertos tipos de empresas, por la que se modifica la Directiva 2006/43/CE del Parlamento Europeo y del Consejo y se derogan las Directivas 78/660/CEE y 83/349/CEE del Consejo (DO *L* 182 de 29 de junio de 2013, pág. 19).

sanciones-que serán efectivas, proporcionadas y disuasorias— aplicables a las infracciones por los emisores e intermediarios citados de sus deberes de transparencia.

Por ello, bajo los anteriores mimbres, eran ampliadas las obligaciones de transparencia de aquellas empresas que debían reportar información no financiera[155] conforme a la *NFRD*[156], esto es, implícitamente aludía a grandes sociedades que fueran entidades de interés público con más de 500 empleados, siendo denominadas como tales, aquellas con valores admitidos a negociación, entidades de crédito, empresas de seguros y otras señaladas por los Estados miem-

155 Mencionaremos que aunque se impone como una obligación a las empresas, en contraposición al *soft law* de la etapa anterior, existen aún muchas lagunas en cuanto a la forma de implementación en la práctica empresarial. Véase EY (2023). VI Informe Comparativo de los Estados de Información No Financiera (EINF) del IBEX-35. Disponible: *https://assets.ey.com/content/dam/ey-sites/eycom/es_es/topics/rethinking-ustainability/ey-vi-informe-einf-dic2023.pdf* (acceso 14 de enero 2025).

156 *Cfr.* Directiva 2014/95/UE sobre divulgación de información no financiera y biodiversidad. Asimismo, indicaremos que la Comisión Europea prepara nuevos cambios con respecto al *reporting* de informes de Sostenibilidad e Información no Financiera con la *Directiva Corporate Sustainability Reporting Directive* (*CSRD*) aprobada el 10 de noviembre del año 2022. Inicialmente, el calendario previsto por la Comisión Europea era adoptar el primer conjunto de normas *European Sustainability Reporting Standards* (*ESRS)* en octubre del año 2022, disponiendo los Estados Miembros de la UE hasta el 31 de diciembre del 2022 para adoptar la nueva normativa a sus respectivas legislaciones nacionales. A tales efectos, para aquellas empresas ya sujetas a la actual Directiva de información no financiera, la *CSRD* es aplicable desde el 1 de enero del 2024, posponiéndose hasta el 1 de enero del presente año dicha aplicación sustantiva, para aquellas empresas todavía no sujetas a la actual *NFRD*. Por ello, para garantizar que las empresas proporcionan información fiable, se someterán a auditorías y certificaciones independientes. Igualmente, los informes financieros y de sostenibilidad estarán en pie de igualdad y los inversores dispondrán de datos comparables y fiables, debiéndose garantizar el acceso digital a la información sobre sostenibilidad. Actualmente, tendremos en consideración la Directivas "*Stop of the Clock*" —Directiva de Suspensión Temporal —publicada por la UE el 3 de abril de 2025. Desde un ámbito doctrinal, veáse las exhaustivas aportaciones de ENCISO ALONSO-MUÑUMER, M. Tª, "Transparencia y sostenibilidad: nuevos retos de la información no financiera", *RMV*, núm. 27, La Ley, Madrid, 2020, págs. 3 y ss; FLAMMER, C., "Corporate green bonds", *Journal of Financial Economics*, núm. 142, *ScienceDirect*, págs. 499-516.

bros como de interés público[157], modificada por la Directiva (UE) 2022/2464 del Parlamento Europeo y del Consejo, de 14 de diciembre de 2022[158], por la que, a su vez, son modificados el Reglamento (UE) 537/2014, la Directiva 2004/109/CE, la Directiva 2006/43/CE[159] y la Directiva 2013/34/UE en punto a la presentación de infor-

---

157 Tal y como señaló el Banco Central Europeo en su respuesta a la Estrategia Renovada de Finanzas Sostenibles del año 2020, una taxonomía incluyendo dichas actividades sería especialmente útil, desde un punto de vista prudencial. Véase, *Eurosystem reply to the European Commission's public consultations on the Renewed Sustainable Finance Strategy and the revision of the Non-Financial Reporting Directive. https://www.ecb.europa.eu/pub/pdf/other/ecb.eurosystemreplyeuropeancommissionpublic onsultations_20200608~cf01a984aa.en.pdf.* (acceso 3 de enero de 2025).

158 El "Paquete Omnibus" de febrero de 2025, como tendremos ocasión de valorar en el presente estudio, en su artículo 5 (2) queda modificado de la manera que se especifica: "Se suprime la letra a); (b) La letra b) queda modificada como sigue (i) La letra i) se sustituye por el texto siguiente "i) a las grandes empresas que, en la fecha de cierre de su balance, superen la media de 1 000 empleados durante el ejercicio;"; (ii) El inciso ii) se sustituye por el texto siguiente ii) a las empresas matrices de un gran grupo que, en la fecha de cierre de su balance, superen el número medio de 1000 empleados, en base consolidada, durante el ejercicio;"; (c) Se suprime la letra c); (2) El párrafo tercero queda modificado como sigue (a) Se suprime la letra (a); (b) La letra b) queda modificada como sigue (i) la letra i) se sustituye por el literal siguiente: "i) a los emisores definidos en el artículo 2, apartado 1, letra d), de la Directiva 2004/109/CE que sean grandes empresas en el sentido del artículo 3, apartado 4, de la Directiva 2013/34/UE que, en la fecha de cierre de su balance, superen el promedio de 1000 empleados durante el ejercicio"; (ii) el inciso ii) se sustituye por el texto siguiente "ii) a los emisores definidos en el artículo 2, apartado 1, letra d), de la Directiva 2004/109/CE que sean empresas matrices de un gran grupo que, en las fechas de sus balances, superen el número medio de 1000 empleados, en base consolidada, durante el ejercicio";(c) se suprime la letra c). No debemos obviar, en este punto, la Directiva "*Stop of the Clock*" —Directiva de Suspensión Temporal —publicada por la UE el 3 de abril de 2025, una de las normas incluidas en la propuesta *Omnibus* I que busca simplificar la normativa de sostenibilidad en materia de formación y diligencia debida que proporciona las empresas más tiempo de adaptación para el cumplimiento de dicha normativa sobre sostenibilidad, para el cual está siendo revisada, sin incurrir en costes innecesarios.

159 Como veremos en el presente estudio, por el reciente "Paquete *Omnibus*" de 2025 el literal del apartado 3 del artículo 26 *bis* se sustituye por el texto siguiente: "3. Se otorgan a la Comisión los poderes para adoptar actos delegados con arreglo al artículo 48 *bis* a fin de complementar la presente Directiva con normas de fiabilidad limitada que establezcan los procedimientos que el auditor o auditores y la sociedad o sociedades de auditoría deberán aplicar para extraer sus conclusiones sobre la fiabilidad de la información en materia de sostenibi-

mación sobre sostenibilidad por parte de las empresas, siendo una de las piezas fundamentales del Pacto Verde y de la Agenda de Finanzas Sostenibles enmarcándose en el compromiso de la UE con el respeto de los Derechos humanos y la reducción de su impacto sobre el planeta[160].

Continuando con esta línea expositiva, y al objeto de garantizar la coherencia entre el Reglamento de Taxonomía valorado y el Reglamento 2019/2088, las disposiciones finales del primero modifican diversos preceptos del segundo texto reglamentario, con el fin último de encomendar a las Autoridades Europeas de Supervisión (*AES*) la función de elaborar conjuntamente normas técnicas de regulación

---

lidad, incluida la planificación del encargo, la consideración de los riesgos y la respuesta a los mismos y el tipo de conclusiones que deberán incluirse en el informe de fiabilidad sobre la información en materia de sostenibilidad o, en su caso, en el informe de auditoría. La Comisión podrá adoptar las normas de fiabilidad a que se refiere el párrafo primero únicamente cuando dichas normas se hayan elaborado con las debidas garantías procesales, supervisión pública y transparencia y aporten un alto nivel de credibilidad y calidad a la información anual o consolidada sobre sostenibilidad, además favorezcan el interés público de la Unión". Asimismo, en el artículo 48 *bis*, apartado 2, el párrafo segundo se sustituye por el texto siguiente: "Los poderes para adoptar actos delegados a que se refiere el artículo 26 *bis*, apartado 3, se otorgan a la Comisión por tiempo indefinido". Véase, asimismo, *np*. 155.

160 No es ocioso recordar que, en su Comunicación, de 11 de diciembre de 2019, titulada "El Pacto Verde Europeo" ya la Comisión Europea se comprometió a revisar las disposiciones relativas a la divulgación de información no financiera de la Directiva 2013/34/UE del Parlamento Europeo y del Consejo. El Pacto Verde es la nueva estrategia de crecimiento de la Unión que aspira a transformar la Unión en una economía moderna, eficiente en el uso de los recursos y competitiva, sin emisiones netas de gases de efecto invernadero para 2050, además de proteger, mantener y mejorar el capital natural de la Unión, así como a proteger la salud y el bienestar de los ciudadanos de la Unión frente a los riesgos y repercusiones relacionados con el medio ambiente. Por otro lado, pretende disociar el crecimiento económico del uso de los recursos y garantizar que todas las regiones y ciudadanos de la Unión participen en una transición socialmente justa hacia un sistema económico sostenible, de manera que ninguna persona ni territorio se queden atrás, contribuyendo al objetivo de crear una economía al servicio de los ciudadanos, al refuerzo de la economía social de mercado de la Unión y a garantizar una mejor preparación para un futuro para el futuro, tendente a generar estabilidad, empleo, crecimiento e inversión sostenible. Pues bien, el Reglamento (UE) 2021/1119 del Parlamento Europeo y del Consejo hace vinculante en la Unión el objetivo de neutralidad climática en 2050.

en las que se especifique, de modo pormenorizado, todo el contenido y la presentación de la información relativa al principio consistente, como hemos avanzado, de "no causar un perjuicio significativo".

En cualquier caso, se prevé, además, la adopción de actos delegados por parte de la Comisión Europea en los que sean definidos aquellos criterios técnicos de selección que determinen en qué condiciones se considera que una actividad económica va a contribuir, de forma sustancial, a los objetivos mencionados. Es más, debe advertirse que en el considerando 6 del Reglamento de Taxonomía se indica la posibilidad de que en un futuro cercano puedan elaborarse orientaciones complementarias en relación a otros objetivos de sostenibilidad centrados, específicamente, en un ámbito social (la denominada "Taxonomía Social")[161].

---

161 Es interesante recordar que el 28 de mayo de 2020, la Comisión presentó una propuesta legislativa para modificar el Reglamento del *FEDS*, con vistas a ampliar su duración y su alcance geográfico y aumentar el importe de la garantía de la UE constituida en virtud del mismo. Posteriormente, el 2 de junio de 2020, la Comisión publicó un informe sobre la ejecución del FEDS de conformidad con el artículo 17, apartado 1, del Reglamento del FEDS ("Informe de ejecución") el cual iba acompañado de un informe de ejecución independiente ("Informe de evaluación externa") sobre el *FEDS* y el Fondo de Garantía del *FEDS*, de 14 de enero de 2020, que la Comisión hizo pública en su sitio *web* el 4 de junio de 2020, delimitándose en julio de 2020 la no existencia de ningún cambio en el marco financiero plurianual (*MFP*) 2014-2020. Asimismo, complementado lo indicado, traeremos a colación el Dictamen 7/2020 del Tribunal de Cuentas de la UE sobre el Fondo Europeo de Desarrollo Sostenible (elaborado con arreglo al artículo 287, apartado 4 del TFUE) adjunto al informe de la Comisión sobre la ejecución del *FEDS* (*ex* artículo 17 apartado 1), el cual fue aprobado por su Sala III el 3 de septiembre de 2020 (son especialmente interesantes, los Considerandos 63 a 68) y el Reglamento (UE) 2021/947 del Parlamento Europeo y del Consejo, de 9 de junio de 2021 por el que se establece el Instrumento de Vecindad, Cooperación al Desarrollo y Cooperación Internacional-Europa Global, por el que se modifica y deroga la Decisión núm. 466/2014/UE del Parlamento Europeo y del Consejo y se derogan el Reglamento (UE) 2017/1601 del Parlamento Europeo y del Consejo y el Reglamento (CE, Euratom) núm. 480/2009 del Consejo.

2.2.1. *Reglamento Delegado (UE) 2021/2139, de 4 de junio 2021, de la Comisión que establece los criterios técnicos de selección para considerar que una actividad económica contribuye de forma sustancial a la mitigación del cambio climático y no causa un perjuicio significativo de los objetivos ambientales*[162]

El Reglamento Delegado (UE) 2021/2139 de la Comisión, de 4 de junio de 2021[163] por el que se completa el Reglamento (UE) 2020/852 del Parlamento Europeo y del Consejo, por el que se establecen los criterios técnicos de selección para determinar las condiciones en las que se considera que una actividad económica contribuye, de forma sustancial, a la mitigación del cambio climático o

162 Con relación a la sostenibilidad de las empresas de servicios de inversión, traeremos a colación el Reglamento delegado (UE) 2021/1253 sobre la integración de los factores, riesgos y preferencias de sostenibilidad en determinados requisitos organizativos y condiciones de funcionamiento de las empresas que desarrolla la Directiva 2014/65/UE del Parlamento Europeo y del Consejo de 15 de marzo de 2014 por la que se modifica la Directiva 2002/92/CE y la Directiva 2011/61/UE, en particular, su artículo 16, apartado 24, apartado 13 y artículo 25, apartado 8. En el citado Reglamento delegado de 21 de abril de 2021, son adicionadas las nociones de "preferencias de sostenibilidad, "factores de sostenibilidad" y "riesgo de sostenibilidad". Unido a lo anterior, el Reglamento delegado (UE) 2021/1254 relativo a los requisitos organizativos y las condiciones de funcionamiento de las empresas de servicios de inversión

163 DOUE *L* 2021-81725. Asimismo, traeremos a colación la propuesta de Reglamento Delegado (UE) de la Comisión de 9 de marzo de 2022 por el que se modifica el Reglamento Delegado (UE) 2021/2139 en lo que respecta a las actividades económicas en determinados sectores energéticos y el Reglamento Delegado (UE) 2021/2178 en lo que respecta a la divulgación pública de información específica sobre esas actividades económicas. Y como analizaremos con posterioridad, el Reglamento delegado (UE) 2023/2486 de la Comisión, de 27 de junio de 2023 por el que se completó el Reglamento (UE) 2020/852 del Parlamento Europeo y del Consejo mediante el establecimiento de los criterios técnicos de selección para determinar en qué condiciones se considerará que una actividad económica contribuye de forma sustancial al uso sostenible y a la protección de los recursos hídricos y marinos, a la transición a una economía circular, a la prevención y el control de la contaminación, o a la protección y recuperación de la biodiversidad y los ecosistemas, y para determinar si dicha actividad económica no causa un perjuicio significativo a ninguno de los demás objetivos medioambientales, y por el que se modifica el Reglamento Delegado (UE) 2021/2178 de la Comisión en lo que respecta a la divulgación de información pública específica sobre esas actividades económicas.

a la adaptación al mismo, además de valorar que la citada actividad económica no causa un perjuicio significativo a ninguno de los restantes objetivos ambientales[164].

A su vez, en el mismo son plasmados los estándares técnicos de regulación (*RTS*, en sus siglas inglesas)[165] en desarrollo de los artículos 10 y 11 del Reglamento de Taxonomía, buscándose, en esencia, cualesquiera otras actividades económicas del sector energético que deben cumplir las empresas, mediante ajustes en los criterios de selección, divulgación y verificación, y que tiendan a acelerar la descarbonización o desgasificación en aras a una paulatina transición hacia las energías renovables, cumpliéndose, en síntesis, con las pautas de estandarización de seguridad nuclear y medioambiental[166].

---

164 Dicho marco reglamentario es aplicable a las medidas adoptadas por la Unión o por los Estados miembros que impongan a los participantes en los mercados financieros o a los emisores cualesquiera requisitos respecto de productos financieros o emisiones de renta fija privada que se ofrezcan como medioambientalmente sostenibles, a los participantes en los mercados financieros que ofrezcan productos financieros, y a las empresas que estén sujetas a la obligación de publicar estados no financieros de conformidad con el artículo 19 *bis* de la Directiva 2013/34/UE. Los operadores económicos o las autoridades públicas que no están cubiertos por el Reglamento (UE) 2020/852 también pueden aplicar dicho Reglamento de forma voluntaria.

165 Los cuales comenzaron a aplicarse desde el 1 de enero de 2022 y serán revisados, de forma periódica, con el objeto de adaptarlos a las novedades sobre el Plan de Finanzas Sostenibles de la Unión Europea, y en particular, a los avances que se produzcan en la taxonomía o en el propio sector.

166 La Comisión Europea publicó el 5 de abril de 2023 una consulta sobre el Reglamento delegado que incorporará las normas técnicas de regulación (*RTS*) del Reglamento de la Taxonomía de la UE para desarrollar los criterios técnicos de selección de los restantes objetivos medioambientales de dicho Reglamento, modificándose el Reglamento delegado de divulgación de la taxonomía climática, que a su vez, se puso a consulta para introducir determinadas modificaciones sobre algunos de los criterios técnicos de selección, a fin de facilitar el uso, la coherencia y la aplicación de este acto delegado y para corregir errores técnicos e incoherencias. Asimismo, en el DOUE del 5-3-2025 (Serie C) se publicó la Comunicación de la Comisión sobre la interpretación y aplicación de determinadas disposiciones legales del acto delegado de taxonomía medioambiental de la UE, el acto delegado de taxonomía climática de la UE y el acto delegado sobre divulgación de información relacionada con la taxonomía de la UE (C/2025/1373), que entre otras importantes cuestiones da respuesta a las pregunta de interpretación del acto delegado de taxonomía climática y el acto delegado de taxonomía medioambiental cuando los *CTS* se refieren a requisitos

Partiendo del contexto narrado, a continuación reflejaremos los citados criterios técnicos de selección que servirán para determinar las condiciones en las que podrá considerarse que una actividad económica precisa contribuye, de forma sustancial, a la consecución de dos tipos de objetivos medioambientales: el primero de ellos alude a la mitigación del cambio climático (Anexo I, artículo del Cuerpo legal citado)[167], el cual refiere a determinadas actividades o sectores identificados mediante códigos *NACE*[168] y que han sido seleccionados por su mayor potencial para alcanzar los mismos; el segundo de ellos se refiere a criterios que permitan la correcta adaptación al cambio climático (Anexo II, artículo 2 del Texto reglamentario). Paralelamente, servirán para establecer si es causado un perjuicio significativo a algunos de los demás objetivos medioambientales contenidos en el literal del artículo del *RIS* 2020, a los que hemos efectuado

---

específicos establecidos en la legislación medioambiental de la UE, pero no a exenciones de dichos requisitos que en cualquier caso están permitidas en la legislación medioambiental de la UE.

167 Con la propuesta del Reglamento Delegado (UE) de la Comisión de 9 de marzo de 2022, se modificaría el acto delegado que exige que las empresas obligadas a divulgar información no financiera de acuerdo con la Directiva *NFRD*, incluyan en su estado no financiero (o estado no financiero consolidado) información sobre la manera y la medida en que las actividades de la empresa se asocian a actividades económicas medioambientalmente sostenibles recogiendo requisitos específicos de divulgación en lo relativo a los sectores del gas natural y la energía nuclear. También se modificaría el acto delegado que exige que las empresas obligadas a divulgar información no financiera de acuerdo con la Directiva *NFRD*, incluyan en su estado no financiero (o estado no financiero consolidado) información sobre la manera y la medida en que las actividades de la empresa se asocian a actividades económicas medioambientalmente sostenibles recogiendo requisitos específicos de divulgación en lo relativo a los sectores del gas natural y la energía nuclear.

168 Se encuentran referidas a la silvicultura, manufactura, energía, suministro de agua, saneamiento, tratamiento de residuos y descontaminación; transporte, construcción de edificios y promoción inmobiliaria, información y comunicación; y actividades profesionales, científicas y técnicas. En el Reglamento Delegado no se ha incluido el sector de la agricultura, a expensas del resultado de las negociaciones sobre la política agrícola común; así como la energía nuclear o el gas natural, los cuales son objeto de valoración para una posible inclusión en futuros actos delegados.

oportuna referencia[169], y cuya evaluación de cumplimiento deberá ser verificada por un tercero independiente.

Por otra parte, el aludido Reglamento Delegado no prevé criterios generales que permitan identificar cuándo puede causarse un perjuicio significativo al objetivo de transición hacia una economía circular, sino que se establece criterios técnicos específicos para cada actividad. En efecto, el apéndice C del Anexo I recoge, como criterio genérico para evaluar el cumplimiento del principio de no causar un perjuicio significativo, que la actividad económica considerada no dé lugar a la fabricación, comercialización o utilización de ciertos productos químicos (esto es, contaminantes orgánicos persistentes, el mercurio, sustancias que agotan la capa de ozono, sustancias peligrosas en apartados eléctricos y electrónicos, así como ciertas sustancias, mezclas y artículos peligrosos).

En definitiva, y en punto a la protección y restauración de la biodiversidad y los ecosistemas, el apéndice D del Anexo I del marco reglamentario expuesto indica que el desarrollo de la actividad en cuestión deberá venir precedida de la oportuna evaluación de impacto ambiental, la cual tendrá que efectuarse cumpliendo el contenido de la Directiva 2011/92/UE del Parlamento Europeo y del Consejo, de 13 de diciembre de 2011 relativa a la evaluación de las repercusiones de determinados proyectos públicos y privados sobre el medio ambiente[170], además de aplicársele todas cualesquiera otras medidas

---

169 Ampliamente, TAPIA HERMIDA, A., *Sostenibilidad financiera...op. cit.* pág. 24.

170 Recuérdese que la misma fue modificada por la Directiva 2014/52/UE del Parlamento Europeo y del Consejo, de 16 de abril de 2014, artículo 2, apartados 4 y 5. Asimismo, es interesante el Documento de orientación de la Comisión de 27 de junio de 2016 sobre la racionalización de las evaluaciones ambientales efectuadas en virtud del artículo 2, apartado 3, de la Directiva de evaluación de impacto ambiental. Unido a lo expuesto, en el año 2017, los servicios de la Comisión emitieron un documento en el que se resumía la jurisprudencia del TJUE y en el que se incluía, entre otros, una sección dedicada al concepto de proyectos adoptados mediante acto legislativo con relación a la Directiva sobre la evaluación del impacto ambiental 2011/92/UE (Directiva 85/337/CE, respectivamente), debido a que dicha disposición había sido objeto de varias sentencias del Alto Tribunal, referidas principalmente a las disposiciones anteriores a la modificación de la Directiva sobre la evaluación del impacto ambiental 2014/52/UE, aunque los principios generales siguen siendo de aplicación.

de mitigación y compensación necesarias inherentes a la citada protección del medioambiente.

2.2.2. *Análisis del Reglamento Delegado (UE) 2021/2178 de la Comisión, de 6 de julio de 2021, sobre los deberes de divulgación de información medioambiental de las empresas financieras y no financieras*

Continuando con la exposición sobre la sostenibilidad en el ámbito de la Unión Europea, el Reglamento Delegado (UE) 2021/2178 de la Comisión de 6 de julio de 2021[171] complementa al Reglamento (UE) 2020/852 del Parlamento Europeo y del Consejo mediante la especificación del contenido y la presentación de la información que deben divulgar aquellas empresas que estaban sujetas a los artículos 19 *bis* o 29 *bis* de la Directiva 2013/34/UE respecto a las actividades económicas sostenibles y refiriéndose, asimismo, a la especificación de la metodología para cumplir con la obligación de divulgación de información teniendo, asimismo, en consideración la Resolución legislativa del Parlamento Europeo, de 10 de noviembre de 2022, sobre la propuesta de Directiva del Parlamento Europeo y del Consejo por la que se modifican la Directiva 2013/34/UE, la Directiva 2004/109/CE, la Directiva 2006/43/CE y el Reglamento (UE) 537/2014, por lo que respecta a la información corporativa en materia de sostenibilidad.

A tales efectos, su artículo 8, apartado 2, exige que las empresas no financieras divulguen información sobre la proporción del volumen de negocios, las inversiones en activos fijos y los gastos operativos ("indicadores clave de resultados") de sus actividades relacionadas con activos o procesos vinculados a actividades económicas sostenibles relacionados con el medioambiente.

Disponible: *http://ec.europa.eu/environment/eia/pdf/EIA_rulings.*(acceso 3 de enero 2025).

171 DOUE *L* 2021-81728, modificado mediante la Reglamento Delegado (UE) 2022/1214 de la Comisión, de 9 de marzo de 2022 por el que se modifica el Reglamento Delegado (UE) 2021/2139 en lo que respecta a las actividades económicas en determinados sectores energéticos y el Reglamento Delegado (UE) 2021/2178 en lo que respecta a la divulgación pública de información específica sobre esas actividades económicas.

Esta disposición, sin embargo, no especifica los indicadores clave de resultados equivalentes para empresas financieras, es decir, entidades de crédito, gestores de activos, empresas de servicios de inversión y empresas de seguros y reaseguros[172]. Por tanto, es necesario complementar el contenido del referido precepto del Reglamento de Taxonomía con el objeto de especificar los mencionados indicadores[173] y concretar, con más detalle y precisión, el contenido y la presentación de la información que deben divulgar todas las empresas, así como determinar la metodología para cumplir fehacientemente, con la divulgación de información[174].

A mayor abundamiento, fue establecido un periodo que abarcó desde el 1 de enero al 31 de diciembre de 2022, en donde las empre-

---

172 En líneas generales, ABURTO BARRERA, L. y WAGNER, J., "A systematic literature review on sustainability issues along the value chain in insurance companies and pension funds", *European Actuarial Journal*, Vol. 13, núm. 2, 2023, págs. 653-701. En: *https://doi.org/10.1007/s13385-023-00349-1* (acceso 17 enero 2025)

173 Con relación a las empresas no financieras, el marco reglamentario indica que deberán divulgar información amparadas en los siguientes parámetros: el volumen de negocios; las inversiones en activos fijos (*CapEx*), y los gastos operativos (*OpEx*). Unido a lo anterior, deberán efectuar un desglose de aquellos objetivos medioambientales concretos a los que las actividades de la empresa contribuyen de forma sustancial. Así, Reglamento delegado (UE) 2021/2178 de la Comisión de 6 de julio de 2021 por el que se completa el Reglamento (UE) 2020/852 del Parlamento Europeo y del Consejo mediante la especificación del contenido y la presentación de la información que deben divulgar las empresas sujetas a los artículos 19 *bis* o 29 bis de la Directiva 2013/34/UE respecto a las actividades económicas sostenibles desde el punto de vista medioambiental, y la especificación de la metodología para cumplir con la obligación de divulgación de información. Asimismo, el Reglamento Delegado (UE) 2023/2485 de la Comisión, de 27 de junio de 2023, que modifica el Reglamento Delegado (UE) 2021/2139 por el que se establecen criterios técnicos de selección adicionales para determinar las condiciones en las que se considera que una actividad económica contribuye de forma sustancial a la mitigación del cambio climático o a la adaptación al mismo, y para determinar si esa actividad económica no causa un perjuicio significativo a ninguno de los demás objetivos medioambientales.

174 A este respecto, y en líneas generales, es interesante la Comunicación de la Comisión 20 de octubre de 2023 sobre la interpretación y aplicación de determinadas disposiciones legales del acto delegado sobre divulgación de información con arreglo al artículo 8 del Reglamento sobre la Taxonomía de la UE sobre la comunicación de actividades y activos económicos elegibles según la taxonomía indicada y que se ajustan a la misma (segunda Comunicación de la Comisión, C/2023/305).

sas no financieras sólo divulgarían la proporción de actividades económicas elegibles y no elegibles, según la taxonomía en su volumen total de negocios, sus inversiones en activos fijos, sus gastos operativos y la información cualitativa a la que se refería la sección 1.2 del anexo I pertinente para esta divulgación (artículo 10.2).

Adicionalmente, en un segundo período, delimitado por el *iter* temporal indicado, en donde las empresas financieras, en general, únicamente divulgarían la proporción en sus activos totales, de exposiciones a actividades económicas elegibles y no elegibles según la taxonomía. Del mismo modo, se concretó la proporción en sus activos totales de las exposiciones (artículo 7, apartados 1 y 2) junto con la información cualitativa conforme al Anexo XI del texto normativo citado[175].

Completando el contexto, las entidades de crédito también divulgarían la proporción de su cartera de negociación y de préstamos interbancarios a la vista en sus activos totales, y las empresas de seguros y reaseguros, del mismo modo, expondrían la proporción de las actividades económicas de seguros no de vida elegibles y no elegibles según la taxonomía (*ex* artículo 10.3).

Por lo demás, el 1 de enero del 2023, comenzó la divulgación de los indicadores clave de resultados de las empresas no financieras, incluida cualquier información que los acompañe con arreglo a los Anexos I y II del presente Reglamento (artículo 10.5). Unido a lo anterior, a partir del 1 de enero del 2024, fueron divulgados los in-

---

175 Su ámbito de aplicación es para los participantes en los mercados financieros, y todas las empresas sujetas a la Directiva sobre divulgación de información no financiera, esto es, Directiva sobre divulgación de información corporativa en materia de sostenibilidad (*CSRD* por sus siglas en inglés). Recordaremos, como hemos anticipado que la información a divulgar es sobre el volumen de negocio —*CapEx* y *OpEx*— en el año objeto de informe, correspondiente a los productos o actividades asociadas con la Taxonomía UE. Fue aplicable a partir de enero de 2022, la Directiva sobre divulgación de información corporativa en materia de sostenibilidad (*CSRD* por sus siglas en inglés) la cual modificó los requisitos de informes existentes en la Directiva sobre divulgación de información no financiera, extendiendo su alcance a todas las grandes empresas de la UE y todas las empresas que cotizan en mercados regulados (excepto las microempresas que cotizan en bolsa). La información a divulgar está sustentada en normas oficiales de divulgación de información.

dicadores clave de resultados de las empresas financieras, incluida cualquier información que los acompañe con arreglo a los Anexos III, V, VII, IX y XI (*ex* artículo 10.5). Igualmente, complementando lo determinado y siguiendo las pautas de política-legislativa, desde el 1 de enero del 2026, serán aplicables las secciones 1.2.3 y 1.2.4 del Anexo V de la citada Norma[176].

En consecuencia, a este calendario se superpone parcialmente la previsión de revisión de la aplicación del Reglamento establecida en su artículo 9, el cual refiere a que antes del 30 de junio del presente año, la Comisión evaluará, en particular, la necesidad de introducir modificaciones con relación a la inclusión de las exposiciones a Administraciones Centrales y Bancos Centrales en el numerador y el denominador de los indicadores clave de resultados de las empresas financieras y las exposiciones a empresas que no publiquen un estado no financieros[177].

Sentadas las anteriores premisas, también son recogidas determinadas previsiones específicas de revisión inherentes a dos diferentes tipos de empresas: en primer término, con relación a las PYMEs, el examen de las exposiciones deberá ser acompañado de una evaluación de impacto que analice la carga administrativa, el acceso a financiación y los efectos potenciales sobre las mismas de una posible am-

---

176 Viene referida a los indicadores clave de resultados relativos a servicios distintos a la financiación, honorarios y comisiones y a otras divulgaciones en la *GAR* cartera de negociación.

177 Véase la Directiva (UE) 2022/2464 del Parlamento Europeo y del Consejo, de 14 de diciembre de 2022 por la que se modifican el Reglamento (UE) 537/2014, la Directiva 2004/109/CE, la Directiva 2006/43/CE y la Directiva 2013/34/UE, por lo que respecta a la presentación de información sobre sostenibilidad por parte de las empresas (DOUE *L* 2022-81871). Es interesante mencionar, unido a la norma indicada, Directiva (UE) 2024/1760 del Parlamento Europeo y del Consejo, de 13 de junio de 2024 sobre diligencia debida de las empresas en materia de sostenibilidad y por la que se modifican la Directiva (UE) 2019/1937 y el Reglamento (UE) 2023/2859 y el denominado "Paquete Ómnibus" de 26 de febrero de 2025, por el cual— como tendremos ocasión de comentar en el presente trabajo— la Comisión Europea ha adoptado un nuevo paquete de propuestas para simplificar las normas de la UE e impulsar la competitividad teniendo como objetivo final, el liberar una capacidad de inversión adicional y crear un entorno empresarial más favorable para ayudar a las empresas de la UE a crecer, innovar y crear empleo de calidad.

pliación, para incluirlas en el Reglamento Delegado o proporcionar dicha información de forma voluntaria.

En segundo término, se refiere, de forma concreta, a las exposiciones e inversiones en empresas que no publican información no financiera de conformidad con los antes mencionados artículos 19 *bis* y 29 *bis* de la Directiva 2013/34/UE[178] y con el artículo 8 del Reglamento de Taxonomía, pero que proporcionen información equivalente de forma voluntaria, con lo que se deduce que podrían incluirse en los numeradores de los indicadores clave de resultados de las empresas financieras a partir de este año, siempre que la evaluación a la cual se efectúa referencia expresa en el apartado 2 del precepto expuesto sea positiva.

Adicionalmente, son clasificados por esta norma reglamentaria, los deberes de transparencia empresarial medioambiental conforme a tres determinadas categorías, sustentadas bajo el criterio subjetivo del tipo de empresa: como primera categoría refiere a las normas de divulgación de información comunes a todas las empresas financieras y no financieras[179], que incluirán, asimismo, todas las divulgacio-

---

178 En el Diario Oficial de la Unión Europea del 22 de diciembre se ha publicado el Reglamento Delegado (UE) 2023/2772 de la Comisión, de 31 de julio, por el que se completa la Directiva 2013/34/UE de 26 de junio de 2013 en lo que respecta a las normas de presentación de información sobre sostenibilidad sobre los estados financieros anuales, los estados financieros consolidados y otros informes afines de ciertos tipos de empresas, por la que se modifica la Directiva 2006/43/CE del Parlamento Europeo y del Consejo y se derogan las Directivas 78/660/CEE y 83/349/CEE del Consejo. Dicho marco reglamentario desarrolla doce estándares o normas (NEIS 1. Requisitos generales, NEIS 2. Información general, NEIS E1. Cambio climático, NEIS E2. Contaminación, NEIS E3. Recursos hídricos y marinos, NEIS E4. Biodiversidad y ecosistemas, NEIS E5. Uso de los recursos y economía circular, NEIS S1, Personal propio, NEIS S2. Trabajadores de la cadena de valor, NEIS S3. Colectivos afectados, NEIS S4. Consumidores y usuarios finales y NEIS G1. Conducta empresarial) a los que se acompaña un Anexo final que incluye los acrónimos y un glosario de término.

179 El Reglamento recoge una serie de normas específicas para entidades financieras: exclusión en el cálculo de los *Key Performance Indicator* (*KPI*) de la deuda soberana; los instrumentos financieros derivados; y las empresas no sujetas a la Directiva 2014/95/EU, siendo posible la utilización de estimaciones para las exposiciones a empresas de terceros países. Del mismo modo, como normas comunes para entidades financieras y no financieras, se estableció que el primer ejercicio anual de referencia a efectos de la publicación de los *KPI*, fuera el año

nes adicionales que acompañen a los indicadores clave de resultados establecidos en los Anexos I, III, V, VII y XI en las mismas partes del estado no financiero que contenga dichos indicadores, o proporcio-

---

2023. Así, inicialmente, sólo cubrirán los objetivos de adaptación y mitigación climáticos. Los restantes objetivos no se reportarán hasta que hayan transcurrido, al menos, 12 meses desde la fecha de aplicación de los correspondientes *Regulatory Technical Standard* (*RTS*), utilizándose la misma moneda en los estados financieros. A este respecto y conforme a los *RTS* de divulgación *ESG* para titulizaciones STS, deberá publicarse la siguiente información: 1) Información básica: un resumen de la operación, el identificador LEI del emisor, los números ISIN de los bonos, el periodo de tiempo al que se refieren las divulgaciones y el saldo principal de los activos subyacentes; 2) Indicadores climáticos y ambientales: dependiendo del tipo de activo, estos indicadores pueden incluir la exposición a combustibles fósiles, activos inmobiliarios energéticamente ineficientes, vehículos que no cumplen los umbrales de emisiones o contaminación, activos con una ratio de reciclabilidad baja, así como la eficiencia en el reciclaje de las baterías de los coches eléctricos; 3) Indicadores sociales y de gobernanza: las originadoras deben informar sobre al menos un factor social o de gobernanza. Podría tratarse de cuestiones relacionadas con los empleados, el respeto de los derechos humanos o la lucha contra la corrupción y el soborno; 4) Comparaciones históricas: si se ha facilitado previamente al menos una declaración PAI, debe elaborarse un análisis comparativo con respecto a cada periodo anterior (hasta los cuatro últimos periodos). Estas *RTS* entraron en vigor el 8 de julio de 2024, momento a partir del cual los originadores publican los *PAI* (en lugar de la información sobre comportamiento ambiental) siempre y cuando puedan cumplir con los *RTS* de divulgación *ESG* para titulizaciones *STS*. De cara a cumplir con los requisitos de divulgación del Reglamento de Titulización, de conformidad con los *RTS* de divulgación *ESG* para titulizaciones *STS*, los originadores y las sociedades gestoras deben tener en cuenta lo siguiente: a) Información trimestral sobre sostenibilidad relativa a los activos subyacentes forma parte de las obligaciones de divulgación previstas en el artículo 7.1.a) del Reglamento de Titulización, en su versión modificada, por lo que debe publicarse trimestralmente; y b) Disponibilidad de acuerdo con las normas de transparencia de las titulizaciones *STS*, en donde se facilita a los inversores potenciales, previa solicitud y antes de fijar el precio de una operación, la información sobre sostenibilidad relativa a los activos subyacentes. Los *RTS* de divulgación *ESG* para titulizaciones *STS* constituyen una pieza clave en la estrategia de la UE para fomentar una inversión sostenible y dirigir los flujos de capital hacia actividades sostenibles, promoviendo la transparencia y facilitando la comparación entre productos por parte de los inversores, recordando que el Reglamento de Bonos Verdes también se hace eco de este enfoque en los mercados de capitales de deuda.

narán referencias cruzadas a las partes de los estados no financieros que contengan dichos indicadores[180].

En la segunda categoría se establecen las divulgaciones de información por las empresas no financieras, *ex* artículo 8, apartados 1 y 2, del Reglamento de Taxonomía, tal como se concreta en el Anexo I del Reglamento Delegado (UE) 2021/2178, cuya presentación se realizará teniendo en consideración las plantillas reflejadas en el anexo II (art. 2). A su vez, se efectuará referencia a las normas de divulgación de información por las empresas financieras que pueden, asimismo, subdividirse en normas comunes de divulgación de información, que establecen varias reglas especiales de tipo subjetivo[181] y objetivo[182] (*ex* artículo 7 del marco normativo citado).

Sobre la base de lo expuesto, las empresas financieras podrán utilizar estimaciones para evaluar el ajuste a la taxonomía de sus exposiciones frente a las empresas a que se hace referencia en el apartado 6, letras e) y f), cuando aquellas puedan demostrar el cumplimiento de todos los criterios establecidos en el artículo 3 del Reglamento (UE) 2020/852[183], salvo aquellos contenidos la letra b) de precepto antes citado[184].

---

180 *Cfr.* artículo 8 del mencionado marco reglamentario.

181 Las que establecen que las exposiciones a administraciones centrales, bancos centrales y emisores supranacionales se excluirán del cálculo del numerador y el denominador de los indicadores clave de resultados de estas empresas financieras. A este respecto, traeremos a colación los comentarios, en este punto, de TAPIA HERMIDA, A., *Sostenibilidad financiera…op. cit.* pág. 24.

182 Están las que establecen que los derivados se excluirán del numerador de los indicadores clave de resultados de estas empresas financieras y que los bonos sostenibles, desde el punto de vista ambiental, o los valores representativos de deuda con el objetivo de financiar actividades identificadas específicas que sean emitidos por una empresa participada, serán incluidos en el numerador de los indicadores clave de resultados, hasta el valor total de las actividades económicas que se ajustan a la taxonomía y que se financien mediante los ingresos procedentes de esos bonos y por valores representativos de deuda, sobre la base de la información proporcionada por la empresa participada. Del mismo modo, todo ello será ponderado por los indicadores clave de resultados del volumen de negocios y las *CapEx* (*Capital Expenditure*) del emisor, de conformidad con la metodología establecida en los Anexos III, V, VII y IX del marco reglamentario.

183 Que como es conocido, completa las obligaciones de divulgación de información contenidas en el Reglamento (UE) 2019/2088 del Parlamento Europeo y del Consejo, con el fin de aumentar la transparencia y de que los participan-

tes en los mercados financieros proporcionen a los inversores finales un punto de comparación objetivo en cuanto a la parte de las inversiones que financian actividades económicas medioambientalmente sostenibles. El Reglamento exige a la Comisión que establezca una lista de actividades medioambientalmente sostenibles en la que se definan los criterios técnicos de selección para cada objetivo medioambiental. Estos criterios se establecen mediante actos delegados. Así, citaremos el acto delegado de taxonomía climática de la UE [Reglamento Delegado (UE) 2021/2139] incluye criterios técnicos de selección para las actividades económicas que contribuyen de forma sustancial a los objetivos de mitigación del cambio climático o a la adaptación al mismo. Está en vigor desde el 1 de enero de 2022; el Reglamento Delegado (UE) 2023/2485 modifica el acto delegado de taxonomía climática, por el que se establecen criterios técnicos de selección adicionales para determinar las condiciones en las que se considera que una actividad económica contribuye de forma sustancial a la mitigación del cambio climático o a la adaptación al mismo, y para determinar si esa actividad económica no causa un perjuicio significativo a ninguno de los demás objetivos medioambientales. Está en vigor desde el 1 de enero de 2024; el acto delegado de divulgaciones (Reglamento Delegado (UE) 2021/2178) complementa el artículo 8 del Reglamento de Taxonomía. Especifica el contenido, la metodología y la presentación de la información que deben divulgar las empresas financieras y no financieras en relación con la proporción de actividades económicas medioambientalmente sostenibles en sus negocios, inversiones o actividades de préstamo. Está en vigor desde el 1 de enero de 2022; el acto delegado complementario a la taxonomía climática de la UE (Reglamento Delegado (UE) 2022/1214) modifica los Reglamentos Delegados (UE) 2021/2139 y (UE) 2021/2178, e incluye, bajo condiciones estrictas, actividades pertinentes relacionadas con la energía nuclear y el gas en la lista de actividades económicas que abarca la taxonomía de la UE. Los criterios para las actividades relacionadas con la energía nuclear y el gas específicas están en consonancia con los objetivos medioambientales y climáticos de la UE y ayudarán a acelerar el cambio de los combustibles fósiles sólidos o líquidos, incluido el carbón, hacia un futuro climáticamente neutro. Está en vigor desde enero de 2023; el acto delegado sobre medioambiente (Reglamento Delegado (UE) 2023/2486) mediante el que se establecen los criterios técnicos de selección para determinar en qué condiciones se considerará que una actividad económica contribuye de forma sustancial al uso sostenible y a la protección de los recursos hídricos y marinos, a la transición a una economía circular, a la prevención y el control de la contaminación, o a la protección y recuperación de la biodiversidad y los ecosistemas, y para determinar si dicha actividad económica no causa un perjuicio significativo a ninguno de los demás objetivos medioambientales. Además, modifica el acto delegado de divulgaciones (véase más arriba) en lo relativo a la divulgación pública específica de dichas actividades económicas. Se encuentra en vigor desde el 1 de enero de 2024.

Con todo, y completando esta relación respecto de la temática apuntada, el Reglamento Delegado (UE) 2021/2178 establece que las empresas financieras divulgarán la proporción de las exposiciones que se ajustan a la taxonomía sobre la base de estimaciones, por separado de sus indicadores clave de resultados divulgados, de conformidad con el presente Texto reglamentario y de aquellas otras medidas adoptadas y el plazo necesario, tendente a demostrar el cumplimiento de los criterios contenidos en el artículo 3, letra b), del Reglamento de Taxonomía indicado[185].

Mención específica debe efectuarse, igualmente, a la referencia de inclusión de ciertas normas de divulgación de información, según las diferentes categorías de empresas financieras, que deben atender a puntos concretos: en primer lugar, a divulgaciones de información por gestores de activos que divulgarán la información a que se refiere el artículo 8, apartado 1, del Reglamento delegado, tal como se especifica en los Anexos III y XI, información que se presentará en forma de tablas utilizando las plantillas del Anexo IV (artículo 3); en segundo término, a divulgaciones de información por entidades de crédito que divulgarán la información a que se refiere el artículo 8, apartado 1, del Reglamento de taxonomía, tal como se delimita en los Anexos V y XI[186].

---

184 Textualmente reseña: "*las medidas adoptadas y el plazo necesario para demostrar el cumplimiento de los criterios establecidos en el artículo 3, letra b), del Reglamento (UE) 2020/852*".

185 Mencionaremos el Reglamento Delegado (UE) 2023/2485 de la Comisión, de 27 de junio de 2023, modifica en su Anexo 1 el Reglamento Delegado (UE) 2021/2139 por el que se establecen criterios técnicos de selección adicionales para determinar las condiciones en las que se considera que una actividad económica contribuye de forma sustancial a la mitigación del cambio climático o a la adaptación al mismo, y para determinar si esa actividad económica no causa un perjuicio significativo a ninguno de los demás objetivos medioambientales, siendo aplicable desde el 1 de enero de 2024. Sin embargo, el punto 28 del Anexo I y el punto 26 del Anexo II han comenzado sus efectos desde el 1 de enero de 2025, siendo dicho marco reglamentario obligatorio en todos sus elementos y directamente aplicable en cada Estado miembros.

186 Referidos, respectivamente, a los indicadores clave de resultados de las entidades de crédito y a las divulgaciones cualitativas de los gestores de activos, entidades de crédito, empresas de servicios de inversión y empresas de seguros y reaseguros.

La citada información se presentará en forma de tablas utilizando las plantillas del Anexo VI (artículo 4). Bajo los anteriores parámetros, son incluidas las divulgaciones de información por empresas de servicios de inversión que divulgarán la información a que se refiere el art. 8, apartado 1, del Reglamento (UE) 2020/852, tal como se especifica en los Anexos VII y XI, información que se presentará en forma de tablas utilizando las plantillas del Anexo VIII (artículo 5). Del mismo modo, las divulgaciones de información efectuadas por empresas de seguros y reaseguros referidas en precepto expuesto (Anexos IX y XI) se presentarán, al igual que las anteriores, en forma de tablas utilizando las plantillas del Anexo X (*ex* artículo 6)[187].

Pues bien, con enlace en las previsiones anteriores, lo relatado afectará, de forma concreta, a aseguradoras y reaseguradoras que tengan más de 250 trabajadores. No obstante, aunque a lo largo del 2022 y también durante el 2023, fue divulgado un número limitado de indicadores, así como determinada información cualitativa, utilizándose al efecto un modelo estandarizado.

En atención a expuesto, destacaremos dos de ellos, los cuales van inherentes a la proporción y el importe de las primas de No Vida y reaseguro que se ajustan a la taxonomía, y a la proporción e importe de las inversiones de la entidad que están dirigidas a actividades económicas que se ajustan a la taxonomía, recordando, a estos efectos, que las exposiciones a Administraciones Centrales, Bancos Centrales y emisores supranacionales serán excluidos de los indicadores de las inversiones[188].

En cualquier caso, la participación de estas entidades en empresas no sujetas a divulgación de información no financiera, como pauta general, quedan fuera del alcance de los indicadores, dando lugar a una imagen incompleta de la realidad existente. Consecuentemente, esta cuestión queda como uno de los principales retos de la UE a afrontar durante los próximos años, tal y como se ha venido ponien-

---

187 *Vid np* 184.

188 ROLDÁN ALEGRE, J. Mª, "Los bancos, pieza esencial en la Agenda 2030", *Conferencia para el XV Encuentro del Sector Bancario*. IESE 2019, págs. 3196. Disponible en: *https://s2.aebanca.es/wpcontent/uploads/2019/12/conferencia-jmr.-xvencuentro-del-sector-bancario-iese-2019-1.pdf* (acceso 18 de febrero 2025).

do de manifiesto no solo por parte de la doctrina científica, sino también por los diferentes operadores del mercado[189].

2.2.3. Análisis de los Reglamentos Delegados de la Comisión, de 21 de abril de 2021, sobre los factores, riesgos y preferencias de sostenibilidad en determinados requisitos organizativos y condiciones de funcionamiento de tres categorías de entidades financieras (empresas de servicios de inversión, gestores de fondos de inversión alternativos y empresas de seguros y reaseguros)[190]

Como hemos tenido ocasión de exponer, en los últimos años se ha detectado un mayor interés por parte de los inversores, de los

---

189 De igual modo, vemos necesario mencionar el Reglamento Delegado (UE) 2021/2139 de la Comisión, de 4 de junio de 2021, por el que se completaba el Reglamento (UE) 2020/852 del Parlamento Europeo y del Consejo y por el que se establecen los criterios técnicos de selección para determinar las condiciones en las que se considera que una actividad económica contribuye de forma sustancial a la mitigación del cambio climático o a la adaptación al mismo, y para determinar si esa actividad económica no causa un perjuicio significativo a ninguno de los demás objetivos ambientales, y que se ha comenzado a aplicar desde el 1 de enero del presente año. Todo ello tiene especial incidencia en especialmente en la distribución de los productos de inversión basados en seguros (*PIBS*). Así, el intermediario de seguros que elabore el producto de seguro debe precisar a qué grupos de clientes con objetivos de sostenibilidad específicos se supone que se debe distribuir el producto de seguro, más en concreto el *PIBS*. Igualmente, los distribuidores tienen la obligación de considerar las preferencias de sostenibilidad de los clientes en las recomendaciones personales realizadas a tales clientes. Para ello, los distribuidores tienen que recabar tales preferencias de sostenibilidad de los clientes y no pueden recomendar al cliente productos que no estén en línea con sus preferencias. Además, con la finalidad de garantizar que los productos de seguro con factores de sostenibilidad sigan estando fácilmente disponibles también para los clientes que no tengan preferencias de sostenibilidad, debe exigirse a las empresas de seguros y a los intermediarios de seguros que elaboren productos de seguro que identifiquen a los grupos de clientes con cuyas necesidades, características y objetivos no sea compatible un producto de seguro con factores de sostenibilidad. Ampliamente, PEÑAS MOYAÑO, Mª J., "Sostenibilidad en el mercado de seguros. Sostenibilidad del producto", *Actas del Congreso Internacional Sostenibilidad y Derecho del Sistema Financiero*, Valencia, 2023, págs. 171 y ss.

190 Como hilo conductor, los Reglamentos delegados que analizamos se asientan en un contexto integrado por los siguientes precedentes: El Acuerdo de París de la UE de 2016, que inició la transición a una economía hipocarbónica, más

mercados financieros y de los reguladores en garantizar que los asuntos incardinados a la sostenibilidad, sean considerados en las decisiones de inversión largoplacistas. A tales efectos, desde el lanzamiento del Plan de Acción para Financiar el Crecimiento Sostenible en el año 2018[191], la Unión Europea ha desempeñado un papel esencial en la construcción de un marco regulatorio que permita a los merca-

sostenible, eficiente en el uso de los recursos y circular, en consonancia con los Objetivos de Desarrollo Sostenible que se considera fundamental para garantizar la competitividad a largo plazo de la economía de la Unión. En particular, el artículo 2.1.c) del Acuerdo de París fija el objetivo de reforzar la respuesta al cambio climático, entre otras cosas, compatibilizando los flujos financieros con una trayectoria que conduzca a un desarrollo resiliente al clima y con bajas emisiones de gases de efecto invernadero; b) El Plan de Acción "Financiar el crecimiento sostenible" de 2018, donde la Comisión publicó su Plan de Acción por el que "se establece una estrategia ambiciosa y global relativa a las finanzas sostenibles. Uno de los objetivos fijados en el Plan de Acción es reorientar los flujos de capital hacia inversiones sostenibles, a fin de lograr un crecimiento sostenible e inclusivo. La evaluación de impacto en la que se basan las iniciativas legislativas posteriores publicadas en mayo de 2018 demostró la necesidad de aclarar que las empresas de servicios de inversión deben tener en cuenta los factores de sostenibilidad dentro de sus obligaciones para con los clientes y posibles clientes"; c) El Pacto Verde Europeo de 2019, que como hemos tenido ocasión de avanzar constituye una nueva estrategia de crecimiento destinada a transformar la Unión en una sociedad equitativa y próspera, con una economía moderna, eficiente en el uso de los recursos y competitiva, en la que no habrá emisiones netas de gases de efecto invernadero a partir de 2050 y el crecimiento económico estará disociado del uso de los recursos. Este objetivo requiere que se envíen señales claras a los inversores con respecto a sus inversiones, para evitar los activos obsoletos y promover las finanzas sostenibles"; d) El Reglamento (UE) 2019/2088 del Parlamento Europeo y del Consejo, de 27 de noviembre de 2019, sobre la divulgación de información relativa a la sostenibilidad en el sector de los servicios financieros (DO *L* 317 de 9 de diciembre de 2019); e) El Reglamento (UE) 2020/852 del Parlamento Europeo y del Consejo, de 18 de junio de 2020, relativo al establecimiento de un marco para facilitar las inversiones sostenibles y por el que se modifica el Reglamento (UE) 2019/2088 (DO *L* 198 de 22 de junio de 2020). En este contexto, también aludiremos al Reglamento de Ejecución 2024/1289 por el que se establece información técnica para el cálculo de las provisiones técnicas y los fondos propios básicos a efectos de la presentación de información con fecha de referencia comprendida entre el 31 de marzo de 2024 y el 29 de junio de 2024 de conformidad con la Directiva 2009/138/CE sobre el acceso a la actividad de seguro y de reaseguro y su Ejercicio.

191 Disponible: *https://ec.europa.eu/commission* (acceso 20 enero 2025).

dos financieros apoyar una adecuada transición hacia una economía climáticamente neutra para el año 2050.

Del mismo modo, vemos conveniente recalcar a este respecto que el conjunto normativo analizado previamente necesita en muchas ocasiones, de un desarrollo posterior a través de actos delegados y normas técnicas de regulación (*RTS*, por sus siglas en inglés) por lo que se insta la colaboración de las Autoridades Europeas de Supervisión[192], esto es, la Autoridad Bancaria Europea (*EBA*)[193], la Autori-

192 Es interesante traer a colación que las Autoridades Europeas de Supervisión actualizaron, el 24 de marzo del presente año, su declaración de supervisión conjunta sobre la aplicación del Reglamento de divulgación (*SFDR*, por sus siglas en inglés) y los artículos 5 y 6 del Reglamento de Taxonomía. La Comisión Europea aprobó el 6 de abril de 2022, la versión final de las normas técnicas de regulación (*RTS*, por sus siglas inglesas), que desarrollan el reglamento de divulgación citado. Dicha aprobación se producía tras el informe final sobre estas normas que emitieron las Autoridades Europeas de Supervisión el 22 de octubre de 2021. A este respecto, cabe recordar que, tras someterlo en varias ocasiones a consulta, las *ESA* optaron por recoger en un único reglamento delegado los requerimientos informativos de los reglamentos de divulgación y de taxonomía. Unido a lo expuesto, se mantuvo el 1 de enero de 2023, como la fecha de aplicación de estos criterios técnicos de divulgación de la información precontractual y periódica de los productos sostenibles y de la consideración de las Principales Incidencias Adversas de Sostenibilidad (*PIAS*) conforme al modelo normalizado, el cual se publicó el 30 de junio de 2023, además de la descripción de las acciones acometidas para mitigar los efectos de estas incidencias durante el año natural, con respecto al año anterior y con el venidero.

193 El 24 de enero de 2022, la *EBA* publicó su proyecto final de normas técnicas de ejecución (*ITS*) sobre la información del Tercer Pilar relativa a los *ESG*. El proyecto final de *ITS* propone divulgaciones comparables para mostrar cómo el cambio climático puede exacerbar otros riesgos dentro de los balances de las instituciones, cómo las instituciones están mitigando esos riesgos, y sus ratios, incluido la ratio de activos verdes (*GAR*), sobre las exposiciones que financian actividades alineadas con la taxonomía, como las que son coherentes con los objetivos del Acuerdo de París. Recordaremos que con fecha 3 de febrero de 2022, *ESMA* efectuaba una convocatoria sobre las características del mercado de los proveedores de calificaciones de *ESG* en la UE. Así, el 24 de abril de 2024, el Parlamento Europeo adoptó la Propuesta de Reglamento del Parlamento Europeo y del Consejo sobre la transparencia y la integridad de las actividades de calificación medioambiental, social y de gobernanza (*ESG*). Asimismo, para el año 2025, se prevé que la EBA actualice una buena parte de sus guías que orientan el gobierno interno, la gestión de riesgos o el marco retributivo de las entidades. En la mayor parte de los casos, las revisiones tienen por objeto la incorporación de los nuevos estándares de gestión de riesgos *ESG* y tecnológicos y de seguri-

dad Europea de Valores y Mercados (*ESMA*) y la Autoridad Europea de Seguros y Pensiones (*EIOPA*) con el fin último de establecer criterios técnicos o indicaciones dirigidos a empresas de servicios de inversión, gestores de fondos alternativos y empresas de seguros y reaseguros que pasamos a exponer a continuación.

---

dad que *DORA* (*Digital Operational Resilience Act*) y la *CRDVI* han introducido: Guía sobre gobierno interno (EBA/GL/2021/05), que incorporara los criterios de gestión de los riesgos ESG, las nuevas normas sobre la configuración de las funciones de control interno y las que se refieren al consejo de administración como órgano colegiado; las Guías sobre remuneraciones (EBA/GL/2021/04), incorporando el deber de las entidades de crédito de integrar la gestión de los riesgos ESG en el marco retributivo; las Guías sobre externalización (EBA/GL/2019/02), para incluir las nuevas normas sobre la externalización de funciones introducidas por *DORA*; las *Guidelines of ICT and Security Risk Management* (EBA/GL/2019/04), buscando la adaptación a los estándares de gestión introducidos por *DORA*. De la misma manera, se espera que la EBA acometa un buen número de iniciativas para adaptar sus *Implementing Technical Standards* (en general, plantillas para el reporte de la información) al nuevo marco prudencial *CRRIII/CRDVI,* incluyendo, entre otras cuestiones, la incorporación de los riesgos ESG a las plantillas de información periódica pública (*Pillar* 3) y la inclusión de estos riesgos en la información que las entidades deben suministrar de forma periódica al supervisor (*FinREP* y *COREP*). También cabe destacar que el 9 de enero del presente año publicó su Guía para la gestión de riesgos de *ESG*. No es ocioso recodar en relación con lo expuesto, que el Reglamento *DORA* es directamente aplicable en la UE desde el pasado 17 de enero 2025, en donde se inicia para las entidades financieras el periodo de exigencia de cumplimiento con el Reglamento *DORA*. Este Reglamento europeo tiene como objetivo mejorar la resiliencia operativa y la ciberseguridad en el sector financiero, específicamente en relación con los riesgos relacionados con las tecnologías de la información y la comunicación. Regula, entre otros aspectos, los requerimientos en materia de gestión de los riesgos. Asimismo, a lo largo del 2025, se continuará trabajando en la redacción de la *Retail Investment Strategy* (con importantes implicaciones para el modelo de negocio de los servicios de inversión) para su aprobación en 2026; y se aprobará el nuevo marco normativo de *PSD3/FIDA*, el cual incluirá novedades relevantes para el intercambio de información financiera entre entidades. De hecho, el 21 de noviembre de 2025 finalizará el plazo para incorporar la Directiva 2023/2225/UE, que ineludiblemente conllevará que la actividad de concesión de financiación en su totalidad se traslade a considerarse como una actividad regulada en nuestro país, imponiendo la supervisión y registro de entidades que presten este tipo de financiación junto con cambios y aclaraciones, entre otros, en los créditos al consumo sujetos, normas de conducta, publicidad, información, solvencia o desistimiento.

2.2.3.1. Reglamentos Delegados sobre la sostenibilidad de las empresas de servicios de inversión[194]

El Reglamento Delegado (UE) 2021/1253 de la Comisión, de 21 de abril de 2021[195] por el que se modifica el Reglamento Delegado

---

[194] El pasado año, en relación con las empresas de servicios de inversión mencionaremos, por su interés, el Reglamento de Ejecución (UE) 2025/302 de la Comisión, de 23 de octubre de 2024, por el que se establecen normas técnicas de ejecución para la aplicación del Reglamento (UE) 2022/2554 del Parlamento Europeo y del Consejo en lo que respecta a los formularios, las plantillas y los procedimientos normalizados que deberán aplicar las entidades financieras para informar de un incidente grave relacionado con las TIC y para notificar una ciberamenaza importante; el Reglamento Delegado (UE) 2025/301 de la Comisión, de 23 de octubre de 2024, por el que se completa el Reglamento (UE) 2022/2554 del Parlamento Europeo y del Consejo en lo que respecta a las normas técnicas de regulación que especifican el contenido y los plazos para la notificación inicial y los informes intermedio y final sobre incidentes graves relacionados con las TIC, así como el contenido de la notificación voluntaria de ciberamenazas importantes; el Reglamento Delegado (UE) 2025/295 de la Comisión, de 24 de octubre de 2024, por el que se completa el Reglamento (UE) 2022/2554 del Parlamento Europeo y del Consejo en lo que respecta a las normas técnicas de regulación relativas a la armonización de las condiciones que permiten llevar a cabo las actividades de supervisión; el Reglamento Delegado (UE) 2025/295 de la Comisión, de 24 de octubre de 2024, por el que se completa el Reglamento (UE) 2022/2554 del Parlamento Europeo y del Consejo en lo que respecta a las normas técnicas de regulación relativas a la armonización de las condiciones que permiten llevar a cabo las actividades de supervisión.

[195] Disponible en: *https://eur-lex.europa.eu/eli/reg_del/2021/1253/oj*. El 18 de julio del 2022, ya la CNMV publicó un "Comunicado sobre la próxima aplicación de la modificación del Reglamento Delegado 2017/565 en lo relativo a la consideración de las preferencias de sostenibilidad de los clientes en la evaluación de la idoneidad" en donde era anunciado que el 2 de agosto del año 2022, comenzaría a aplicarse el Reglamento (UE) 2021/1253 de 22 de abril de 2021, el cual modificaba el Reglamento Delegado (UE) 2017/565 en relación con la integración de los factores, riesgos y preferencias de sostenibilidad en ciertos requisitos organizativos y condiciones operativas de las entidades que prestan servicios de inversión, transcribiéndose la definición de lo que considera preferencias de sostenibilidad de los clientes sobre las que las entidades deberán necesariamente recabar información. Del mismo modo, *ESMA* publicó, con fecha 23 de septiembre de 2022, las directrices finales sobre preferencias de sostenibilidad en la evaluación de idoneidad de los clientes en el marco de las *MIFID II* que serán aplicables a la prestación de cualquier tipo de asesoramiento de inversión, independiente o no, y a la gestión de carteras y con fecha 3 de abril de 2023, *ESMA* publicó las Directrices *35-43-3172* relativas a determinados aspectos

(UE) 2017/565 en lo que respecta a la integración de los factores, riesgos y preferencias de sostenibilidad en determinados requisitos organizativos y condiciones de funcionamiento de las empresas de servicios de inversión, desarrolla la Directiva 2014/65/UE del Parlamento Europeo y del Consejo, de 15 de mayo de 2014, relativa a los mercados de instrumentos financieros[196] y por la que se modifican la Directiva 2002/92/CE y la Directiva 2011/61/UE, y en particular, el artículo 16, apartado 12, el artículo 24, apartado 13, y el artículo 25, apartado 8.

En el orden que se prefiera y según la lógica y objetivos del citado Cuerpo legal, el mismo se sustenta en la obligación de las empresas de servicios de inversión de considerar no solo todos los riesgos financieros de forma permanente, sino también todos los riesgos de sostenibilidad pertinentes a que se refiere el Reglamento (UE) 2019/2088 del Parlamento Europeo y del Consejo que, de materiali-

de los requisitos de idoneidad de la *MiFID II*. En octubre de 2023, en nuestro país, la CNMV notificó a la *ESMA* con fecha 2 de junio de 2023 que cumplía con las Directrices relativas a determinados aspectos de los requisitos de idoneidad de la *MiFID II* y, por tanto, las tendría en consideración, tal como ya se anticipaba en el comunicado del 18 de julio de 2022. Recientemente, *ESMA* ha puesto a consulta el borrador de las directrices para evaluar los conocimientos y competencias del personal que asesora e informa sobre criptoactivos, desarrollando el Reglamento (UE) 2023/1114 de 31 de mayo, relativo a los mercados de criptoactivos por el que se modifican los Reglamentos (UE) 1093/2010 y (UE) 10195/2010 y las Directivas 2013/36/UE y (UE) 2019/1937, habiendo finalizado el periodo de consulta el 22 de abril de 2025, y una vez que se hayan publicado las traducciones oficiales de las directrices definitivas, las autoridades competentes de los Estados miembros contarán con un plazo de dos meses para la notificación o no sobre su seguimiento.

196 Dicha Norma fue modificada por la Directiva (UE) 2924/790 del Parlamento Europeo y del Consejo, de 28 de febrero de 2024 y por el Reglamento (UE) 2024/ 791 del Parlamento Europeo y del Consejo, de 28 de febrero de 2024 por el que se modifica el Reglamento (UE) 600/2014 en lo que se refiere a la mejora de la transparencia de los datos, a la eliminación de obstáculos al establecimiento de sistemas de información consolidada, la optimización de las operaciones de negociación y la prohibición de recibir pagos por el flujo de órdenes. Dando una perspectiva general a este tema, DE VIVERO DE PORRAS, C., "Instrumentos financieros, fondos de inversión y derivados" Edufinet, *Situación, tendencias y retos del sistema financiero,* Pamplona, 2022, págs. 15 y ss.

zarse, puedan generar un efecto negativo real o posible sobre el valor de una inversión[197].

En este sentido, tal y como hemos tenido ocasión de anticipar, dado que el Reglamento Delegado (UE) 2017/565[198] de la Comisión no efectuaba referencia explícita a los riesgos de sostenibilidad para garantizar que los procedimientos internos y que las disposiciones organizativas fueran observadas y aplicadas correctamente, sería preciso aclarar que los procesos, sistemas y controles internos de las empresas de servicios de inversión reflejaran los riesgos de sostenibilidad inherentes.

Encuadrado en el tema objeto de análisis, también son adicionadas las denominadas "preferencias de sostenibilidad", los "factores de sostenibilidad"[199] (artículo 2, punto 24, del Reglamento (UE) 2019/2088)[200] y los "riesgos de sostenibilidad" (artículo 2, punto

---

197 Por interés, recordaremos que en fecha 6 de abril del 2022, en complemento del Reglamento 2019/2088, de 27 de noviembre de 2019, la Comisión Europea adoptó las normas técnicas de implementación del Reglamento de divulgación que estarán sujetas, durante los próximos meses, al escrutinio del Parlamento Europeo y el Consejo (COM (2022) 1931 final).

198 El Reglamento Delegado (UE) 2017/565 fue modificado por el Reglamento Delegado (UE) 2021/1253, que introduce la integración de factores, riesgos y preferencias de sostenibilidad en ciertos requisitos organizativos y condiciones operativas de las entidades que prestan servicios de inversión en lo que respecta a la integración de los factores, riesgos y preferencias de sostenibilidad en determinados requisitos organizativos y condiciones de funcionamiento de empresas de servicios de inversión y Directiva delegada (UE) 2021/1269 de la Comisión, de 21 de abril de 2021, por la que se modifica la Directiva delegada (UE) 2017/593 en los que atañe a la integración de los factores de sostenibilidad en las obligaciones en materia de gobernanza de productos.

199 Los mismos serán aquellos factores de sostenibilidad definidos en el artículo 2, punto 24, del Reglamento (UE) 2019/2088. Como es sabido, dicho marco normativo fue modificado por el Reglamento (UE) 2020/852 del Parlamento Europeo y del Consejo de 18 de junio de 2020 relativo al establecimiento de un marco para facilitar las inversiones sostenibles y por el Reglamento (UE) 2023/2869 del Parlamento Europeo y del Consejo, de 13 de diciembre de 2023, por el que se modifican determinados Reglamentos en lo que respecta al establecimiento y el funcionamiento del Punto de Acceso Único Europeo.

200 Como tendremos ocasión de exponer, dicho marco normativo es completado por el Reglamento delegado (UE) 2022/1288 de la Comisión de 6 de abril de 2022 respecto a las normas técnicas de regulación que especifican los pormenores en materia de contenido y presentación que ha de cumplir la información

22, del citado Reglamento)[201]. Igualmente, se modifica el artículo 33 del Reglamento Delegado (UE) 2017/565 para regular expresamente los "conflictos de intereses potencialmente perjudiciales para los clientes" (*ex* artículo 16, apartado 3 y artículo 23 de la Directiva 2014/65/UE)[202].

---

relativa al principio de "no causar un perjuicio significativo", y especifican el contenido, los métodos y la presentación para la información relativa a los indicadores de sostenibilidad y las incidencias adversas en materia de sostenibilidad, así como el contenido y la presentación de información relativa a la promoción de características medioambientales o sociales y de objetivos de inversión sostenible en los documentos precontractuales, en los sitios web y en los informes periódicos. Aún más, adicionaremos sobre el importante principio "de no causar perjuicio significativo", la Comunicación de la Comisión sobre la interpretación y aplicación de determinadas disposiciones legales del acto delegado de taxonomía medioambiental de la UE, el acto delegado de taxonomía climática de la UE y el acto delegado sobre divulgación de información relacionada con la taxonomía de la UE (*DOUE* del 5-3-2025 (Serie C) (ref. C/2025/1373) en el que se da respuesta, entre otras trascendentales cuestiones a la pregunta sobre cuál es la relación entre los criterios relativos al principio de "no causar un perjuicio significativo" (*DNSH*) en la taxonomía de la UE y la manera en que se aplica el principio *DNSH* en el contexto de los fondos públicos, como el Mecanismo de Recuperación y Resiliencia e *InvestEU*.

201 Se encuentran definidos en el literal del artículo 2, punto 22, del Reglamento (UE) 2019/2088. En consecuencia, el Reglamento Delegado (UE) 2021/1253 de la Comisión, de 21 de abril de 2021 modifica el artículo 33 del Reglamento Delegado (UE) 2017/565 para regular los "conflictos de intereses potencialmente perjudiciales para los clientes" (artículo 16, apartado 3, y artículo 23 de la Directiva 2014/65/UE).

202 Como documentos conexos a la misma, tendremos en consideración el Reglamento (UE) 2023/2859 del Parlamento Europeo y del Consejo, de 13 de diciembre de 2023, por el que se establece un punto de acceso único europeo que proporciona un acceso centralizado a la información disponible al público pertinente para los servicios financieros, los mercados de capitales y la sostenibilidad (DO *L* 2023/2859 de 20.12.2023); Reglamento (UE) 2022/2554 del Parlamento Europeo y del Consejo, de 14 de diciembre de 2022, sobre la resiliencia operativa digital del sector financiero y por el que se modifican los Reglamentos (CE) 1060/2009, (UE) 648/2012, (UE) 600/2014, (UE) 909/2014 y (UE) 2016/1011 (DO L 333 de 27.12.2022, págs. 1-79). Directiva (UE) 2022/2556 del Parlamento Europeo y del Consejo de 14 de diciembre de 2022 por la que se modifican las Directivas 2009/65/CE, 2009/138/CE, 2011/61/UE, 2013/36/UE, 2014/59/UE, 2014/65/UE, (UE) 2015/2366 y (UE) 2016/2341 en lo relativo a la resiliencia operativa digital del sector financiero (DO *L* 333 de 27.12.2022, págs. 153-163); Reglamento (UE) 2020/1503 del Parlamento Europeo y del Consejo, de 7 de octubre de 2020, relativo a los proveedores europeos

De esto último se sigue que a dichos cambios, una consecuencia de lo relatado es la exigencia a las empresas de servicios de inversión de abstenerse de recomendar o decidir negociar instrumentos financieros como instrumentos que responden a las preferencias de sostenibilidad de un cliente o posible cliente, cuando los mencionados instrumentos financieros no se atengan a dichas preferencias, debiendo, necesariamente, ofrecer información sobre cuales han sido los motivos por los cuáles, ha sido efectuada dicha abstención.

De la misma manera y en relación a los requisitos organizativos y las condiciones de funcionamiento de las empresas de servicios de inversión, debemos aludir al Reglamento Delegado (UE) 2021/1254[203],

---

de servicios de financiación participativa para empresas, y por el que se modifican el Reglamento (UE) 2017/1129 y la Directiva (UE) 2019/1937 (DO *L* 347 de 20.10.2020, págs 1-49); Reglamento Delegado (UE) 2017/565 de la Comisión, de 25 de abril de 2016, por el que se completa la Directiva 2014/65/UE del Parlamento Europeo y del Consejo en lo relativo a los requisitos organizativos y las condiciones de funcionamiento de las empresas de servicios de inversión y términos definidos a efectos de dicha Directiva (DO *L* 87 de 31.3.2017, págs. 1-83); Directiva Delegada (UE) 2017/593 de la Comisión, de 7 de abril de 2016, por la que se complementa la Directiva 2014/65/UE del Parlamento Europeo y del Consejo, en lo que respecta a la salvaguarda de los instrumentos financieros y los fondos pertenecientes a los clientes, las obligaciones en materia de gobernanza de productos y las normas aplicables a la entrega o percepción de honorarios, comisiones u otros beneficios monetarios o no monetarios (DO *L* 87 de 31.3.2017, págs. 500-517); Reglamento de Ejecución (UE) 2016/824 de la Comisión, de 25 de mayo de 2016, por el que se establecen normas técnicas de ejecución en lo que respecta al contenido y el formato de la descripción del funcionamiento de los sistemas multilaterales de negociación, los sistemas organizados de contratación y la notificación a la Autoridad Europea de Valores y Mercados, de conformidad con la Directiva 2014/65/UE del Parlamento Europeo y del Consejo, relativa a los mercados de instrumentos financieros (DO *L* 137 de 26.5.2016, págs. 10-16); Reglamento (UE) 1095/2010 del Parlamento Europeo y del Consejo, de 24 de noviembre de 2010, por el que se crea una Autoridad Europea de Supervisión, se modifica la Decisión 716/2009/CE y se deroga la Decisión 2009/77/CE de la Comisión (DO *L* 331 de 15.12.2010, págs. 84-119).

203 Dicho Cuerpo legal corrige el Reglamento Delegado (UE) 2017/565, por el que se completa la Directiva 2014/65/UE del Parlamento Europeo y del Consejo en lo relativo a los requisitos organizativos y las condiciones de funcionamiento de las empresas de servicios de inversión, y términos definidos a efectos de dicha Directiva. En esencia, son introducidas modificaciones relativas al mercado destinatario y a la prueba del producto. En cuanto al mercado destinatario, se establece que la aprobación del producto determinará dicho mercado, así

por el cual se modificaba el Reglamento Delegado (UE) 2017/565 y se completaba la Directiva 2014/65/UE del Parlamento Europeo y del Consejo, de 15 de mayo de 2014[204], por el cual también es ajustada, a estos efectos, la Directiva 2002/92/CE y la Directiva 2011/61/UE, y en particular, su artículo 16, apartado 12 y su artículo 27, apartado 9.

Con todo, es necesario precisar que dicho texto reglamentario parte del supuesto de que el literal del artículo 1, apartado 1, contiene una serie de errores de técnica regulatoria, al exigirse la aplicación de su artículo 59, apartado 4, su artículo 60 y su Capítulo IV, en lugar del artículo 64, apartado 4, el artículo 65 y el Capítulo VIII.

Del mismo modo, también se puso de manifiesto, la existencia de diferentes divergencias materiales con relación a referencias cruzadas del Anexo I del Reglamento Delegado (UE) 2017/565, más concretamente, las que refieren a las secciones "Evaluación de clientes", "Tramitación de las órdenes", "Operaciones y órdenes de clientes", "Información a los clientes", "Comunicación con los clientes" y "Requisitos organizativos", del que se efectuó una oportuna corrección sustantiva[205].

---

como el grupo de clientes compatibles para cada producto de seguro, siendo necesario tener en cuenta a estos efectos, entre otros aspectos, sus factores de sostenibilidad. A su vez, con relación a la prueba del producto se ha establecido que los productores someterán sus productos a una serie de pruebas adecuadas para las cuales se evaluará si el producto responderá durante todo su ciclo de vida a las necesidades, los objetivos, incluidos cualesquiera objetivos relativos a la sostenibilidad, y las características que se hayan definido para los clientes propios del mercado destinatario.

204 Se modificó, asimismo, la Directiva 2013/34/UE en lo que respecta a la divulgación de información no financiera e información sobre diversidad por parte de determinadas grandes empresas y determinados grupos, Norma que tuvo por objeto identificar los riesgos para mejorar la sostenibilidad y aumentar la confianza de los inversores, los consumidores y la sociedad en general y el mercado financiero, incrementándose la divulgación de información no financiera, especialmente referida a factores sociales y medioambientales. No obstante, ya el Considerando 9 del Reglamento (UE) 2019/2008 sobre finanzas sostenibles especificaba que dicho Cuerpo legal era instrumento insuficiente para lograr el grado de armonización satisfactorio para garantizar la transparencia de la sostenibilidad financiera.

205 La *ESMA* anunció en 2023 una acción de supervisión conjunta sobre la divulgación e integración de riesgos de sostenibilidad, referidas, en concreto, con

2.2.3.2. Reglamento Delegado sobre la sostenibilidad de los gestores de fondos de inversión alternativos

En lo relativo a la sostenibilidad de fondos de inversión alternativos, nos referiremos al Reglamento Delegado (UE) 2021/1255 sobre los riesgos de sostenibilidad y los factores de sostenibilidad que deben tener en consideración los gestores de fondos de inversión alternativos[206], que modifica el Reglamento Delegado (UE) 231/2013 en lo concerniente a los riesgos de sostenibilidad y los factores de sostenibilidad que deben tener en consideración los diferentes gestores de fondos de inversión alternativos, implementándose la Directiva sobre gestores de fondos de inversión alternativos[207], y ofreciendo un marco reglamentario armonizado para la gestión y la distribución de

---

relación a este punto a la divulgación e integración de los riesgos de sostenibilidad por los gestores de activos, habiendo tenido de plazo hasta el último trimestre de 2024 por parte de las autoridades nacionales en el marco de sus actividades de supervisión, para compartir con dicha Autoridad de supervisión los conocimientos y experiencias adquiridos. Asimismo, en diciembre de 2024 fue sometido a consulta un proyecto de normas técnicas de regulación (*Regulatory Technical Standards*) sobre fondos de inversión alternativos (*FIA*) prestamistas de tipo abierto al objeto de desarrollar la Directiva 2011/ 61 del Parlamento Europeo y del Consejo, de 8 de junio de 2011, complementado por la Directiva 2024/927 del Parlamento Europeo y del Consejo, de 13 de marzo de 2024 por el que se modifican las Directivas 2011/61/UE y 2009/65/CE en lo que respecta a los acuerdos de delegación, la gestión de riesgo de liquidez, la presentación de información a efectos de supervisión, la prestación de servicios de depositaría y custodia y la concesión de préstamos por fondos de inversión alternativos. A tales efectos, *ESMA* prevé presentar el informe final y el proyecto de normas técnicas de regulación a la Comisión en el tercer o cuarto trimestre de 2025.

206 Reglamento Delegado (UE) 2021/1255 de la Comisión, de 21 de abril de 2021 por el que se modifica el Reglamento Delegado (UE) 231/2013 en lo que atañe a los riesgos de sostenibilidad y los factores de sostenibilidad que deben tener en cuenta los gestores de fondos de inversión alternativos. A partir del 2 de agosto del 2022 comenzó la aplicación del mismo.

207 Directiva 2011/61/UE del Parlamento Europeo y del Consejo, de 8 de junio de 2011, relativa a los gestores de fondos de inversión alternativos y por la que se modifican las Directivas 2003/41/CE y 2009/65/CE y los Reglamentos (CE) 1060/2009 y (UE) 1095/2010. Asimismo, véase la Directiva 2021/1270, por la que se incorpora la obligación de las sociedades de inversión de integrar los riesgos de sostenibilidad en la gestión de los organismos de inversión colectiva en valores mobiliarios (*OICVM*), teniendo en cuenta la naturaleza, escala y complejidad de sus propias actividades.

los mismos, en el marco de la Unión Europea, en aras a una mayor coherencia de todo el acervo legislativo inherente a la sostenibilidad[208].

Como queda dicho, de conformidad con el Reglamento (UE) 2019/2088[209], los gestores de los fondos de inversión alterativos (*GFIA*) —los cuales deberán contar con competencia, conocimiento y experiencia respecto de la gestión de riesgos de sostenibilidad[210]— que estén obligados a considerar las principales incidencias adversas

---

208 *Vid supra np* 203.

209 *Vid.* Reglamento Delegado (UE) 2022/1288 de la Comisión, de 6 de abril de 2022 por el que se completa el Reglamento (UE) 2019/2088 del Parlamento Europeo y del Consejo respecto a las normas técnicas de regulación que especifican los pormenores en materia de contenido y presentación que ha de cumplir la información relativa al principio de "no causar un perjuicio significativo", y especifican el contenido, los métodos y la presentación para la información relativa a los indicadores de sostenibilidad y las incidencias adversas en materia de sostenibilidad, así como el contenido y la presentación de información relativa a la promoción de características medioambientales o sociales y de objetivos de inversión sostenible en los documentos precontractuales, en los sitios *web* y en los informes periódicos. Asimismo, la corrección de errores del Reglamento Delegado (UE) 2022/1288 de la Comisión, de 6 de abril de 2022, por el que se completa el Reglamento (UE) 2019/2088 del Parlamento Europeo y del Consejo respecto a las normas técnicas de regulación que especifican los pormenores en materia de contenido y presentación que ha de cumplir la información relativa al principio de "no causar un perjuicio significativo", y especifican el contenido, los métodos y la presentación para la información relativa a los indicadores de sostenibilidad y las incidencias adversas en materia de sostenibilidad, así como el contenido y la presentación de información relativa a la promoción de características medioambientales o sociales y de objetivos de inversión sostenible en los documentos precontractuales, en los sitios web y en los informes periódicos. Unido a ello, referiremos al Reglamento Delegado (UE) 2023/363 de la Comisión, de 31 de octubre de 2022 por el que se modifican y corrigen las normas técnicas de regulación establecidas en el Reglamento Delegado (UE) 2022/1288 en lo que respecta al contenido y la presentación de la información en relación con la divulgación de información en los documentos precontractuales y los informes periódicos relativos a los productos financieros que invierten en actividades económicas medioambientalmente sostenibles

210 RODRÍGUEZ ARIAS, T., "Los reguladores y supervisores", *Instituto Español de Analistas Financieros*, Madrid, 2021, pág. 160; ALONSO, A. y GONZÁLEZ, C. I., "Los productos financieros sostenibles desde el punto de vista de los supervisores y los reguladores: sector bancario" en LÓPEZ JIMÉNEZ y ZAMARRIEGO MUÑOZ (dirs.), *La sostenibilidad y el nuevo marco institucional y regulatorio de las finanzas sostenibles*, Thomson Reuters Aranzadi, Cizur Menor (Navarra), 2021.

de las decisiones de inversión en los factores de sostenibilidad, o lo hagan de forma voluntaria, tienen la obligación de divulgar de qué forma sus políticas de diligencia debida[211] deberán tener en consideración esas principales incidencias adversas. Por otra parte, con el fin de garantizar la coherencia entre el Reglamento (UE) 2019/2088 y el Reglamento Delegado (UE) 231/2013[212], dicha obligación deberá quedar reflejada en el ámbito de este texto normativo

En este contexto, y con el fin de mantener un alto nivel de protección de los inversores al determinar los tipos de conflictos de intereses, cuya existencia pueda perjudicar los intereses de un fondo de inversión alternativo, sus gestores, necesariamente, deberán introducir aquellos conflictos de intereses que puedan generarse como

---

211 A tales efectos, el 24 de abril de 2024 por parte del Parlamento Europeo se aprobó de la Directiva sobre diligencia debida de las empresas en materia de sostenibilidad (*CSDDD*, por sus siglas en inglés). En relación con ello, y por su importancia, tal y como tendremos ocasión de valorar en el presente trabajo, el 14 de abril de 2025, fue aprobada por el Consejo Europeo, la Directiva *Stop-the-Clock* (2025/794/UE) —Directiva de suspensión temporal— una de las normas incluidas en la Propuesta *Ómnibus* I de la Comisión que busca simplificar la normativa de sostenibilidad en materia de información y debida diligencia, aplazándose los plazos de su trasposición hasta el 26 de julio de 2027. A tales efectos, se pospone un año (hasta el 26 de julio de 2028, en lugar de julio de 2027) la aplicación de la normativa para las empresas más grandes. Es decir, para aquellas que tienen más de 5000 empleados y una facturación de más de 1.500 millones EUR. Para los otros dos grupos de empresas, el calendario se mantiene sin cambios.

212 Reglamento delegado de la Comisión de 19 de diciembre de 2012, por el que se complementa la Directiva 2011/61/UE del Parlamento Europeo y del Consejo en lo referente a las exenciones, las condiciones generales de ejercicio de la actividad, los depositarios, el apalancamiento, la transparencia y la supervisión. Dicho Cuerpo legal fue modificado por el Reglamento Delegado (UE) 2021/1255 de la Comisión, de 21 de abril de 2021 por el que, a su vez, es modificado el Reglamento Delegado (UE) 231/2013 en lo que atañe a los riesgos de sostenibilidad y los factores de sostenibilidad que deben tener en cuenta los gestores de fondos de inversión alternativos. Así, en el artículo 1, se adiciona los puntos 6 y 7; en el artículo 18, se añaden los apartados 5 y 6; en el artículo 22 se adiciona el apartado 3; en el artículo 30, se añade un nuevo párrafo en el artículo 40, el apartado 2 es sustituido por una nueva redacción; en el artículo 57, apartado 1, se añade un nuevo párrafo y en el artículo 60, apartado 2, se adiciona la letra i).

consecuencia de la integración de los riesgos de sostenibilidad *ASG* en sus procesos, sistemas y controles internos[213].

Por tanto, entre tales conflictos, aludiremos a aquellos derivados de la remuneración o de las operaciones personales del personal pertinente, los que podrían dar lugar al denominado "blanqueo ecológico", a prácticas abusivas de venta o la presentación falsa de las estrategias de inversión y a aquellos otros entre distintos fondos de inversión alternativos gestionados por el mismo gestor (*GFIA*)[214], mo-

---

213 DOYLE, T., "Ratings That Don't Rate: The Subjective World of ESG Ratings Agencies", *American Council for Capital Formation,* 2018. Disponible en: *https://accfcorpgov.org.* (acceso 21 de enero 2025).

214 Directiva 2011/61/UE relativa a los gestores de fondos de inversión alternativos modificando las Directivas 2003/41/CE y 2009/65/CE y los Reglamentos (CE) 1060/2009 y (UE) 1095/2010. De hecho, la Norma expuesta ha sufrido cambios sustanciales en varias ocasiones y la Comisión ha adoptado una serie de actos delegados y de ejecución que la complementan además de ofrecer orientación técnica sobre su aplicación. A estos efectos, dicho Texto normativo no se aplica a las siguientes entidades: las sociedades de cartera (tal como se definen en la Directiva), la gestión de fondos de pensión, los sistemas de ahorro o sistemas de participación de los trabajadores, las instituciones supranacionales, los bancos centrales nacionales, y los contratos de seguros. Asimismo, son introducidos requisitos específicos con respecto al apalancamiento, es decir, al uso de deuda para financiar inversiones, recordando que las autoridades competentes tienen derecho a establecer límites de apalancamiento a fin de garantizar la estabilidad del sistema financiero. En el supuesto caso de que un *FIA* adquiera control de una empresa no admitida a cotización o de un emisor, el *GFIA* queda sujeto a las normas contra la liquidación de activos. Por ello, durante un período de dos años, el *GFIA* debe actuar contra cualquier distribución, reducción de capital, reembolso de acciones o adquisición de acciones propias por parte de la empresa. De la misma forma, sujeto a las condiciones establecidas en la Directiva, el "pasaporte" puede ampliarse a los *GFIA* de fuera de la UE y a la comercialización de fondos de fuera de la UE gestionados por *GFIA* de la UE o de fuera de la UE. Es interesante mencionar que la *ESMA* participa de forma activa en la creación de una cultura de supervisión común, en particular mediante la publicación de orientaciones sobre políticas remunerativas adecuadas y la elaboración de normas técnicas para determinar los tipos de *GFIA*. No obstante, para los Fondos de menor tamaño, los Estados miembros pueden elegir no aplicar la Directiva a los *GFIA* de menor tamaño, esto es, a los fondos con activos gestionados que no rebasen los 100 millones EUR si recurren al apalancamiento y con activos que no rebasen los 500 millones EUR si no recurren al apalancamiento. recodando que estarán sujetos a unos requisitos mínimos de registro y de rendición de cuenta. De la misma forma, traeremos a colación como complemento del citado Cuerpo legal, la Directiva (UE) 2016/2341 relativa a los

dificándose, a tales efectos, el Reglamento Delegado (UE) 231/2013 antes mencionado[215].

2.2.3.3. Reglamento Delegado sobre la sostenibilidad de las empresas de seguros y reaseguros

Bajo las pautas del Reglamento Delegado (UE) 2021/1256 de la Comisión, de 21 de abril de 2021[216], se modifica el Reglamento De-

---

fondos de pensiones de empleo (*FPE*); el Reglamento (UE) 2017/2402, por el que se establece un marco general para la titulización el cual introduce una norma que exige que cuando los *GFIA* estén expuestos a una titulización que ya no cumpla los requisitos establecidos en el Reglamento, actuarán y tomarán medidas correctoras, si procede, en el mejor interés de los inversores en los *FIA* correspondientes. Pues bien, las modificaciones introducidas por la Directiva (UE) 2019/2034 garantizan que los fondos propios del GFIA deben ascender al menos a una cuarta parte de los gastos generales fijos del año anterior. También, las empresas de servicios de inversión deben utilizar las cifras resultantes del marco contable aplicable. Por otro lado, la Directiva de modificación (UE) 2022/2556 armoniza las disposiciones de la Directiva y varias otras Directivas relacionadas con los requisitos sobre los riesgos que se derivan para las entidades financieras del uso de las *TIC* establecidos en el Reglamento sobre la resiliencia operativa digital del sector financiero (*DORA*)-Reglamento (UE) 2022/2254—. Además, en unión a lo citado, la Comisión ha adoptado varios actos delegados y de ejecución: a) Reglamento Delegado (UE) 231/2013 complementa la Directiva 2011/61/UE en materia de exenciones, condiciones generales de funcionamiento, depositarios, apalancamiento, transparencia y supervisión. Este Reglamento Delegado ha sido modificado, a su vez, por el Reglamento Delegado (UE) 2018/1618 sobre las obligaciones de custodia de los depositarios y por el Reglamento Delegado (UE) 2021/1255 sobre los riesgos de sostenibilidad y los factores de sostenibilidad que deben tener en cuenta los GFIA; b) Reglamento Delegado (UE) 694/2014 complementa la Directiva 2011/61/UE en lo relativo a las normas técnicas de regulación que determinan los tipos de *GFIA;* c) Reglamento Delegado (UE) 2015/514 establece la información que deben proporcionar las autoridades competentes a la AEVM, d) Reglamento de Ejecución (UE) 447/2013 establece el procedimiento para los *GFIA* que opten por acogerse a la Directiva 2011/61/UE y solicitar autorización; e) Reglamento de Ejecución (UE) 448/2013 establece un procedimiento para determinar el Estado miembro de referencia de un *GFIA* de fuera de la UE.

215 *Vid supra np* 210.

216 También es modificado el Reglamento Delegado 2017/2359 de la Comisión, por el que se completa la Directiva 2016/97, del Parlamento Europeo y del Consejo en lo que respecta a los requisitos de información y las normas de conducta aplicables a la distribución de productos de inversión basados en seguros. A tales efectos, dicho marco reglamentario establece que las entidades asegurado-

legado (UE) 2015/35, en lo que respecta a la integración de los riesgos de sostenibilidad en la gobernanza de las empresas de seguros y reaseguros, desarrolla la Directiva 2009/138/CE del Parlamento Europeo y del Consejo, de 25 de noviembre de 2009, sobre el acceso a la actividad de seguro y de reaseguro y su ejercicio (Solvencia II)[217], y en particular, su artículo 50, apartado 1 y su artículo 135, apartado 1, letra a)[218].

Inherente al citado marco normativo, en el mismo se incluyeron, como principales medidas, adiciones referidas a la sostenibilidad[219], a la determinación de los riesgos de sostenibilidad en la evaluación y gestión del riesgo de pérdida o de modificación adversa del valor de los pasivos de seguros y reaseguros[220]. Asimismo, también refirió a los riesgos enlazados a la sostenibilidad en la función de gestión de riesgos[221] así como su inclusión en la función actuarial[222]. Del mismo mo-

ras deberán tener en cuenta adicionalmente e integrar en todo su proceso de aprobación de productos "cualesquiera objetivos relativos a la sostenibilidad", es decir, "toda información relacionada con cuestiones medioambientales y sociales, así como relativas al personal, y con el respeto de los derechos humanos y la lucha contra la corrupción y el soborno" (de conformidad con la definición establecida en el apartado 24 del artículo 2 del Reglamento (UE) 2019/20885). Por tanto, en la práctica, las entidades deberán revisar su proceso de control y aprobación de productos con el fin de integrar las exigencias de sostenibilidad introducidas por el mencionado Cuerpo legal.

217 HERRERO BRAÑAS, A. B., "Riesgo operacional en el marco de Solvencia II", *Instituto de Ciencias del Seguro*, Fundación Mapfre, Madrid, 2012, pág. 55. ALONSO GONZÁLEZ, P. y ALBARRÁN LOZANO, I., "Análisis del riesgo en seguros en el marco de Solvencia II. Técnicas estadísticas avanzadas Monte Carlo y *Bootstrapping*", Fundación Mapfre, Madrid, 2007, págs. 34-32.

218 Dicho precepto lo relacionaremos con el art. 132 de la Directiva 2009/138/CE.

219 Al artículo 1, se añaden los puntos 55 *quater* a 55 *sexies*, que abordan el riesgo de sostenibilidad, los factores de sostenibilidad y las preferencias de sostenibilidad, respectivamente.

220 Modificación del artículo 260 del texto reglamentario, en concreto, el apartado 1, letra a), el inciso i); en el apartado 1, letra c), se añade el inciso vi) y se adiciona un apartado 1 *bis*.

221 Se modifica el apartado 1, la letra e) del artículo 269 y se inserta un nuevo apartado 1 *bis*.

222 Se modifica el apartado 6, la letra b del art. 272.

do, se efectuó expresa incidencia en la política de remuneración[223] y de inversiones[224].

De la misma forma, el texto reglamentario efectúa una serie de precisiones respecto de algunas de las funciones del sistema de gobierno de las entidades aseguradoras y reaseguradoras. En particular, de acuerdo con la modificación del artículo 269.1 e) y la introducción del nuevo precepto 269 *bis*[225], la función de gestión de riesgos de la entidad deberá considerar también entre sus competencias, como parte de la evaluación de las necesidades globales de solvencia de la entidad, la identificación y evaluación de los riesgos de sostenibilidad. Asimismo, la función actuarial[226] deberá tener en consideración los riesgos de sostenibilidad a la hora de revisar y pronunciarse sobre la política de suscripción de la entidad.

Finalmente, en este mismo marco contextual, se exige a las empresas de seguros y reaseguros que tengan en consideración los riesgos de sostenibilidad al medir, vigilar, gestionar, controlar, notificar y evaluar aquellos riesgos derivados de las inversiones en los términos exigidos. Por ello, enlazado con el principio de prudencia, y de

---

223 Adición de un nuevo apartado 4 al art. 275 del Texto normativo indicado.

224 Al Título I, Capítulo IX, se adiciona la sección 6 sobre "Inversiones", con un nuevo artículo 275 *bis*, refiriendo expresamente al Reglamento Delegado (UE) 2017/2358 de la Comisión, de 21 de septiembre de 2017, por el que se completa la Directiva (UE) 2016/97 del Parlamento Europeo y del Consejo en lo que respecta a los requisitos de control y gobernanza de los productos aplicables a las empresas de seguros y los distribuidores de seguros (DOUE *L* 2017-341).

225 A estos efectos, en el apartado 1, la letra e) se sustituye por el texto siguiente: "la identificación y evaluación de los riesgos emergentes y los riesgos de sostenibilidad". También es insertado el apartado 1 *bis* siguiente:" Los riesgos emergentes y los riesgos de sostenibilidad a que se refiere el apartado 1, letra e), identificados por la función de gestión de riesgos formarán parte de los riesgos contemplados en el artículo 262, apartado 1, letra a)".

226 Así, y en punto a la inclusión de los riesgos de sostenibilidad en la función actuarial en el literal del artículo 272 que refleja la misma, su apartado 6, la letra b) es sustituido por el texto siguiente: "el efecto de la inflación, el riesgo legal, los riesgos de sostenibilidad, la modificación de la composición de la cartera de la empresa y los sistemas que ajusten al alza o a la baja las primas que pagan los tomadores de seguros dependiendo de su historial de siniestros (sistemas *bonus-malus*), o sistemas similares, aplicados en grupos de riesgo homogéneos específicos"

acuerdo con la incorporación del nuevo artículo 275 *bis*[227], la entidad deberá tener en consideración los riesgos de sostenibilidad a la hora de dar cumplimiento al principio de prudencia en las inversiones que realice.

Desde una perspectiva material y en virtud del principio de prudencia enunciado en el artículo 132 de la Directiva Solvencia II[228], las

---

227 Con mención de la inclusión de los riesgos de sostenibilidad en la política de inversiones, en el Título I, Capítulo IX, es adicionada la Sección 6 —sobre "Inversiones"— la cual refleja el siguiente contenido el nuevo artículo 275 *bis* sobre "integración de los riesgos de sostenibilidad en el principio de prudencia" cuyo literal preceptúa: "1. Al determinar, medir, vigilar, gestionar, controlar, notificar y evaluar los riesgos derivados de las inversiones, con arreglo al artículo 132, apartado 2, párrafo primero, de la Directiva 2009/138/CE, las empresas de seguros y reaseguros tendrán en cuenta los riesgos de sostenibilidad. 2. A efectos del apartado 1, las empresas de seguros y reaseguros tendrán en cuenta el posible impacto a largo plazo de su estrategia y decisiones en materia de inversión sobre los factores de sostenibilidad y, cuando proceda, dichas estrategia y decisiones de una empresa de seguros reflejarán las preferencias de sostenibilidad de sus clientes consideradas en el proceso de aprobación del producto a que se refiere el artículo 4 del Reglamento Delegado (UE) 2017/2358 de la Comisión".

228 Directiva 2009/138/CE sobre el seguro de vida, el acceso a la actividad de seguro y de reaseguro y su ejercicio (Solvencia II) modificada por la Directiva UE) 2019/2177 del Parlamento Europeo y del Consejo de 18 de diciembre de 2019, sobre el acceso a la actividad de seguro y de reaseguro y su ejercicio (Solvencia II), la Directiva 2014/65/UE relativa a los mercados de instrumentos financieros y la Directiva (UE) 2015/849 relativa a la prevención de la utilización del sistema financiero para el blanqueo de capitales o la financiación del terrorismo. En su artículo 112 es insertado el apartado siguiente:"3 *bis*. Las autoridades de supervisión informarán a la AESPJ, con arreglo al artículo 35, apartado 1, del Reglamento (UE) 1094/2010, de cualquier solicitud de uso o modificación del modelo interno. A petición de una o varias autoridades de supervisión afectadas, la AESPJ podrá prestar asistencia técnica, en virtud del artículo 8, apartado 1, letra b), de dicho Reglamento, a la autoridad o autoridades de supervisión que hayan solicitado la asistencia a la hora de decidir sobre la solicitud.". Asimismo, la Directiva 2013/58/UE del Parlamento Europeo y del Consejo, de 11 de diciembre de 2013, que modifica la Directiva 2009/138/CE (Solvencia II) por lo que se refiere a sus fechas de transposición y aplicación, así como a la fecha de derogación de determinadas Directivas (Solvencia I); Reglamento Delegado Reglamento Delegado (UE) 2019/981 de la comisión de 8 de marzo de 2019 por el que se modifica el Reglamento Delegado (UE) 2015/35 por el que se completa la Directiva 2009/138/CE del Parlamento Europeo y del Consejo sobre el acceso a la actividad de seguro y de reaseguro y su ejercicio (Solvencia II);

entidades de seguros y de reaseguros deben invertir sólo en activos e instrumentos cuyos riesgos puedan determinar, medir, vigilar, gestionar, controlar y notificar debidamente, y tener en cuenta adecuadamente en la evaluación de sus necesidades globales de solvencia.

Unido a lo expuesto, y a tenor de la nueva modificación introducida por el citado Texto normativo, la entidad deberá tener en cuenta el posible impacto a largo plazo de su estrategia y decisiones en materia de inversión sobre los factores de sostenibilidad[229]. Por otro lado, y cuando proceda, dichas estrategias y decisiones de la entidad deberán reflejar las preferencias de sostenibilidad de sus clientes consideradas en el proceso de aprobación del producto a que se refiere específicamente el literal del artículo 4 del Reglamento Delegado (UE) 2017/2358[230]. A efectos de lo anterior, para dar

---

Reglamento Delegado (UE) 2015/35 de la Comisión de 10 de octubre de 2014 por el que se completa la Directiva 2009/138/CE del Parlamento Europeo y del Consejo sobre el acceso a la actividad de seguro y de reaseguro y su ejercicio (Solvencia II);
Corrección de errores del Reglamento Delegado (UE) 2015/35 de la Comisión, de 10 de octubre de 2014, por el que se completa la Directiva 2009/138/CE del Parlamento Europeo y del Consejo sobre el acceso a la actividad de seguro y de reaseguro y su ejercicio (Solvencia II); Reglamento delegado (UE) 2016/467 de la comisión de 30 de septiembre de 2015 por el que se modifica el Reglamento Delegado (UE) 2015/35 en relación con el cálculo del capital reglamentario obligatorio para varias categorías de activos mantenidos por las empresas de seguros y reaseguros. Disponible: *https://eur-lex.europa.eu/ES/legal-content/insurance* (acceso 23 enero 2025).

229 Son definidos en el artículo 2, punto 24, del Reglamento (UE) 2019/2088, esto es, "toda información relacionada con cuestiones medioambientales y sociales, así como relativas al personal, y con el respeto de los derechos humanos y la lucha contra la corrupción y el soborno".

230 Reglamento Delegado (UE) 2017/2358 de la Comisión, de 21 de septiembre, por el que se completa la Directiva (UE) 2016/97 del Parlamento Europeo y del Consejo en lo que respecta a los requisitos de control y gobernanza de los productos aplicables a las empresas de seguros y los distribuidores de seguros. Se establece una redacción diferente al artículo 4, apartado 3, letra a), el inciso i). Con relación a la obligación de tomar en consideración los factores de sostenibilidad para determinar el mercado destinatario, se modifica el artículo 5 y el artículo 6 que refiere a la "prueba de producto". Igualmente, se modifica el artículo 7, apartado 1, relativo al control y revisión de los productos de seguro; el artículo 8, apartado 3 en referencia a la sostenibilidad en la información de los distribuidores de seguros; el artículo 10, el apartado 2, en punto a la sostenibilidad en los mecanismos de distribución del producto, y el artículo 11 es mo-

cumplimiento a estos requisitos desde un punto de vista práctico, las entidades deberán incorporar los riesgos de sostenibilidad en sus políticas y estrategias en materia de inversiones[231].

2.2.3.4. Reglamento Delegado sobre la integración de los factores, los riesgos y las preferencias de sostenibilidad en los requisitos de control y gobernanza de los productos aplicables a las empresas de seguros y los distribuidores de seguros

Por medio del Reglamento Delegado (UE) 2021/1257 de la Comisión, de 21 de abril de 2021, se modifican los Reglamentos Delegados (UE) 2017/2358 y (UE) 2017/2359[232] en lo que respecta a la integración de los factores, los riesgos y las preferencias de sostenibilidad en los requisitos de control y gobernanza de los productos aplicables a las empresas de seguros y los distribuidores de seguros, y en las normas de conducta y de asesoramiento en materia de inversión relativas a los productos de inversión sustentados en seguros.

Por tanto, la principal precisión introducida por el Reglamento 2021/1257 —en el que denominamos Reglamento *POG*— establece que las entidades aseguradoras deberán tener en cuenta adicionalmente e integrar en todo su proceso de aprobación de productos "cualesquiera objetivos relativos a la sostenibilidad", esto es, "toda información relacionada con cuestiones medioambientales y sociales, así como relativas al personal, y con el respeto de los derechos huma-

---

dificado para introducir objetivos relativos a la sostenibilidad en la información al productor

231 Dicho Cuerpo legal es modificado por el Reglamento Delegado (UE) 2021/1257 de la Comisión, de 21 de abril de 2021 por el que se modifican los Reglamentos Delegados (UE) 2017/2358 y (UE) 2017/2359 en lo que respecta a la integración de los factores, los riesgos y las preferencias de sostenibilidad en los requisitos de control y gobernanza de los productos aplicables a las empresas de seguros y los distribuidores de seguros, y en las normas de conducta y de asesoramiento en materia de inversión relativas a los productos de inversión basados en seguros.

232 Reglamento Delegado 2017/2359 de la Comisión, por el que se completa la Directiva 2016/97 del Parlamento Europeo y del Consejo en lo que respecta a los requisitos de información y las normas de conducta aplicables a la distribución de productos de inversión basados en seguros. Asimismo, con relación a la vigencia y aplicación, véase el literal del artículo 10 del marco legal objeto de análisis.

nos y la lucha contra la corrupción y el soborno" (de conformidad con la definición ya establecida en el apartado 24 del artículo 2 del Reglamento (UE) 2019/2085).

En lo que aquí interesa, en la práctica, las entidades deberán revisar su proceso de control y aprobación de productos con el fin de integrar las exigencias de sostenibilidad introducidas por la norma.

Por otro lado, y en términos operativos, se aboga por establecer un sistema general de divulgación de los aspectos de sostenibilidad de las empresas de seguros y los distribuidores de seguros, que afecta no solo a los conflictos de intereses en la distribución de productos de inversión inherentes a seguros, sino también a las recomendaciones en el asesoramiento dentro de la distribución de los mismos y a las decisiones de inversión informadas en términos de sostenibilidad en los productos de referencia.

Complementando lo anterior, debemos constatar la prevención del denominado *greenwashing* o "blanqueo ecológico" en la distribución de productos de inversión basados en seguros, así como la introducción de diferentes modificaciones relativas no solo al mercado destinatario, sino también, a la prueba del producto, evaluándose si el mismo responde, durante todo su ciclo de vida, a las necesidades, objetivos —incluidos los inherentes a la sostenibilidad— y a las características que se hayan definido para aquellos clientes propios del mercado referido[233], debiendo en última instancia, guardar constancia de la efectiva decisión del cliente y de la justificación de dicha adaptación.

Por su parte, el Reglamento Delegado *IBIP*[234] adiciona a las definiciones contenidas en su artículo 2, los conceptos "preferencias de sostenibilidad"[235] y "factores de sostenibilidad"[236].

---

233 El cual se deberá definir atendiendo a las características, el perfil de riesgo, la complejidad y la naturaleza del producto de seguro, así como sus factores de sostenibilidad, tal como se definen en el artículo 2, punto 24, del Reglamento (UE) 2019/2088, del Parlamento Europeo y del Consejo.

234 Reglamento Delegado (UE) 2017/653 de la Comisión, de 8 de marzo de 2017, por el que se completa el Reglamento (UE) 1286/2014 del Parlamento Europeo y del Consejo, sobre los documentos de datos fundamentales relativos a los productos de inversión minorista empaquetados y los productos de inversión basados en seguros, mediante el establecimiento de normas técnicas de regu-

Enlazado con lo anterior, los intermediarios de seguros deberán tener en cuenta, adicionalmente y a partir de ahora, las preferencias

lación respecto a la presentación, el contenido, el examen y la revisión de los documentos de datos fundamentales y las condiciones para cumplir el requisito de suministro de dichos documentos. Dicho Cuerpo legal fue modificado por el Reglamento delegado (UE) 2021/2268 de la Comisión, de 6 de septiembre de 2021 por el que se modifican las normas técnicas de regulación establecidas en el Reglamento Delegado (UE) 2017/653 en lo que respecta a la metodología subyacente y la presentación de los escenarios de rentabilidad, la presentación de los costes y la metodología para el cálculo de los indicadores resumidos de costes, la presentación y el contenido de la información sobre rentabilidad histórica y la presentación de los costes de los productos de inversión minorista empaquetados y productos de inversión basados en seguros (*PRIIP*) que ofrecen diversas opciones de inversión, así como a la adaptación de la disposición transitoria aplicable a los productores de *PRIIP* a que se refiere el artículo 32 del Reglamento (UE) 1286/2014 del Parlamento Europeo y del Consejo que ofrecen participaciones en fondos como opciones de inversión subyacentes a la disposición transitoria ampliada establecida en dicho precepto. Asimismo, la Comisión publicó el Reglamento delegado 2022/975, de 17 de marzo de 2022 por el que se modifican las normas técnicas de regulación establecidas en el mentado Reglamento delegado 2017/653 en lo que respecta a la prórroga de la disposición transitoria establecida en el artículo 14, apartado 2 de dicho Reglamento— conocido como *Quick-fix de PRIIP*— y se modifican las normas técnicas de regulación establecidas en el Reglamento delegado (UE) 2021/2268 en lo que respecta a la fecha de aplicación de dicho marco reglamentario.

235 Así: 4) "Preferencias de sostenibilidad". La decisión de un cliente o posible cliente de integrar o no en su inversión y, en su caso, en qué medida, uno o más de los productos financieros siguientes: a) un producto de inversión basado en seguros para el que el cliente o posible cliente determine que debe invertirse una proporción mínima en inversiones medioambientalmente sostenibles, tal como se definen en el artículo 2, punto 1, del Reglamento (UE) 2020/852 del Parlamento Europeo y del Consejo; b) un producto de inversión basado en seguros para el que el cliente o posible cliente determine que debe invertirse una proporción mínima en inversiones sostenibles, tal como se definen en el artículo 2.17, del Reglamento (UE) 2019/2088 del Parlamento Europeo y del Consejo; c) un producto de inversión basado en seguros que tome en consideración las principales incidencias adversas sobre los factores de sostenibilidad, siendo el cliente o posible cliente quien determine los elementos cualitativos o cuantitativos que demuestren dicha consideración".

236 Específicamente: "5) "Factores de sostenibilidad": los factores de sostenibilidad tal como se definen en el artículo 2, punto 24, del Reglamento (UE) 2019/2088, es decir, "toda información relacionada con cuestiones medioambientales y sociales, así como relativas al personal, y con el respeto de los derechos humanos y la lucha contra la corrupción y el soborno".

de sostenibilidad de sus clientes a la hora de cumplir con su obligación de detectar los tipos de conflictos de intereses que se producen en relación con la distribución de productos de inversión basados en seguros ("productos *IBIP*")[237]. Del mismo modo, se deberá de obtener información sobre las preferencias de sostenibilidad de los clientes para la realización del análisis de idoneidad. Por tanto, esta misma información ("preferencias de sostenibilidad") deberá tenerse en consideración a la hora de recabar información relativa a los objetivos de inversión del (posible) cliente.

Continuando con el *iter* expositivo, los mencionados intermediarios de seguros no podrán recomendar los productos que no satisfagan las preferencias de sostenibilidad declaradas por el (potencial) cliente, debiendo de tenerse que explicar, además, los motivos por los que el producto no lo efectúa además de guardar constancia de ellos. A tales efectos, para el supuesto de que ningún producto ofrecido satisfaga las preferencias de sostenibilidad del (potencial) cliente, pero éste decida adaptar las mismas de sostenibilidad, los intermediarios de seguros deberán reflejar dicha decisión e incluir los motivos que le han llevado a tomarla.

Finalmente, en la declaración de idoneidad del producto que se facilite al cliente, se deberá informar, además, sobre si los objetivos

---

[237] En términos conceptuales, son los productos de seguro que ofrece un valor de vencimiento o de rescate expuesto total o parcialmente, y directa o indirectamente, a las fluctuaciones del mercado", esto es, son aquellos cuyo valor final o rescate tiene al menos una parte variable y, por tanto, no se puede determinar al contratar el seguro. Recordaremos que la regulación en materia de *PRIIPS* está Inspirada en la normativa *MIFID* en la que se denominan en Ingles con las siglas "*PRIIP*" que significan "*Packaged Retail and Insurance-based Investment Products*" es decir, "Productos de Inversión basados en Seguros". Desde un ámbito legal, véase la Directiva (UE) 2016/97 del Parlamento Europeo y del Consejo, de 20 de enero de 2016, y la Directiva (UE) 2016/2341 del Parlamento Europeo y del Consejo, de 14 de diciembre de 2016, como desde la perspectiva de inversor, con las mejoras del sistema de información que proporciona la Directiva (UE) 2017/828 del Parlamento Europeo y del Consejo, de 17 de mayo de 2017. Desde un punto de vista doctrinal, ampliamente, ROJO ÁLVAREZ-MANZANEDA, C. "La inobservancia por las entidades aseguradoras de las obligaciones de información y conducta en la distribución de productos de inversión basados en seguro", *Revista de Derecho Bancario y Bursátil,* núm. 169, enero-abril, Aranzadi, Cizur menor (Navarra), 2023, págs 1-28.

de inversión del cliente han sido alcanzados teniendo en consideración las indicadas preferencias de sostenibilidad[238].

2.2.3.5. Reglamento Delegado (UE) 2022/1288 de la Comisión, de 6 de abril de 2022 del Parlamento Europeo y del Consejo de normas técnicas de regulación que desarrollan el Reglamento 2019/2088

El Reglamento Delegado (UE) 2022/1288 de la Comisión, de 6 de abril de 2022[239] por el que se completa el Reglamento (UE) 2019/2088 del Parlamento Europeo y del Consejo respecto a las normas técnicas de regulación que especifican los pormenores en materia de contenido y presentación que ha de cumplir la informa-

---

238 ROJO ÁLVAREZ-MANZANEDA, C. "La inobservancia por las entidades aseguradoras de las obligaciones de información..." *op. cit.* pág 6 y ss.

239 Tendemos en consideración la corrección de errores del Reglamento Delegado (UE) 2022/1288 de la Comisión, de 6 de abril de 2022, por el que se completa el Reglamento (UE) 2019/2088 del Parlamento Europeo y del Consejo respecto a las normas técnicas de regulación que especifican los pormenores en materia de contenido y presentación que ha de cumplir la información relativa al principio de "no causar un perjuicio significativo", y especifican el contenido, los métodos y la presentación para la información relativa a los indicadores de sostenibilidad y las incidencias adversas en materia de sostenibilidad, así como el contenido y la presentación de información relativa a la promoción de características medioambientales o sociales y de objetivos de inversión sostenible en los documentos precontractuales, en los sitios *web* y en los informes periódicos, debe decir "Reglamento Delegado (UE) 2022/1288 de la Comision, de 6 de abril de 2022, por el que se completa el Reglamento (UE) 2019/2088 del Parlamento Europeo y del Consejo respecto a las normas técnicas de regulación que especifican los pormenores en materia de contenido y presentación que ha de cumplir la información relativa al principio de "no causar un perjuicio significativo" y especifican el contenido, los métodos y la presentación para la información relativa a los indicadores de sostenibilidad y las incidencias adversas en materia de sostenibilidad, así como el contenido y la presentación de información relativa a la promoción de características medioambientales o sociales y de objetivos de inversión sostenible en los documentos precontractuales, en los sitios web y en los informes periódicos". Asimismo, el 1 de enero de 2023 entró en vigor el referido Reglamento Delegado (UE) 2022/1288 por el que se completa el *SFDR* respecto a las normas técnicas de regulación (*Regulatory Technical Standards o RTS*) conocido como *SFDR* fase II o nivel 2, el cual contiene las normas técnicas de reglamentación para el reporte de información sobre sostenibilidad de los participantes de los mercados financieros.

ción relativa al principio de "no causar un perjuicio significativo"[240], y especifican el contenido, los métodos y la presentación para la infor-

[240] Véase, por su interés con el tema objeto de estudio, el Dictamen del Comité Económico y Social Europeo sobre la Propuesta de Reglamento del Parlamento Europeo y del Consejo sobre los Bonos Verdes europeos de 6 de abril de 2022. Asimismo, recordaremos que en diciembre de 2023, la ESMA publicó su propuesta para revisar las Normas Técnicas del Reglamento de divulgación al objeto de incorporar cambios en la declaración de incidencias adversas sobre los factores de sostenibilidad y los modelos normalizados de información precontractual y periódica para los "productos sostenibles" (modificación de los artículos 8 y 9 del *SFDR*). A tales efectos, el 15 de enero de 2024, las tres autoridades supervisoras europeas (EBA, *EIOPA y ESMA-ESA*) publicaron las Normas Técnicas Reglamentarias, completando así el Reglamento de Divulgación de Información sobre Finanzas Sostenibles (Reglamento de Divulgación de Información sobre Finanzas Sostenibles), en respuesta a la petición de la Comisión Europea a las *AES* en abril de 2022. Inicialmente, la publicación estaba prevista para seis meses después, pero fue pospuesta a noviembre de 2022 a petición de las autoridades. Entre las propuestas efectuadas por las autoridades en el 2024, se encontraban la adición de nuevos indicadores sociales y la simplificación del marco para la divulgación de los impactos adversos de las decisiones de inversión sobre el medio ambiente y la sociedad (*ASG).* En dicho informe sobre normas técnicas reglamentarias destaca (pregunta 21) que, para reducir el riesgo de lavado verde y aumentar la comparabilidad, en el contexto del *DNSH,* la divulgación de los umbrales cuantitativos utilizados es una condición necesaria pero no suficiente, y la relevancia de los indicadores PAI a efectos de DNSH puede variar entre productos financieros. Asimismo, debe haber transparencia en la selección y priorización de los indicadores *PAI.* De ahí la relevancia del artículo 7 del Reglamento Delegado de la Comisión 2022/1288 sobre la "Descripción de políticas para identificar y priorizar los impactos negativos clave en las decisiones de inversión basadas en factores de sostenibilidad". A estos efectos, las autoridades también propusieron otras modificaciones técnicas del *SFDR,* incluida la mejora de la información sobre cómo las inversiones sostenibles no causan daños significativos al medio ambiente y a la sociedad, la simplificación de las plantillas de información precontractual y periódica para los productos financieros, y ajustes técnicos relativos, por ejemplo, al tratamiento de los derivados, el cálculo de las inversiones sostenibles y las disposiciones para los productos financieros con opciones de inversión subyacentes. Finalmente, los reguladores han presentado nuevas propuestas de revisión del *SFDR,* destinadas a mejorar la divulgación de información relativa a las inversiones sostenibles con el fin de evitar daños significativos al medio ambiente y a la sociedad (*Do Not Significant Harm— DNSH*). Además, se pretende simplificar los modelos de información precontractual y periódica de los productos financieros, así como realizar ajustes técnicos sobre el tratamiento de los derivados, el cálculo de las inversiones sostenibles y las disposiciones para los productos financieros con

mación relativa a los indicadores de sostenibilidad y las incidencias adversas en materia de sostenibilidad[241], así como el contenido y la presentación de información relativa a la promoción de características medioambientales o sociales y de objetivos de inversión sostenible en los documentos precontractuales, en los sitios *web* y en los informes periódicos[242].

En estas circunstancias, la información en materia de sostenibilidad de los productos que han de divulgar los asesores financieros y los "participantes en los mercados financieros" (fundamentalmente, sociedades gestoras de instituciones de inversión colectiva y de

---

opciones de inversión subyacentes. En este sentido, traeremos a colación que en el *DOUE* del 5-3-2025 (Serie C) se publicó la Comunicación de la Comisión sobre la interpretación y aplicación de determinadas disposiciones legales del acto delegado de taxonomía medioambiental de la UE, el acto delegado de taxonomía climática de la UE y el acto delegado sobre divulgación de información relacionada con la taxonomía de la UE" (C/2025/1373) en donde se da respuesta, entre otras cuestiones, a cual debe ser la relación entre los criterios relativos al principio de "no causar un perjuicio significativo" (*DNSH*) en la taxonomía de la UE y la manera en que se aplica el mismo en el contexto de los fondos públicos, como el Mecanismo de Recuperación y Resiliencia e *InvestEU*. Aún más, EIOPA ha publicado el 8 de abril de 2025 cual debe ser el enfoque sobre la simplificación y la competitividad europea apelando a una supervisión más efectiva y armonizada con los parámetros de la taxonomía medioambiental.

241 Incardinado a este apartado, recordaremos que la Comisión modificó la Directiva sobre *MiFID* II a través del Reglamento Delegado de la Comisión UE 2021/1253 del 21 de abril del 2021 para integrar los factores y riesgos de sostenibilidad en determinados requisitos organizativos y condiciones de funcionamiento de las empresas de servicios de inversión, así como las preferencias de sostenibilidad del inversor dentro de la obligación de evaluación e informes de idoneidad del Reglamento Delegado MIFID II. El Reglamento UE 2021/1253 dispuso su entrada en vigor para el 2 de agosto del 2022. Consecuentemente, en esta fecha entró en vigor tanto en España como a nivel europeo, la modificación de *MiFID* II por la que el test de idoneidad que se realiza a los inversores les preguntará también por sus preferencias de sostenibilidad. Asimismo, *ESMA* publicó el 23 de septiembre de 2022 su *Final Report* sobre los requerimientos de idoneidad a incluir en *MiFID* II, aplicándose el artículo 24, apartados 1, 4 y 5, de la *MiFID* II y el artículo 54, apartado 1 del Reglamento Delegado de la *MiFID* II. Disponible: *ESMA35-43-final_report_on_mifid_ii_guidelines_on_suitability.pdf* (acceso 25 de enero de 2025).

242 Se trata de una norma necesaria para la aplicación armonizada del Reglamento 2019/2088 (SFDR por sus siglas en inglés), en vigor desde el 10 de marzo de 2021.

fondos de gestión alternativa[243], gestoras de carteras[244], empresas de seguros que ofrezcan productos de inversión basados en seguros y creadores de productos de pensiones) fue instrumentada a partir de 1 de enero de 2023 (Considerando 28) en unas mismas plantillas que eran recogidas en los cinco Anexos del mismo, simplificando, de forma sustancial, las tareas de los supervisores que habían tenido que publicar diversos documentos para ayudar al sector financiero en el cumplimiento de sus obligaciones de información en materia de sostenibilidad (Considerando 3)[245].

---

243 *Cfr.* Directiva 2011/61/UE del Parlamento Europeo y del Consejo, de 8 de junio de 2011, relativa a los gestores de fondos de inversión

244 La integración del riesgo de sostenibilidad por parte de las gestoras es uno de los aspectos que ya contemplaba el *Supervisory Briefing* publicado por *ESMA* el 31 de mayo del 2022. Asimismo, traeremos a colación la Hoja de Ruta de las finanzas sostenibles de *ESMA* (*Sustainable Finance Roadmap* 2022/2024). De la misma forma, *ESMA* anunció en julio de 2023 una acción de supervisión conjunta sobre la divulgación e integración de riesgos de sostenibilidad, para que las autoridades nacionales compartan conocimientos y experiencias sobre como fomentar la convergencia para supervisar la divulgación de los factores *ASG*. En octubre de 2024, el Comité Mixto de las Autoridades Europeas de Supervisión (*EBA, EIOPA* y *ESMA*) publicó su programa de trabajo para 2025, en el que se hace especial hincapié en la colaboración permanente para hacer frente a los riesgos intersectoriales, promover la sostenibilidad del sistema financiero de la UE y reforzar la resiliencia digital de las entidades financieras. Más concretamente, además de fomentar la coherencia normativa, la evaluación adecuada del riesgo, la estabilidad financiera y la protección de los consumidores y los inversores, las autoridades emprenderán una labor conjunta en 2025 tendente a proporcionar más orientaciones sobre la divulgación de información relativa a la sostenibilidad, avanzar en la resiliencia operativa digital de las entidades financieras, entre otras cuestiones, además de poner en marcha la supervisión de terceros proveedores de tecnologías críticas de la información y la comunicación (TIC), aplicando el marco de coordinación de incidentes graves relacionados con las TIC de conformidad con *DORA*, supervisar los conglomerados financieros y promover la necesaria coordinación y la cooperación entre los facilitadores nacionales de innovación con vistas a facilitar la ampliación de soluciones en el sector financiero, y finalmente, abordar otras cuestiones intersectoriales como los servicios financieros minoristas, los productos de inversión y la titulización.

245 En nuestro país, con carácter previo, véase "Preguntas y respuestas de la Comisión Nacional del Mercado de Valores sobre la normativa de sostenibilidad aplicable a los productos financieros: Reglamento 2019/2088 (*SFDR*) y Reglamento 2020/852 (Taxonomía)".

Por otra parte, el marco reglamentario objeto de análisis, se encuentra estructurado en seis capítulos y sesenta y ocho artículos. Los capítulos se dedican respectivamente a "definiciones y disposiciones generales", "transparencia en relación con las incidencias adversas sobre los factores de sostenibilidad", "información precontractual relativa a los productos" (características medioambientales y sociales), "publicación de información relativa al producto en el sitio *web*"[246], "publicación de información relativa al producto en los informes periódicos de los participantes en los mercados"[247] y "disposiciones finales".

Atendiendo a estas premisas, y con el recurso a estas plantillas, se pretende que los inversores finales adopten decisiones fundadas acerca de la eventual adquisición de un producto financiero sostenible[248] con conocimiento, asimismo, de las principales incidencias

---

246 Las *RTS* disponen dónde y cómo debe divulgarse información en sitios web, incluidas las secciones obligatorias para productos financieros del artículo 8 del SFDR (artículo 24 y siguientes de las RTS) y para productos financieros del artículo 9 del *SFDR* (artículos. 37 y siguientes de las RTS), qué información debe incluirse en cada epígrafe y cómo esta información debe mantenerse actualizada. Entre otra información que debe divulgarse, los sujetos obligados deben publicar las fuentes de datos utilizadas para alcanzar cada una de las características medioambientales o sociales promovidas por el producto financiero del artículo 8 o el objetivo de inversión sostenible del producto financiero del artículo 9 y las medidas adoptadas para garantizar la calidad de los datos.

247 A tales efectos, la referida información deberá incorporarse como anexo a los informes periódicos siguiendo las plantillas que se adjuntan a las RTS como Anexo IV y V, respectivamente. En este sentido, el Anexo IV incorpora una plantilla de información periódica de los productos financieros a que se refieren el artículo 8, apartados 1, 2 y 2 bis, del SFDR, mientras que el Anexo V incorpora una plantilla de información periódica de los productos financieros a que se refieren el artículo 9, apartados 1 a 4 bis, del SFDR. Las referidas plantillas deberán considerarse, junto con las plantillas de divulgación de información precontractual, como divulgaciones ex ante y ex post de la misma información detallada y, en la práctica, facilitarán la rendición de cuentas de las divulgaciones efectuadas en los documentos precontractuales. Asimismo, también dichas plantillas exigen divulgar la medida en que las características medioambientales y/o sociales que se promovían se cumplieron realmente, así como el grado de cumplimiento del objetivo de inversión sostenible del producto financiero, según corresponda.

248 A nivel producto financiero, los documentos precontractuales deben recoger, entre otras, la siguiente información: a) Una información clara de si tienen en

adversas[249] sobre los factores de sostenibilidad de una determinada inversión[250].

---

cuenta *PIAs* sobre factores de sostenibilidad y, en caso afirmativo, cómo lo hace; b) Una declaración de que la información sobre *PIAs* sobre factores de sostenibilidad está disponible en los informes anuales.

249 En este contexto, y a nivel de entidad, el *SFDR* determina que, a más tardar el 30 de junio de cada año, los participantes en los mercados financieros que tengan en cuenta las principales incidencias adversas de las decisiones de inversión sobre los factores de sostenibilidad deben publicar en su página web una declaración de la política de diligencia debida en relación con las principales incidencias adversas (PIAs) identificadas en el año natural anterior. En el caso de participantes en los mercados financieros que superen en la fecha de cierre de balance el criterio de un número medio de 500 empleados durante el ejercicio, necesariamente deben publicar y mantener en sus sitios web una declaración acerca de sus políticas de diligencia debida en relación con las principales incidencias adversas de las decisiones de inversión sobre los factores de sostenibilidad, incluyendo indicadores detallados de los efectos medioambientales y sociales acompañados de explicaciones y comentarios. En ambos casos, la referida declaración deberá publicarse siguiendo la plantilla de información obligatoria que se incorpora como cuadro 1 del Anexo I a las *RTS*. Esta plantilla desarrolla, asimismo, entre otros aspectos, qué información se debe incluir como resumen de las *PIAs* de las decisiones de inversión e incorpora descripciones de las políticas usadas para evaluar y de las acciones llevadas a cabo para abordar las *PIAs* en materia de sostenibilidad, así como políticas de compromiso y una comparación histórica cuando se hubiese publicado información en ejercicios previos. De esta forma, los participantes en los mercados financieros deberán completar en el referido Anexo I, todos los campos que estén relacionados con los indicadores relativos a las *PIAs* de sus decisiones de inversión sobre los factores de sostenibilidad. A nivel de producto, los documentos precontractuales deben recoger, entre otra, la siguiente información: a) Una información clara de si tienen en cuenta *PIAs* sobre factores de sostenibilidad y, en caso afirmativo, cómo ha sido realizado; b) Una declaración de que la información sobre *PIAs* sobre factores de sostenibilidad está disponible en los informes anuales.

250 Se incorpora, como Anexo II, una plantilla detallada y obligatoria en un formato de preguntas y respuestas que debe cumplimentarse y adjuntarse a la documentación de divulgación precontractual de los productos financieros a que se refiere el artículo 8, apartados 1, 2 y 2 bis, del *SFDR*. Los sujetos obligados deben indicar si el producto pretende realizar inversiones sostenibles y si promueven características medioambientales y sociales. De la misma forma, también debe ser proporcionada información sobre las características medioambientales o sociales que se promueven en la forma prevista en el referido Anexo. En este sentido, entre las preguntas relativas a las inversiones sostenibles que promueven características medioambientales, figura en qué medida se ajustan a la taxonomía de la UE, incluida una representación gráfica. A su vez, las *RTS* incorporan como Anexo III una plantilla detallada y obligatoria en un formato

Del mismo modo, entiende la Comisión que los inversores podrán comparar, de forma más sencilla, la información publicada respecto a las características sostenibles de los productos financieros, además de que los participantes en los mercados financieros y los asesores financieros deberán proporcionar los identificadores de entidad jurídica (*LEI*)[251] y los números internacionales de identificación de valores (*ISIN*)[252] cuando se refieran a entidades o productos financieros, de conformidad con las pautas delimitativas de dicho Cuerpo legal.

---

de preguntas y respuestas que debe cumplimentarse y adjuntarse a la documentación de divulgación precontractual relativa a los productos financieros a que se refiere el artículo 9, apartados 1 a 4 *bis*, del *SFDR*. Entre otros aspectos, los sujetos obligados deberán identificar cuál es el objetivo de inversión sostenible del producto financiero y qué indicadores de sostenibilidad son utilizados para medir el logro del objetivo de inversión sostenible.

251 Desde un ámbito conceptual, el código *LEI* (*Legal Entity Identifier*) es un identificador global y único de 20 caracteres alfanuméricos, basado en el estándar ISO 17442, diseñado para identificar a las entidades legales que participan en transacciones financieras, el cual es permanente, consistente y portable. Asimismo, debemos indicar que el Sistema *Global LEI (GLEIS)* es un sistema internacional gestionado de manera federada por diversas organizaciones: *Global Legal Entity Identifier Foundation (GLEIF)*: Fundación sin ánimo de lucro encargada de administrar el sistema y promover su uso; *Regulatory Oversight Committee (ROC)*: Organismo que supervisa el sistema; *Central Operating Unit (COU)*: Gestiona la aplicación de normas globales y coordina las *Local Operating Units (LOU)*; *Local Operating Units (LOU)*: Entidades responsables de emitir y gestionar los códigos LEI a nivel local.

252 El código ISIN previene de *"International Securities Identification Number"* (número internacional de identificación de valores mobiliarios) y se trata de un estándar internacional para la identificación única de los valores financieros. Su estructura se basa en 12 dígitos alfanuméricos: los dos primeros se corresponden con el código de país del emisor del valor; los siguientes se corresponden con una secuencia específica del valor; el último se corresponde con un dígito de control. Dicha composición garantiza la identificación precisa y universal de las acciones, bonos, derivados y otros instrumentos financieros a nivel mundial. A diferencia de los *tickers* de las acciones, que asignan las bolsas y varían de un centro financiero a otro, el código ISIN permanece invariable, independientemente del mercado en el que se opere el valor.

IV. EQUIPARACIÓN ENTRE INFORMACIÓN SOBRE SOSTENIBILIDAD EMPRESARIAL E INFORMACIÓN FINANCIERA: ANÁLISIS DE LA DIRECTIVA 2022/2464 DEL PARLAMENTO EUROPEO Y DEL CONSEJO, DE 14 DICIEMBRE 2022, SOBRE INFORMACIÓN CORPORATIVA EN MATERIA DE SOSTENIBILIDAD POR PARTE DE LAS EMPRESAS

1. Aproximación al significado jurídico sobre sostenibilidad empresarial

La Real Academia de la Lengua Española define el término sostenibilidad especialmente en los ámbitos de la ecología y la economía como "aquella actuación que se puede mantener durante largo tiempo sin agotar los recursos o causar grave daño al medio ambiente". Aisladamente considerado, el término sostenibilidad no presenta mayores complejidades. Más, yuxtapuesto junto al concepto de desarrollo, da lugar a un oxímoron de difícil resolución hoy en día.

De esta manera, y trayendo a este apartado las consideraciones que hemos efectuado en el presente trabajo, la referencia a la "sostenibilidad" o a las "políticas de sostenibilidad" aparece como un concepto nuevo y cada vez con más frecuencia, en diversos textos no comunitarios, comunitarios y nacionales con la pretensión de constituirse en el eje central del comportamiento de la actividad empresarial, pero sin que tampoco sea establecido un marco conceptual preciso del mismo, aunque tanto su denominación como los elementos esenciales que la componen (esencialmente la sostenibilidad medioambiental y social) sí aparecieran frecuentemente en ellos, sea aisladamente o bajo el amparo de otros conceptos próximos, como es el de la responsabilidad social corporativa[253], si bien, no lo hicie-

[253] La misma ha venido siendo contemplada desde muy diversos campos del saber y no sólo del jurídico, y ha sido entendido en su contenido desde una óptica societaria, como una función que va desde una visión estrictamente filantrópica, ocasional y asistemática de la actividad social, hasta lo que es una atención libremente elegida, planificada, ordenada y estable de la sociedad en su actuación a través de la elaboración de sus políticas de actuación y su desarrollo (en este sentido se ha hablado de la presencia de un "programa para la acción" de las sociedades) en relación con lo que pueden ser los diversos intereses que

ran de forma claramente conexa con el régimen del gobierno corporativo[254] ni bajo la autonomía que el mismo ha adquirido.

Como ya hemos anticipado en el presente trabajo, la Agenda 2030 para el Desarrollo Sostenible adoptada por la Asamblea General de la ONU el 25 de septiembre de 2015 —que ocupa desde hace unos años, el centro de atención política y mediática— al fijar sus 17 Objetivos —interrelacionados y necesariamente conectados por su propia naturaleza— tiene como finalidad el logro de un mundo más soste-

---

distintos del de los accionistas, se ven afectados por su relación con la organización empresarial de la que la sociedad es su titular (clientes, distribuidores, trabajadores, etc.), y su preocupación por la incidencia que la actividad societaria pueda tener en el medioambiente y social en el que se desenvuelve incluso incluyendo el gobierno corporativo, en lo que se aproximaría al contenido de lo que hoy ya sería el contenido de las políticas de sostenibilidad medioambiental, social y de gobernanza (*Enviromental, Social and Gobernance —ESG—)*. Sobre esta dimensión, son interesantes as aportaciones de BARNEA, A. y RUBIN, A. "Corporate Social Responsibility as a Conflict Between Shareholders, *J Bus Ethics*, 97, 2010, págs. 71-86; CAPUTO, F., SCUOTTO, V., PAPA, A., DEL GIUDICE, M., "From Sustainability coercion to Social Engagement: the turning role of Corporate Social Responsibility", *Corporate Governance and Research & Development Studies*, núm. 2, Napoli 2020, pág. 20; GREEN, M., "Theoretical Developments in Corporate Social Responsibility", *The Palgrave Handbook of Corporate Social Responsibility*, Springer, 2021, pág. 48; SHAUKAT, A., QIU, Y. y TROJANOWSKI, G. "Board Attributes, Corporate Social Responsibility Strategy, and Corporate Environmental and Social Performance", *J Bus Ethics*, 135, 2016, págs. 569-585.

254 Desde un marco definitorio, "se viene entendiendo tradicionalmente lo que es la estructura, el funcionamiento y la interrelación de los órganos que rigen la vida de una organización societaria con la finalidad de obtener el más adecuado equilibrio en el control de su administración a fin de poder conseguir el máximo valor para sus accionistas en conexión con el fin social. La solución del problema de agencia y su compaginación con la maximización de beneficios han venido siendo tradicionalmente la base de la búsqueda de la mejor opción del gobierno corporativo. La preocupación por la mejora del funcionamiento de estas estructuras constituye el conjunto de análisis, normas, recomendaciones y principios con los que se pretende maximizar su rendimiento, establecer su mejor funcionamiento y el más adecuado engranaje de coordinación entre los diversos órganos societarios en lo que se ha dado en llamar el "buen gobierno corporativo". Así, SEQUEIRA MARTÍN, A., "El desarrollo de la responsabilidad social corporativa versus sostenibilidad y su relación con el gobierno corporativo en las Directivas comunitarias y en el Derecho español de sociedades cotizadas", *RdS*, núm. 61, enero-abril, Thomson Reuters Aranzadi, Madrid, 2021, págs. 1 y ss.

nible (*ODS*)[255] además de preocuparse por abordar las dimensiones económicas, sociales y medioambientales como elementos esenciales para sostener y mejorar el planeta y sus habitantes, siendo de destacar, a efectos de éste trabajo, el Objetivo 8º dirigido a promover el crecimiento económico sostenido, inclusivo y sostenible y el 12º sobre la necesidad de garantizar el consumo y la producción sostenibles.

Por lo que antecede, la citada sostenibilidad —entendida como un proceso global en el que todos, pero especialmente las empresas, deberían vincularse en su actividad en la consecución de un mundo más equilibrado ambientalmente y más justo socialmente— se ha convertido ya en una realidad que ha penetrado en las políticas de los diversos Estados firmantes de la mencionada Agenda 2030 para el Desarrollo sostenible del 2015[256] auspiciada por la ONU, y entre ellos, los de la UE, si bien se ha producido recientemente alguna salida relevante.

---

255 Los cuales tuvieron como antecedentes, los Objetivos de Desarrollo del Milenio (*ODM*) incardinados a los mencionados *ODS*, la aprobación por Naciones Unidas en 2015 de los mismos de donde deriva el documento de 2019 de la Comisión Europea "*Para una Europa sostenible de aquí a 2030*". Disponible en: *https://commission.europa.eu/publications/sustainable-europe-2030_es* (acceso 21 enero 2025).

256 Recordaremos que los *ODS* ya estaban presentes en el espíritu de los distintos Códigos de Buen Gobierno de los países comunitarios y en su normativa de sociedades, pero constituían objetivos indeterminados que eran abordados desde la Responsabilidad Social Corporativa, pero sin aportar una definición sobre el modo o la forma de avanzar en su implementación, siendo a finales de 2015 cuando se observa un cambio cultural que demanda la integración de las finanzas sostenibles en los sistemas financieros y en los medios de crecimiento actuales y en donde el "Acuerdo de París"" de septiembre de 2015 —y la Asamblea General de Naciones Unidas— adoptó un nuevo marco mundial de desarrollo sostenible denominado "Agenda 2030" la cual centró los *ODS* abarcando las tres dimensiones de la sostenibilidad: medioambientales, sociales y de buen gobierno (*ASG*). A partir de ese momento, los mismos quedan vinculados al marco de actuación e iniciativas de la Unión dentro de su territorio y a nivel mundial, incorporando ya de partida dichos objetivos. Véase TAPIA SÁNCHEZ, MªR., "La inclusión del informe de sostenibilidad corporativa en el informe de gestión. Implicaciones de la Directiva (UE) 2022/2464 de presentación de información sobre sostenibilidad por parte de las empresas (CSRD)" en CHAMORRO DOMÍNGUEZ y VIERA GONZÁLEZ (dirs.), *Derecho de Sociedades y Sostenibilidad*, La Ley, Madrid, 2023, pág. 237.

A mayor abundamiento, y en la misma dirección, la presencia de la denominada "sostenibilidad" como impulsora de las políticas y legislaciones de la UE es ya una sustantividad consagrada y generalizada, la cual expande por su texto las palabras del Tratado UE manifestando que la Unión "obrará en pro del desarrollo sostenible de Europa basado en un crecimiento económico equilibrado, mejorando la calidad del medio ambiente"[257], además de las múltiples referencias a la mejora de las condiciones de vida en busca de una mayor cohesión social, económica y territorial, en donde se refleja la preocupación por los aspectos medioambientales y sociales de su futuro (*ex* artículo 3.3).

En continuidad con esta línea expositiva, en el ámbito europeo ya se pronunciaba la Comunicación de la Comisión de 22 de noviembre de 2016 denominada "*Próximas etapas para un futuro europeo sostenible*" que vinculó los objetivos para un desarrollo sostenible (*ODS*) al marco de actuación de la Unión, afirmando también el Consejo su compromiso con la aplicación de la Agenda 2030 en sus Conclusiones de 20 de junio de 2017 y publicando la Comisión Europea su Comunicación de 8 de marzo de 2018 sobre el *Plan de Acción: Financiar el desarrollo sostenible y la Comunicación sobre el Pacto Verde Europeo el 11 de diciembre de 2019*[258], de lo que se ha denominado como la "hoja de ruta" para dotar al territorio de la Unión de un adecuado proceso de transición hacia una economía sostenible en el ámbito medioambiental y social, a la que han seguido la adopción de diversos planes de presentación de estrategias y desarrollos, junto con el Dictamen del Comité Económico y Social Europeo de 23 de enero de 2020 so-

---

257 ANDREOZZI, L., "When the Reputation in not Enough: Justifying Corporate Social Responsibility", *Corporate Social Responsibility and Corporate Governance*, Palgrave MacMillan, Hampshire, 2011, pág. 256; GIOVANNONE, M., "The European Directive on "corporate sustainability due diligence": The potential for social dialogue, workers' information and participation rights", *Italian Labour Law E-Journal*, núm. 17, 2024, págs. 227-244. Disponible en: *https://doi.org/10.6092/ISSN.1561-8048/19692* (acceso 20 febrero 2025). En nuestro país, por todos, RECALDE CASTELLS, A., "La obligación de las sociedades de identificar, reducir y reparar los efectos adversos sobre el medioambiente y los derechos humanos (Notas a la Propuesta de Directiva sobre "diligencia debida"—"*due diligence*" en materia de sostenibilidad)", *RdM*, núm. 326, Thomson Reuters Aranzadi, Cizur menor, (Navarra), 2022.

258 *Vid.* Bruselas, 11.12.2019, COM (2019) 640 final.

bre "*La economía sostenible que necesitamos*"[259], en donde se vuelve a reafirmar el compromiso de la UE con la Agenda 2030 y sus Objetivos de Desarrollo Sostenible[260], siendo finalmente por su importancia,

259 *Vid. DOUE*, C 196/1 de 31.3.2020. En dicho Dictamen se efectúan recomendaciones al resto de instituciones de la UE, que reproducimos por su interés, incidiendo en la transformación de los instrumentos financieros anuales, las reformas del sistema financiero como fundamentos de la economía del bienestar y la reconstrucción de la inversiones: a) "Destaca que la construcción de la economía del bienestar debe comenzar con la adopción de un enfoque de precaución conforme al cual la estabilidad macroeconómica no dependa del crecimiento del PIB. Propone que se elaboren nuevos indicadores de rendimiento económico y progreso social más allá del PIB"; b) "Propone adoptar un marco relativo al nivel de vida e introducir un «presupuesto del bienestar» para la UE, inspirado en enfoques ya utilizados en otros lugares"; c) "Reclama que se ponga fin a las subvenciones perjudiciales y se armonice todo el gasto del sector público de la UE y los Estados miembros con el objetivo de alcanzar la neutralidad climática"; d) "Pide a la Comisión y a los Estados miembros que lleven a cabo una reforma fiscal ecológica que contribuya a concertar la fiscalidad, las subvenciones y las políticas "predistributivas" con el objetivo de lograr una transición justa hacia una economía del bienestar, en particular mediante la aplicación de la legislación existente"; e) "Reclama que todos los marcos e instrumentos políticos y presupuestarios/financieros actuales de la UE (como el marco financiero plurianual, el Semestre Europeo y Legislar mejor) se armonicen urgentemente para alinearlos con una transición justa hacia una economía del bienestar"; f) "Adaptar el Pacto de Estabilidad y Crecimiento y el Estudio Prospectivo Anual sobre el Crecimiento para garantizar que la economía del bienestar sea plenamente coherente con los *ODS* y el pilar europeo de derechos sociales".

260 Precisaremos que en el Pacto Mundial de la ONU y en sus Objetivos de Desarrollo Sostenible, no parece que haya instrumentos específicos destinados a interpretar los principios o los objetivos. Solamente podemos encontrar el documento titulado "La responsabilidad de las empresas de respetar los derechos humanos. Guía para la interpretación" fechado en enero de 2012, cuyo fin es profundizar en la interpretación de los Principios Rectores de empresas y Derechos Humanos. Su propósito es ofrecer una explicación adicional basada en los antecedentes con el ánimo de facilitar la plena comprensión de su significado y su objetivo. Así las cosas, la ONU no ha creado un sistema de guías de interpretación de los Diez Principios, ni de los *ODS*. Tal vez, podría considerarse que la interpretación que realiza dicho Organismo internacional es efectuada de forma indirecta a través, en primer término, de las acciones de formación para las empresas las cuales tienen como objetivo explicar los Diez Principios, los *ODS* y el *Reporting* que ha de divulgar la empresa, y van destinados a empleados, responsables de área y a directivos de las empresas. También, podría considerarse un modo de interpretación indirecto, el Informe de Progreso (*COP*) cuya entrada en vigor se produjo en 2023. Desde un ámbito doctrinal, VERCHER

un elemento a considerar, el Plan de inversión "*Next Generation UE*"[261] de mayo de 2020 de la Comisión, actualizado por el Mecanismo de Recuperación y Resistencia, en donde quedaban reflejadas las conclusiones del Consejo Europeo de julio de 2020, siendo las cuales elaboradas con motivo de la crisis provocada por el COVID-19[262].

Ahora bien, el impacto de dichas orientaciones, lejos de circunscribirse al ámbito de la orientación estatal y de las organizaciones internacionales, está incidiendo con intensidad en el contexto promocional de estos valores empresariales, mediante le alineamiento de sus estrategias con las perspectivas de sostenibilidad[263]. Con todo, necesariamente, y antes de adentrarnos en el análisis de los parámetros sustantivos establecidos por la Directiva *CSRD*[264], debemos nece-

---

MOLLS, J., *La verificación de la sostenibilidad...op. cit.*, pág. 126; GÓMEZ YUBERO, M. J. y GULLÓN OJESTO, B., *Índices de referencia climáticas y de sostenibilidad y su contribución al cumplimiento de los Objetivos de Desarrollo Sostenible. CNMV.* Boletín Trimestral III, Madrid 2021, págs. 1-40.

261 En enero de 2025, la Unión europea, mediante el *NextGenerationEU* está impulsando la economía europea haciendo que nuestras sociedades sean más fuertes y resilientes, constituyendo una referencia ejemplar de un nuevo modelo de crecimiento basado en una economía limpia, innovadora e integradora, así como en la soberanía digital y tecnológica y a través del denominado Mecanismo de Recuperación y Resilencia ha invertido en un adecuada transición ecológica, transformación digital cohesión social y territorial, políticas para la próxima generación, crecimiento inteligente, sostenible e integrador, salud y resiliencia económica, social e institucional. Véase *https://next-generation-eu.europa.eu/index_es* (acceso 27 febrero 2025).

262 TAPIA HERMIDA, A., "Sostenibilidad financiera en el mundo posterior al COVID— 19", *RDBB*, núm. 159, 2020, pág 3.

263 Debemos traer a colación que el Informe de la Comisión, de 21 de abril de 2021, sobre las cláusulas de revisión de las Directivas 2013/34/UE, de 22 de junio de 2013, 2014/95/UE, de 22 de octubre de 2014 y 2013/50/UE, de 22 de octubre de 2013, y acerca del correspondiente control de adecuación relativo al marco de la Unión Europea sobre publicación de información por parte de las empresas, detectó problemas respecto a la eficacia de la Directiva 2014/95/UE, de 22 de octubre de 2014. En sus conclusiones, dicho informe indica que muchas empresas no presentaban información significativa sobre todos los temas importantes relacionados con la sostenibilidad y constata la limitada comparabilidad, fiabilidad y accesibilidad de la información presentada, así como el limitado ámbito de aplicación.

264 No podemos obviar en este punto— y como tendremos ocasión de analizar con posterioridad— la denominada Directiva "*Stop the Clock*" (Directiva 2025/794/UE) publicada el 14 de abril de 2025, que entre otras sustanciales cuestiones,

sariamente de delimitar los mimbres sobre las esenciales cuestiones societarias que se encuentran enlazadas a la misma.

2. *Marco estructural*

En línea de principio, la Unión Europea movida por el fracaso del seguimiento voluntario en materia de sostenibilidad y ante el riesgo para el mercado único de una diversidad regulatoria en los distintos Estados miembros, inicia una trayectoria regulada no mediante el establecimiento de obligaciones positivas que incidan, limiten y condicionen la gestión de las empresas, sino centrada sólo en la obligación de las mismas de dar información no financiera en materia de sostenibilidad. A esta finalidad respondía, en términos generales, la Directiva 2014/95/UE[265].

---

plantea el aplazamiento de las obligaciones de información de la Directiva CSRD. A estos efectos— como tendremos ocasión de analizar en el presente trabajo—, se retrasa dos años la aplicación de los requisitos de información previstos en la aludida Directiva *CSRD*. Así, para las grandes compañías que debían informar en 2026 (respecto del ejercicio 2025) deberán hacerlo en 2028 (respecto del ejercicio 2027) y con relación a las PYMES cotizadas que debían informar en 2027 (respecto del ejercicio 2026) deberán hacerlo en 2029 (respecto del ejercicio 2028).

265 La Directiva 2014/95/UE del Parlamento Europeo y del Consejo sobre la divulgación de información no financiera e información sobre diversidad por parte de determinadas grandes empresas y determinados grupos entró en vigor el 6 de diciembre de 2014. Esta Directiva modificaba la Directiva 2013/34/UE sobre los estados financieros anuales, los estados financieros consolidados y otros informes afines de ciertos tipos de empresas. Dicho texto normativo ampliaba el contenido exigido en el informe anual de gobierno corporativo que debían publicar las sociedades anónimas cotizadas, en aras de mejorar la transparencia facilitando la comprensión de la organización empresarial y de los negocios de la empresa de que se trate. La nueva obligación para estas sociedades consistía en la divulgación de las "políticas de diversidad de competencias y puntos de vista" que apliquen a su órgano de administración respecto a cuestiones como la edad, el sexo, la discapacidad, o la formación y experiencia profesional. A estos efectos, en caso de que la sociedad no aplicase una política de diversidad, no existía obligación alguna de establecerla, aunque la declaración sobre gobernanza empresarial había de explicar claramente el motivo por el cual no era aplicada. Como expondremos, fue modificada por la Directiva (UE) 2022/2464 del Parlamento Europeo y del Consejo, de 14 de diciembre de 2022, por la que se modifican, asimismo, el Reglamento (UE) 537/2014, la Directiva 2006/43/CE y la Directiva 2013/34/UE, por lo que respecta a la presentación de in-

Huelga decir que la Norma referenciada se fundamenta en la relevancia de la información no financiera sobre aspectos medioambientales y sociales para, completando la información financiera, ofrecer una visión global de la evaluación, situación y riesgos de las grandes empresas[266], teniendo especial importancia su desarrollo a través de directrices de la Comisión sobre presentación de informes no financieros de 2017, los cuales establecieron criterios formales y de fondo para su elaboración y presentación.

Siendo esto así, la UE sigue a través de esta Directiva[267], las orientaciones generales delimitadas por Naciones Unidas en colaboración

---

formación sobre sostenibilidad por parte de las empresas, tiene como objetivo mejorar el marco de presentación y verificación de la información sobre sostenibilidad.

266 VILLARCORTA HERNÁNDEZ. M. A., "Conectividad entre la información financiera y la información no financiera de sostenibilidad", *Técnica Contable y Financiera*, núm. 78, La Ley, Madrid, 2024, pág. 5 y ss.

267 La presente Directiva *CSRD* amplía la anterior Directiva *NFRD* en su ámbito de aplicación, tal y como se expone en el artículo 5, al incluir de forma progresiva y escalonada en el tiempo a un mayor número de empresas, que analizamos a continuación de forma resumida y esquemática. En primer lugar, para los ejercicios que comiencen a partir de 2024 (reportados durante 2025), las grandes empresas de interés público ya afectas por la Directiva 2013/34/UE (que superen el promedio de 500 trabajadores). En segundo lugar, para los ejercicios que comiencen a partir de 2025 (reportados durante 2026), se amplía al resto de grandes empresas que cumplan dos de los tres límites del artículo 3.4 Directiva 2013/34/UE (20 millones EUR en balance, 40 millones EUR de *INCN* y más de 250 trabajadores promedio). En tercer lugar, para los ejercicios que comiencen a partir de 2026 (reportados durante 2027), se adicionan las PYMES que sean *EIP*, excluyendo las microempresas, así como instituciones financieras pequeñas y las entidades de seguros y reaseguros. Por último, para los ejercicios a partir de 2028 (reportados durante 2029), se amplía el requerimiento a empresas de terceros países, siempre que cumplan con los requisitos del artículo 1.14 *CSRD*. En este contexto, se encuentra la aplicación de las Normas o Estándares Europeos de Información sobre Sostenibilidad (*ESRS)* desarrollados por el Grupo Consultivo Europeo que se encarga de la información financiera (*EFRAG)* a petición de la Comisión. Sentado lo anterior, no debemos obviar la publicación en el *DOUE* de 5 de marzo de 2025 (Serie C) la Comunicación de la Comisión sobre la interpretación y aplicación de determinadas disposiciones legales del acto delegado de taxonomía medioambiental de la UE, el acto delegado de taxonomía climática de la UE y el acto delegado sobre divulgación de información relacionada con la taxonomía de la UE (C/2025/1373).

con el *Global Reporting Iniciative* (*GRI*)[268] *y el World Business Council for Sustainable Development* (*WBCSD*)[269] los cuales ya fueron recogidos en la Guía 2015 para las empresas (*GRI, UN Global Compact y WBCSD,* 2015*)* y donde era especialmente destacable "la especial relevancia de la comunicación y reporte de la información de las empresas en relación con los objetivos *ODS*".

A todo ello, no podemos sustraer la perspectiva financiera, pues sin perjuicio del impacto reputacional de estas cuestiones en la sociedad civil, se persigue, en esencia, salvaguardar el mercado único, que asegure el buen funcionamiento de los procesos de decisión de inversión o desinversión por la inversión institucional, y en general, los por los nuevos accionistas colectores del ahorro.

---

268 El *Global Reporting Iniciative* desde el punto de vista de los indicadores *GRI*, los estructura como un sistema de estándares interrelacionados organizados en tres series: Estándares Universales *GRI*, Estándares Sectoriales *GRI* y Estándares Temáticos *GRI*. Todas las organizaciones que elaboran informes conforme a Estándares *GRI* utilizan los Estándares Universales. Las organizaciones emplean los Estándares Sectoriales según los sectores en los que operan y los Estándares Temáticos en función de su lista de temas materiales. A estos efectos, el *GRI* se organiza en un nivel más básico en guías de carácter universal, es decir transversal, aplicables a todas las organizaciones (101, 102 y 103), junto a algunas normas sectoriales, así como guías concretas por sectores que se dividen en: Económicos (Serie 200): Orientados a medir el desempeño financiero de la empresa; Ambientales (Serie 300): Monitorean el impacto ambiental de la empresa Sociales (Serie 400): Evalúan los aspectos sociales y laborales de las organizaciones. Disponibles en: *https://www.globalreporting.org/standards/*(acceso 7 de marzo 2025).

269 El Consejo Empresarial Mundial para el Desarrollo Sostenible, (*World Business Council for Sustainable Development*), también conocido por sus siglas en inglés *WBCSD*, es una asociación mundial de más de 200 empresas que trabajan exclusivamente con el sector empresarial y el desarrollo sostenible. Sus orígenes se remontan a 1990, cuando *Schmidheiny* fue nombrado consejero principal del Secretario General para el Comercio e Industria de la Conferencia sobre Medio Ambiente y Desarrollo de las Naciones Unidas (*UNCED*), más conocida como Segunda Cumbre de la Tierra o Segunda Cumbre de Río, que se realizó en Río de Janeiro, en 1992, creándose un foro internacional denominado "*Business Council for Sustainable Development*" ("Consejo Empresarial para el Desarrollo Sostenible"), que pasó a denominarse *Changing Course*. El *WBCSD* fue creado en 1995 en una fusión del Consejo Empresarial para el Desarrollo Sostenible y el Consejo Mundial de la Industria para el Medio Ambiente, teniendo su sede en Ginebra (Suiza).

De igual manera, éstos requieren disponer de esa información medioambiental, social y de gobernanza al objeto de poder valorar mejor la capacidad real de la creación de valor sostenible por las empresas, lo que les permitirá, a su vez, la mejora de su reputación social como inversores a través de los que se ha venido en denominar "inversión sostenible" —ahora "finanzas sostenibles"— en aras a maximizar la rentabilidad y minimizar el riesgo desde una perspectiva económica medioambiental, social y de gobierno corporativo[270], siendo el Reglamento (UE) 2020/852, de 18 de junio de 2020[271] rela-

270 Una inmersión en estas cuestiones es efectuada, entre otros autores, por PACCES, A., "Will the EU Taxonomy Regulation Foster Sustainable Corporate Governance?", *Sustainability Review*, World Bank Open Knowledge Repository, 2021, págs. 1 ss.

271 Reglamento (UE) 2020/852 del Parlamento Europeo y del Consejo, de 18 de junio de 2020, relativo al establecimiento de un marco para facilitar las inversiones sostenibles y por el que se modifica el Reglamento (UE) 2019/2088 (DO *L* 198 de 22.6.2020, págs. 13-43). Dicho Texto normativo exige a la Comisión que establezca una lista de actividades medioambientalmente sostenibles en la que se definan los criterios técnicos de selección para cada objetivo medioambiental. Pues bien, dichos criterios son establecidos mediante actos delegados: el acto delegado de taxonomía climática de la UE (Reglamento Delegado (UE) 2021/2139) incluye criterios técnicos de selección para las actividades económicas que contribuyen de forma sustancial a los objetivos de mitigación del cambio climático o a la adaptación al mismo. Está en vigor desde el 1 de enero de 2022; el Reglamento Delegado (UE) 2023/2485 modifica el acto delegado de taxonomía climática, por el que se establecen criterios técnicos de selección adicionales para determinar las condiciones en las que se considera que una actividad económica contribuye de forma sustancial a la mitigación del cambio climático o a la adaptación al mismo, y para determinar si esa actividad económica no causa un perjuicio significativo a ninguno de los demás objetivos medioambientales Está en vigor desde el 1 de enero de 2024; el acto delegado de divulgaciones (Reglamento Delegado (UE) 2021/2178) complementa el artículo 8 del Reglamento de Taxonomía. Especifica el contenido, la metodología y la presentación de la información que deben divulgar las empresas financieras y no financieras en relación con la proporción de actividades económicas medioambientalmente sostenibles en sus negocios, inversiones o actividades de préstamo. Está en vigor desde el 1 de enero de 2022; el acto delegado complementario a la taxonomía climática de la UE (Reglamento Delegado (UE) 2022/1214) modifica los Reglamentos Delegados (UE) 2021/2139 y (UE) 2021/2178, e incluye, bajo condiciones estrictas, actividades pertinentes relacionadas con la energía nuclear y el gas en la lista de actividades económicas que abarca la taxonomía de la UE. Los criterios para las actividades relacionadas con la energía nuclear y el gas específicas están en consonancia con los objetivos

tivo al establecimiento de un marco para facilitar las inversiones sostenibles (el denominado Reglamento de Taxonomía) el que permite obtener el calificativo de "sostenibles" a los productos de inversión[272].

No obstante lo que antecede, la rápida evolución de la sostenibilidad ha sido el detonante de una nueva revisión de la Directiva Contable y del régimen establecido por la citada Directiva 2014/95/UE sobre auditoría, entre otras, que ha sido materializada por la Directiva (UE) 2022/2464, del Parlamento Europeo y del Consejo, de 14 de diciembre de 2022[273], por la que se modifican el Reglamento

---

medioambientales y climáticos de la UE y ayudarán a acelerar el cambio de los combustibles fósiles sólidos o líquidos, incluido el carbón, hacia un futuro climáticamente neutro. Está en vigor desde enero de 2023; el acto delegado sobre medioambiente (Reglamento Delegado (UE) 2023/2486) mediante el que se establecen los criterios técnicos de selección para determinar en qué condiciones se considerará que una actividad económica contribuye de forma sustancial al uso sostenible y a la protección de los recursos hídricos y marinos, a la transición a una economía circular, a la prevención y el control de la contaminación, o a la protección y recuperación de la biodiversidad y los ecosistemas, y para determinar si dicha actividad económica no causa un perjuicio significativo a ninguno de los demás objetivos medioambientales. Además, modifica el acto delegado de divulgaciones en lo relativo a la divulgación pública específica de dichas actividades económicas, encontrándose en vigor desde el 1 de enero de 2024.

272 Disponible en: *https://eur-lex.europa.eu/ES/legal-content/summary/assessing-environmentally-sustainable-investments.html* (acceso 22 de febrero 2025).

273 Véase con referencia al denominado "Reglamento *Omnibus*" de 26 de febrero de 2025 la *np. supra* 123. Asimismo, el 14 de abril de 2025, y en el marco del Plan estratégico presentado en enero (*EU Competitiveness Compass*), la Comisión Europea reconoció expresamente el exceso de carga regulatoria suponiendo un freno freno para la competitividad de Europa. A tales efectos y con el fin de una simplificación general de la regulación y los trámites administrativos en la Unión, Consejo Europeo ha aprobado la Directiva *Stop-the-Clock* (2025/794/UE) —Directiva de suspensión temporal—, que como tendremos ocasión de analizar, es una de las normas incluidas en la Propuesta Ómnibus I de la Comisión que busca, como hemos comentado, simplificar la normativa de sostenibilidad en materia de información y debida diligencia. De manera particular, entre otras cuestiones, contiene un aplazamiento de las obligaciones de información de la Directiva (UE) 2022/2464, retrasándose en dos años la aplicación de los requisitos de información previstos en la Directiva sobre información corporativa en materia de sostenibilidad para las grandes compañías que debían informar en 2026 (respecto del ejercicio 2025) deberán hacerlo en 2028 (respecto del ejercicio 2027) y las PYMES cotizadas que debían informar en 2027 (respecto del ejercicio 2026) deberán hacerlo en 2029 (respecto del ejercicio 2028).

(UE) 537/2014, la Directiva 2004/109/CE[274]sobre transparencia para ampliar el ámbito de aplicación de los requisitos de información en materia de sostenibilidad a las empresas con valores cotizados en mercados regulados y aclarar el régimen de supervisión inherente a la información en materia de sostenibilidad presentada por estas empresas; la Directiva 2006/43/CE y la Directiva 2013/34/UE de contabilidad[275], por lo que respecta a la presentación de información sobre sostenibilidad por parte de las empresas; entendiéndose como el estadio siguiente en la evolución societaria de la responsabilidad social corporativa[276] consistente en lograr la existencia perdurable

---

274 A estos efectos, era ampliado el ámbito de aplicación de los requisitos de información en materia de sostenibilidad a las empresas con valores cotizados en mercados regulados y aclarar el régimen de supervisión que se debería de aplicar a la información en materia de sostenibilidad presentada por las citadas empresas.

275 Eran adicionadas nuevas disposiciones sobre presentación de información en materia de sostenibilidad.

276 Con carácter previo, ya el artículo 25 de la Propuesta de Directiva modificaba el deber de diligencia para establecer que, al actuar en el mejor interés de la empresa, los administradores...deben tener en cuenta las consecuencias de sus decisiones en materia de sostenibilidad. Al igual que ocurriese con la Ley 11/2018, determinados operadores jurídicos, e incluso el propio Consejo de la UE, se había planteado la conveniencia de incluir una previsión que pudiese afectar a los intereses que los administradores deberían perseguir con su actuación. En concreto, el Consejo de la Unión Europea, en su posición de diciembre de 2022, estimaba oportuno eliminar el precepto al considerar que su regulación podía socavar la obligación de los administradores de actuar en el mejor interés de la empresa (entendida fundamentalmente como el interés de los socios). Según esta interpretación, la propuesta de directiva afectaría al elemento causal del contrato de sociedad de una forma indeseable. En un sentido similar, algunos operadores del derecho han sugerido en sus primeros análisis de la propuesta de directiva que la comisión en realidad ha modificado el deber de lealtad, pese al tenor literal del artículo 25, pues obliga a tomar en consideración los objetivos *ESG* en relación con la actuación de los administradores. Por ello se alegó que la propuesta presentada en realidad no afectaba al deber de diligencia, sino que su ámbito natural es el del deber de lealtad pues afecta a los intereses que deben tomar en cuenta los administradores. Para interpretar adecuadamente el artículo citado de la propuesta de Directiva es necesario acudir al contenido del deber de diligencia al que antes se ha hecho referencia. En este sentido, la norma vincula los criterios *ESG* con el contenido del deber de diligencia, al señalar que estos deben ser considerados "al cumplir su deber de actuar". Véase, entre otros autores, MOYA BALLESTER, J., "Tratamiento jurídico de los objetivos ESG..." *op. cit.* pág. 481; VIERA GONZÁLEZ, A. J., "El deber

de las sociedades— especialmente mercantiles —compatible con el equilibrio ecológico del planeta y Derechos humanos de todos los sujetos afectados por su actuación[277]

Y sobre ello se advertirá, también, que la nombrada Directiva sobre información corporativa en materia de sostenibilidad aprobada el 10 de noviembre de 2022 (conocida por sus siglas en inglés como "Directiva *CSRD*")[278], incide directamente en el gobierno corporativo de la gran empresa[279] y tiene entre sus objetivos esenciales, mejorar la

---

de diligencia de los administradores como forma de aplicación de los principios de desarrollo sostenible" en CHAMORRO DOMÍNGUEZ y VIERA GONZÁLEZ (dirs.), *Derecho de sociedades y sostenibilidad,* La Ley, Madrid, 2023, págs. 213-234.

277 TAPIA HERMIDA, A., *Sostenibilidad...op. cit.* pág. 139.

278 Como antecedentes a la misma, en 2018, el Parlamento Europeo solicitó una revisión de la normativa sobre información no financiera al considerarla insuficiente y poco fiable. Después del análisis, presentó sus recomendaciones sobre gobernanza corporativa sostenible en 2020. El martes 21 de abril de 2022, la UE llegó a un acuerdo provisional sobre la Directiva sobre Informes de Sostenibilidad Empresarial (*CSRD,* por sus siglas en inglés) que quedó aprobada el pasado 28 de noviembre. Esta modificación, como hemos expuesto, afectará a la Directiva 2013/34/UE, la Directiva 2004/109/CE, la Directiva 2006/43/CE y el Reglamento (UE) 537/2014, en lo que respecta a los informes de sostenibilidad de las empresas, y a la Ley 11/2018 de Información No Financiera y Diversidad en España. Véase los comentarios de TAPIA HERMIDA, A., Sostenibilidad...*op. cit.* pág. 140; VERCHER MOLLS, J., *La verificación de la información...op. cit.* pág. 103 y ss.

279 Con anterioridad a este aluvión de medidas normativas y recomendaciones, la sostenibilidad en el ámbito del Derecho de sociedades y del mercado de capitales se promovía principalmente, a través de la Directiva 2014/95 sobre divulgación de información no financiera e información sobre diversidad y por la revisión de la Directiva sobre los derechos de los accionistas a través de la Directiva 2017/828. Sin embargo, a partir de la aprobación del Plan de Acción de 2018, la intensidad reguladora ha aumentado notablemente. Este marco normativo tendrá efectos considerables en el gobierno corporativo de las grandes empresas y más allá, afectará a la concepción de los institutos jurídicos tradicionales dentro de la estructura de las sociedades cotizadas. En concreto, como hemos avanzado, resulta particularmente relevante la *PDD,* la Directiva 2022/2464 del Parlamento Europeo y del Consejo de 14 de diciembre de 2022 por la que se modifican el Reglamento (UE) 537/2014, la Directiva 2004/109/CE; la Directiva 2006/43/CE en lo que respecta a la presentación de información sobre sostenibilidad por parte de las empresas (*CSRD*) y la Directiva (UE) 2022/2381 del Parlamento europeo y del Consejo de 23 de noviembre de 2022 relativa a un mejor equilibrio de género entre los administradores de sociedades cotizadas y a medidas conexas. A nivel nacional, también se han producido pasos significa-

rendición de cuentas de las empresas ante el público al imponerles el informar regularmente[280] sobre el efecto de su actividad en las perso-

---

tivos hacia la introducción de los criterios de sostenibilidad en las sociedades, destacando la Ley 11/2018, de 28 de diciembre en materia de información no financiera y diversidad y más recientemente, la Ley 7/2021 de Cambio Climático y Transición Energética y la Ley 5/2021, de 12 de abril por la que se modifica el Texto refundido de la LSC aprobado por Real Decreto legislativo 1/2010, de 2 de julio y otras normas financieras en lo que respecta al fomento de la implicación a largo plazo de los accionistas en las sociedades cotizadas, la cuales incorporan novedades relevantes en el ámbito de los *ESG* para las sociedades de capital en general, y para las sociedades cotizadas, en particular. A su vez, la Ley 18/2022, de 28 de septiembre de creación y crecimiento de empresas— también conocida como la *Ley crea y crece*— reconoce en su Disposición Adicional Décima la figura de las Sociedades de Beneficio e Interés Común, (*SBIC*) como aquellas sociedades de capital que, voluntariamente, decidan recoger en sus estatutos su compromiso con los objetivos sociales y medioambientales y con la toma en consideración de grupos de interés relevantes (*stakeholders*) sometiéndose a mayores niveles de transparencia y rendición de cuentas en el compromiso de alcanzar dichos objetivos. Véase COHEN BENCHETRIT, A., "Primera aproximación a la propuesta de Directiva sobre gobierno corporativo sostenible y diligencia debida", *Diario La Ley*, núm. 10031, Madrid, 17 de marzo de 2022.

280 Inicialmente, tal y como contenía la normativa a estudio, los nuevos requisitos de información sobre sostenibilidad de la UE se aplicarían a todas las grandes empresas, coticen o no en los mercados de valores. De este modo, las empresas no comunitarias con actividad sustancial en la UE (con un volumen de negocios superior a 150 millones EUR en el territorio de la Unión también tendrían que cumplirlas. Asimismo, las PYMES que cotizan en bolsa también estarían cubiertas, pero el tiempo de adaptación a dichas normas será más dilatado. Consecuentemente, se preveía que partir del 1 de enero de 2024 para grandes empresas de interés público (más de 500 empleados) ya sujetas a la Directiva sobre información no financiera, deberían entregar sus informes en 2025; el 1 de enero de 2025 para las grandes compañías no sujetas a la Directiva sobre información no financiera (más de 250 empleados y/o una facturación de 40 millones EUR y/o 20 millones en activos totales, deberían entregar sus informes en el año 2026; el 1 de enero de 2026 para las PYMES cotizadas y otras empresas entregarán sus informes en el año 2027, y las mismas podrán retrasarlo hasta el año 2028. No obstante, se tendrá que tener en consideración las previsiones del denominado "Reglamento Omnibus" de 26 de febrero de 2025 y la Directiva "*Stop the Clock*" (2025/794/UE) —Directiva de suspensión temporal—, que como tendremos ocasión de analizar, es una de las normas incluidas en la Propuesta Ómnibus I de la Comisión que busca simplificar la normativa de sostenibilidad en materia de información y debida diligencia. De manera particular, entre otras cuestiones, contiene un aplazamiento de las obligaciones de información de la Directiva (UE) 2022/2464, retrasándose en dos años la aplicación de los requisitos de información previstos en la directiva sobre infor-

nas y el medio ambiente, en un claro refuerzo de la economía social de mercado en la UE[281], además de implementar los de estándares sobre sostenibilidad a nivel global[282].

---

mación corporativa en materia de sostenibilidad para las grandes compañías que debían informar en 2026 (respecto del ejercicio 2025) deberán hacerlo en 2028 (respecto del ejercicio 2027) y las PYMES cotizadas que debían informar en 2027 (respecto del ejercicio 2026) deberán hacerlo en 2029 (respecto del ejercicio 2028). Todo ello será analizado por su importancia de forma exhaustiva e independiente en el presente trabajo.

281 Ampliamente, ICAC (2024). En: *https://www.icac.gob.es/sostenibilidad/informacionsostenibilidad* (acceso 25 de febrero 2025).

282 Sí que conviene recalcar que el informe de la Comisión, de 21 de abril de 2021, sobre las cláusulas de revisión de las Directivas 2013/34/UE, de 22 de junio de 2013, 2014/95/UE, de 22 de octubre de 2014 y 2013/50/UE, de 22 de octubre de 2013, y acerca del correspondiente control de adecuación relativo al marco de la Unión Europea sobre publicación de información por parte de las empresas, detectó problemas respecto a la eficacia de la Directiva 2014/95/UE, de 22 de octubre de 2014. En sus conclusiones, dicho informe indicaba que muchas empresas no presentan información significativa sobre todos los temas importantes relacionados con la sostenibilidad y constata la limitada comparabilidad, fiabilidad y accesibilidad de la información presentada, así como el limitado ámbito de aplicación. Efectuando una referencia al Derecho comparado no europeo, en Canadá los nuevos estándares de sostenibilidad requerirán una alineación con los marcos de transparencia y presentación de informes, con un enfoque particular en evitar el *greenwashing*. Denominados Estándares Canadienses de Divulgación de Sostenibilidad (*CSDS*), que han sido publicados en marzo de 2025, lo cuales son clasificados en *CSDS* 1: Requisitos Generales para la Divulgación de Información Financiera Relacionada con la Sostenibilidad y *CSDS* 2: Divulgaciones relacionadas con el clima. Dichas normas tienen como fin último la mejora de la coherencia y la comparabilidad de los informes de sostenibilidad, estando incluidos en el en el Manual de CPA Canadá-Sostenibilidad. Del mismo modo, la *CSSB* también ha publicado el Marco de Criterios para la Modificación, en el que se detalla cómo puede adaptar las normas internacionales para reflejar las prioridades canadienses en este específico ámbito Disponible en: *https://www.frascanada.ca/en/cssb/about/due-process* (acceso 2 abril 2025). Asimismo, en Australia, el Consejo Australiano de Normas Contables (*AASB)* aplicará nuevas normas en consonancia con los marcos mundiales del *ISSB*, incorporando información sobre riesgos financieros, gobernanza y estrategia centrada en el clima. Esta legislación obliga a informar sobre las emisiones de alcance 1 y 2 a partir del primer año, mientras que las emisiones de alcance 3 se introducirán más adelante para las grandes empresas, bajo unos adecuados principios de transparencia y la comparabilidad, tomado en consideración los especiales escenarios climáticos y adaptándolos al contexto jurídico y medioambiental del país.

Este objetivo se compartía y complementaba con la Propuesta de Directiva sobre diligencia debida[283]; pues si bien esta última regulaba la forma en que los participantes en los mercados financieros— incluidos los gestores de activos y los asesores— debían divulgar en materia de sostenibilidad, la *CRSD* determina el contenido y la forma de la información[284], esto es, se busca equiparar el tiempo de la infor-

283 QUIJANO GONZÁLEZ, J., "La Propuestas de Directiva sobre información corporativa en materia de sostenibilidad (COM (2021) 189 final, 21 de abril 2021". *III Congreso Internacional de Gobierno Corporativo*, 6 de mayo 2022. CEU. Apuntes del Congreso.

284 El *ISC* se elaborará por las empresas sobre la base de unos modelos normalizados que contendrán información más detallada conforme a los nuevos "Estándares de informes de Sostenibilidad" elaborados por *EFRAG* (Grupo Asesor Europeo de Información Financiera) que se adherirán al principio de la "doble materialidad" además de respetar el principio de proporcionalidad. En 2025, se implementarán estándares de informes de sostenibilidad más estrictos, especialmente en la Unión Europea, con la Directiva *CSRD (Corporate Sustainability Reporting Directive)*. Las empresas estarán obligadas a divulgar información sobre sus impactos ambientales, sociales y de gobernanza, con una mayor transparencia y verificabilidad —los Estándares del *GRI* 1 ponen de manifiesto que la verificación no deja de ser sino una parte del engranaje de los informes de sostenibilidad. Así, la verificación tendrá credibilidad si, entre otras cosas, el informe de sostenibilidad es creíble, de modo que el apartado 5.2 del *GRI* 1 establece ciertos métodos que ayuden a incrementar la referida credibilidad. También, el Estándar *GRI* 4 trata de perfeccionar unas líneas mediante las cuales facilita una guía para la elaboración de informes de sostenibilidad haciéndolos más concisos ya que se centra en los asuntos realmente relevantes, y de este modo también contribuye a una mayor transparencia, compromiso y confianza con los grupos de interés, generando valor; hace posible que las memorias en sí mismas puedan contribuir a mejorar la gestión de la sostenibilidad en las organizaciones; y el uso y armonización con otros marcos globales importantes, como las directrices para empresas multinacionales de la *OCDE*, los principios del Pacto Mundial de las Naciones Unidas y los principios rectores sobre empresas y Derechos humanos, también de la ONU, por lo que incluirá temas de gobernanza, corrupción y cambio climático—. Asimismo, el informe de sostenibilidad deberá ser verificado por un tercero independiente y publicado de manera accesible, utilizando un formato electrónico unificado para facilitar su incorporación al Punto de Acceso Único Europeo. Se espera que la IA, la gestión responsable de la cadena de suministro y la inversión sostenible jueguen un papel importante en esta implementación normativa. Sobre estas cuestiones, véase VERCHER MOLL, J. *La verificación de la sostenibilidad…op. cit.* pág. 57 y ss.

mación en materia de sostenibilidad[285] con la información financiera, permitiendo al público acceder, de esta manera a datos fiables[286] y comparables, por lo que se convierte en una de las piezas esenciales del Pacto Verde y de la Agenda de Finanzas Sostenibles, además de enmarcarse en el compromiso de la UE con el respeto de los Derechos humanos y la reducción de su impacto sobre el planeta que hemos tenido ocasión de comentar previamente, y cuyos estándares fueron ya aprobados por la Comisión en junio del 2023[287].

---

285 *Cfr.* Considerando 60 de la Directiva muestra su preocupación por la información que puede proporcionarse a través del informe de verificación, especialmente en lo que se refiere a la información prospectiva y cualitativa. Así, el artículo 29 *ter* impone sobre los Estados la obligación de que las normas de presentación de información sobre sostenibilidad especifiquen la información prospectiva, retrospectiva, cualitativa y cuantitativa, según proceda. Sin embargo, el propio Cuerpo legal no aclara mucho más sobre esta cuestión, lo que redunda en que los Estados destinatarios de la norma comunitaria serán los que determinarán las vicisitudes entre la información de naturaleza cuantitativa y cualitativa, lo que posiblemente provoque divergencias en las normas de transposición y, por consiguiente, la necesidad de una reforma de la Directiva. Desde un ámbito doctrinal, VERCHER MOLLS, J., *La verificación de la sostenibilidad... op. cit.* pág. 123.

286 Las empresas, *ex* artículo 3.18 y 3.19 de la Directiva *CSRD*, deberán proporcionar adicionalmente una garantía externa de la información de sostenibilidad, cuyas funciones se desempeñarán por los comités de auditoría y los auditores legales, estableciéndose en el Texto legal norma sobre la organización del trabajo del auditor en relación con la verificación dela información sobre sostenibilidad y en cuanto al contenido del informe de auditoría, especificándose la información anual o consolidada en materia de sostenibilidad aplicado en su preparación, incluyendo una descripción del alcance dela verificación en esta materia, además de identificar las normas con arreglo a las cuales ha sido efectuada dicha verificación. De la misma manera, será incluido el dictamen del auditor legal sobre la formación en materia de sostenibilidad. No obstante lo que antecede, tal y como tendremos ocasión de comentar detenidamente en el presente trabajo, no podemos obviar en este punto, la denominada Directiva "*Stop the Clock*" (Directiva 2025/794/UE) publicada el 14 de abril de 2025, que entre otras sustanciales cuestiones, plantea el aplazamiento de las obligaciones de información de la Directiva CSRD. A efectos generales, véase las interesantes aportaciones de VERCHER MOLLS, J., *La verificación de la sostenibilidad...op. cit.* pág. 124 y ss.

287 GARCÍA LUPIOLA, A., "El Pacto Verde Europeo. Adopción y puesta en marcha en un complejo contexto", *Revista Aranzadi de la Unión Europea*, núm. 2, Cizur menor (Navarra), 2023, versión digital, pág. 61 y ss.

En efecto, no es posible realizar una gestión de riesgos climáticos e iniciar un proceso de descarbonización de la empresa, si previamente no es realizado un cálculo sobre el impacto financiero asociado al cambio climático sobre la base de una información técnica adecuada, recordando que la mentada información, ha de ser coherente con el Reglamento de Taxonomía[288] en lo referente a criterios y métricas al objeto de una adecuada determinación sobre si una actividad económica es considerada medioambientalmente sostenible, con el fin último de fijación del grado de sostenibilidad de una inversión.

A mayor abundamiento, entre sus indicadores principales, como ya hemos avanzado, se alude a la modificación de la denominación de "información no financiera"[289] a "información sobre sostenibilidad"[290] al objeto de evitar cualquier confusión con relación a la relevancia financiera que ciertamente debe revertir la misma, además de ser encuadrable bajo un enfoque de "doble materialidad", esto es, la inclusión tanto de la información adecuada para

---

288 MURILLO GARCÍA, U., "El Reglamento de Taxonomía de la UE de actividades económicas sostenibles", *Boletín Económico de ICE. Información Comercial Española*, núm. 3126, ICE, Madrid, 2020, págs. 15-26.

289 En este punto, el Considerando 8 de la Directiva 2022/2464 es certero: "Muchas partes interesadas consideran que el término "no financiera" es inexacto, en particular porque implica que la información en cuestión carece de relevancia financiera. Sin embargo, dicha información tiene cada vez más relevancia financiera. Muchas organizaciones, iniciativas y profesionales del campo de la información sobre sostenibilidad hacen referencia a "información sobre sostenibilidad". Por lo tanto, es preferible utilizar el término "información sobre sostenibilidad" en lugar de "información no financiera". Procede, a tales efectos, modificar la Directiva 2013/34/UE para tener en consideración dicho cambio de terminología.

290 Al objeto de una mayor clarificación, la Información sobre Sostenibilidad incluye diferentes tipos de datos: narrativos, seminarrativos y numéricos (incluyendo, estos últimos, por ejemplo, datos de energía, volumen, porcentajes, tablas o unidades monetarias). Por tanto, la naturaleza de estos tipos de datos implica una aproximación diferente en términos del riesgo inherente que pueden representar (a modo de ejemplo, se podría considerar que los datos cuantitativos representan un mayor riesgo inherente que los cualitativos). De manera general, la Información sobre Sostenibilidad tiene una naturaleza predominantemente cualitativa debido a que la normativa expuesta requiere describir el contexto de las actividades de las compañías, incluyendo su estrategia y sus riesgos, oportunidades e impactos a corto, medio y largo plazo.

entender cómo la empresa afecta a las personas y al medioambiente (materialidad de sostenibilidad)[291], como aquella otra necesaria para comprender cómo las cuestiones que abordan la citada sostenibilidad, inciden en el desarrollo, rendimiento y posición de la empresa (materialidad financiera), todo ello circunscrito no sólo desde un punto de vista prospectivo (contemplando objetivos, progresos y estrategias alcanzados sobre la materia), sino también, a largo plazo, además de incluirse la necesaria información sobre intangibles de acuerdo con las pautas establecidas en el Reglamento de Taxonomía de la UE y el Reglamento de Finanzas Sostenibles (*SFDR*, por sus siglas en inglés)[292].

---

291 *Cfr. Comunicación de la Comisión sobre la interpretación y aplicación de determinadas disposiciones legales del acto delegado de taxonomía medioambiental de la UE, el acto delegado de taxonomía climática de la UE y el acto delegado sobre divulgación de información relacionada con la taxonomía de la UE* (C/2025/1373) de 5 de marzo de 2025.

292 No es ocioso recordar que, al objeto de asegurar la misión de promover la inversión en actividades sostenibles, el *SFDR* fue uno de los primeros actos legislativos en hacer uso del Reglamento sobre Taxonomía. El mismo está dirigido a los participantes en los mercados financieros (entre los que se incluyen, en particular, los gestores de fondos y, de forma genérica, los gestores de activos, las empresas de inversión, las compañías de seguros y los asesores financieros) y contiene requisitos de información que se aplican tanto a nivel de entidad (esto es, el participante en el mercado financiero) como de producto (es decir, los productos o servicios fabricados o distribuidos/ofrecidos por estas entidades, incluidos los fondos, las inversiones basadas en seguros o los servicios de asesoramiento financiero, por ejemplo). En particular, se exige a los participantes en los mercados financieros que expliquen si tienen en cuenta la sostenibilidad en el contexto de las decisiones de inversión, y cómo lo hacen, de modo que los inversores potenciales estén debidamente informados sobre el impacto previsto de tus decisiones de inversión en los factores de sostenibilidad. Por otro lado, el acto delegado del *SFDR* incluye requisitos de información detallados y (en tus anexos) formularios normalizados que deben utilizar los agentes del mercado, en los que se especifica lo siguiente: (i) los detalles del contenido y la presentación de la información relacionada con el principio de "no causar daños significativos"; (ii) el contenido, las metodologías y la presentación de la información relacionada con los indicadores de sostenibilidad y los impactos adversos de la sostenibilidad, y (iii) el contenido y la presentación de la información relacionada con la promoción de las características ambientales o sociales y los objetivos de inversión sostenible en los documentos precontractuales, en los sitios web y en los informes periódicos.

En realidad, ésta obligación también es extendida a las PYMES[293]—recordando que el impacto de éste Cuerpo legal es indirecto desde el mismo momento en el que participa en la cadena de actividades de la gran empresa, como proveedor de bienes o servicios —únicamente en el supuesto de que hayan emitido valores admitidos a negociación en un mercado secundario regulado de la UE, quedando, en todo caso, excluidas las microempresas—. Bajo estas circunstancias, las mismas obligadas dispondrán de una serie de facilidades, tales como, un contenido más reducido, unas normas específicas con las que presentar dicha información además de un periodo adicional al objeto de una adecuada preparación que les permita, en esencia, el cumplimiento de esta nueva exigencia.

Aún más, debido al incremento de las necesidades de información sobre sostenibilidad y al papel clave que desempeñan las entidades aseguradoras y reaseguradoras[294] y entidades de crédito en la transición hacia un sistema económico y financiero sostenible a

---

293 Se refiere a las PYMES que hayan emitido valores admitidos a cotización en mercados secundarios regulados de la Unión Europea (a excepción de las microempresas). A los fines de esta clasificación, se entenderá por microempresas, de acuerdo con los nuevos parámetros de la Directiva de umbrales, aquellas empresas que cumplan, durante dos ejercicios consecutivos, a la fecha de cierre de cada uno de ellos, al menos dos de las siguientes circunstancias: 1) Que el total de las partidas del activo no sea superior a 475.000 EUR; 2) Que el importe neto de la cifra anual de negocios no supere los 900.000 EUR; 3) Que el número medio de trabajadores empleados durante el ejercicio no sea superior a 10.

294 Mencionaremos a estos efectos, que debido a su papel en actividades de préstamo, inversión y aseguramiento, las empresas de seguros y entidades de crédito son esenciales en la transición hacia un sistema económico y financiero sostenible. Por tanto, este tipo de entidades entran dentro del ámbito de aplicación de la Directiva. Asimismo, para este tipo de empresas la norma específica que, con independencia de su forma jurídica, si este tipo de entidades entran dentro de los umbrales de aplicación de la norma tendrán obligación la obligación de presentar el informe de sostenibilidad. También, la Norma efectúa expresa referencia a las entidades de crédito pequeñas y no complejas, empresas de seguros y reaseguros cautivas, y se establece que podrán presentar el informe de sostenibilidad abreviado y aplicar la citada norma de información de sostenibilidad para PYMES. En un ámbito doctrinal, son interesantes las aportaciones de BATALLER GRAU, J. "La responsabilidad social de las entidades aseguradoras. Una aproximación a través de sus memorias" en AA.VV. *Retos y desafíos del contrato de seguro: del necesario "aggiornamento" a la metamorfosis del contrato,* Thomson Reuters-Civitas, 2020, págs. 117-152.

través de sus actividades de préstamo, inversión y aseguramiento, se ve necesario ampliar las exigencias de presentación de información sobre sostenibilidad a las mismas.

Como bien puede intuirse, y en punto a la exención de presentar información sobre sostenibilidad para empresas dependientes, son establecidos ciertos requisitos para garantizar que la información sea fácilmente accesible para los usuarios, regulándose específicamente el supuesto en que la empresa dominante no se encuentre sujeta al derecho de un Estado miembro, ni tampoco pertenezca al Espacio Económico Europeo. Asimismo, se prohíbe a las empresas grandes cotizadas acogerse a dicha exención.

Por consiguiente, es importante reseñar que la exención de presentar información consolidada sobre sostenibilidad opera de forma independiente con relación a la exención de formular las cuentas anuales y el informe de gestión consolidados, debiendo cumplirse, en cada caso, los requisitos previstos al efecto[295].

---

[295] En relación con el formato electrónico, se ha identificado la necesidad de establecer normas comunes para la presentación de información sobre sostenibilidad. Este enfoque busca posibilitar la verificación y la digitalización de dicha información, simplificando su supervisión y el control del cumplimiento. Asimismo, la digitalización también posibilita la consolidación de datos a nivel de la Unión y los Estados miembros, presentados en un formato abierto y accesible que facilita la lectura y permite la comparación de datos. Por lo tanto, la Directiva de Sostenibilidad requiere que las empresas elaboren su informe de gestión en el formato electrónico de presentación de información especificado en el artículo 3 del Reglamento Delegado (UE) 2019/815 de la Comisión y que marquen su información sobre sostenibilidad, incluida la información que exige el artículo 8 del Reglamento (UE) 2020/852, en el formato electrónico de presentación de información especificado en el Reglamento Delegado (UE) 2019/815 una vez determinado. Por otro lado, respecto a los plazos de aplicación de la Directiva, se prevén los siguientes tramos: a) Ejercicios iniciados a partir de enero de 2024, están obligadas las grandes empresas cotizadas y las entidades dominantes de grupos cotizados que superen, en ambos casos, el número medio de 500 empleados durante el ejercicio; b) Ejercicios iniciados a partir de enero de 2025, para grandes empresas y entidades dominantes de grupos grandes no incluidos en el apartado anterior; c) Ejercicios iniciados a partir de enero de 2026, para PYMES cotizadas en un mercado regulado de la Unión Europea, y que no sean microempresas, que podrán optar por no aplicar hasta 1 de enero de 2028. Inherente a lo anterior, traeremos a colación la Directiva (UE) 2025/794 del Parlamento Europeo y del Consejo, de 14 de abril de 2025, por la que se modifican las Directivas (UE) 2022/2464 y (UE) 2024/1760 en

Desde otra perspectiva, se establece la obligación de comunicación empresarial, de manera fehaciente, atendiendo a los estándares de reporte comunes a nivel europeo (*European Sustainability Reporting Standard*), los cuales serán objeto de desarrollo por parte del grupo Consultivo Europeo en materia de Información Financiera (*EFRAG*)[296] y revisados por periodos de 3 años, lo que permitirá un

---

lo que respecta a las fechas a partir de las cuales los Estados miembros deben aplicar determinados requisitos de presentación de información sobre sostenibilidad y de diligencia debida por parte de las empresas. Por tanto, debe aplazarse un año la fecha a partir de la cual los Estados miembros han de aplicar la Directiva (UE) 2024/1760 por lo que respecta al primer conjunto de empresas comprendidas en el ámbito de aplicación de dicha Directiva, a fin de conceder más tiempo a esas empresas para prepararse para los requisitos de la Directiva y ofrecerles la oportunidad de tomar en consideración las directrices que debe publicar la Comisión sobre la manera de dar cumplimiento a las obligaciones de diligencia debida de manera práctica. Además, la fecha de aplicación de 1 de enero de 2029 para las medidas necesarias para cumplir la obligación de presentación de información con arreglo al artículo 16 de la Directiva (UE) 2024/1760 en relación con el tercer conjunto de empresas comprendidas en el ámbito de aplicación de dicha Directiva debe modificarse a fin de garantizar la coherencia con las fechas de aplicación respectivas para los demás conjuntos de empresas. Asimismo, en vista de la propuesta legislativa paralela, cuyo objetivo es simplificar el marco de sostenibilidad y reducir la carga para las empresas, debe ampliarse un año el plazo para que los Estados miembros transpongan la Directiva (UE) 2024/1760, a fin de tener en cuenta los retrasos que puedan sufrir en su proceso de transposición a causa de las posibles modificaciones de dicha Norma.

296 No es ocioso recordar, que el *EFRAG* (*European Financial Report Advisory Group*) es una asociación sin ánimo de lucro constituida con arreglo al Derecho belga que sirve al interés público al asesorar a la Comisión sobre la adopción de las normas internacionales de presentación de información financiera. A tales efectos, y con el fin de garantizar unas normas de alta calidad que contribuyan al interés público europeo y respondan a las necesidades de las empresas y de los usuarios de la información presentada, el *EFRAG* fue designado por la Comisión como entidad encargada de elaborar las normas europeas de información sobre sostenibilidad (*NEIS*). La estructura del mismo se encuentra dividida en dos áreas principales: el Área de Información Financiera y el Área de Información sobre Sostenibilidad. Pues bien, dentro del área de sostenibilidad, el *EFRAG* desarrollando las siguientes funciones: Proporciona asesoramiento técnico a la Comisión Europea en la elaboración de los borradores de las *NEIS*; desarrolla material de apoyo a la implementación normativa, como las guías técnicas de implementación como la de cadena de valor, análisis de materialidad y lista de *Data Points*; actúa como órgano consultivo sobre preguntas técnicas de aplicación de los Estándares, desarrollándose, para ello, una plataforma de preguntas,

mayor grado de homogeneidad en los mencionados informes por parte de las organizaciones, y que comparándose con la antes aludida Directiva 2014/95/UE sobre divulgación de información no financiera e información sobre diversidad (conocida por sus siglas en inglés como "Directiva *NFRD*")[297], propiciará un análisis de cuestiones de mayor calado, debiendo a estos efectos ser implicadas áreas relacionadas con el medio ambiente[298], áreas sociales y de gobernan-

---

cuyo objetivo principal es la recopilación y resolución de preguntas técnicas que puedan surgir a los usuarios de las *NEIS,* definiendo un espacio centralizado de resolución de preguntas y dar apoyo a la implementación de estos estándares. Unido a lo anterior, mencionaremos que el 31 de julio de 2023, la Comisión Europea adoptó el Acto delegado sobre el primer conjunto de Normas Europeas de Información sobre Sostenibilidad *(NEIS).* Asimismo, el acto delegado y sus Anexos fueron publicados en el Diario Oficial el 22 de diciembre de 2023.

297 Directiva 2014/95/UE del Parlamento Europeo y del Consejo, de 22 de octubre de 2014, por la que se modifica la Directiva 2013/34/UE en lo que respecta a la divulgación de información no financiera e información sobre diversidad por parte de determinadas grandes empresas y determinados grupos (DO *L* 330 de 15.11.2014, págs. 1-9). Finalmente, fue publicada en el DOUE de 16 de diciembre de 2022, con la denominación de Directiva (UE) 2022/2464 del Parlamento Europeo y del Consejo de 14 de diciembre de 2022 por la que se modifican el Reglamento (UE) 537/2014, la Directiva 2004/109/CE, la Directiva 2006/43/CE y la Directiva 2013/34/UE, por lo que respecta a la presentación de información sobre sostenibilidad por parte de las empresas. Se complementará con el Reglamento 2019/2088/UE de Divulgación de información sobre Finanzas Sostenibles (SFDR), de aplicación desde el 10 de marzo de 2021, que complementa las divulgaciones corporativas al crear un marco de información integral para productos financieros y entidades financieras y con el Reglamento 2020/852/UE sobre *Taxonomía de la UE.* Recordaremos, en este apartado, la Directica "*Stop the clock*" (2025/794/UE) —Directiva de suspensión temporal— que como tendremos ocasión de analizar, es una de las normas incluidas en la Propuesta Ómnibus I de la Comisión que busca simplificar la normativa de sostenibilidad en materia de información y debida diligencia. Desde un ámbito doctrinal, abordando una visión general y aplicación económico-empresarial, son interesantes las aportaciones en este ámbito de MARÍN, S.; AIBAR, C.; GARCÍA, I y ORTIZ, E., "Visión general de la taxonomía en relación a la información no financiera o en materia de sostenibilidad", *Servicio de Estudios del Consejo General de Economistas de España,* Madrid, 2023, pags. 5 y ss.

298 Teniendo en consideración la Comunicación de la Comisión de 5 de marzo de 2025, la transposición de la *CSRD* a los Derechos nacionales implicará que a partir del presente año, la información de sostenibilidad en la UE será elaborada de conformidad con sus mandatos armonizadores y los estándares europeos del *EFRAG* (ESRS); lo cual supondrá —en palabras de la CNMV— "un hito muy

za, facilitando de esta forma, la transición a una economía más sostenible, además de permitirse a los inversores una mejor identificación

---

relevante en el ámbito de la información sobre sostenibilidad, ya que, por primera vez, en el ejercicio 2024 los emisores europeos de más de 500 empleados aplicarán unos estándares comunes, con un contenido mucho más exigente que el marco normativo anterior" (compuesto, por ejemplo, en España, por la Ley 11/2018, de 28 de diciembre, sobre el Estado de Información No Financiera) y suministrarán información mucho más comparable. Igualmente, a tenor de lo establecido en la referida Comunicación de la Comisión de 5 de marzo de 2025, el acto delegado de taxonomía medioambiental de la UE, instrumentado, entre otros, por el Reglamento Delegado (UE) 2023/2486 de la Comisión, de 27 de junio de 2023, por el que se completa el Reglamento (UE) 2020/852 del Parlamento Europeo y del Consejo mediante el establecimiento de los criterios técnicos de selección para determinar en qué condiciones se considerará que una actividad económica contribuye de forma sustancial al uso sostenible y a la protección de los recursos hídricos y marinos, a la transición a una economía circular, a la prevención y el control de la contaminación, o a la protección y recuperación de la biodiversidad y los ecosistemas, y para determinar si dicha actividad económica no causa un perjuicio significativo a ninguno de los demás objetivos medioambientales, y por el que se modifica el Reglamento Delegado (UE) 2021/2178 de la Comisión en lo que respecta a la divulgación de información pública específica sobre esas actividades económicas; b) El acto delegado de taxonomía climática de la UE, instrumentado, entre otros, por el Reglamento Delegado (UE) 2021/2139 de la Comisión, de 4 de junio de 2021, por el que se completa el Reglamento (UE) 2020/852 del Parlamento Europeo y del Consejo y por el que se establecen los criterios técnicos de selección para determinar las condiciones en las que se considera que una actividad económica contribuye de forma sustancial a la mitigación del cambio climático o a la adaptación al mismo, y para determinar si esa actividad económica no causa un perjuicio significativo a ninguno de los demás objetivos ambientales; c) El acto delegado sobre divulgación de información relacionada con la taxonomía de la UE, instrumentado, entre otros, por el Reglamento Delegado (UE) 2021/2178 de la Comisión, de 6 de julio de 2021, por el que se completa el Reglamento (UE) 2020/852 del Parlamento Europeo y del Consejo mediante la especificación del contenido y la presentación de la información que deben divulgar las empresas sujetas a los artículos 19 *bis* o 29 *bis* de la Directiva 2013/34/UE respecto a las actividades económicas sostenibles desde el punto de vista medioambiental, y la especificación de la metodología para cumplir con la obligación de divulgación de información. Véase, desde un ámbito doctrinal, TAPIA HERMIDA, A., "Sostenibilidad: Comunicación de la Comisión Europea de 5 de marzo de 2025 sobre la interpretación y aplicación de determinadas disposiciones legales sobre taxonomía medioambiental y climática" Disponible en: *https://ajtapia.com/2025/03/sostenibilidad* (acceso 31 de marzo de 2025).

de las actividades y proyectos hacia los que canalizar sus fondos (finanzas sostenibles)[299].

Junto a lo explicitado anteriormente, y como exigencia taxativa, encontramos la verificación de la información sobre sostenibilidad[300] de modo que la misma devenga fiable. Inicialmente, el control interno de la información por parte de las empresas no va a ser suficiente, de tal manera se deberá proporcionar, de manera adicional, una garantía externa de la información de sostenibilidad cuyas funciones serán desempeñadas por terceros independientes (Comités de auditoría[301] y

299 A tales fines, las empresas que informen con arreglo a la *CSRD* tendrán que utilizar las Normas Europeas (o estándares) para la Elaboración de Informes de Sostenibilidad (*ESRS*) para determinar el contenido de sus memorias de sostenibilidad. Por otro lado, en materia de *reporting*, es previsible que se vayan aprobando documentos aclaratorios sobre la aplicación práctica del Reglamento de Taxonomía para determinar en qué condiciones se considerará que una actividad económica contribuye sustancialmente a los objetivos no climáticos de la taxonomía de la UE (biodiversidad, prevención de la contaminación, recursos hídricos y marinos, y economía circular). Así las cosas, se esperan enmiendas al Reglamento sobre divulgación de información financiera sostenible (*SFDR*) que podrían implicar la adición de nuevos impactos adversos principales (*PAI*) sociales, nuevas divulgaciones en relación con los objetivos de reducción de gases de efecto invernadero (*GEI*), actualizaciones del concepto de *DNSH* (*Do Not Significant Harm*) para el medio ambiente y la sociedad; la simplificación de las plantillas de divulgación precontractual y periódica para los productos financieros y otros ajustes técnicos.

300 Recordaremos que la verificación pivota sobre tres anclajes que determinan la metodología a seguir. De una parte, encontramos el elemento cualitativo como son los estándares y guías aplicadas por la empresa; por otro lado, encontramos el elemento procedimental centrado en la sistemática a través de la cual debe de llevarse a cabo la verificación; finalmente, encontramos el elemento de peritaje, cuyo fin es casar la realidad de la empresa con las guías o estándares aplicados. Desde un ámbito doctrinal, ampliamente, VERCHER MOLLS, J., *La verificación de la información…op. cit.* pág. 101 y ss.

301 Dichos Comités incrementarán su nivel de responsabilidad bajo este Cuerpo legal. Su función esencial es la realización de controles internos mediante la monotorización del proceso de presentación de informes de sostenibilidad de la empresa, debiendo presentar, cuando lo considere necesario, recomendaciones para garantizar la integridad de la información de sostenibilidad proporcionada por la empresa. Además, deberán supervisar la eficacia de los sistemas internos de control de calidad y gestión de riesgos de la empresa y su función de auditoria interna; supervisar la verificación de los informes de sostenibilidad anuales y consolidados; informar al órgano de administración o de control de la empresa sobre el resultado de la verificación de la información en materia de

auditores legales[302]), a diferencia de lo que acontecía con la Directiva *NFRD* nombrada, donde la intervención del auditor se ceñía exclusivamente a la comprobación de que la empresa proporcionaba dicha información.

Con todo, dicha información deberá incluirse en una sección específica del informe de gestión y se elaborará mediante un formato electrónico con el fin de facilitar el volcado de los datos en el *ESAP*. Así las cosas, en nuestro país y siguiendo dichos parámetros, ya no podrá ser proyectada como un documento separado —tal y como así era permitido en la Ley 11/2018, de 28 de diciembre[303]en virtud

---

sostenibilidad y explicar cómo ha contribuido el comité de auditoría a la integridad de la información en materia de sostenibilidad y cual ha sido su papel en este proceso además de revisar y controlar la independencia de los auditores de cuentas o sociedades de auditoria. Véase, TAPIA SÁNCHEZ, Mª R: "La inclusión del informe de sostenibilidad..." *op. cit.* pág. 258.

302 Los mismos deberán llevar a cabo un control externo de la *ISC*, y estarán sujetos al mismo alto nivel de estándares, calificaciones, objetividad, independencia ética (confidencialidad y secreto), control de calidad y supervisión al que están sujetos en la actualidad los auditores legales de los estados financieros. Además, se permite que cualquier prestador independiente de servicios de verificación acreditado, pueda emitir un dictamen sobre la información en materia de sostenibilidad sobre la base de un encargo de verificación limitada, cuyo dictamen se publicará junto con los estados financieros y el informe de gestión anuales, lo que supone la modificación del artículo 30 de la Directiva Contable por el literal del artículo 1, apartado 10 de la Directiva *CSRD*. El problema puede presentarse en relación con los auditores legales autorizados con anterioridad, a quienes les es permitido llevar a cabo a auditorias de la información en materia de sostenibilidad; pero se les conmina a que adquieran conocimientos necesarios relativos a la información en materia de sostenibilidad y verificación de dicha información mediante la obligación de formación continua que preceptúa el artículo 13 de la Directiva sobre Auditoria. En la misma línea, la Directiva *CSRD* (*ex* artículo 3.18) exige que el auditor o la sociedad de auditoría presenten sus resultados de dicho informe. Desde un ámbito doctrinal, ampliamente, ENCISO ALONSO-MUÑUMER, MªT., "Los informes de sostenibilidad..." *op. cit.* pág. 455; VERCHER MOLLS, J., *La verificación de la información...op. cit.* pág. 107 y ss.

303 Dicha Directiva del 2014 fue transpuesta por la Ley 11/2018, de 28 de diciembre, por la que se modifica el Código de Comercio, el texto refundido de la Ley de Sociedades de Capital aprobado por el Real Decreto Legislativo 1/2010, de 2 de julio, y la Ley 22/2015, de 20 de julio, de Auditoría de Cuentas, en materia de información no financiera y diversidad. Asimismo, es interesante mencionar que con la transposición de la Directiva 2014/95/UE, la Ley 11/2018 no se limitó a incorporar al ordenamiento jurídico español el contenido regulado en

de la opción prevista para los Estados miembros ya establecida por la Directiva 2014/95/UE, de 22 de octubre[304]—.

Continuando con el hilo expositivo, la información abarcará toda la cadena de valor de la empresa[305] y deberá ser tanto prospectiva

---

la misma en su condición de mínimos. En concreto fue más allá, entre otras, en las siguientes cuestiones: un mayor ámbito de aplicación de empresas afectadas; mayor detalle del contenido que el Estado de Información no Financiera (*EINF*) que se debería suministrar; obligación de verificar el EINF por un prestador independiente de servicios de verificación.

304 En opinión de un sector de la doctrina, "la *mens legis* de la Directiva y del Código de Comercio no invitan a pensar que el auditor de cuentas puede verificar el contenido del informe no financiero, sino todo lo contrario, surge la necesidad de la existencia de un tercero con capacidad técnica suficiente para ello. Además, el vacío legal existente en la actualidad no puede ser utilizado en pro de un sistema de verificación que le reste credibilidad, pues el cierre del sistema debe de ser acorde con los estándares asumidos por la empresa. En este sentido, tal vez la solución sea la creación de un sistema *soft law* por una Administración pública a través de unas guías de interpretación, en tanto en cuanto no exista una norma específica en este sentido". Véase VERCHER MOLLS, J., *La verificación de la sostenibilidad...op. cit.* pág. 65. Además, como hemos tenido ocasión de exponer, a finales de 2022 se publicó la Directiva 2022/2464 del Parlamento Europeo y del Consejo, de 14 de diciembre de 2022, por la que se modifican el Reglamento (UE) 537/2014, la Directiva 2004/109/CE, la Directiva 2006/43/CE y la Directiva 2013/34/UE, por lo que respecta a la presentación de información sobre sostenibilidad por parte de las empresas que sustituyo a la Directiva 2014. Esta Directiva sustituye a la Directiva 2014/95/UE del Parlamento Europeo y del Consejo, de 22 de octubre de 2014, por la que se modifica la Directiva 2013/34/UE en lo que respecta a la divulgación de información no financiera e información sobre diversidad. Actualmente, como analizaremos, tendremos en consideración la Directiva "*Stop the Clock*" (2025/794/UE) —Directiva de suspensión temporal—, una de las normas incluidas en la Propuesta Ómnibus I de la Comisión que busca simplificar la normativa de sostenibilidad en materia de información y debida diligencia, aplazándose en dos años la aplicación de los requisitos de información previstos en la Directiva *CSRD* citada.

305 A efectos de concreción, la cadena de valor comprende todas las actividades, recursos y relaciones que forman parte del modelo de negocio de una organización, así como el entorno externo en el que opera, siendo un marco fundamental para asegurar que las cuestiones de sostenibilidad se integran en todas las etapas en las que se sustenta para crear sus productos y servicios, desde la concepción hasta la entrega, consumo y el final de su ciclo de vida. No obstante, dado que este proceso puede resultar complejo debido a la posible existencia de opciones transitorias, estimaciones o, incluso, la no disponibilidad de datos que flexibilizan la primera adopción de las Normas Europeas de Información sobre Sostenibilidad, de acuerdo con las guías de implantación del *EFRAG*, habrá que:

como retrospectiva, además de tener que considerar los horizontes temporales a corto, medio y largo plazo. A estos efectos, las empresas elaborarán esta información relativa a las cuestiones medioambientales, sociales, Derechos humanos y de gobernanza, de acuerdo con las normas de presentación de información sobre sostenibilidad adoptadas por la Comisión Europea mediante actos delegados. Siendo esto así, las PYMES contarán con unas normas específicas adoptadas por la Comisión acordes a su capacidad y características[306].

---

1) Identificar todas las áreas críticas de la empresa que puedan contribuir a la definición de la cadena de valor e involucrarlas activamente en el proceso, lo que asegurará que la cadena de valor refleje fielmente la realidad operativa, permitiendo aprovechar la experiencia y conocimientos de las diferentes áreas, promoviendo una visión integral y precisa; 2) Considerar el perímetro de sostenibilidad es algo esencial para reflejar todas las actividades de las diversas sociedades. Además, sirve como guía para la identificación de actividades, agentes y geografías en cada fase de la cadena de valor, garantizando una visión coherente y completa de la Información sobre Sostenibilidad; 3) Revisar y actualizar periódicamente la cadena de valor es fundamental para reflejar cambios en las operaciones, tales como la inclusión de nuevos proveedores o la expansión a nuevos mercados. Esto permite que la cadena de valor se mantenga alineada con la realidad operativa, identificando impactos, riesgos y oportunidades de manera precisa en todas sus fases; 4) Identificar adecuadamente, y de forma clara, las principales actividades dentro de la cadena de valor es un elemento esencial. En empresas muy complejas, en las que las actividades de la cadena de valor son dispersas y variadas, es recomendable simplificarla, incorporando la información más representativa para mejorar la trazabilidad sobre los datos y asegurar que la información dada sea fiable y consistente. Para el supuesto que no sea factible recabar información de alguna sociedad significativa de la cadena de valor, se podrá recurrir a estimaciones debidamente calculadas y justificadas. Véase el Informe "Sistema de Control Interno sobre la información sobre Sostenibilidad SCIIS", elaborado por el *Instituto de Auditores Internos de España*, Madrid, 2025, págs. 48 y ss.

306 De esta forma, únicamente las PYMES que cotizan en mercados regulados deben seguir la Directiva sobre sostenibilidad empresarial, aunque dispondrán de tres años para adaptarse. Un periodo que tiene como objetivo permitir la recuperación del impacto de pandemia y tener un mayor grado de maduración de las prácticas de garantía y sostenibilidad. No obstante, si la empresa pertenece a una empresa filial con categorización de PYMES, deberá publicar el informe de gestión de la empresa matriz haciendo referencia a que está exenta de presentar información sobre sostenibilidad, exención que también aplica a empresas de terceros países que informan de acuerdo con los requisitos de la Directiva o equivalente a las normas europeas.

Por su parte, el tenor sustantivo del artículo 8 del Reglamento (UE) 2020/852 del Parlamento Europeo y del Consejo, de 18 de junio de 2020[307], relativo al establecimiento de un marco para facilitar las inversiones sostenibles[308] y por el que se modifica el Reglamento

---

307 *Vid.* Reglamento Delegado (UE) 2023/2486 de la Comisión, de 27 de junio de 2023, por el que se completa el Reglamento (UE) 2020/852 del Parlamento Europeo y del Consejo mediante el establecimiento de los criterios técnicos de selección para determinar en qué condiciones se considerará que una actividad económica contribuye de forma sustancial al uso sostenible y a la protección de los recursos hídricos y marinos, a la transición a una economía circular, a la prevención y el control de la contaminación, o a la protección y recuperación de la biodiversidad y los ecosistemas, y para determinar si dicha actividad económica no causa un perjuicio significativo a ninguno de los demás objetivos medioambientales, y por el que se modifica el Reglamento Delegado (UE) 2021/2178 de la Comisión en lo que respecta a la divulgación de información pública específica sobre esas actividades económicas.

308 El Reglamento exige a la Comisión que establezca una lista de actividades medioambientalmente sostenibles en la que se definan los criterios técnicos de selección para cada objetivo medioambiental. Estos criterios se establecen mediante actos delegados. Así, el acto delegado de taxonomía climática de la UE (Reglamento Delegado (UE) 2021/2139) incluye criterios técnicos de selección para las actividades económicas que contribuyen de forma sustancial a los objetivos de mitigación del cambio climático o a la adaptación al mismo. Está en vigor desde el 1 de enero de 2022; el Reglamento Delegado (UE) 2023/2485 modifica el acto delegado de taxonomía climática, por el que se establecen criterios técnicos de selección adicionales para determinar las condiciones en las que se considera que una actividad económica contribuye de forma sustancial a la mitigación del cambio climático o a la adaptación al mismo, y para determinar si esa actividad económica no causa un perjuicio significativo a ninguno de los demás objetivos medioambientales Está en vigor desde el 1 de enero de 2024; el acto delegado de divulgaciones (Reglamento Delegado (UE) 2021/2178) complementa el artículo 8 del Reglamento de Taxonomía. Especifica el contenido, la metodología y la presentación de la información que deben divulgar las empresas financieras y no financieras en relación con la proporción de actividades económicas medioambientalmente sostenibles en sus negocios, inversiones o actividades de préstamo. Está en vigor desde el 1 de enero de 2022; el acto delegado complementario a la taxonomía climática de la UE (Reglamento Delegado (UE) 2022/1214) modifica los Reglamentos Delegados (UE) 2021/2139 y (UE) 2021/2178, e incluye, bajo condiciones estrictas, actividades pertinentes relacionadas con la energía nuclear y el gas en la lista de actividades económicas que abarca la taxonomía de la UE. Los criterios para las actividades relacionadas con la energía nuclear y el gas específicas están en consonancia con los objetivos medioambientales y climáticos de la UE y ayudarán a acelerar el cambio de los combustibles fósiles sólidos o líquidos, incluido el carbón, hacia un futuro cli-

(UE) 2019/2088[309], establece una serie de requerimientos adicionales de información para las empresas obligadas a presentar información sobre sostenibilidad[310]. Concretamente, se trata de información

---

máticamente neutro. Está en vigor desde enero de 2023; el acto delegado sobre medioambiente (Reglamento Delegado (UE) 2023/2486) mediante el que se establecen los criterios técnicos de selección para determinar en qué condiciones se considerará que una actividad económica contribuye de forma sustancial al uso sostenible y a la protección de los recursos hídricos y marinos, a la transición a una economía circular, a la prevención y el control de la contaminación, o a la protección y recuperación de la biodiversidad y los ecosistemas, y para determinar si dicha actividad económica no causa un perjuicio significativo a ninguno de los demás objetivos medioambientales. Además, modifica el acto delegado de divulgaciones en lo relativo a la divulgación pública específica de dichas actividades económicas. Está en vigor desde el 1 de enero de 2024.

309 Dicho marco reglamentario fue modificado, a su vez, por el Reglamento (UE) 2024/3005 del Parlamento Europeo y del Consejo, de 27 de noviembre de 2024, relativo a la transparencia e integridad de las actividades de calificación ambiental, social y de gobernanza (*ASG*), y por el que se modifica también el Reglamentos (UE) 2023/2859, mediante el cual son complementados los actos jurídicos en vigor de la Unión en el ámbito de finanzas sostenibles teniendo como fin último el facilitar los flujos de información para que las decisiones de inversión sean más sencillas, rigiendo la emisión, distribución y, en su caso, publicación de calificaciones *ASG*, sin intención de regular su uso. Dado que el ámbito de aplicación territorial del presente Reglamento está vinculado al concepto de "operar en la Unión", los usuarios de dichas calificaciones deben colaborar con los proveedores de calificaciones *ASG* que estén autorizados o registrados con arreglo al texto normativo expuesto, estableciéndose un régimen coherente y eficaz para abordar las deficiencias y vulnerabilidades que plantean las calificaciones *ASG* y que no pueden ser alcanzados de manera suficiente por los Estados miembros, sino que, debido a sus dimensiones y efectos, pueden lograrse mejor a escala de la Unión. A tales efectos, y atendiendo al principio de subsidiariedad establecido en el literal del artículo 5 del Tratado de la Unión Europea, la Unión, de conformidad, asimismo, con el principio de proporcionalidad establecido en el mismo precepto, podrá adoptar las medidas que considere convenientes.

310 Dicho Reglamento se aplica a las medidas adoptadas por la Unión o por los Estados miembros que impongan a los participantes en los mercados financieros o a los emisores cualesquiera requisitos respecto de productos financieros o emisiones de renta fija privada que se ofrezcan como medioambientalmente sostenibles, a los participantes en los mercados financieros que ofrezcan productos financieros, y a las empresas que estén sujetas a la obligación de publicar estados no financieros de conformidad con el artículo 19 *bis* de la Directiva 2013/34/UE del Parlamento Europeo y del Consejo o estados no financieros consolidados de conformidad con el artículo 29 *bis* de dicha Directiva. Los ope-

sobre la manera y la medida en que las actividades de la empresa son asociadas a actividades económicas que se consideren medioambientalmente sostenibles y que formará parte de la misma[311].

Por otro lado, desde una perspectiva material y con arreglo a lo expuesto, las empresas obligadas a presentar información sobre sostenibilidad deberán incluir en su informe de gestión información sobre los recursos intangibles fundamentales. Con ello se pretende complementar la información que se suministra sobre los dichos activos, incidiendo especialmente en los generados a nivel interno. No obstante, determinada información sobre intangibles puede ser intrínseca a las cuestiones de sostenibilidad, en cuyo caso, deberá formar parte de la mencionada información sobre sostenibilidad, la cual será integrada como parte del informe de gestión y se ubicará en una sección específica establecida al efecto.

De esta suerte, todas las empresas obligadas deberán elaborar, asimismo, su informe de gestión en el formato electrónico de presentación de información que se especifica en el fraseo de la dicción legal del artículo 3 del Reglamento Delegado (UE) 2019/815 de la Comisión, de 17 de diciembre de 2018[312], por el que se completa la

---

radores económicos o las autoridades públicas que no están cubiertos por el Reglamento (UE) 2020/852 también pueden aplicar dicho Reglamento de forma voluntaria.

311 El presente marco reglamantario es coherente con el objetivo de neutralidad climática establecido en el artículo 2, apartado 1, del Reglamento (UE) 2021/1119 del Parlamento Europeo y del Consejo y garantiza el avance en la adaptación a que se refiere el artículo 5 de dicho Reglamento. Por ello, la Comisión evaluó la coherencia de los criterios técnicos de selección para garantizar que las actividades económicas que contribuyen de forma sustancial a uno de los objetivos medioambientales no causan un perjuicio significativo a la mitigación del cambio climático ni a la adaptación al mismo con los objetivos y metas del Reglamento (UE) 2021/1119, tal como exige su artículo 6, apartado 4.

312 *Vid.* Reglamento Delegado (UE) 2022/352 de la Comisión, de 29 de noviembre de 2021, por el que se modifica el Reglamento Delegado (UE) 2019/815 en lo que respecta a la actualización de 2021 de la taxonomía establecida en las normas técnicas de regulación relativas al formato electrónico único de presentación de información. En el mismo son reflejadas las actualizaciones de la taxonomía de las *NIIF* y se proporciona orientaciones adicionales sobre el marcado de los estados financieros con arreglo a las *NII*, teniéndose en consideración la Directiva 2004/109/CE del Parlamento Europeo y del Consejo, de 15 de diciembre de 2004, sobre la armonización de los requisitos de transparencia

Directiva 2004/109/CE del Parlamento Europeo y del Consejo en lo que respecta a las normas técnicas de regulación relativas a la especificación de un formato electrónico único de presentación de información. Además, deberán etiquetar la información sobre sostenibilidad de acuerdo con lo previsto en el citado Reglamento, avanzando hacia la digitalización de datos a escala de la Unión[313].

Siendo este el contexto, y desde el punto de vista de la presentación de la información sobre sostenibilidad[314], cabe destacar, no obs-

---

relativos a la información sobre los emisores cuyos valores se admiten a negociación en un mercado regulado y por la que se modifica la Directiva 2001/34/CE, y en particular su artículo 4, apartado 7. Asimismo, el Reglamento 2024/1317 por el que se modifica el Reglamento 2023/1803 en lo referente a la Norma Internacional de Contabilidad (NIC) 7 y a la Norma Internacional de Información Financiera (NIIF) 7. Mediante el citado Texto fue actualizada la normativa, adoptándose determinadas NIIF e interpretaciones existentes a 8 de septiembre de 2022. Sin embargo, posteriormente, en mayo de 2023, el Consejo de Normas Internacionales de Contabilidad publicó una serie de modificaciones de la NIC 7 (Estado de flujos de efectivo) y de la NIIF 7 (Instrumentos financieros: Información a revelar). A tenor de lo expuesto, el mencinado Reglamento incorpora las dichas modificaciones que introducen una serie de requisitos de información sobre los acuerdos de financiación de proveedores conseguidos por las empresas con la finalidad concreta es proporcionar a los usuarios de los estados financieros información que les permita evaluar la incidencia de los acuerdos de financiación de proveedores en los pasivos y los flujos de efectivo de una empresa, así como comprender el efecto de estos acuerdos sobre la exposición de una empresa al riesgo de liquidez y la forma en que la empresa podría verse afectada si no pudiera ya disponer de ellos.

313 De la misma forma, está previsto la utilización de etiquetas digitales, pues se prevé exigir a las empresas que etiqueten la información sobre sostenibilidad presentada, siendo de esta forma más sencillo de buscar por los diferentes usuarios. Asimismo, las empresas deberán preparar dichos informes en un solo formato *XHTML* y marcar la información de sostenibilidad, que deberá ser etiquetada cumpliendo los requerimientos de la taxonomía digital.

314 Debemos indicar que el pasado 30 de septiembre de 2024, la Comisión de Organismos Europeos de Supervisión de Auditores (*COESA*) ha adoptado las primeras directrices de verificación limitada con el fin de lograr cierta armonización en la labor de verificación de la información de sostenibilidad que deberá reportarse a partir de 2025 por algunas grandes empresas de interés público. Pese a su carácter no vinculante, estas directrices pretenden servir al objetivo de armonizar la labor de verificación limitada de la información de sostenibilidad que comience a reportarse en 2025 por las grandes empresas de interés público anteriormente sujetas a la Directiva sobre información no financiera en tanto la Comisión Europea no adopte, mediante acto delegado, los estándares euro-

tante, que las empresas no sujetas al derecho de un Estado miembro ni pertenecientes al Espacio Económico Europeo que tengan actividad relevante en el territorio de la Unión, también deberán facilitar información sobre sostenibilidad.

Siendo esto así, con ello se pretende garantizar que las empresas de terceros países sean también responsables de sus impactos, además de invocar la existencia de condiciones de igualdad para todo el tejido empresarial que operen en el mercado interior. Además, las empresas filiales o sucursales establecidas en el territorio europeo se-

---

peos de verificación limitada, para lo que dispone de plazo hasta el próximo 1 de octubre de 2026. Sin ánimo exhaustivo, estas directrices tratan únicamente de cubrir aquellos aspectos considerados esenciales que no se hallen previstos en la Directiva y en el Reglamento de Auditoría, cuyas previsiones consideran aplicables, por ejemplo, en relación con los requisitos de independencia y ética, que entienden que también deben reunir los prestadores de servicios de verificación. Tampoco desplazan las normas nacionales que pudieran resultar aplicables a la labor de verificación en cada caso, debiendo interpretarse conjuntamente. Bajo estas premisas, abordan algunos de los procedimientos que deberán desarrollar los verificadores (*practitioners*) a fin de lograr la consecución del objetivo de la verificación limitada, esto es, concluir sobre si la información sobre sostenibilidad reportada está libre de incorrecciones cuantitativas o cualitativas que pudieran resultar materiales para los usuarios. A tales efectos, contienen pautas generales sobre los procedimientos que deberán desarrollar para entender el funcionamiento de la entidad, su entorno y su sistema de control interno en lo relativo a la información de sostenibilidad, destacando, en particular, la necesidad de comprender los sistemas implantados por la entidad para determinar la información que debe reportar en aplicación del principio de doble materialidad o las actividades que deben considerarse elegibles conforme al artículo 8 del Reglamento de Taxonomía, así como para recopilar la información de su cadena de valor y garantizar su fiabilidad. Asimismo, las directrices sientan algunas líneas generales, entre otros aspectos, sobre la información prospectiva que pudiera facilitar la entidad, la comunicación entre verificadores y auditores u otros profesionales, el empleo de expertos terceros para desarrollar la labor verificadora, o el formato y contenido de los informes de verificación. Finalmente, *COESA* tiende a la armonización de la verificación limitada de la información de sostenibilidad que deberá comenzar a realizarse antes de que la Comisión apruebe los estándares europeos de verificación. Asimismo, los estándares europeos de verificación en 2025 estarán marcados por la simplificación normativa, la creciente importancia de la *CSRD* y la *CS3D*, la alineación con estándares internacionales y la necesidad de una mayor transparencia y responsabilidad corporativa. Véase el Programa de trabajo de 2025 de la Comisión. Disponible: *https://ec.europa.eu/commission/presscorner/detail/es/ip_25_466*. (acceso 27 de abril 2025).

rán las encargadas de la publicación del informe de sostenibilidad[315] de la empresa del tercer país.

Aún más, para el supuesto concreto de los auditores, se establece la posibilidad de que se trate de un auditor distinto al que audite los estados financieros de la entidad que presenta la información sobre sostenibilidad. En efecto, la Directiva refleja en sus Considerandos que la verificación de la información sobre sostenibilidad por los auditores de cuentas o sociedades de auditoría que auditan los estados financieros contribuiría, en esencia, a garantizar la vinculación y la coherencia entre la información financiera y de sostenibilidad, lo que es especialmente importante para los usuarios de la información sobre sostenibilidad.

Sin embargo, como es fácilmente deducible, se desprende sin lugar a equívocos, que todo ello generaría una mayor concentración en el mercado de auditoría que podría poner en peligro la independencia de los auditores. Por tanto, a estos efectos, se considera que se debe permitir a los Estados miembros que faciliten a los prestadores independientes de servicios de verificación acreditados por el Organismo Nacional de Acreditación[316], la posibilidad de verificar dicha

---

315 A lo largo de la Exposición de Motivos, la Directiva da buena cuenta de la naturaleza del informe con un listado de calificativos bien revelador: un informe ágil, de coste reducido, localizable, evaluable, comparable, fiable, comprensible, estandarizado, claro, cierto y digitalizado, razón ésta por la que se propone un "formato electrónico único", conforme al modelo que ya venía establecido en un Reglamento de 2019 para la presentación de información por esta vía, que permita la fácil accesibilidad y la presentación armonizada del contenido de la información que se exige. De esta forma, se permitirá también evaluar la equivalencia de las normas de presentación utilizadas por empresas de terceros países, a efectos de convalidar sus informes dentro de la Unión.

316 *Vid.* Reglamento (CE) 765/2008, el cual cubre el ámbito de certificación específico del régimen voluntario o nacional dentro del ámbito de aplicación de la Directiva (UE) 2018/2001. Asimismo, el Reglamento de ejecución (UE) 2025/196 de la comisión de 3 de febrero de 2025 por el que se modifica el Reglamento de Ejecución (UE) 2022/996 en lo que respecta a la acreditación de los organismos de certificación y se corrige el Anexo VII de dicho Reglamento. Así, los Organismos de Certificación estarán acreditados con arreglo a la norma EN ISO/IEC 17065. Cuando los organismos de certificación lleven a cabo actividades de verificación, ya sea con sus recursos internos o con otros recursos bajo su control directo, también cumplirán los requisitos aplicables de las normas EN ISO/IEC 17029 y EN ISO 14065, y utilizarán otros recursos para

información sobre sostenibilidad, lo que, además, oferta una mayor libertad de elección para la entidad con relación a quien se encarga de la misma, opción que ya ha sido ejercida por nuestro país.

En esencia, con independencia del sujeto que lleve a cabo la verificación de la información sobre sostenibilidad, esta actividad deberá (por mandato imperativo de la Directiva 2022/2464, de 14 de diciembre) quedar sujeta al cumplimiento de requisitos equivalentes a los establecidos para la actividad de auditoría de cuentas, en particular, recogiendo los requisitos equivalentes en materia de formación y examen, formación continua, sistemas de control de calidad, ética profesional, independencia, objetividad, confidencialidad y secreto profesional, designación y cese, organización del trabajo, investiga-

---

actividades de verificación procedentes únicamente de organismos acreditados que cumplan los requisitos aplicables de las normas EN ISO/IEC 17029 y EN ISO 14065, recordando que la acreditación de los Organismos de Certificación será llevada a cabo por un organismo nacional de acreditación según lo dispuesto en el Reglamento (CE) 765/2008, y cubrirá el ámbito de certificación específico del régimen voluntario o nacional dentro del ámbito de aplicación de la Directiva (UE) 2018/2001. Como parte de la evaluación de los regímenes voluntarios o nacionales realizada con arreglo al artículo 30, apartados 4 a 6, de la Directiva (UE) 2018/2001, la Comisión también evaluará, previa consulta a la Cooperación Europea para la Acreditación, si las metodologías, las normas y los protocolos de los regímenes voluntarios o nacionales son adecuados para la acreditación. Por otro lado, las conclusiones de la evaluación sobre si los regímenes voluntarios y nacionales son adecuados para la acreditación se incluirán en los informes de evaluación técnica elaborados por la Comisión y presentados a los Estados miembros como parte del proceso de reconocimiento de regímenes voluntarios y nacionales previsto en el artículo 30, apartados 4 a 6, de la Directiva (UE) 2018/2001. Asimismo, las metodologías, las normas y los protocolos de los regímenes voluntarios y nacionales que hayan sido reconocidos por la Comisión antes del 24 de febrero de 2025 o en esa fecha serán evaluados por la Comisión a más tardar el 31 de diciembre de 2025, previa consulta a la Cooperación Europea para la Acreditación, a fin de garantizar que son adecuados para la acreditación con arreglo al artículo 11, apartado 1, del Reglamento de Ejecución (UE) 2022/996. En España, recordaremos que el Organismo Nacional de Acreditación es la Entidad Nacional de Acreditación (*ENAC*), única entidad designada por el gobierno para operar como el organismo nacional de acreditación en España. Su función principal es evaluar la competencia técnica de organizaciones que realizan actividades como ensayos, calibraciones, inspecciones, certificaciones y verificación. Dicha evaluación se realiza con el objetivo de garantizar la confianza en los resultados de estas actividades, tanto en el mercado como en la sociedad.

ciones y sanciones, y comunicación de irregularidades, para garantizar la igualdad de condiciones entre todas las personas y empresas a las que los Estados miembros autoricen a llevar a cabo la verificación de la información sobre sostenibilidad.

Por otro lado, no estará de más comentar que dicha información se efectuará bajo los parámetros de enfoques progresivos, los cuales empezarán por la obligación de emisión de un informe sobre la conformidad de la presentación de información sobre sostenibilidad con los requisitos de la UE y sobre el sustento de un encargo de verificación limitada para, posteriormente, continuar con la emisión de un informe sustentado en un encargo de verificación razonable, cuando la Comisión adopte normas fehacientes con relación a esta concreta cuestión[317].

Con más claridad, por tanto, se deduce que las mismas estarán ineludiblemente delimitadas por la necesaria simplificación normativa, la creciente importancia de la *CSRD*[318] y la *CS3D*[319], que junto a la alineación con estándares internacionales y la necesidad de una mayor transparencia y responsabilidad corporativa, permitan la generación de valor a largo plazo, demostrando su compromiso con la ética y la sustentabilidad, además de construir relaciones de confianza con sus grupos de interés.

---

317 Las empresas van a contar con el apoyo de las "*Recomendaciones del Task Force on Climate-related Disclosure* (*TCDF*)" para la implementación de las nuevas obligaciones relacionadas con la presentación de este informe. Desde un ámbito doctrinal, entre otros autores, VERCHER MOLLS, J., *La verificación de la información...op. cit.* pág. 109 y ss.

318 Recordaremos, como avance, que el 14 de abril de 2025, el Consejo Europeo ha aprobado la Directiva *Stop-the-Clock* (2025/794/UE) —Directiva de suspensión temporal— una de las normas incluidas en la Propuesta Ómnibus I de la Comisión que busca simplificar la normativa de sostenibilidad en materia de información y debida diligencia, con el fin último de proporcionar a las empresas más tiempo para adaptarse y cumplir con la normativa de sostenibilidad, que está siendo revisada, sin incurrir en costes innecesarios.

319 Mediante la Directiva 2025/794/UE se establece un aplazamiento de los plazos de transposición y de aplicación de la Directiva *CS3D,* retrasándose el plazo de transposición de la misma hasta el 26 de julio de 2027 y se pospone un año (hasta el 26 de julio de 2028, en lugar de julio de 2027) la aplicación de la normativa para las empresas más grandes. Esto es, para aquellas que tienen más de 5000 empleados y una facturación de más de 1.500 millones EUR. Para los otros dos grupos de empresas, el calendario se mantiene sin cambios.

V. CANALIZACIÓN DE PROYECTOS SOSTENIBLES. REFERENCIA AL DICTAMEN DEL BANCO CENTRAL EUROPEO SOBRE LA PROPUESTA DE REGLAMENTO ENLAZADA A LOS BONOS VERDES EUROPEOS

1. *Cuestiones previas*

Es bien conocido que la sostenibilidad constituye un reto multidimensional, sintetizado a través de los Objetivos de Desarrollo Sostenible, la Agenda del Cambio y el Pacto Verde Europeo, cuya consecución requiere de una gran inversión de recursos. A este respecto y dentro de este específico proceso, el sector financiero juega un papel sustancial mediante el desarrollo de un modelo de finanzas sostenibles que incentiven la incorporación de los objetivos medioambientales, sociales y de gobernanza[320] en las decisiones empresariales, además de movilizar recursos, en la escala y el plazo necesarios, tendentes a facilitar la transición hacia un modelo de crecimiento sostenible bajo en emisiones[321].

Inherente a ello, e integrados dentro de los pilares de las aludidas finanzas sostenibles, se encuentran diversos productos financieros

---

[320] Con fecha 21 de marzo del 2022, la *Securities and Exchange Commission* (*SEC*) ya propuso una serie de modificaciones de las normas que obligaban a las empresas a incluir determinada información relacionada con el clima en sus declaraciones de registro e informes periódicos, incluida la supervisión y la gobernanza, los impactos materiales (operativos y financieros), la identificación y la gestión de riesgos, y las emisiones de alcance 1, 2 y 3. Para el supuesto de las grandes empresas, la divulgación de las mencionadas emisiones de alcance 1 y 2 requerirían, además, la certificación de un tercero. Del mismo modo, la norma propuesta también impondría requisitos de divulgación más estrictos a las empresas que hayan tomado determinadas medidas climáticas, como el establecimiento de objetivos públicos o la adopción de planes de transición. Asimismo, en 2025, implementará reglas para mejorar y estandarizar las divulgaciones relacionadas con el clima por parte de las empresas que cotizan en bolsa. Estas reglas obligarán a las empresas a revelar las emisiones de gases de efecto invernadero de Alcance 1 y 2, así como los riesgos y oportunidades relacionados con el clima que sean importantes para sus operaciones. La SEC inicialmente había previsto que las reglas entraran en vigor en 2024, pero su implementación ha sido retrasada debido a los importantes desafíos legales existentes en la actualidad.

[321] ROMO GONZÁLEZ, L. A., "Una taxonomía de actividades sostenibles para Europa", Documentos ocasionales, núm. 2101, Banco de España, Madrid, 2021.

enmarcados bajo criterios de sostenibilidad, entre ellos, la emisión de los denominados "Bonos Verdes"[322] por la Comisión Europea[323],

---

322 La primera emisión de Bonos Verdes de la historia fue realizada por el Banco Europeo de Inversiones (*BEI*) en julio de 2007. Desde entonces, diferentes organizaciones, Gobiernos, bancos y empresas privadas han acudido a los mercados al objeto de emisión de este tipo de títulos de deuda. Diez años después del citado hito, la maduración del mercado unido al enorme interés que este tipo de instrumentos financieros había suscitado entre los inversores con mayor calidad crediticia, está produciendo cifras record de emisión. Ya en 2016, fueron emitidos un total de 68.700 millones EUR en emisiones verdes, aumentando de esta forma un 90% respecto al año anterior. Asimismo, según informe de la Agencia de calificación crediticia *Moody's* correspondiente al segundo semestre de 2017 las emisiones de bonos verdes a septiembre de dicho ejercicio habían superado los 81.000 millones de euros a nivel global, lo que suponía un aumento de un 49% respecto al mismo periodo del año anterior. La citada Agencia de calificación preveía que al finalizar el citado ejercicio, se superasen los 11.000 millones EUR emitidos en estos bonos, esto es, entre un 28,5 y un 39% más interanual. Un incremento que según el citado Informe se debía principalmente a las empresas no financieras, los proyectos de energía renovable o eficiencia energética y a los emisores de países emergentes: *https://www.eleconomista.es/mercados-cotizaciones/noticias/8738334/11/17/La-emision-de-bonos-verdes-rompe-su-record-anual-en-2017.html.*(acceso 21 febrero 2025). No podemos olvidar, enlazado con lo expuesto, que el Grupo *BEI* planea aumentar progresivamente la proporción de financiamiento verde, esto es, aquel dedicado a la acción climática y a la sostenibilidad ambiental, al objeto de superar el 50% de las nuevas operaciones anuales para 2025, además de alinear gradualmente su metodología de seguimiento con el financiamiento verde en paralelo con el marco establecido por el Reglamento de Taxonomía de 2020. Así las cosas, de la misma forma, todo ello se alineará en los mercados de capitales mediante la ampliación de las elegibilidades de sus Bonos de Acción Climática (CAB) y de los Bonos de Sostenibilidad Ambiental (*SAB*). De la misma forma, el *BEI* se compromete a alinear de manera gradual los *CAB* y *SAB* con el marco reglamentario del BVE. Desde un punto de vista doctrinal, analizando exhaustivamente dicha cuestión, CHAMORRO DOMÍNGUEZ, MªC. "La financiación de proyectos…" *op. cit.* pág. 10.

323 *Cfr.* Dictamen del Comité Económico y Social Europeo sobre la Propuesta de Reglamento del Parlamento Europeo y del Consejo sobre los BVE, *DOUE* de 6 de abril de 2022, COM (2021), 391 final-2021/0191 (COD). Asimismo, el Dictamen del Comité Económico y Social Europeo de 2024 sobre las "Medidas necesarias para impulsar el marco político de transición justa de la Unión Europea" en aras a poder adoptar un enfoque integrado en todas las dimensiones (económica, medioambiental y social), así como en todas las carteras y sectores. Dicho marco también debe tener en consideración otras transiciones y tendencias en curso, como la transición digital, los cambios demográficos y la evolución geopolítica, y poder adaptarse a contextos y retos específicos, en lugar de adoptar un enfoque de "modelo único" circunscrita en una estrategia

en ejecución del Instrumento *Next Generation EU* (*NGEU*)[324], los cuales eran presentados como aquellos tipos de bonos cuyos fondos se destinan de manera exclusiva a financiar o refinanciar, ya sea en parte o en su totalidad, proyectos verdes legibles, bien nuevos y/o existentes relacionados, entre otras categorías, con energías renovables, eficiencia energética, prevención y control de la contaminación, gestión sostenible de los recursos naturales, seguridad hídrica, conservación de la biodiversidad, transporte limpio, adaptación al cambio climático, productos adaptados a la economía circular[325] o edificios ecológicos.

Bajo estos mimbres, ya el Plan de Inversiones del Pacto Verde Europeo, de 14 de enero de 2020, anticipó el establecimiento de un estándar europeo sobre los mismos (*EuGB,* siglas inglesas)[326] abaratando los costes de verificación. Resulta así que el propio Consejo Europeo, en sus conclusiones de diciembre del año 2020 sobre el

global de desarrollo sostenible para 2050 sustentada en principios de sostenibilidad medioambiental, derecho a una vida digna y protección de los valores sociales. Véase el Dictamen del Comité Económico y Social Europeo sobre "La economía sostenible que necesitamos". Disponible: *https://eur-lex.europa.eu/legal* (acceso 19 de febrero de 2025).

324 En este sentido, el Banco Central Europeo en su Informe de 5 de noviembre de 2021 señalaba que "como parte de la emisión de bonos del instrumento *Next Generation EU,* la Comisión Europea emitirá hasta 250.000 millones de euros en bonos verdes, lo que representará hasta el 30% de la emisión total. Dado que el reglamento propuesto todavía no está en vigor, el BCE señala que estos bonos verdes se emitirán con arreglo a un régimen de bonos verdes basado en un estándar del mercado ya existente" (apartado 1.8). Por otro lado, en nuestro país, véase *CEOE. Informe de seguimiento de los fondos Next Generation EU en España-sexto informe— Situación actual y recomendaciones desde la visión empresarial,* Madrid, 2024. Disponible: *Users//Pilar/Downloads/informe_seguimiento_fondos_next_generation* (acceso el 20 de febrero de 2025).

325 MULLER, P. y FONTRODONA, J., "Economía circular. Una revolución en marcha", *Cuadernos de la Cátedra CaixaBank de Sostenibilidad e Impacto Social,* núm. 48, Barcelona, 2021. En: *https://www.iese.edu/media/research/pdfs/ST-0609.pdf.* (acceso 25 febrero 2025).

326 Es interesante el "Informe sobre la propuesta de Reglamento del Parlamento Europeo y del Consejo sobre los bonos verdes europeos" de 2 de mayo de 2022. Disponible: *https://www.europarl.europa.eu/doceo/document/A-9-2022-*(acceso 9 de febrero 2025) completado con el Informe del Parlamento europeo sobre estos puntos 4 de octubre de 2023: *https://www.europarl.europa.eu.* (acceso 16 de febrero de 2025).

cambio climático, destacó la importancia de elaborar estándares mundiales comunes de financiación ecológica, instando a la Comisión a la presentación de una propuesta legislativa estructurada en los mismos, en aras no solo a delimitar una adecuada identificación por parte del inversor, sino también, destinada al fomento de actividades, proyectos y activos que contribuyeran, sustancialmente, a alguno de los objetivos ambientales de la taxonomía.

Junto a lo avanzado, y bajo el *iter* constructivo de los referidos parámetros, el 6 de julio del año 2021 fue redactada una propuesta reglamentaria[327] del Parlamento Europeo y del Consejo, sobre los *BVEu* de alta calidad[328] y de carácter voluntario, estableciéndose un marco regulador, tanto para el sector público como para el privado, e incluyéndose en el mismo empresas financieras y no financieras, además de perseguir, en última instancia, objetivos medioambientalmente sostenibles en el sentido recogido por el Reglamento sobre la Taxonomía[329], que como bien sabemos, establece una clasificación

---

327 Recordaremos que dicha propuesta reglamentaria se integraba en el ámbito de competencia compartida, de conformidad con el artículo 4, apartado 2, letra a) del Tratado de Funcionamiento de la Unión Europea (*TFUE*) sustentándose en el artículo 114 del Cuerpo normativo, el cual confiere la competencia para adoptar disposiciones adecuadas que tengan por objeto el establecimiento y el funcionamiento del mercado interior, así como al principio de subsidiariedad (en el supuesto de competencia no exclusiva) y proporcionalidad establecido en el artículo 5.3 del citado Texto europeo.

328 *EBI: Towards a European Green Bond. Working Papers* series, núm. 103/2021, en donde es analizado, de forma amplia, la propuesta de la Comisión en materia de promoción de finanzas sostenibles.

329 En la actualidad, hay un total de cinco Reglamentos Delegados que desarrollan la taxonomía europea. Sistemáticamente se pueden clasificar en dos grandes grupos, de una parte, los Reglamentos Delegados encargados del desarrollo de los *CTS* y, de otra, aquellos que establecen obligaciones de divulgación. Del primer grupo se pueden diferenciar a su vez una serie de Reglamentos Delegados donde se recogen los *CTS* para las actividades económicas que contribuyen de forma sustancial a los objetivos de mitigación del cambio climático o a la adaptación al mismo. En concreto, el Reglamento Delegado de la Taxonomía Climática de la Unión Europea, el Reglamento Delegado Complementario de la Taxonomía Climática de la Unión Europea y el Reglamento Delegado de Modificaciones de la Taxonomía Climática de la Unión Europea. Por otra parte, los *CTS* de las actividades económicas que contribuyen al resto de objetivos de la taxonomía se recogen en el Reglamento Delegado sobre el Medio Ambiente. El acto delegado restante, esto es, el Reglamento Delegado de Divulgaciones,

de las actividades económicas medioambientalmente sostenibles incluyendo, entre ellas, el pleno cumplimiento de unas garantías sociales mínimas como como marco delimitador de sus criterios[330].

Siendo esto así, el 20 de mayo del 2022 fue publicada por la Comisión de Asuntos Económicos y Monetarios de la Unión, el Informe sobre la propuesta de Reglamento del Parlamento Europeo y del Consejo de Bonos Verdes Europeos[331] el cual se ha complementado (como tendremos ocasión de analizar en capítulos siguientes) con el Reglamento (UE) 2023/2631 del Parlamento Europeo y del Consejo, de 22 de noviembre de 2023, sobre los Bonos Verdes Europeos y la divulgación de información opcional para los bonos comercializados como bonos medioambientalmente sostenibles y para los bonos vinculados a la sostenibilidad[332].

---

especifica el contenido, la metodología y la presentación de la información que deben divulgar las empresas tanto financieras como no financieras en relación con la proporción de actividades económicas medioambientalmente sostenibles en sus negocios e inversiones. El notable desarrollo y detalle de la taxonomía europea en cuanto a las actividades medioambientalmente sostenibles facilita la delimitación de los posibles destinos de inversión de los fondos obtenidos a través de la emisión de *BVEu*. No obstante, el elevado nivel de rigor y exigencia de los *CTS c*omplica el cumplimiento de los estándares de sostenibilidad de la taxonomía por parte de las empresas. Véase CASTILLO ROVIRA, P. "La problemática jurídica de los bonos verdes europeos y una aproximación a las soluciones ofrecidas por la tecnología *blockchain*", *Revista del Mercado de Valores,* núm. 34, La Ley, Madrid, 2024.

330 GARCÍA ESCOBAR, J.; FERNÁNDEZ GUADAÑO J. y MASCAREÑAS, J., "Como financiar un futuro sostenible. un estudio descriptivo del mercado de bonos verdes europeos", *Revista Universitaria Europea,* núm. 41, Madrid, 2024, págs. 53-82.

331 Relacionado con lo expuesto fueron presentadas 49 enmiendas. Disponible en: *https://www.europarl.europa.eu/doceo/document/A-9-2022* (acceso 29 enero 2025).

332 El Reglamento (UE) 2023/2631 establece un marco armonizado para los bonos verdes europeos con el objetivo de aumentar la transparencia, la comparabilidad y la credibilidad de estos instrumentos financieros. Aborda problemas como el *greenwashing* y la fragmentación del mercado, facilitando la inversión en proyectos medioambientalmente sostenibles. En particular, el marco reglamentario establece requisitos estrictos para el uso de la designación "Bono Verde Europeo" o "*BVEu*", crea un sistema de registro y supervisión para los verificadores externos y ofrece plantillas de divulgación de información opcionales para otros tipos de bonos sostenibles. Dicho texto reglamentario entró en vigor el 20 de diciembre de 2023 y comenzó a ser de aplicación el 21 de diciembre de 2024, sujetándose a determinadas excepciones. Recordaremos que el proceso legislativo no ha finalizado en su totalidad, dado que se prevé que la Comisión adopte

2. *Análisis sustantivo*

Sobre la base de lo expuesto, se han generado muy diversas las iniciativas legislativas que han tenido influencia en la construcción de un sistema homogéneo de finanzas sostenibles. Sin duda, la principal ha sido la procedente de la Unión Europea, en aras a liderar la transformación hacia un modelo económico sostenible que ha mantenido en los últimos años, una agenda propia en esta materia, cuya línea inspiradora fundamental se centra en el acercamiento de las condiciones vigentes en los distintos Estados miembros con relación al Plan de Acción inherente a la sostenibilidad y al referenciado Pacto Verde Europeo. A decir verdad, aboga, entre otras cuestiones, por unas concretas obligaciones que deberán asumir los emisores de la deuda etiquetada como *BVEu*[333].

Descrito en esos términos, ya el Dictamen del Banco Central Europeo, de 5 de noviembre de 2021 acerca de una Propuesta de Regla-

---

actos delegados complementarios para regular diferentes aspectos vinculados. En particular, ya se ha comenzado la tramitación del Reglamento delegado relativo a la presentación de la información que debe divulgarse con posterioridad a la emisión de los bonos verdes comercializados como bonos medioambientalmente sostenibles y vinculados a la sostenibilidad (*ex* artículos 20 y 21) en donde se establece un régimen de transparencia para que los emisores de los mismos que así lo deseen se acojan voluntariamente al régimen citado. Recordaremos, asimismo, que la Comisión puede adoptar actos delegados y publicará, a más tardar el 21 de diciembre de 2026, un informe sobre si es necesario regular los bonos vinculados a la sostenibilidad; presentará, antes del 21 de diciembre de 2028, y cada 3 años a partir de entonces, un informe al Parlamento Europeo y al Consejo de la Unión Europea sobre la aplicación del Reglamento. Por otro lado, el 4 de abril de 2025 *ESMA* ha elaborado una consulta sobre las normas aplicables a los verificadores externos sobre el estándar del *BVEe.* Considera que los *RTS* mejorarán la solidez y transparencia de los revisores externos y aumentarán la confianza de los inversores e que su capital está impulsando la transición verde (el plazo fijado para dar respuesta a la misma se ha fijado en el 30 de mayo 2025). Disponible en: *www.esma.europa.eu.* Desde un punto de vista doctrinal, CHAMORRO DOMÍNGUEZ, Mª C., "La financiación de proyectos medioambientales a través de la inversión sostenible…" *op. cit.* págs. 5 y ss.

333 Traeremos a colación las aportaciones en este punto de TAPIA HERMIDA, A., "Los bonos verdes europeos (*BVEu*). Dictamen del BCE sobre la Propuesta de Reglamento sobre los bonos verdes europeos". Disponible en: *http://ajtapia.com.* (acceso 24 enero 2025).

mento sobre los Bonos Verdes Europeos[334] buscó, en esencia, no sólo el abordar, de forma satisfactoria, el alcance de los objetivos establecidos en el antes mencionado Pacto Verde Europeo y en el Acuerdo de París[335] recogidos en el Reglamento (UE) 2021/1119 del Parlamento Europeo y del Consejo[336] en aras al desarrollo de un mercado

---

334 DOUE COM/2021/30) 2022/C 27/04, de 19 de enero de 2022.

335 Decisión (UE) 2016/1841 del Consejo, de 5 de octubre de 2016, relativa a la celebración, en nombre de la Unión Europea, del Acuerdo de París aprobado en virtud de la Convención Marco de las Naciones Unidas sobre el Cambio Climático (DO *L* 282 de 19 octubre de 2016, pág. 1).

336 Indicaremos, a modo de síntesis, que mediante el presente marco reglamentario se busca convertir en obligación vinculante para sus miembros el compromiso alcanzado en el Acuerdo de París; un compromiso, ahora obligación, consistente en alcanzar la neutralidad climática en la Unión a más tardar en 2050 intentando superar ya al renombrado Protocolo de Kioto, estableciendo un objetivo a largo plazo consistente en mantener el aumento de la temperatura mundial por debajo de los 2ºC en relación con los niveles preindustriales y trabajar por llegar a 1,5ºC. De la misma forma, se deviene vinculante el objetivo de alcanzar una reducción mínima de estas emisiones en la frontera temporal del año 2030 (objetivo: artículo 1), la cual se logrará mediante el equilibrio de las emisiones y absorciones de gases de efecto invernadero. Así las cosas, 2050 es el año que se propone la Unión para conseguir ese equilibrio, de forma que "en esa fecha las emisiones netas deben haberse reducido a cero y, a partir de entonces, la Unión tendrá como objetivo lograr unas emisiones negativas" (objetivo de neutralidad climática: artículo 2). Para la consecución de este fin esencial, serán necesarias medidas que modifiquen las características y funcionamiento de ámbitos económico-productivos específicos y especialmente emisores, como el energético o el del transporte, pero resultarán claves los servicios de los ecosistemas, cuya recuperación y conservación permitirán mantener, gestionar y mejorar los sumideros naturales y la biodiversidad, elementos esenciales en la lucha contra el cambio climático (Considerandos 20 a 23). Desde el principio la Unión ha sido consciente de la dificultad y del alcance a todos los niveles (social, económico o productivo) de estas medidas, por lo que otorga cierto margen de actuación a los Estados y la sociedad, estableciendo obligaciones y objetivos vinculantes paulatinos e intermedios, siendo esencial el impuesto para el 2030, momento en el cual el marco reglamentario determina una reducción interna obligatoria de las emisiones netas de gases de efecto invernadero de, "al menos", un 55% con respecto a los niveles de 1990 (objetivos climáticos intermedios de la Unión: art. 4). La expresión "al menos" esconde tras de sí la discusión que ha tenido lugar a este respecto entre Comisión, Parlamento y Consejo y, tras ellos, muchos sectores de la sociedad. Esta disputa ha quedado reflejada en la propia tramitación de la norma: la Comisión comenzó planteando una reducción del 50% que tras los primeros pasos y conversaciones aumentó al 55%; un porcentaje que resultó insuficiente para el Parlamento europeo, quien exigía elevar hasta

de capital ecológico de la Unión integrado, profundo y líquido, sino también, el permitir a los inversores identificar inversiones ambientalmente sostenibles[337], además de adecuar las carteras a sus prefe-

---

el 60% el objetivo de reducción de emisiones para 2030 en comparación con los niveles de 1990. Finalmente, en los últimos documentos preparatorios se proponía, tras el filtro del Consejo, una posición intermedia con el establecimiento de un objetivo de reducción mínima del 55% de las emisiones respecto a los niveles de 1990, pudiendo —debiendo si es posible— ser ampliado hasta el 60%, algo que finalmente no ha aparecido reflejado de forma expresa en el marco sustantivo del Reglamento 2021/1119, pero que se esconde tras la mencionada expresión. Por otro lado, el Reglamento impone la obligación de establecer un nuevo límite intermedio, vinculante para los miembros de la Unión, para 2040 (apartados 3 y siguientes del literal del artículo 4). No aborda este Reglamento ningún otro tipo de cambio o reforma de los sistemas o políticas de la Unión Europea, pero si supone un punto de partida, ya anunciado, de un importante paquete de cambios de las políticas y legislación europea en materias con especial influencia en estas emisiones y en este cambio climático. Destacarán a este respecto, como anuncia el Reglamento en sus considerandos, las relativas al sistema energético y su mercado, el alimentario, el de transporte y, en general, el industrial (considerandos 10 a 22). De todo lo dicho en esas previsiones, es digno de mención el anuncio de la creación de un Mecanismo de Ajuste en Frontera de las emisiones de carbono para determinados sectores; una medida clamorosamente exigida desde todos los ámbitos, para los que los esfuerzos desarrollados por ciudadanos y sectores se veían opacados y sin efecto por la actuación, altamente contaminante, de los socios internacionales. Para paliar este problema, la Unión realiza este simple anuncio en el considerando 18 del Reglamento, dejándonos a la espera de conocer cuáles serán sus características (y eficacia). Analizaremos en el presente trabajo, como a partir del 1 de octubre de 2023, en cumplimiento de lo avanzado, el Reglamento (UE) 2023/956 introdujo el Mecanismo de Ajuste en Frontera por Carbono (*MAFC)* de la UE con el objetivo de reducir las emisiones de carbono, fijar un precio justo al carbono emitido durante la producción de mercancías intensivas en carbono importadas a la Unión y fomentar una producción industrial más limpia mediante una metodología de cálculo de las emisiones implícitas de conformidad con el Acuerdo de París y el paquete de medidas "Objetivo 55" de la UE.

337 En nuestro país, es interesante por su claridad, el documento emitido por el Banco de España de España sobre riesgosos derivados del cambio climático y el deterioro ambiental de 23 de octubre de 2020, como ejemplo de "*soft law*" cuya finalidad es trasladar unos criterios orientativos de la gestión del riesgo de crédito a las entidades supervisadas para que mantengan la tensión de gestión y actualización, evidenciando permanentemente su impacto en balance y determinado la materialidad de los mismos plasmando los denominados "riesgos de transición" y "riesgos físicos". Desde un ámbito doctrinal, MINGUEZ PRIETO, R., "El impacto normativo del *ESG*..." *op. cit.* pág 4.

rencias en cuanto a sostenibilidad, y en lo que ahora interesa, a la búsqueda de un mayor crecimiento del mercado de los bonos verdes con transparencia máxima, y bajo un marco público claro y fiable, evitando efectos indeseables tanto para los mencionados inversores (al tener difícil el poder determinar el impacto medioambiental positivo de las inversiones sustentadas en bonos y efectuar una comparativa fehaciente de diferentes *BVEu)* como para los emisores, al no establecerse una definición clara de los que es considerado como "medioambientalmente sostenible" y los riesgos inherentes para su reputación, derivados de posibles acusaciones de blanqueo ecológico, especialmente, en los sectores en transición económica[338].

En esta perspectiva de análisis, se aboga por bonos verdes de calidad, mediante aclaración de lo que es entendible como actividades económicas ecológica, reduciéndose, de esta forma, los posibles riesgos de reputación para los emisores en los sectores en transición, e instando al logro de un avance hacia la conjunción de los mercados de capital como núcleo esencial de las finanzas ecológicas en la Unión Europea. Por ello, convierte a los bonos verdes o a los que persiguen finalidades en este ámbito en unos instrumentos de mercado, particularmente de los de renta fija, que alcanza tanto a las entidades financieras cono a las que no tienen tal carácter[339]

Como resultado de esta interpretación, de interés también resulta como la disposición normativa citada contempla (al objeto de preservar la credibilidad de la emisión de dichos activos), la opción de que el BCE animase a los Estados miembros a aportar información precisa y detallada sobre el avance y el impacto de proyectos de inversión que contribuyeran a los objetivos ambientales, instándoles. asimismo, a velar porque el ya citado principio de "*no causar un perjuicio significativo*" (principio *DNSH*)[340] fuera respetado durante toda la

---

338 Ampliamente, TAPIA HERMIDA, A., *Sostenibilidad...op. cit.* pág. 25.

339 FERNÁNDEZ RICO, E. y QUESADA, J., *Práctica mercantil para abogados*, La Ley, Madrid, 2021, págs. 3 y ss.

340 *Cfr.* artículo 17 del Reglamento (UE) 2020/852 (Reglamento de Taxonomía). Con relación a su aplicación, el Reglamento (UE) 2021/241 del Parlamento Europeo y la Comisión, por el que se establece el Mecanismo de Recuperación y Resiliencia (Reglamento *MRR)*, indica que los Planes de Recuperación elaborados por los Estados Miembros deben contener inversiones y reformas que cumplan el principio *DNSH*. Por ello, todas las actuaciones enmarcadas dentro del

fase de ejecución de sus planes de recuperación y resiliencia. En estas circunstancias, se abogaba por que la Comisión estableciera determinados parámetros de vigilancia y garantizara que los ingresos derivados de los mismos fueran encaminados a financiar gastos admisibles, además de informar, en su caso, sobre el impacto medioambiental generado, de la forma más detallada posible.

Bajo este planteamiento, fueron adoptados en el Título II, los requisitos aplicables a todos los emisores que quisieran utilizar la designación "*BVEu*"[341] para los bonos ambientalmente sostenibles que fueran puestos "*a disposición de los inversores en la Unión Europea* hasta su vencimiento" (*ex* artículo 3). Sin embargo, el alcance de esa expresión no se encontraba determinada en el marco reglamentario propuesto siendo, por tanto deseable, una necesaria aclaración tendente a asegurar que los emisores de *BVEu* que fueran comercializados fuera de la Unión pudieran utilizar la anterior designación, lo que a buen seguro, y en nuestra opinión, incentivaría la aplicación de los estándares avanzados de finanzas sostenibles europeas, incluido el uso internacional de los criterios taxonómicos[342].

Plan Nacional de Recuperación, Transformación y Resiliencia (PRTR) deben cumplir el principio *DNSH en* cada uno de los seis objetivos medioambientales: Mitigación del cambio climático, Adaptación al cambio climático, Utilización y protección sostenibles de los recursos hídricos y marinos, Economía circular, incluidos la prevención y el reciclado de residuos, Prevención y control de la contaminación, Protección y restauración de la biodiversidad y los ecosistemas. Asimismo, la evaluación del cumplimiento del principio *DNSH* se realiza identificando todos los impactos directos e indirectos primarios que la actuación presenta a lo largo de su ciclo de vida completo en cada uno de los seis objetivos medioambientales citados, siendo la metodología de evaluación la contenida en la Comunicación de la Comisión: *Guía técnica sobre la aplicación del principio DNSH en virtud del Reglamento relativo al Mecanismo de Recuperación y Resiliencia* (C/2023/111).

341 Tal y como se recoge en el Dictamen del BCE, el estándar del *BVEu* debe hacerse obligatorio para los bonos verdes de nueva emisión en un plazo razonable, por ejemplo, entre tres y cinco años. salvo que las características específicas de las actividades económicas de que se trate, documentadas en un plan de alineación taxonómica, justifiquen un período más largo, de hasta diez años. Por tanto, el período transitorio exacto debe decidirse en función del resultado de la mencionada evaluación de impacto.

342 Como es conocido, el 31 de julio de 2023, la Comisión Europea adoptó el marco de referencia *ESRS*. Este conjunto de normas europeas ha sido desarrollado por EFRAG, (*European Financial Reporting Advisory Group*), un organismo inde-

Por ello, en virtud del citado documento, se ha dispuesto que los emisores asignen los ingresos de los bonos utilizando los actos delegados (esto es, criterios técnicos de selección) adoptados por la Comisión[343] en virtud de determinadas disposiciones del Reglamento sobre la taxonomía, las cuales fueron aplicables desde el momento en que el activo se emitió o cuando se asignaron los ingresos de los bonos a la deuda en el instante en que la misma fue originada.

Desde otra perspectiva, es recogido expresamente que si los actos delegados fueran modificados con posterioridad a la emisión del bono (o, cuando los ingresos del bono se asignen a la deuda, al capital o a una combinación de ambos), el emisor, atendiendo los anteriores parámetros objetivos, deberá efectuar la asignación de los ingresos generados aplicando dichos actos delegados modificados, en el plazo de cinco años, estableciéndose el *dies a quo* a partir de la fecha de entrada en vigor (artículo 7 del marco reglamentario expuesto).

Bajo este contexto, la propuesta reglamentaria reseñaba que un *BVEu* puede refinanciarse mediante la emisión de un nuevo bono verde (artículo 4 apartado 3). Pues bien, a tal efecto, los ingresos del activo financiero podrían ser asignados a cualesquiera otros activos financieros, siempre que los ingresos procedentes de los mismos hubieran sido ofrecidos a activos fijos, gastos de capital y gastos de explotación alineados con la taxonomía.

A su vez, parece deducirse que semejante operación sólo podría tener lugar en una única ocasión (*ex* artículo 5, apartado 3 del Reglamento propuesto), recordando que la mentada refinanciación a través de un nuevo *BVEu* se encontraría autorizada, de modo explícito, en el artículo 4, apartado 3 de la norma propuesta. Igualmente, se evitaría el generar una cadena de emisiones correspondiente a este tipo de activos, puesto que con ello podría derivarse en un aumento

---

pendiente que reúne a diferentes *stakeholders*. Dichos estándares avanzados de finanzas sostenibles en la UE tienen su arraigo en la Taxonomía Europea, esto es, un sistema de clasificación que identifica qué actividades económicas son ambientalmente sostenibles que junto con el Plan de Acción de Finanzas Sostenibles y otros textos reglamentarios, busca reorientar los flujos de capital hacia inversiones sostenibles, gestionar riesgos financieros derivados del cambio climático y fomentar la transparencia.

343 *Vid. supra np* núm. 127.

exagerado de la cantidad de activos ecológicos teóricos respaldados por la misma actividad económica real.

Al hilo de lo hasta aquí relatado, y teniendo en consideración las pautas de transparencia —que como hemos tenido ocasión de anticipar, constituyen uno de los pilares fundamentales para generar confianza entre los diferentes grupos de interés (especialmente entre la comunidad analista e inversora)— el *BCE* acogió favorablemente los requisitos de transparencia impuestos a los emisores de esta clase de bonos, esto es, refiriendo a todos aquellos necesarios no sólo para cumplimentar una ficha informativa[344], sino también, para la

344 Véase el Reglamento (UE) 2017/1129 del Parlamento Europeo y del Consejo, de 14 de junio de 2017, sobre el folleto que debe publicarse en caso de oferta pública o admisión a cotización de valores en un mercado regulado y por el que se deroga la Directiva 2003/71/CE; el Reglamento Delegado (UE) 2019/979 por el que se complementa el Reglamento (UE) 2017/1129 en lo que respecta a las normas técnicas de regulación sobre la información financiera fundamental en la nota de síntesis de un folleto, la publicación y clasificación de los folletos, la publicidad de los valores, los suplementos de un folleto y el portal de notificación y el Reglamento Delegado (UE) 2019/980 por el que se complementa el Reglamento (UE) 2017/1129 en lo que respecta al formato, el contenido, el examen y la aprobación del folleto que debe publicarse en caso de oferta pública o admisión a cotización de valores en un mercado regulado. Asimismo, el Reglamento Delegado (UE) 2021/528 por el que se completa el Reglamento (UE) 2017/1129 en lo que respecta al contenido mínimo de información del documento que debe publicarse con objeto de acogerse a una exención de la obligación de publicar un folleto en relación con una adquisición mediante una oferta de canje, una fusion o una escisión, eliminándose la necesidad de un folleto para toda oferta pública de valores, incluida la financiación participativa (dinero recaudado por un grupo grande de personas, a menudo a través de internet) de menos de 1 millón EUR (anteriormente el límite era de 100.000 EUR); permitiendo a los Estados miembros de la UE eximir de la necesidad de un folleto de ofertas de valores de hasta 8 millones EUR, siempre que no requieran notificación (un "pasaporte"); estableciendo normas para frenar la tendencia a sobrecargar los folletos con factores de riesgo genéricos; fortaleciendo la convergencia de la supervisión mediante la armonización del examen y la aprobación de los folletos (incluidos los plazos aplicables) en toda la UE; permitiendo a las empresas que frecuentemente emiten valores utilizar el documento de registro universal para garantizar la autorización acelerada de los supervisores en el plazo de cinco días; presentando una base de datos europea en línea, operada sin cargo por la Autoridad Europea de Valores y Mercados (*AEVM*), que contiene todos los folletos aprobados en el Espacio Económico Europeo. Asimismo, el marco reglamentario requiere un folleto para permitir

elaboración de informes de asignación y de impacto, así como para la utilización de plantillas homologadas[345] tendentes a la divulgación

---

que un inversor tome una decisión fundada, incluyendo activos, pasivos, ganancias, pérdidas, situación financiera y perspectivas para el emisor y cualquier garante; derechos inherentes a los valores; motivos para la emisión de valores y su impacto en el emisor; una nota de síntesis de siete páginas (excepto en el caso de la admisión a cotización de los valores no participativos dirigidos únicamente a los inversores cualificados), en el que se indique: una introducción en la que se advierte que el inversor podría perder todo o parte del capital invertido, información fundamental sobre los valores, incluidos el tipo y la clase de valores, así como los derechos inherentes a dichos valores, información sobre el emisor, una breve descripción de la naturaleza y el alcance de la garantía. De igual forma, se establece un folleto de la unión de crecimiento normalizado y centralizado para PYMES definidas en la Directiva 2014/65/UE (Directiva *MiFID 2*) y de emisores, que no sean las mencionadas PYMES, cuyos valores se coticen o se vayan a cotizar en un mercado de PYMES en expansión oferentes de valores emitidos por emisores a los que se refieren los puntos anteriores; empresas no cotizadas (que no cotizan en ninguna bolsa de valores) cuando la oferta pública de valores no exceda los 20 millones EUR en un plazo de 12 meses, siempre que tengan menos de 500 empleados; de emisores que no sean PYMES que efectúen una oferta pública de acciones al mismo tiempo que solicitan la admisión de dichas acciones a cotización en un mercado de dichas empresas en expansión. Asimismo, las empresas mencionadas previamente pueden beneficiarse de este folleto personalizado siempre que no tengan valores admitidos a cotización en un mercado regulado. Disponible: *https://eur-lex.europa.eu/ES/legal-content/summary* (acceso 30 de enero 2025).

345 Recordaremos que actualmente, el artículo 20(1) y el artículo 21(4) del Reglamento *EUGB* mandatan a la Comisión Europea (la Comisión) a adoptar un acto delegado para complementar el reglamento estableciendo el contenido, las metodologías y la presentación de la información que debe divulgarse en las plantillas de divulgación previas y posteriores a la emisión, respectivamente, aplicables a los bonos comercializados como bonos medioambientalmente sostenibles y vinculados a la sostenibilidad. La Comisión ha publicado el 28 de abril de 2025 tres proyectos de actos delegados y un anexo relativos al Reglamento sobre *BVEu*. Por un lado, el primer proyecto de acto delegado y el Anexo se refieren al contenido y la presentación de la información y a las metodologías establecidas, concretamente aquellas establecidas en la taxonomía de la UE sobre las emisiones previas y posteriores de bonos comercializados como *EuGB*, con el objetivo de reducir la carga administrativa y dar a los inversores acceso a información clara y normalizada. El segundo proyecto de acto delegado define los tipos de tasas que la AEVM cobrará a los verificadores externos, proponiendo fijar las tasas de registro en la AEVM en 40.000 EUR y en 10.000 EUR para los verificadores externos de terceros países. Por último, el tercer proyecto de acto delegado especifica las normas de procedimiento por las que la AEVM puede

fehaciente de la información expuesta[346]. En efecto, a partir de este momento, dicha ficha informativa quedaría sujeta a una verificación previa a la emisión y los informes de asignación deberán ser examinados tras la emisión por un verificador externo[347] registrado y supervi-

imponer multas o multas coercitivas a los verificadores externos. Disponible: *https://ec.europa.eu/info/law/better-regulation* (acceso 5 mayo 2025).

346 Tal y como indica el Reglamento, las disposiciones sobre transparencia y diligencia debida contenidos en el mismo están intrínsecamente vinculadas, ya que la transparencia debe facilitar la diligencia debida. Por lo tanto, debe evitarse la comunicación de información que no sea utilizada por los inversores, ya que implica costes de cumplimiento innecesarios y poco beneficiosos. Así "aunque el marco de transparencia solo se ha aplicado plenamente desde junio de 2021 con la autorización de los primeros registros de titulizaciones, las plantillas de divulgación de información se han utilizado, al menos en partes del mercado, desde que fueron adoptadas por la *ESMA* en enero de 2019". Por lo tanto, la Comisión considera que los modelos se han utilizado durante un período de tiempo suficiente para que se puedan poner de manifiesto deficiencias potencialmente significativas. Las respuestas a la consulta señalan ámbitos en los que la utilidad de las plantillas de divulgación de información podría, de hecho, ser limitada. Por consiguiente, la Comisión invita a *ESMA* a revisar las plantillas de divulgación de información para las exposiciones subyacentes en titulizaciones. En particular, se debe tratar de abordar las posibles dificultades técnicas a la hora de completar la información requerida en determinados ámbitos, eliminar los posibles ámbitos innecesarios y adaptarlos más estrechamente a las necesidades de los inversores. Como parte de este trabajo, *ESMA* debe considerar si la información préstamo a préstamo es útil y proporcionada a las necesidades de los inversores para todos los tipos definidos". Disponible: *https://eur-lex.europa.eu* (acceso 30 de enero 2025).

347 El verificador externo puede desempeñar dos roles principales en relación con la Información sobre Sostenibilidad: 1) Verificación del Informe de Sostenibilidad: la CSRD exige una verificación externa independiente del informe para garantizar su conformidad con las normas de presentación vigentes. Este proceso comienza con un nivel de aseguramiento limitado y evolucionará hacia un aseguramiento razonable a partir de 2028, proporcionando mayor confianza en la información reportada. Aunque el verificador no emite una conclusión específica sobre la eficacia del *SCIIS*, puede señalar debilidades significativas identificadas durante su revisión, lo que impulsa el fortalecimiento continuo de los sistemas de control interno; 2) Evaluación del *SCIIS*. los Órganos de Gobierno pueden encargar voluntariamente una evaluación del *SCIIS* para reforzar la confiabilidad y efectividad del sistema de control interno. Por tanto, este trabajo, que puede incluir aseguramiento limitado o razonable, busca fortalecer la confianza de los grupos de interés, garantizar el cumplimiento normativo, validar la integridad de la documentación y priorizar riesgos. Además, los hallazgos y recomendaciones del informe contribuyen, sin duda alguna, a la mejora con-

sado por la *AEVM* debiendo cumplir con las condiciones de registro de forma periódica (*ex* artículos 8-10 en relación con el artículo 51 del Reglamento propuesto)[348].

Con más claridad, y atendiendo al objetivo expresado, se debería disponer de un Número Internacional de Identificación de Valores (código *ISIN*)[349] y sus emisores deberán estar identificados por un identificador de entidad jurídica (*LEI*)[350]. Por tanto, en su dirección de internet[351] se daría publicidad a la ficha informativa, a la verificación previa a la emisión, a los informes anuales de asignación, así como a las verificaciones posteriores a la emisión y al informe de impacto[352].

Sea como fuere, en referencia a la contextualización de la actividad de verificador externo de los *BVEu,* ya en el Título III del Reglamento proyectado se establecían las condiciones necesarias para el acceso a la misma, habiéndose delimitado, de forma clara, un sistema de registro y un régimen de supervisión encomendado a la nombra-

---

tinua del SCIIS, aumentando la credibilidad de los procesos internos además de facilitar la implementación de controles robustos. Con arreglo a su aceptación, la ISAE 3000 especifica que el encargo de verificación deberá de recoger la aceptación del verificador, los parámetros sobre el control de calidad que se exige al propio verificador, los límites del escepticismo profesional que ostenta el verificador y la planificación y realización del encargo. Unido a lo expuesto, es importante reseñar que *ESMA* el 4 de abril de 2025 ha publicado un listado de verificadores externos, que además de los parámetros anteriores, cumplen con los requisitos establecidos en el Reglamento de *BVEu.*

348 Ampliamente, sobre los factores de riesgo a los que se refiere el artículo 16 del Reglamento (UE) 2017/1129 del Parlamento Europeo y del Consejo, de 14 de junio del 2017, sobre el folleto que debe publicarse en caso de oferta pública o admisión a cotización de valores en un mercado regulado, véase las *Guidelines on risk factors under the Prospectus Regulation, Final Report. ESMA* 31-62-1217. Desde un ámbito doctrinal, son interesantes las aportaciones de PALÁ LAGUNA, R., "Directrices de la *ESMA* acerca de cómo supervisar los factores de riesgo del folleto informativo". Disponible: *https://www.ga-p.com/wp-content/uploads/2019/05/Directrices-de-la-ESMA-acerca-de-c%C3%B3mo-supervisar-los-factores-de-riesgo.pdf.* (acceso 11 de enero 2025).

349 *Vid supra np.* 245.

350 *Vid supra np.* 244.

351 El artículo 30 del Reglamento proyectado recoge los requisitos sobre la información que los verificadores externos facilitarán gratuitamente en sus sitios *web*, lo que incluye todas aquellas verificaciones previas y posteriores a la emisión.

352 Véase las aportaciones de VERCHER MOLL, J., *La verificación…op. cit.* pág. 115.

da AEVM y designado por la autoridad administrativa competente (*ex* artículo 36).

Huelga decir que se determinaban como exclusiones de aplicación, los auditores del Estado y otras entidades públicas a las que los emisores soberanos hubieran encomendado la evaluación del cumplimiento del mencionado marco reglamentario (*ex* artículos 19-28). Adicionalmente, unido a lo indicado, los artículos 18 a 23 en relación con el literal del artículo 25 contenían mandatos de nuevas técnicas reguladoras (*NTR*)[353] especificándose, con un mayor detalle, los criterios necesarios para que se pudiera evaluar los requisitos organizativos, los procesos y los documentos relativos a la gobernanza de los verificadores citados.

En todo caso, fueron reflejadas disposiciones específicas para la prestación de servicios por verificadores externos de terceros países que la *AEVM* pudiera supervisar y que debían ser constatadas por el *BCE*[354]. De esta forma, y en el marco legal proyectado, se trataba de que los conceptos establecidos tanto de Estado miembro "de origen" como "de acogida" (*ex* artículo 40) no guardaran relación con otras disposiciones, con lo que quedaba patente, en este apartado, la insuficiencia normativa de esta propuesta regulatoria[355], que fue

---

353 Las Normas Técnicas de Reglamentación (*NTR*) son un conjunto de reglas y directrices establecidas por la Autoridad Bancaria Europea (*ABE*) para garantizar que los bancos y otras entidades financieras cumplan las normas establecidas en la Segunda Directiva sobre Servicios de Pago (*PSD2*). Estas normas y reglamentos se refieren a la seguridad de los pagos en línea, la autenticación de los clientes y el intercambio de datos de clientes entre bancos y terceros proveedores. El objetivo de las *RTS* es proteger a los clientes y garantizar que las transacciones sean seguras, eficientes y coherentes en toda la Unión Europea. Vale decir, que la nueva Directiva de Servicios de Pago Revisada, conocida como *PSD3*, refuerza a su antecesora, *PSD2*, en la búsqueda de mayores niveles de seguridad en las transacciones. Junto al Reglamento de Servicios de Pago (*PSR*), se refuerza la protección del usuario y se fomenta el *Open Banking*, facilitando el acceso de operadores no bancarios al sector, sin descuidar la seguridad y protección de los ciudadanos y empresas.

354 JONES, E., *Reconectando con el Banco Central Europeo*, Cuadernos de Información Económica, núm. 302 (septiembre-octubre), Madrid, 2024, págs. 28-36

355 El 5 de octubre de 2023, el Parlamento Europeo aprobó su posición en primera lectura sobre la Propuesta de la Comisión sobre Bonos Verdes europeos (CON/2021/30, 2022/C 27/04). El resultado de la votación en el Parlamento Europeo reflejó el acuerdo transaccional alcanzado entre las instituciones. Ac-

enmendada con la aprobación del Reglamento (UE) 2023/2631 del Parlamento Europeo y del Consejo sobre Bonos Verdes Europeos y la divulgación de información opcional para los bonos comercializados como medioambientalmente sostenibles y vinculados a la sostenibilidad, del que pasamos a efectuar un detenido análisis.

VI. APROXIMACIÓN JURÍDICA A LOS BONOS VERDES EUROPEOS. ANÁLISIS DEL REGLAMENTO (UE) 2023/2631 DEL PARLAMENTO EUROPEO Y DEL CONSEJO, DE 22 DE NOVIEMBRE DE 2023 SOBRE BONOS VERDES EUROPEOS Y LA DIVULGACIÓN DE INFORMACIÓN OPCIONAL PARA LOS BONOS COMERCIALIZADOS COMO MEDIOAMBIENTALMENTE SOSTENIBLES Y VINCULADOS A LA SOSTENIBILIDAD

1. Introducción

El 30 de noviembre de 2023 fue publicado en el DOUE, el Reglamento (UE) 2023/2631 del Parlamento Europeo y del Consejo, de 22 de noviembre de 2023, sobre los Bonos Verdes Europeos (*EuGB*, acrónimo en inglés)[356] y la divulgación de información opcional para los bonos comercializados como bonos medioambientalmente sos-

---

tualmente, no podemos obviar como analizaremos en el siguiente apartado, el Reglamento (UE) 2023/2631 del Parlamento Europeo y del Consejo, de 22 de noviembre de 2023, sobre los Bonos Verdes europeos y la divulgación de información opcional para los bonos comercializados como bonos medioambientalmente sostenibles y para los bonos vinculados a la sostenibilidad (DO *L* 2023/2631 de 30.11.2023), que solventó dicha cuestión.

356 Este marco reglamentario contiene cincuenta y siete considerandos y setenta y dos artículos, los cuales son distribuidos en siete Títulos relativos al objeto y definiciones (Título I); requisitos para la utilización de la designación de bono verde europeo o *BVEu* (Título II); plantillas opcionales de divulgación de información para los bonos comercializados como medioambientalmente sostenibles y bonos vinculados a la sostenibilidad (Título III); verificadores externos sobre *BVEu* (Título IV), supervisión por la autoridades competentes y por la *ESMA* (Título V), actos delegados (Título VI) y disposiciones finales (Título VII). Además, son adicionados cuatro anexos con el contenido de la ficha informativa que debe realizarse con carácter previo a la emisión (Anexo i), del informe anual de asignación de los bonos (Anexo II), del informe de impacto (Anexo

tenibles y para los bonos vinculados a la sostenibilidad, que entró en vigor a los veinte días desde su publicación, siendo de aplicación directa desde el 21 de diciembre de 2024 (con excepción de determinados artículos, en los cuales se determinan fechas distintas de aplicación)[357] ha sido fruto de un proceso evolutivo derivado de la experiencias de mercado, de las enseñanzas de los emisores y de otros agentes, los cuales han ido dando carta de naturaleza a emisiones de renta fija que se dirigen a dichos mercados bajo las premisas de captación de bonos "*ad hoc*" para una serie de proyectos concretos representativos de los que es entendido por actividades sostenibles[358].

Siendo esto así, el citado Texto reglamentario[359] es la primera norma global que pone a disposición de los inversores de todo el mundo los denominados Bonos Verdes[360] (junto a otro tipo de instrumentos

---

III) y del contenido de las verificaciones previas y posteriores a la emisión, y del informe de impacto (Anexo IV).

357 Aludiremos al artículo 20, el artículo 21, apartado 4, el artículo 23, apartados 6 y 7, el artículo 24, apartado 2, el artículo 26, apartado 3, el artículo 27, apartado 2, el artículo 28, apartado 3, el artículo 29, apartado 4, el artículo 30, apartado 3, el artículo 31, apartado 4, el artículo 33, apartado 7, el artículo 42, apartado 9, el artículo 46, apartados 6 y 7, el artículo 49, apartados 1, 2 y 3, el artículo 63, apartado 10, el artículo 66, apartado 3, y los artículos 68, 69 y 70 se aplicarán a partir del 20 de diciembre de 2023, mientras que el artículo 40, el artículo 42, apartados 1 a 8, y el artículo 43 se aplicarán a partir del 21 de junio de 2026. Del mismo modo, los Estados miembros adoptarán las medidas necesarias para dar cumplimiento a los artículos 45 y 49 a más tardar, el 21 de diciembre de 2024. Por otra parte, la norma contiene, asimismo, disposiciones transitorias relativas a los verificadores externos que tengan intención de prestar servicios y a los verificadores externos de terceros países.

358 CALVO VERGEZ, J., "La delimitación del concepto de inversión financiera sostenible", *Revista Aranzadi de Derecho Ambiental*, núm. 50, Cizur menor (Navarra), 2021, págs. 1 y ss.

359 Es importante recordar que el hecho de que el instrumento elegido para su regulación haya sido un Reglamento, permite mejorar la eficiencia de la aplicación al eliminar las discrepancias que pueden surgir a través de la transposición de una Directiva, siendo el mercado el que, en su caso, vaya dando preferencia al estándar más estricto, siempre que los emisores logren identificar actividades o proyectos alineados con la taxonomía y cumplan con los requisitos establecidos en dicho marco reglamentario. Un punto de vista doctrinal amplio es aportado por CHAMORRO DOMÍNGUEZ, Mª C., "La financiación de proyectos medioambientales a través de la inversión sostenible..." *op. cit.* págs. 2 y ss

360 Entendidos estos como títulos de deuda diseñados específicamente para apoyar proyectos climáticos y medioambientales, los cuales, desde la perspectiva de los

jurídicos de renta fija, tales como los de titulización sostenible[361] y

---

emisores, pueden ser una herramienta valiosa para fomentar un comportamiento más sostenible en términos medioambientales, permitiéndoles demostrar su compromiso con la sostenibilidad a los inversores en los mercados financieros, siempre que se cumplan de manera adecuada los criterios de transparencia y verificación. No es ocioso recordar que el primer Bono Verde fue emitido en 2007 por el Banco Europeo de Inversiones bajo la denominación de "*Climate Awareness Bond*" con el fin último de financiar proyectos de energía renovable y eficiencia energética. Posteriormente, otra institución financiera supranacional, el Banco Mundial, prosiguió con la emisión del segundo Bono Verde en 2008. Es interesante especificar que los *BVEu* convivirán con diversas etiquetas de bonos verdes, principalmente con los bonos verdes emitidos conforme a los Principios de Bonos Verdes (*Green Bond Principles Voluntary Process Guidelines for Issuing Green Bonds,* en adelante *GBP*) establecidos por la Asociación Internacional del Mercado de Capitales (*International Capital Market Association*, en adelante *ICMA*). Recordaremos que los mismos podrán ser emitidos por empresas, Administraciones Públicas y Estados soberanos. Además, se incluye un sistema de registro y supervisión de los verificadores externos de *BVEu,* quienes deberán contar con autorización administrativa previa y estarán sometidos a la supervisión de la ESMA. Desde un punto de vista doctrinal analizando este punto, CHAMORRO DOMÍNGUEZ, MªC. "La financiación de proyectos medioambientales a través de la inversión sostenible…" *op. cit* pág. 2.

361 Los bonos de titulización podrán ser considerados *BVEu* y se les aplicará el Reglamento *BVEu* si bien, con algunas especialidades. A modo de principio, las referencias al emisor en el texto del Reglamento *BVEu* deberán entenderse efectuadas a la entidad originadora de los activos subyacentes, mientras que las referencias a los fondos deberán entenderse realizadas a los fondos obtenidos por la entidad originadora por la venta de las exposiciones titulizadas al *SSPE* correspondiente. Además, la entidad originadora cumplirá los requisitos de uso de los fondos, prohibiéndose que las exposiciones titulizadas incluyan ciertos activos especialmente perjudiciales, es decir, los activos subyacentes no comprenderán activos que financien la prospección, la minería, la extracción, la producción, la transformación, el almacenamiento, el refinado o la distribución, incluido el transporte, y el comercio de combustibles fósiles. La entidad originadora vendrá obligada a explicar que ha cumplido este requisito en la correspondiente ficha informativa. A pesar de lo anterior, en el conjunto de activos titulizados se podrán incluir activos que financien la generación de electricidad a partir de combustibles fósiles, la cogeneración de calor/frío y electricidad a partir de combustibles fósiles, o la producción de calor/frío a partir de combustibles fósiles, siempre y cuando la actividad cumpla los criterios del principio de no causar un perjuicio significativo establecidos en el Reglamento Delegado (UE) 2021/2139 (artículo 18 del Reglamento *BVEu.* Finalmente, el régimen se completa con requisitos de divulgación de información adicionales, en particular, será necesario que en los folletos publicados en las emisiones de bonos de titulización calificados como *BVEu* se incluya una declaración de que

los "*Green Covered Bonds*"[362]) desde el punto de vista medioambiental, con lo que es producido un paso adelante en la estrategia europea de financiación del crecimiento sostenible y la transición a una economía "neutral" desde el punto de vista climático y eficiente incardinado a los recursos. A estos efectos, tiene como uno de sus principales objetivos el incrementar la transparencia en el mercado de *BVEe* además de permitir a los emisores demostrar que están financiando proyectos alineados con la Taxonomía europea[363].

Nos encontramos, en esencia, ante una apelación al ahorro público de carácter diferenciador por motivos de orden climático y energético, así como de concreción tanto de una economía circular[364]

---

el bono refiere a un bono de titulización y de que la originadora es responsable del cumplimiento de los compromisos asumidos en el folleto en relación con la utilización de los ingresos. Además, en el folleto y la ficha informativa se incluirá información sobre las características medioambientales de las exposiciones titulizadas conforme a los datos. Ampliamente, analizando estas cuestiones, por todos, CHAMORRO DOMÍNGUEZ, MªC., "La financiación de proyectos medioambientales a través de la inversión sostenible…" *op. cit.* págs. 6 y ss

362 Es interesante, abordando lo expuesto, el Documento *EBI, Toward a European Greeen Bond: a Commission's proposal to promote sustainable finance, Working Papers,* núm. 103, 2021, págs. 10-14 y el *EIB Group Climate Bank Roadmap* 2021-2025. Desde una perspectiva doctrinal, un análisis global es efectuado por CHAN, R., "Ensuring impactful performance in green bonds and sustainability linked loans", *Adelaide Law Review,* núm. 4, University de Adelaida, Australia, 2021.

363 El Reglamento *BVEu* anima a las instituciones de la UE a adoptarlo, con el Banco Europeo de Inversiones (*BEI*) comprometiéndose ya a alinear gradualmente su programa de bonos verdes con la etiqueta *BVEu.* Tal como se desprende de la información recogida en su pág. *web,* ya en noviembre de 2020, el Consejo de Administración del *BEI* aprobó la Hoja de Ruta del Banco del Clima 2021-2025 (*CBR,* por sus siglas en inglés), que detalla cómo el Grupo *BEI* pretende apoyar los objetivos del Pacto Verde Europeo. Entre otras cuestiones, se planea aumentar gradualmente la proporción de financiamiento verde, es decir, aquél dedicado a la acción climática y la sostenibilidad ambiental, para superar el 50% de las nuevas operaciones anuales para 2025. Asimismo, el *CBR* también establece que el *BEI* tiene la intención de alinear gradualmente su metodología de seguimiento para el financiamiento verde con el marco definido por el marco reglamentario. Ampliamente, por todos, CHAMORRO DOMÍNGUEZ, Mª C., "La financiación de proyectos medioambientales a través de la inversión sostenible…" *op. cit.* págs. 7 y ss.

364 Recordaremos que es uno de los objetivos medioambientales contenidos en el Reglamento (UE) 2020/852 del Parlamento europeo y del Consejo, de 18 de junio de 2020 relativo al establecimiento de un marco para facilitar inver-

como de corte sostenible, que se encuentra directamente afectada (como hemos tenido ocasión de comentar a lo largo del presente trabajo) por los procesos legislativos en los que nos encontramos in-

---

siones sostenibles y por el que se modifica el Reglamento (UE) 2019/2088 ("Reglamento sobre Taxonomía"). Asimismo, el marco reglamentario exige a la Comisión que establezca una lista de actividades medioambientalmente sostenibles en la que se definan los criterios técnicos de selección para cada objetivo medioambiental, siendo establecidos dichos criterios mediante actos delegados: acto delegado de taxonomía climática de la UE (Reglamento Delegado (UE) 2021/2139) que incluye criterios técnicos de selección para las actividades económicas que contribuyen de forma sustancial a los objetivos de mitigación del cambio climático o a la adaptación al mismo; Reglamento Delegado (UE) 2023/2485 modifica el acto delegado de taxonomía climática, por el que se establecen criterios técnicos de selección adicionales para determinar las condiciones en las que se considera que una actividad económica contribuye de forma sustancial a la mitigación del cambio climático o a la adaptación al mismo, y para determinar si esa actividad económica no causa un perjuicio significativo a ninguno de los demás objetivos medioambientales, en vigor desde el 1 de enero de 2024; el acto delegado de divulgaciones (Reglamento Delegado (UE) 2021/2178) que complementa el literal del artículo 8 del Reglamento de Taxonomía y especifica el contenido, la metodología y la presentación de la información que deben divulgar las empresas financieras y no financieras en relación con la proporción de actividades económicas medioambientalmente sostenibles en sus negocios, inversiones o actividades de préstamo, estando en vigor desde el 1 de enero de 2022; el acto delegado complementario a la taxonomía climática de la UE (Reglamento Delegado (UE) 2022/1214) que modifica los Reglamentos Delegados (UE) 2021/2139 y (UE) 2021/2178, e incluye, bajo condiciones estrictas, actividades pertinentes relacionadas con la energía nuclear y el gas en la lista de actividades económicas que abarca la taxonomía de la UE. Los criterios para las actividades relacionadas con la energía nuclear y el gas específicas están en consonancia con los objetivos medioambientales y climáticos de la UE y ayudarán a acelerar el cambio de los combustibles fósiles sólidos o líquidos, incluido el carbón, hacia un futuro climáticamente neutro, estando en vigor desde enero de 2023; el acto delegado sobre medioambiente (Reglamento Delegado (UE) 2023/2486) mediante el que se establecen los criterios técnicos de selección para determinar en qué condiciones se considerará que una actividad económica contribuye de forma sustancial al uso sostenible y a la protección de los recursos hídricos y marinos, a la transición a una economía circular, a la prevención y el control de la contaminación, o a la protección y recuperación de la biodiversidad y los ecosistemas, y para determinar si dicha actividad económica no causa un perjuicio significativo a ninguno de los demás objetivos medioambientales. Además, modifica el acto delegado de divulgaciones citado en lo relativo a la divulgación pública específica de dichas actividades económicas, estando en vigor desde el 1 de enero de 2024.

mersos a nivel internacional y la sistematización de los hitos de la descarbonización[365] lo que deviene a reclamar una transición económica efectiva a los agentes actuantes de muy diferentes sectores[366], que estimule, en esencia, la canalización de fondos hacia proyectos que tengan un impacto ambiental positivo.

Bajo estos mimbres delimitativos, dicho Cuerpo legal (que recordaremos es de uso voluntario para los emisores públicos y privados de bonos que quieran utilizar la denominación "Bono Verde Europeo" o las siglas "*EuGB*")[367], posiciona unos instrumentos de mercado, particularmente de renta fija, y alcanza tanto a entidades financieras como a aquellas otras que no disponen de mencionado

---

365 Es destacable, a este fin, el documento del Banco de España sobre "El cambio climático y la sostenibilidad del crecimiento: iniciativas internacionales y políticas europeas", Documento Ocasional núm. 2213, de junio de 2022 donde contiene un interesante estudio sobre la financiación de la transición climática y el papel de los capitales privados ante las necesidades públicas, págs. 25 y ss. En el mismo sentido aludiremos la Documento ocasional del Banco de España núm. 2126 de octubre de 2021 denominado *Markets, Financial Institutions and Central Bank in the phase of climate change: challenges and opportunities*. Desde un ámbito doctrinal, entre otros autores, GARCÍA LUPIOLA, A., "El Pacto Verde Europeo…" *op. cit.*, pág. 64.

366 Todo ello enlaza con las premisas básicas del Plan de Acción de la Comisión para una economía más ecológica y más limpia que se empezó a construir, como hemos avanzado, en 2018 y que tiene como fin último de desarrollar unos mercados de capitales de productos sostenibles que sirvan para captar ahorro del público. En 2025, el Plan de Acción de la Comisión Europea se centrará en la emisión de bonos verdes "*EU Green Bonds*", siguiendo el nuevo estándar regulatorio de la Unión Europea que entró en vigor en diciembre de 2024.

367 Recordaremos que la mayoría de los países, los *BVEu* no cuentan con una regulación legal específica. Si bien, con anterioridad a la aprobación del Reglamento *BVEu* y tras el despegue del mercado de bonos verdes, algunas instituciones privadas comenzaron a promover la publicación de guías voluntarias relativas a bonos verdes. Una de las primeras fue la Iniciativa de Bonos Climáticos (*Climate Bonds Initiative*), que publicó en 2012 el Estándar de Bonos Climáticos (*Climate Bonds Standard*), el cual se actualiza regularmente. Por su parte, *ICMA* publicó en 2014 los GBP, los cuales fueron actualizados en 2021, añadiéndose un Anexo I en 2022. Aunque *ICMA* también posee guías específicas adicionales para bonos sociales, bonos sostenibles y bonos vinculados a la sostenibilidad, los *GBS* se concentran en los bonos verdes y proporcionan una guía de procedimiento voluntario que recomienda la transparencia y la divulgación de información, y que promueve la integridad en el desarrollo del mercado de bonos verdes, clarificando el enfoque aplicable en la emisión de un bono de este tipo.

carácter[368], donde los recursos obtenidos o un importe equivalente serán utilizados de forma exclusiva para financiar y/o refinanciar, en parte o en su totalidad, proyectos verdes elegibles (nuevos y/o existentes) respetuosos con el medio ambiente[369] o relacionados con el cambio climático.

Sea como fuere, los inversores se beneficiarán de una mayor consistencia y comparabilidad entre bonos a través de un nuevo marco dispositivo que pretende combatir el blanqueamiento ecológico o "*greenwashing*" (esto es, la promoción engañosa de que un producto financiero cumple con objetivos sostenibles)[370] además de estimular la canalización de fondos a proyectos sostenibles[371], los cuales estarán

---

368 FERNÁNDEZ RICO, E. y QUESADA, J., "El auge de la financiación..." *op. cit.* pág. 2 y ss; CHAMORRO DOMÍNGUEZ, MªC., "La financiación de proyectos medioambientales a través de la inversión sostenible..." *op. cit.* págs. 3 y ss.

369 DE SADELEER, N., *Environmental Principles: From Political Slogans to Legal Rules,* Oxford Academic, United Kingdom, 2021.

370 Véase la Directiva 2024/825 del Parlamento Europeo y del Consejo, de 28 de febrero de 2024, por la que se modifican las Directivas 2005/29/CE y 2011/83/UE en lo que respecta al empoderamiento de los consumidores para la transición ecológica mediante una mejor protección contra las prácticas desleales y mediante una mejor información, que prohíbe el blanqueo ecológico y mejora la transparencia medioambiental para proteger a los consumidores y promover la sostenibilidad. En la misma se abordan las alegaciones medioambientales reguladas, esto es, respaldadas por un comportamiento ambiental excelente y reconocido, la transparencia en etiquetas de sostenibilidad basadas en sistemas de certificación oficiales, se elimina la confusión provocada por la proliferación de etiquetas no verificadas, se muestra la información sobre la garantía. Asimismo, se introduce una etiqueta armonizada para la durabilidad de los productos y la prohibición de publicidad engañosa prohibiéndose alegaciones infundadas sobre la durabilidad y la incitación a la sustitución prematura de consumibles . Además, se enfoca en prohibir el "blanqueo" ecológico (*greenwashing*) y las prácticas de información y publicidad engañosa en los productos (226 "ecopostureo"). Desde un ámbito doctrinal, TATO PLAZA, A., "Sobre el uso de alegaciones medioambientales..." op. cit. pág. 104.

371 Como bien alude un reputado sector de la doctrina, en este apartado, no es ocioso advertir —enlazado con la publicidad de las alegaciones medioambientales— que "algunas autoridades de consumo y competencia y ciertos sistemas de autorregulación han promulgado Guías identificando los principales supuestos de publicidad engañosa derivada del uso de alegaciones medioambientales en diferentes ámbitos. Dentro del primer grupo, en nuestro país el Ministerio de Derechos Sociales, Consumo y Agenda 2030 ha publicado una "Guía de Comunicación Sostenible". Disponible en *http://consumo.gob.es.* Igualmente, deben ser

vinculados a requisitos de transparencia y verificación externa en relación con el uso prometido y realizado.

En este mismo orden de ideas, ésta fue una de las claves del antes expuesto Pacto Verde en el sentido de generar una asimetría coordinada entre oferta y demanda de financiación sostenible, de modo tal que dicha situación se genera entre inversores y emisores, y los destinatarios de proyectos[372], todo ello con el consiguiente y preciso esquema de protección de los inversores dimanante de la normativa de ofertas públicas y de diferenciación entre tipos de inversores, que tiende a la gestación de una financiación en línea con lo determinado en el reiterado Pacto Verde.

Bajo estas premisas, todo el sistema predeterminado en la presente Norma tiene como objetivo esencial, su aplicación a todo tipo de emisores (públicos y privados, financieros y no financieros) y a cualquier variedad de instrumentos de renta fija, incluidas las titulizaciones, si bien, en este caso, encontrándose incardinadas bajo un marco adaptado y especial, y que al igual que acontece con los antes citados *Green Covered Bonds*[373], tiene como horizonte la derivación de los recursos obtenidos hacia actividades delimitadas por la

---

destacadas las Guías de la norteamericana *Federal Trade Commission* (*Guides for the use of Enviromental Marketing Claims, "Green Guides"*. Disponible en: *www.ftc.gov.*); la Guía británica *Competition and Market Authority*-CMA— (*Guidance on enviromental claims on goods and services*. Disponible en: *www.assets.publishing.service.gov.uk*) y la Guía de la holandesa *Autoriteit Consiment & Markt* (*Guidelines regardins sustainability claims*. Disponible en *www.acm.nl*), Ampliamente, analizando esta cuestión, TATO PLAZA, A., "Sobre el uso de alegaciones medioambientales..." *op. cit.* pág. 105.

372 Como tendremos ocasión de valorar posteriormente en el presente trabajo, encontramos la excepción de los bonos emitidos a efectos de una titulización sintética, que obtengan la designación de BVEu. Así, se entiende por bonos de titulización, aquellos emitidos por un vehículo especializado de titulización (*Securitisation Special Purpose Entity en adelante SSPE*), en virtud de lo establecido en el Reglamento (UE) 2017/2402 del Parlamento Europeo y del Consejo, de 12 de diciembre de 2017 por el que se establece un marco general para la titulización y se crea un marco específico para la titulización simple, transparente y normalizada, y por el que se modifican las Directivas 2009/65/CE, 2009/138/CE y 2011/61/UE y los Reglamentos (CE) 1060/2009 y (UE) 648/2012. Desde un ámbito doctrinal, TRIAS PINTO, C., "Finanzas sostenibles..." *op. cit.*, pág. 200.

373 *EBA. Developing a framework for sustainable securitisation reporting, EBA/EP/2022/06.*

taxonomía y con el fin último de financiar proyectos sostenibles de muy diversos, que pueden ir desde hipotecas verdes a proyectos de energías renovables, eficiencia energética, prevención y control de la contaminación, gestión sostenible de los recursos naturales, seguridad hídrica, conservación de la biodiversidad, transporte limpio, adaptación al cambio climático, productos adaptadas a la economía circular o edificios ecológicos[374].

Siendo esto así, dicha regulación posee un carácter voluntario en el momento actual, dado que la emisión bajo los parámetros incluidos en la normativa, era introducir una serie de requisitos en consonancia con la taxonomía[375], a los que se adiciona, como veremos, un sistema de verificadores externos que validen la caracterización, así como de entidades que emitan una segunda opinión, además de determinadas particularidades para los emisores soberanos en aras al cumplimiento de dicho *standard*[376].

---

374 CENTENO HUERTA, S., DEL SAZ OROZCO MONSALVE, J. y CARAZO NÚÑEZ C., "El Pacto Verde Europeo: la transformación del marco regulatorio de la UE para lograr una sostenibilidad en la economía" en DE PAZ, J. M. (dir.), *Estudios jurídicos sobre sostenibilidad: cambio climático y criterios ESG en España y la Unión Europa,* Aranzadi, Cizur menor (Navarra), 2023, págs. 53-98.

375 Véase el Reglamento 2020/852 y sus decisiones de desarrollo son fundamentales para la determinación de los proyectos donde se invierte lo obtenido como pauta esencial.

376 En este punto, efectuando referencia a nuestro país, es interesante por su claridad, el Documento del Tesoro Público español de 21 de junio de 2021 en donde ya era advertido que los emisores públicos seguían un esquema de estructuración de las emisiones de bonos verdes en línea con las premisas generales que se estaban desarrollando en los mercados. En dicho documento eran incluidos, además, los apetitos de riesgos financieros del Reino de España, su programa de Bonos verdes y sus objetivos, el *use of proceeds* o uso de fondos, así como la gestión y evaluación de proyectos para cumplir las taxonomías y la verificación de terceros independientes. Por ello, como principal objeto del informe de asignación, que se complementa con el informe de impacto que lo acompaña, era responder a los compromisos asumidos en el Marco de Bonos Verdes del Reino de España en términos de transparencia e información a los inversores. Así, dado que en 2021 se emitieron 5.000 millones EUR de un nuevo bono con vencimiento en julio de 2042, el Informe citado analizaba la asignación de dichos fondos a los programas que conforman el gasto elegible, el cual fue actualizado en febrero de 2022. Actualmente, véase el informe del Tesoro público 2025. Estrategia de financiación y la Orden ECM/3/2025, de 14 de enero, por la que se dispone la creación de Deuda del Estado durante el año 2025 y enero de 2026.

2. *Requisitos para gozar de reconocimiento como "***Green Bonds***" y su definición como pilar de los instrumentos financieros verdes*

A la hora de delimitar los requisitos para gozar de reconocimiento como "*Green Bonds*"[377] o *BVEU* (que como hemos tenido ocasión de avanzar, van vinculados a la transparencia y verificación externa en relación con el uso prometido y realizado) debemos detenernos en los siguientes: el primero de ellos refiere a que aquellos ingresos de que hayan sido obtenidos directamente de la emisión de bonos[378]

---

377 Recordaremos que en septiembre de 2024 se consultó al Grupo de Expertos de los Estados Miembros en materia de Finanzas Sostenibles y al Grupo de Expertos del Comité Europeo de Valores. Entre las principales cuestiones que se plantearon cabe citar la necesidad de que las plantillas para la divulgación voluntaria de información fuesen conformes con las correspondientes plantillas creadas para los bonos verdes europeos y, por tanto, comparables con ellas, la función y las tareas de las autoridades competentes con respecto a la supervisión vinculada a las plantillas voluntarias y el asunto de lograr que las plantillas pudiesen ser utilizadas por los emisores soberanos. Se mantuvo informado al Parlamento Europeo. El proyecto de acto delegado y el anexo correspondiente se publicaron en el portal "Díganos lo que piensa" de la Comisión el 17 de diciembre de 2024 con el fin de recabar las observaciones del público. Las partes interesadas pudieron presentar sus contribuciones hasta el 28 de enero, solicitando que se aclarase si los emisores podían divulgar información relacionada con los elementos a que se refiere el artículo 21 del Reglamento (UE) 2023/2631 sin utilizar las plantillas. Asimismo, se hicieron algunas sugerencias con el objetivo de tener en cuenta las características específicas de los bonos vinculados a la sostenibilidad. El 16 de abril de 2025, por el que se completa el Reglamento (UE) 2023/2631 del Parlamento Europeo y del Consejo estableciendo el contenido, las metodologías y la presentación de la información que los emisores de bonos comercializados como medioambientalmente sostenibles o de bonos vinculados a la sostenibilidad pueden divulgar, de forma voluntaria, en las plantillas para la divulgación periódica de información posterior a la emisión. Con fecha 16 de abril de 2025 se publicó el Reglamento delegado por el que se completa el Reglamento (UE) 2023/2631 del Parlamento Europeo y del Consejo estableciendo el contenido, las metodologías y la presentación de la información que los emisores de bonos comercializados como medioambientalmente sostenibles o de bonos vinculados a la sostenibilidad pueden divulgar, de forma voluntaria, en las plantillas para la divulgación periódica de información posterior a la emisión. Disponible en: *https://eur-lex.europa.eu/legal-content/ES/TXT/HTML/?uri=PI_COM:C(2025)5* (acceso 18 abril 2025).

378 El requisito de asignar los ingresos de los *BVEu* a actividades económicas medioambientalmente sostenibles se aplica únicamente a los ingresos netos de dichos bonos (esto es, la diferencia entre los ingresos totales de los bonos y

deberán destinarse, obligatoriamente, a financiar o refinanciar actividades económicas que sean medioambientalmente sostenibles[379] y cumplan los requisitos establecidos en los artículos 10 a 15 del Reglamento de Taxonomía[380] o contribuyan a la transformación de activi-

---

los costes de emisión que estén directamente relacionados con la emisión del bono, lo que incluye los costes de los intermediarios financieros que dirigen la emisión, los costes de asesoramiento, los costes jurídicos, los costes de calificación y los costes relacionados con la verificación externa). No obstante, los emisores pueden decidir destinar los ingresos brutos, sin deducción de costes, a actividades económicas medioambientalmente sostenibles (*ex* artículo 4 del Reglamento de *BVEu*). De la misma forma, el literal del precepto establece que antes de la fecha su vencimiento, sus ingresos se deberán asignar íntegramente, de conformidad con los requisitos del Reglamento de Taxonomía de 2020 a una o varias de las categorías siguientes (enfoque gradual): a) activos fijos que no sean financieros, b) gastos de capital, c) gastos operativos, d) activos financieros creados no más de cinco años después de la emisión del bono verde europeo, o e) activos y gastos de hogares, si bien se contemplan dos excepciones, por una parte, los emisores de deuda soberana podrán asignar los ingresos de los bonos verdes europeos que hayan emitido a gastos públicos, siempre que los ingresos se asignen de conformidad con los requisitos del Reglamento de Taxonomía de 2020 (*ex* artículo 4.3 del Reglamento *BVEu*).

379 Una perspectiva general y amplia es ofrecida por MARIS, G. y PSYCHALIS, M., "Energy and environmental challenges in the European Union and green bond", *Social Sciences*, núm. 13, 2024, pág. 50; MARAGOPOULOS, N., "Toward a European Green Bond: A Commission's proposal to promote sustainable finance", April 6th 2022. *European Banking Institute Working paper*, núm. 1013, 2022. Disponible: *https://ssrn.com/abstract=3933766* (acceso 19 de enero 2025); CHAN, R., "Ensuring impactful performance in green bonds and sustainability linked loans", *Adelaide Law Review*, núm. 4, University of Adelaide, Australia, 2021; HUANG, L., "Green bonds and ESG investments: Catalysts for sustainable finance and green economic growth in resource-abundant economies", *Resources Policy*, Vol. 91, Elsevier 2024, págs. 104806 y ss. Disponible en: *https://doi.org/10.1016/j.resourpol.2024.104806* (acceso 23 enero 2025). Asimismo, BAKER, M., BERGSTRESSER, D., SERAFEIM, G. y WURGLER, J. "Financing the Response to Climate Change: The Pricing and Ownership of US Green Bonds", núm. 25194, *National Bureau of Economic Research*, 2018, págs. 1 y ss.

380 Al objeto de una mejor comprensión traeremos a colación el Reglamento (UE) 2020/852 del Parlamento Europeo y del Consejo, de 18 de junio de 2020 relativo al establecimiento de un marco para facilitar las inversiones sostenibles y por el que se modifica el Reglamento (UE) 2019/2088. Como documentos conexos al mismo, y a modo ilustrativo, indicaremos la Comunicación de la Comisión al Parlamento Europeo, al Consejo Europeo, al Comité Económico y Social Europeo y al Comité de las Regiones: Pacto Verde Europeo (COM (2019) 640 final de 11 de diciembre 2019); Reglamento (UE) 2019/2088 del Parlamento

dades, de forma que éstas puedan cumplir dichos requisitos en un plazo razonablemente corto[381].

De esto último se desprende, que dicho marco reglamentario permite que los mismos sean empleados para financiar las relatadas actividades, bien de forma directa, mediante la financiación de activos y gastos relacionados con actividades económicas que cumplan los criterios establecidos en el citado Reglamento de Taxonomía como pieza clave del sistema para definir los proyectos financiables o comprendidos dentro del marco de los mismos (por ejemplo, una nueva tecnología de producción con menores emisiones), o indirectamente, bajo determinadas condiciones a través de activos financieros que, a su vez, financien actividades económicas que cumplan dichos criterios (por ejemplo, "hipotecas verdes")[382]. En concreto, los emisores podrán asignar los ingresos de uno o varios *BVEu* en circulación a una cartera de activos fijos o activos financieros ("enfoque de car-

Europeo y del Consejo, de 27 de noviembre de 2019, sobre la divulgación de información relativa a la sostenibilidad en el sector de los servicios financieros (DO *L* 317 de 9 de diciembre 2019, págs. 1-16); Reglamento (UE) 2019/2089 del Parlamento Europeo y del Consejo de 27 de noviembre de 2019, por el que se modifica el Reglamento (UE) 2016/1011 en lo relativo a los índices de referencia de transición climática de la UE, los índices de referencia de la UE armonizados con el Acuerdo de París y la divulgación de información relativa a la sostenibilidad de los índices de referencia (DO *L* 317 de 9 de diciembre 2019, págs. 17-27); Comunicación de la Comisión-Directrices sobre la presentación de informes no financieros. Suplemento sobre la información relacionada con el clima (DO *C* 209 de 20.6.2019, págs. 1-30); Directiva (UE) 2018/2001 del Parlamento Europeo y del Consejo, de 11 de diciembre de 2018, relativa al fomento del uso de energía procedente de fuentes renovables (DO *L* 328 de 21 de diciembre de 2018, págs. 82-209); Directiva 2013/34/UE del Parlamento Europeo y del Consejo, de 26 de junio de 2013, sobre los estados financieros anuales, los estados financieros consolidados y otros informes afines de ciertos tipos de empresas, por la que se modifica la Directiva 2006/43/CE del Parlamento Europeo y del Consejo y se derogan las Directivas 78/660/CEE y 83/349/CEE del Consejo (DO *L* 182 de 29 de junio de 2013, págs. 19-76).

381 *ICMA*, "The Green Bond Principles (GBP) 021 (with June 2022 Appendix I)". Disponible en: *https://www.icmagroup.org*. (acceso el 18 de marzo de 2025).

382 Asimismo, activos fijos, gastos de capital y operativos, y activos y gastos de los hogares (denominado enfoque gradual).

tera") siempre sea demostrable que el valor total de los mismos sea superior al valor total de su cartera de *BVEe* en circulación[383].

Dentro de su propio ámbito de actuación, también el Texto normativo referenciado establece cierta flexibilidad en la utilización de los fondos de los citados *BVEu*[384], al permitir que hasta el 15% de los mismos sean destinados a actividades que cumplan con la taxonomía, pero para las cuales no existan aún criterios técnicos de selección vigentes[385], o a otras actividades de apoyo internacional, como la financiación de la lucha contra el cambio climático.

Adicionalmente, y frente a los anteriores parámetros, el emisor deberá demostrar que dichas actividades económicas contribuyen sustancialmente a uno o varios objetivos medioambientales y que las mismas serán llevadas a cabo de bajo el paraguas de ciertas garantías mínimas establecidas legalmente. No obstante, el uso y necesidad de este margen de flexibilidad deberá ser reevaluado a medida que se vaya avanzando en la transición europea hacia la neutralidad climática.

Desde una perspectiva material, y como segundo de los requisitos que deben cumplir los denominados *BVEu* por parte de los emiso-

---

383 Véase el Informe anual OFISO 2025. Disponible en: *http://www.ofiso.es* (acceso 21 marzo 2025).

384 *Cfr.* artículo 5 del Reglamento *BVEu,* con excepción de los criterios técnicos de selección, siempre que dichas actividades sean: a) actividades económicas con respecto a las cuales no haya criterios técnicos de selección vigentes a fecha de emisión del BVEu; o b) actividades en el contexto del apoyo internacional notificadas de conformidad con directrices, criterios y ciclos de notificación acordados internacionalmente. Este criterio permite incluir sectores que todavía no están cubiertos por la taxonomía de la UE y determinadas actividades muy concretas, con lo que se facilita el uso de la norma desde el inicio de su existencia. También se podría facilitar con ello la emisión de bonos verdes por las PYMES.

385 Comunicación de la Comisión sobre la interpretación y aplicación de determinadas disposiciones legales del acto delegado de taxonomía medioambiental de la UE, el acto delegado de taxonomía climática de la UE y el acto delegado sobre divulgación de información relacionada con la taxonomía de la UE (*DOUE* núm. 1373, de 5 de marzo de 2025, págs. 1 a 63). En la misma se ordenan las múltiples referencias contenidas en los respectivos Reglamentos Delegados de su autoría en una materia relevante y compleja, siendo una de sus prioridades principales, que el marco de la taxonomía sea más sencillo de utilizar para las empresas tanto financieras como no financieras.

res[386], con el objeto de incrementar la confianza en estos instrumentos y de reforzar la responsabilidad de los emisores respecto de los compromisos que asumen y prometen cumplir, se encuentra el de transparencia[387] el cual dispersa sus efectos no sólo en términos de cumplimiento de los compromisos asumidos, sino además, en una potencial acreditación de las obligaciones de resultado junto con el necesario respaldo de una verificación externa[388].

Con más claridad, al objeto de poder utilizar dicha designación y de facilitar la comparabilidad, tanto la ficha informativa como los informes de asignación, deberán cumplimentarse utilizando las plantillas correspondientes y disponibles en los Anexos del Reglamento *BVEu*[389], donde se acredite que dichos bonos se han asignado de conformidad con los artículos 4 a 7 desde su fecha de emisión hasta el final del año al que se refiera el informe. A tales efectos, el emisor necesariamente publicará un folleto informativo[390] con arreglo a las

---

386 Los emisores soberanos podrán asignar los ingresos de los bonos verdes europeos que haya emitido a desgravaciones fiscales, subvenciones, consumos intermedios, transferencias corrientes dentro de una administración pública, cooperación internacional corriente u otros tipos de gasto público, siempre que los ingresos se asignen de conformidad con los requisitos de la taxonomía.

387 Aludiremos al literal de los citados artículos 10 a 15 del Reglamento de *BVEu*.

388 Cabe destacar dos organizaciones que han tratado de ofrecer metodologías a los encargos de verificación. De una parte, el I*nternational Auditing and Assurance Standards Board* (*IAASB*) publicó la Norma Internacional de Encargos de Aseguramiento 3000 norma también conocida como *ISAE* 3000, cuyo fin es establecer determinados requerimientos éticos y de capacitación técnica. Por otro lado, *AccountAbility 3* es una organización que ha trabajado en la implementación de numerosos estándares, de entre los cuales cabe destacar la Norma de Aseguramiento de Sostenibilidad AA1000AS, cuya finalidad es exigir a los proveedores de verificación que prueben su capacidad mediante su certificación en el programa *CSAP* (*Certified Sustanability Assurance Practitioner program*).

389 El 22 de abril de 2025 ha sido publicado el Reglamento delegado de la Comisión (C(2025) 5 final) por el que se completa el Reglamento (UE) 2023/2631 del Parlamento Europeo y del Consejo estableciendo el contenido, las metodologías y la presentación de la información que los emisores de bonos comercializados como medioambientalmente sostenibles o de bonos vinculados a la sostenibilidad pueden divulgar, de forma voluntaria, en las plantillas para la divulgación periódica de información posterior a la emisión

390 Se tendrá en consideración el Reglamento (UE) 2017/1129 en el que se emplee el término bono verde europeo o *BVEu* en todo el folleto (se aplican excepciones a los soberanos). Este requisito implica que cuando no se requiera

pautas recogidas en el Reglamento de Folletos[391] además de cumplir las condiciones que encierra la Norma: en primer término, los bo-

---

un folleto para la emisión u oferta de los bonos (como es el caso de los bonos con nominales de 100.000 EUR o destinados a inversores cualificados), será necesario que los bonos coticen en un mercado regulado. No obstante, los bonos soberanos (o garantizados por un Estado Miembro, por una autoridad regional o local de un Estado Miembro), que están exceptuados del requisito de folleto, podrán utilizar la designación bono verde europeo (artículo 1 Reglamento (UE) 2017/1129). Además, a efectos del artículo 19, apartado 1, letra c), del Reglamento (UE) 2017/1129, la "información regulada" incluirá la información contenida en la ficha informativa sobre los bonos verdes europeos a que se refiere el artículo 8, apartado 1, letra a), del presente Reglamento. Adicionalmente, y en relación con ello, véase el Reglamento Delegado (UE) 2019/979 por el que se complementa el Reglamento (UE) 2017/1129 en lo que respecta a las normas técnicas de regulación sobre la información financiera fundamental en la nota de síntesis de un folleto, la publicación y clasificación de los folletos, la publicidad de los valores, los suplementos de un folleto y el portal de notificación; Reglamento Delegado (UE) 2019/980 por el que se complementa el Reglamento (UE) 2017/1129 en lo que respecta al formato, el contenido, el examen y la aprobación del folleto que debe publicarse en caso de oferta pública o admisión a cotización de valores en un mercado regulado; Reglamento Delegado (UE) 2021/528 por el que se completa el Reglamento (UE) 2017/1129 en lo que respecta al contenido mínimo de información del documento que debe publicarse con objeto de acogerse a una exención de la obligación de publicar un folleto en relación con una adquisición mediante una oferta de canje, una fusión o una escisión. Recientemente, el 22 de abril de 2025 ha sido publicado el Reglamento delegado de la Comisión (C 2025) 5 final) por el que se completa el Reglamento (UE) 2023/2631 del Parlamento Europeo y del Consejo estableciendo el contenido, las metodologías y la presentación de la información que los emisores de bonos comercializados como medioambientalmente sostenibles o de bonos vinculados a la sostenibilidad pueden divulgar, de forma voluntaria, en las plantillas para la divulgación periódica de información posterior a la emisión.

391 Destacaremos en este punto, la denominada *Listing Act* (Ley de Cotización) que consiste en un conjunto de modificaciones a ciertos Reglamentos y Directivas de la UE que tienen el propósito de hacer las bolsas de valores europeas más atractivas. En particular, se modifica el citado Reglamento de Folletos (Reglamento (UE) 2017/1129 del Parlamento Europeo y del Consejo de 14 de junio de 2017,), el Reglamento de Abuso de Mercado (Reglamento (UE) 596/2014), *MiFID* II (Directiva (UE) 2014/65 del Parlamento Europeo y del Consejo, de 15 de mayo de 2014 sobre mercados de instrumentos financieros). Asimismo, se deroga la Directiva 2001/34/CE del Parlamento Europeo y del Consejo de 28 de mayo de 2001 sobre la admisión de valores negociables a cotización oficial y la información que ha de publicarse sobre dichos valores. Por último, dentro

nos habrán de designarse como *BVEu* en todo el folleto; en segundo término, la sección relativa al uso de los ingresos de los *BVEu* deberá establecer que los mismos han sido emitidos de conformidad con las pautas establecidas en dicho Reglamanto.

Ahora bien, de resultar aplicable, dicho folleto deberá incluir, además, un resumen del plan *CapEx*[392] del emisor. Recordaremos,

---

del paquete legislativo, se incluye una nueva directiva relativa a las estructuras de acciones con derechos de voto múltiple en sociedades que solicitan la admisión a cotización de sus acciones en un mercado de PYMES en expansión. Las principales modificaciones en el Reglamento de Folletos, que entraran en vigor entre 15 y 18 meses desde la entrada en vigor de la *Listing Act,* van dirigidas principalmente, a facilitar el acceso a los mercados de capitales para las PYMES, dado que actualmente éstas no consideran que cotizar en la UE sea un medio fácil y asequible de financiación; asimismo, encuentran dificultades en mantenerse cotizadas debido a los requisitos y los costes recurrentes de cotización. Por otro lado, y con el mismo fin, ciertas modificaciones en el Reglamento de Folletos van dirigidas a simplificar algunas obligaciones para todas las empresas cotizadas. Unido a ello, se aumenta el umbral de la exención— optativa para los Estados miembros— de la obligación de publicación de folleto desde 8 millones EUR hasta 12 millones EUR (en España, esa exención está fijada en 8 millones EUR). Se incrementa del 20% al 30% el umbral de exención de la obligación de publicar un folleto en emisiones secundarias. Es decir, los emisores no tendrán la obligación de publicar un folleto en aquellas emisiones secundarias de valores en mercados regulados, siempre que representen, a lo largo de un período de doce meses, menos del 30% del volumen de valores ya admitidos a cotización en el mismo mercado. Igualmente, son introducidas nuevas exenciones para emisiones secundarias; se reduce el periodo mínimo de oferta. En relación con los folletos elaborados conforme a la legislación de terceros países, se elimina el requisito de aprobación de dichos folletos por parte de las autoridades nacionales competentes del Estado miembro de origen, siempre que se consideren equivalentes y hayan sido aprobados por la autoridad supervisora correspondiente. En su lugar, la Comisión adoptará actos delegados que establezcan los criterios generales de equivalencia. Asimismo, también se modifica el contenido del folleto con el objetivo de simplificarlo y estandarizarlo, así como para introducir información en materia de sostenibilidad

392 El indicador relativo al *CapEx* representa la proporción de inversiones en activos fijos que esté relacionada con activos o procesos asociados a actividades económicas que se ajustan a la taxonomía, que forme parte de un plan para ampliar las actividades económicas que se ajustan a la taxonomía o para permitir que actividades económicas elegibles según la taxonomía (esto es, actividades para las que se hayan aprobado criterios técnicos de selección conforme a la misma) se ajusten a la taxonomía o esté relacionada con la compra de la producción obtenida a partir de actividades económicas que se ajustan a la taxonomía y

a tales fines, que las experiencias y precedentes de mercado a los que cabe adicionar los trabajos de la Comisión y *ESMA*, se deberán traducir, en toda lógica, en un modelo *ad hoc* identificativo de este tipo de emisiones al igual que las especialidades que deriven en titulización verde y *Green Covered Bonds* (que representan, como hemos tenido ocasión de avanzar, una de las modalidades de instrumentos de financiación verde a caballo entre la titulización sostenible y las emisiones directas de bonos verdes)[393].

Bajo la argumentación expuesta, el emisor estará obligado a publicar, asimismo, una ficha informativa[394] que contendrá la información necesaria sobre la manera en que se espera que el *BVEu* contribuya a la estrategia medioambiental global junto a la asignación prevista de los ingresos procedentes de los mismos. A estos efectos, también notificará, en su caso, a las autoridades competentes, la publicación de cada uno de los documentos sin demora indebida y a la *ESMA* en un plazo de treinta días desde su publicación[395].

---

medidas individuales que posibiliten que las actividades objetivo pasen a tener bajas emisiones de carbono o den lugar a reducciones de los gases de efecto invernadero (actividades facilitadoras). El mismo tendrá una duración máxima de 5 años (salvo que las características específicas de la actividad exijan una duración superior, que no puede exceder de 10 años), debe ser divulgado y aprobado por el organismo de dirección de la empresa (directamente o por delegación).

393 El 8 de abril 2025 ESMA ha abierto una consulta sobre las normas técnicas finales para los revisores externos de Bonos Verdes europeos en aras a fortalecer la credibilidad de las revisiones externas de los mismos y teniendo como objetivo el mejorar los sistemas, las funciones de cumplimiento y la confiabilidad de la información utilizada en las evaluaciones de bonos verdes, con el objetivo final de asegurar a los inversores que el capital *ESG* se encuentra alienado con los resultados climáticos reales. Por tanto, las normas finales deberán ser presentadas a la Comisión Europea antes del 21 de diciembre 2025, a tenor de los comentarios de las partes interesadas que deberán efectuarse antes del 30 de mayo de 2025.

394 Dicha ficha informativa se considerará "información regulada" según el Reglamento (UE) 2017/1129 del Parlamento Europeo y del Consejo, de 14 de junio de 201 sobre el folleto que debe publicarse en caso de oferta publica o admisión a cotización de valores en un mercado regulado y por el que se deroga la Directiva 2003/71/CE.

395 En nuestro país, corresponderá a la autoridad supervisora nacional, en España la CNMV, la supervisión administrativa de las emisiones y de los emisores. Establece a este respecto el artículo 45 del Reglamento *BVEu*, que el Derecho

En este marco contextual, la ficha informativa deberá ser validada por un verificador externo[396] (en el supuesto de emisores que asig-

interno deberá dotar a las autoridades competentes de facultades en materia de supervisión e investigación. Además, se prevé la colaboración mutua entre autoridades supervisoras competentes y la posibilidad de imponer sanciones administrativas y adoptar otras medidas administrativas apropiadas, que serán efectivas, proporcionadas y disuasorias para tal fin (*ex* artículo 49 del Reglamento *BVEu*)

396 *Cfr.* artículo 9.6 en relación con el artículo 22 y 29 del Texto reglamentario. Así, los verificadores externos deberán cumplir con las siguientes pautas de actuación: estar inscritos ante la Autoridad Europea de Valores y Mercados (*ESMA*) como encargada de registrar y supervisar, junto a las autoridades nacionales competentes, a los verificadores externos una vez que hayan solicitado su registro como tales; satisfacer requisitos prácticos y profesionales; emplear sistemas, recursos y procedimientos adecuados para llevar a cabo su trabajo; garantizar que sus analistas, empleados y otros miembros del personal dispongan de los conocimientos, la experiencia y la formación necesarios; mantener un sistema de cumplimiento permanente, independiente y eficaz; aplicar políticas y procedimientos internos de diligencia debida para prevenir conflictos de intereses; garantizar que sus revisiones se basen en un análisis exhaustivo de toda la información disponible pertinente; corregir cualquier error metodológico y comunicarlo de inmediato a la *AEVM* y a los emisores de los *BVEu* implicados; garantizar que los prestadores de servicios externos, a los que pueden externalizar algunas actividades, pero no todas, puedan llevar a cabo evaluaciones fiables y profesionales de las que los verificadores externos serán responsables; conservar registros adecuados; identificar, eliminar, gestionar y comunicar cualquier conflicto de interés real o potencial. Del mismo modo, se debe poner sus verificaciones previas y posteriores a la emisión a disposición del público de forma gratuita en su sitio web durante el período de vigencia del bono. Para el supuesto de revisores externos de fuera de la UE, estos podrán prestar sus servicios en virtud del Reglamento, siempre que la Comisión haya emitido una decisión de equivalencia y estén registrados ante la citada Agencia la cual puede, cuando tenga motivos fundados, revocar dicha aprobación. Unido a lo indicado, también podrá interesar cualquier información que necesite de los verificadores externos además de tener competencias para poder llevar a cabo inspecciones *in situ*, examinar registros, datos, procedimientos y otros materiales, así como entrevistar a personas durante las investigaciones además de eliminar, de forma temporal o permanente, un derecho de un verificador externo e imponer multas que oscilarán entre los 20.000 EUR y los 200.000 EUR, junto con sanciones discrecionales, además de cobrar a los mismos las tasas relacionadas con su registro, reconocimiento y supervisión; mantener en su sitio web un registro de verificadores externos de acceso público y elaborar diversas normas técnicas de regulación necesarias para la ejecución del Reglamento.

nen los ingresos de uno o más *BVEu* a una cartera de activos)[397] como elemento de control del perímetro de la actividad, en aras al logro de la cualificación de dichos bonos mediante un dictamen positivo con carácter previo a la emisión, junto a los informes de asignación publicados por cada período de doce meses y hasta la fecha de la asignación completa de los ingresos que derivan de los mismos (*ex* apartados 3, 4 y 5 del artículo 9 del Reglamento de *BVEu*)[398].

Siendo esto así, se adicionará un informe de impacto ambiental publicado tras la asignación completa de los ingresos del *BVEu* al menos por una vez y durante el período de vida de los mismos, el cual contendrá una estimación de los impactos medioambientales positivos y negativos de los proyectos financiados con los aludidos ingresos, guardando en sus líneas generales, y como es fácilmente observable, ciertas similitudes en las condiciones de medios materiales y personales a la de las entidades que prestan servicios financieros, lógicamente adaptados a la realidad de la prestación de los mismos[399].

Enlazado con dichas circunstancias, el mantenimiento y cumplimiento de los requisitos expuestos deberá sostenerse durante la vida

---

[397] Esto es, recordando que a pesar del literal de lo dispuesto en el apartado 3 del artículo 9 del Reglamento de *BVEu*, todo informe de asignación de emisores que sean empresas financieras que asignen los ingresos de una cartera de varios bonos verdes europeos a una cartera de activos financieros a que se refiere el artículo 5, estará sujeto a una verificación posterior a su emisión, realizada por un verificador externo. El verificador externo prestará especial atención a aquellos activos financieros que no se hayan incluido en ningún informe de asignación publicado previamente.

[398] En el artículo 9 del marco reglamentario de manera literal indica: "Los emisores de bonos verdes europeos presentarán los informes de asignación a que se refieren los apartados 3, 4 y 5 a un verificador externo en un plazo de treinta días a partir del final del año al que se refieran los informes de asignación. La verificación posterior a la emisión deberá hacerse pública en un plazo de noventa días a partir de la recepción del informe de asignación".

[399] El artículo 10 Reglamento de *BVEu* que establece textualmente: "Los emisores de bonos verdes europeos, tras la asignación completa de los ingresos de dichos bonos y al menos una vez durante el período de vida de los bonos, elaborarán un informe del impacto medioambiental del uso de los ingresos de los bonos verdes europeos utilizando el modelo establecido en el anexo III.2. Cada informe de impacto puede referirse a varias emisiones de bonos verdes europeos"

operativa de los verificadores[400], deduciéndose la obligatoriedad de actualizar ante el supervisor cualquier novedad o alteración que pueda afectar a las condiciones de autorización[401].

Por otro parte, y bajo concretos parámetros de amplitud y rigurosidad en los requerimientos de información previos y posteriores a la emisión para bonos etiquetados, tanto la ficha informativa como los demás informes deberán cumplimentarse, como hemos avanzado, utilizando las plantillas correspondientes[402] y disponibles en los Anexos del Reglamento de *BVEu,* comprometiéndose la Comisión[403] a su publicación, al objeto de la adecuada divulgación voluntaria.

Sentado lo anterior, y en relación con la existencia del folleto, la ficha informativa y los informes antes determinados, deberán ser facilitados en la lengua o lenguas de su redacción[404], además de que

400 Abordando ampliamente la posibilidad de un estatuto jurídico del verificador, véase los comentarios de VERCHER MOLL, J., *El verificador... op. cit.* pág. 147-156.

401 A nivel general, MINGUEZ PRIETO, R., "La regulación de los bonos verdes...", *op. cit.* pág. 10.

402 Recordaremos que el 22 de abril de 2025 ha sido publicado el Reglamento delegado de la Comisión (C 2025 5 final) por el que se completa el Reglamento (UE) 2023/2631 del Parlamento Europeo y del Consejo estableciendo el contenido, las metodologías y la presentación de la información que los emisores de bonos comercializados como medioambientalmente sostenibles o de bonos vinculados a la sostenibilidad pueden divulgar, de forma voluntaria, en las plantillas para la divulgación periódica de información posterior a la emisión.

403 Recordaremos que la Comisión puede adoptar actos delegados, debiendo publicar, antes del 21 de diciembre de 2026, un informe sobre si es necesario regular los bonos vinculados a la sostenibilidad y teniendo como plazo el 21 de diciembre de 2028, y cada 3 años a partir de entonces, presentará un informe al Parlamento Europeo y al Consejo de la Unión Europea sobre la aplicación del Reglamento.

404 El artículo 12 apartado 2 del Reglamento de *BVEu* indica:"La información contenida en los documentos contemplados en el apartado 1, letras a), c) y e), se facilitará en la lengua o lenguas siguientes: a) cuando los bonos verdes europeos se ofrezcan al público o coticen en un mercado de un solo Estado miembro, en una lengua aceptada por la autoridad competente de dicho Estado miembro, tal como se contempla en el artículo 36 del presente Reglamento; b) cuando los bonos verdes europeos se ofrezcan al público o coticen en un mercado de dos o más Estados miembros, bien en una lengua aceptada por la autoridad competente de cada Estado miembro, tal como se contempla en el artículo 37 del presente Reglamento, bien en una lengua de uso habitual en el ámbito de

toda la documentación inherente a los mismos deberá estar disponible gratuitamente en la página *web* del emisor[405], al menos, hasta el vencimiento de los bonos de que se trate, que refieren: "a) la ficha informativa sobre los bonos verdes europeos cumplimentada a que se refiere el artículo 8, antes de la emisión del bono; b) la verificación previa a la emisión relacionada con la ficha informativa sobre los bonos verdes europeos a que se refiere el artículo 8, antes de la emisión del bono; c) los informes anuales de asignación de bonos verdes europeos a que se refiere el artículo 9, cada año hasta la asignación completa de los ingresos del bono verde europeo de que se trate, a más tardar tres meses después del final del año de que se trate; d) las verificaciones posteriores a la emisión de los informes de asignación de los bonos verdes europeos a que se refiere el artículo 9; e) el informe de impacto de los bonos verdes europeos a que se refiere el artículo 10"[406].

Desde una perspectiva material e implementando la deseada transparencia como medida complementaria y favorecedora del conocimiento del mercado, tanto a nivel *web* del emisor, como a

---

las finanzas internacionales, a elección del emisor". Asimismo, en su apartado 3 matiza que: "3. No obstante lo dispuesto en el apartado 2, cuando haya de publicarse un folleto para el bono verde europeo de conformidad con el Reglamento (UE) 2017/1129, la información contenida en los documentos a que se refiere el apartado 1, letras a), c) y e), se facilitará en la lengua o lenguas de dicho folleto". Enlazándolo con el artículo 17 del citado Texto reglamentario "los verificadores externos presentarán la solicitud de registro a que se refiere el artículo 15 en cualquiera de las lenguas oficiales de las instituciones de la Unión. Las disposiciones del Reglamento núm. 1, de 15 de abril de 1958, por el que se fija el régimen lingüístico de la Comunidad Económica Europea, se aplicarán, *mutatis mutandis*, a cualquier otra comunicación entre la *AEVM* y los verificadores externos y su personal".

405 El 22 de abril de 2025 ha sido publicado el Reglamento delegado de la Comisión (C(2025) 5 final) por el que se completa el Reglamento (UE) 2023/2631 del Parlamento Europeo y del Consejo estableciendo el contenido, las metodologías y la presentación de la información que los emisores de bonos comercializados como medioambientalmente sostenibles o de bonos vinculados a la sostenibilidad pueden divulgar, de forma voluntaria, en las plantillas para la divulgación periódica de información posterior a la emisión

406 *Cfr.* artículo 13 del Reglamento de *BVEu*

través de *ESMA*[407] y de los supervisores nacionales[408], se obliga a los emisores de los bonos a dicha publicación en la página *web* corporativa[409] con un apartado específico identificador de todos los datos concernientes a sus emisiones verdes en línea con las previsiones regulatorias de información citadas y con los documentos enumerados en el fraseo de la dicción legal del artículo 15 del Reglamento de *BVEu*[410].

Aún más, al efectuar las mencionadas verificaciones, los verificadores externos[411] no se referirán específicamente a la *AEVM* ni a nin-

---

407 *Cfr.* Artículo 22 del Reglamento de *BVEu.*

408 En España, como autoridad supervisora nacional, será la CNMV la que efectúe la supervisión administrativa de las emisiones y de los emisores.

409 Articulo 30 apartados 1 letra a) y b) de manera literal especifica: "a) en una sección específica, titulada "Estándar de bonos verdes europeos: verificaciones previas a la emisión", las verificaciones previas a la emisión que hayan emitido; b) en una sección específica, titulada "Estándar de bonos verdes europeos: verificaciones posteriores a la emisión", las verificaciones posteriores a la emisión que hayan emitido".

410 Tal y como indica el artículo 15, apartado 1, letra g) del Reglamento de *BVEu*: una descripción de los procedimientos y metodologías aplicados por el solicitante para realizar las verificaciones previas a la emisión a que se refiere el artículo 8 y las verificaciones posteriores a la emisión contempladas en el artículo 9". De la misma forma, el emisor deberá notificar, en su caso, a las autoridades competentes la publicación de cada uno de los documentos sin demora indebida tras cada publicación y a la *ESMA* en un plazo de treinta días desde su publicación. No podemos obviar, en este punto, que el 22 de abril de 2025 ha sido publicado el Reglamento delegado de la Comisión (C (2025) 5 final) por el que se completa el Reglamento (UE) 2023/2631 del Parlamento Europeo y del Consejo estableciendo el contenido, las metodologías y la presentación de la información que los emisores de bonos comercializados como medioambientalmente sostenibles o de bonos vinculados a la sostenibilidad pueden divulgar, de forma voluntaria, en las plantillas para la divulgación periódica de información posterior a la emisión.

411 A modo ejemplificativo, como verificador externo independiente citaremos CICERO (*Center for International Climate Research* adquirida en 2022 por S&P). No obstante, en la práctica, casi un 10% de los bonos verdes carecen de informes post-emisión y alrededor de un tercio de los mismos tampoco poseen informes verificados por terceros, por lo que se recomienda que la *ICMA* valore modificar los *GBP* al objeto de exigir la adecuada verificación de los informes post-emisión y para retirar las alusiones de "ecologismo" pre-emisión si los emisores no informan de manera adecuada sobre su uso. A estos efectos, véase el informe elaborado por HUNT, J. P. "Green Bond Reporting", 2024, *Columbia Business Law Review*, págs. 201 y ss.

guna otra autoridad competente, de manera tal que pueda indicarse o sugerirse que la misma o cualesquiera otra, pueda aprobar o validar dicha actividad de verificación o de evaluación del mismo[412] (*ex* artículo 37 del Reglamento)[413] como consecuencia de la función esencial del buen funcionamiento y transparencia en los mercados[414].

412 Reseñaremos que el pasado 17 de diciembre de 2024, la Comisión publicó dos actos delegados (*ex* artículos 20 y artículo 21) respecto a esta materia, en particular, sobre el procedimiento para el ejercicio de la facultad de *ESMA* de imponer multas o pagos periódicos de penalización en relación con la facultad de supervisar a los verificadores externos y, por otro lado, sobre el tipo de tasas, los asuntos sobre los que se devengan las tasas, la cantidad de las tasas y la forma en que deben abonarse en relación con el Reglamento *BVEu.* Respecto de ambos, fue abierto un periodo de consulta que finalizó el 28 de enero de 2025. A estos efectos, la Comisión adoptará los actos relevantes (con las modificaciones que considere oportunas) y el Parlamento y el Consejo dispondrán en general de dos meses para formular objeciones, de lo contrario, los actos se publicarán en el *DOUE* y entrarán en vigor a los veinte días de su publicación. Está previsto que la Comisión los adopte en la primera mitad de 2025.

413 En este caso, y con amparo en la *ISAE* 3000, se trata de ser muy exigente con el comportamiento del verificador durante el proceso de verificación. Dada cuenta de que no existen unos pormenores sobre sus conocimientos técnicos, busca imponer unas obligaciones de rigurosidad con el fin de dotar las mayores garantías posibles a la verificación. Se crea así una especie de sistema de autocontrol que debe de ser observado con el fin de promover un principio de escepticismo profesional que conduzca al éxito en la revisión llevada a cabo. Así, el verificador deberá realizar una planificación que le permita identificar las incorrecciones materiales. Lo transcendente se centra en que las técnicas utilizadas para la verificación se apliquen de forma sistemática y repetitiva con la finalidad de evitar cualquier arbitrariedad. En este punto, la importancia de la verificación reside en la calidad del proceso, pues no tiene ningún sentido que se repitan procesos o revisiones sistemáticas si el proceso en su conjunto no goza de la seriedad que se requiere. Cabe distinguir por tanto el escepticismo profesional y el juicio profesional. Además, deberá de expresar que aplica la NICC1 y que cumple los requisitos de independencia y demás requerimientos que exige el Código de Ética del IESBA. Ahora bien, si el verificador no fuera un profesional de la contabilidad, identificará cuáles son los requerimientos profesionales a los que se somete y que son al menos de igual exigencia que el Código de Ética del IESBA indicado. Ampliamente, es efectuado un exhaustivo análisis doctrinal de este aspecto concreto, VERCHER MOLLS, J., *La verificación de la sostenibilidad... op. cit.* pág. 95.

414 *Cfr* artículos 10 a 15 del *BVEu.*

Finalmente, todo lo relatado lo debemos complementar no sólo con lo prevenido en el artículo 32 ("decisión de equivalencia")[415] al efecto de la puesta en práctica respecto a terceros países, en lo concerniente a la autorización y la posibilidad de desarrollar recíprocamente actividades de verificación[416], lo cual no evita que los verificados puedan lograr directamente la aprobación para el desarrollo de la actividad, así como la validación de servicios externos prestados en otro país. No obstante, bajo las premisas contenidas en el sustantivo del artículo 33 del Reglamento de *BVEu* expuesto en relación con el literal del artículo 59 de dicho Cuerpo legal[417], existe la posibilidad

---

415 El artículo 32 del *BVEu* especifica: "La Comisión podrá adoptar una decisión en relación con un tercer país en la que se declare que las disposiciones jurídicas y de supervisión de dicho tercer país garantizan que los verificadores externos registrados o autorizados en dicho tercer país cumplen unos requisitos organizativos y de conducta empresarial jurídicamente vinculantes que surten un efecto equivalente a los requisitos establecidos en el presente Reglamento y en las medidas de ejecución adoptadas en virtud del presente Reglamento, y que el marco jurídico de dicho tercer país establece un sistema equivalente efectivo para el reconocimiento de verificadores externos registrados o autorizados en virtud de regímenes jurídicos de terceros países". Sobre el marco organizativo y de conducta empresarial de un tercer país para que se pueda considerar de efecto equivalente, véase las condiciones contenidas en el apartado 2 del artículo 32 expuesto.

416 Tal y como previene el artículo 35 apartado 1 punto c) del marco reglamentario aludido "se acudirá a un verificador externo de tercer país, siempre que se trate de motivos objetivos: (i) especificidades de los mercados o inversiones subyacentes, (ii) proximidad del verificador validado con respecto a los mercados, emisores o inversores del tercer país; (iii) conocimientos especializados del verificador del tercer país en la prestación de servicios de verificación externa o en mercados o inversiones específicos".

417 A estos efectos, el precepto indica: "La AEVM mantendrá en su sitio web un registro de acceso público en el que se enumerarán todos los elementos siguientes: a) todos los verificadores externos registrados de conformidad con el artículo 15; b) los verificadores externos a los que se haya prohibido temporalmente el ejercicio de sus actividades de conformidad con el artículo 51; c) los verificadores externos a los que se les haya revocado el registro de conformidad con el artículo 51; d) los verificadores externos de terceros países autorizados a prestar servicios en la Unión de conformidad con el artículo 31; e) los verificadores externos de terceros países reconocidos de conformidad con el artículo 34; f) los verificadores externos registrados de conformidad con el artículo 15 que sean responsables de la validación de servicios de verificadores externos de terceros países de conformidad con el artículo 35; g) los verificadores externos de terceros países cuyo registro haya sido revocado y ya no puedan ejercer los

de revocación por parte de la *AEVM*, de la inscripción del verificador externo de un tercer país cuando sean cumplidas determinadas condiciones reflejadas en dicha Norma[418].

3. Otros instrumentos financieros verdes tributarios del régimen general de los bonos verdes europeos: hacia la configuración de un régimen jurídico de titulización sostenible

Hemos avanzado con anterioridad la pertinencia de atender a la neutralidad climática, persiguiendo una sociedad más sostenible, y apostando la UE de forma decidida sobre este planteamiento, dentro del marco de la taxonomía verde europea, y particularmente, en el ámbito de las finanzas sostenibles, como avance en el logro de una estrategia de financiación del crecimiento sostenible y de transición hacia una economía neutral desde el punto de vista climático y eficiente.

derechos contemplados en el artículo 31 cuando la Comisión adopte una decisión de revocación en relación con ese tercer país a que se refiere el artículo 32; h) los verificadores externos de terceros países cuyo reconocimiento haya sido suspendido o revocado y los verificadores externos registrados de conformidad con el artículo 15 que ya no puedan ser responsables de la validación de los servicios de verificadores externos de terceros países".

418 Esto es: "a) que la AEVM disponga de razones fundadas, basadas en pruebas documentales, para considerar que, en la prestación de servicios en la Unión, el verificador externo del tercer país está actuando de un modo claramente perjudicial para los intereses de los inversores o para el funcionamiento correcto de los mercados; b) que la *AEVM* disponga de razones fundadas, basadas en pruebas documentales, para considerar que, en la prestación de servicios en la Unión, el verificador externo del tercer país ha infringido gravemente las disposiciones que le son aplicables en el tercer país y sobre cuya base la Comisión adoptó la decisión de conformidad con el artículo 32, apartado 1; c) que la *AEVM* haya remitido el asunto a la autoridad competente del tercer país y dicha autoridad competente no haya adoptado las medidas adecuadas necesarias para proteger a los inversores y el correcto funcionamiento de los mercados de la Unión, o no haya demostrado que el verificador externo del tercer país en cuestión cumple los requisitos que le son aplicables en dicho tercer país; d) que la *AEVM* haya informado a la autoridad competente del tercer país de su intención de revocar la inscripción del verificador externo del tercer país en cuestión al menos treinta días antes de proceder a dicha revocación".

Dentro del marco de medidas normativas comunitarias para mejorar la eficiencia de los mercados financieros, advertiremos que que uno de los puntos centrales del Reglamento sobre *BVEu* gira alrededor de los bonos de titulización[419]. Inicialmente, y desde un punto de vista estrictamente financiero, vemos necesario exponer que dicha titulización[420] (cuestionable transposición de la terminología anglosajona "*securitisation*"[421] antes mencionada) constituye un proceso financiero en el que varios sujetos realizan actividades sucesivas y coordinadas, con la finalidad de actualizar créditos de vencimiento futuro mediante su cesión onerosa a una persona jurídica o fondo carente de personalidad (*Special Purpose Vehicle* o *SPV*) y su fraccionamiento e incorporación a valores negociables. Por lo tanto, dicha herramienta contribuye de manera significativa al buen funcionamiento del sistema que financia eficazmente la economía real[422], dado que libera

---

419 La titulización de activos tuvo su origen en EE.UU. con el desarrollo del mercado secundario de hipotecas, que experimentó un crecimiento acelerado en los años 70 y 80. Los esfuerzos del gobierno estadounidense por promocionar el desarrollo de la vivienda encaminados a la formación de un mercado secundario de hipotecas, facilitaron que las entidades financieras, en especial las cajas de ahorros (*Savings and Loans*), vendieran y, posteriormente, titulizarán sus carteras de préstamos hipotecarios.

420 Se ha iniciado el procedimiento de revisión del Reglamento (UE) 2017/2402 del Parlamento europeo y del Consejo, de 12 de diciembre de 2017 por el que se establece un marco general para la titulización y se crea un marco específico para la titulización simple, transparente y normalizada, y por el que se modifican las Directivas 2009/65/CE, 2009/138/CE y 2011/61/UE y los Reglamentos (CE) 1060/2009 y 648/2012), cuyo período de consulta pública concluyó el pasado 4 de diciembre, y se espera que, a la luz de las respuestas recibidas, se inicie la modificación de dicho marco reglamentario al objeto de consolidar el mercado de titulizaciones y fomentar su desarrollo de manera simple, transparente y normalizadas ("STS" por sus siglas en inglés). En febrero de 2024 en el DOUE fue publicado el Reglamento Delegado (UE) 2024/584 de la Comisión, de 7 de noviembre 2023, por el que se modifican las normas técnicas de regulación establecidas en el Reglamento (UE) 2019/1851 en lo relativo a la homogeneidad de las exposiciones subyacentes en las titulizaciones simples, transparentes y normalizadas (STS).

421 La Comisión europea también lo aborda en: *https://finance.ec.europa.eu/capital-markets-union-and-financial-markets/financial-markets/securities-markets/securitisation_en* (acceso 28 de *abril* 2025).

422 Se espera la aprobación durante el primer trimestre de 2025 de la ley por la que se traspone la Directiva (UE) 2021/2167, del Parlamento Europeo y del Consejo, de 24 de noviembre de 2021, sobre los administradores de créditos y

capacidad en los balances de los bancos, lo que les permite ofrecer nuevos créditos a las empresas, incluidas las PYMES.

A tales efectos, las causas que explican el auge de la titulización de activos son diversas. Por una parte, existen factores de oferta que están relacionados con las ventajas que supone para las entidades, tanto en términos de captación de financiación a unos costes atractivos, como de gestión y diversificación del riesgo de crédito asumido. Asimismo, desde el punto de vista de la demanda, los inversores tienen acceso a nuevos productos que ofrecen nuevas combinaciones de rentabilidad y riesgo.

Como se ve, hasta el período de turbulencias (iniciado en el verano de 2007) en un contexto de elevada liquidez en los mercados y de reducidos tipos de interés, muchos inversores encontraron en esta figura productos con las rentabilidades más atractivas (*search for yield*). Además, el creciente desarrollo de los mercados de renta fija privada (sobre todo, secundarios) contribuyeron a la colocación y posterior negociación de los bonos de titulización.

Jurídicamente, puede definirse como un proceso complejo cuyo objetivo es ceder —a título de compraventa— un activo determinado a otro sujeto con personalidad o sin ella, pero, en todo caso, con autonomía patrimonial (cesionario), el cual, por un lado, integra ese crédito en su patrimonio, y por otro, emite valores negociables con la garantía del derecho/os de crédito cedidos que serán adquiridos por inversores, preferentemente institucionales.

Precisamente por ello, la titulización de cualquier activo lleva consigo la conversión de un activo crediticio de liquidez reducida en valores negociables susceptibles de negociación en mercados organizados y dotados de mayor liquidez[423].

---

los compradores de créditos y por la que se modifican las Directivas 2008/48/CE y 2014/17/UE. Actualmente, existe solo un anteproyecto, que está en fase de enmiendas.

423 Se han convertido en una de las características más relevantes de la innovación financiera. Como parte de este proceso de innovación, tanto los activos que son objeto de la titulización, en su origen básicamente hipotecarios, como las estructuras a través de las que se desarrolla el proceso se han ido ampliando y sofisticando sustancialmente a lo largo del tiempo. En España, dicho fenómeno se circunscribe a un ámbito eminentemente bancario. Hasta la fecha, el 99%

A esos fines, dicho proceso podrá ser llevado a cabo por cualquier empresa, pero normalmente es desarrollado por entidades de crédito debido a su capacidad para generar numerosos activos financieros. Pero, además, la misma permite a estas últimas transformar activos heterogéneos, en su gran mayoría no negociables y típicamente de importes relativos reducidos, en títulos líquidos, homogéneos, de mayor importe y susceptibles de ser vendidos, transferidos o cedidos a un tercero, exponiendo que el abanico de activos susceptibles de titulizar es muy amplio y no sólo incluye derechos de crédito presentes (préstamos hipotecarios, tarjetas de crédito, préstamos al consumo, préstamos para la financiación automóviles, bonos de renta fija, bonos de titulización, etc.), sino también, futuros (derechos de autor, ingresos por arrendamientos, etc.), esto es, cualquier activo financiero o flujo futuro sobre el que no exista información asimétrica puede ser titulizado[424].

---

de las titulizaciones ha sido originado por entidades de crédito, principalmente vendiendo sus activos a fondos de titulización, pero también, emitiendo pasivos bancarios que posteriormente se titulizan. Por ello, desde el año 2000, las emisiones de titulizaciones han crecido a un ritmo interanual medio del 51%, de tal modo que el saldo vivo de los bonos de titulización emitidos por fondos españoles era, en diciembre de 2007, dieciséis veces mayor que el existente en diciembre de 2000. Desde un punto de vista doctrinal, CARTARINEU, E. y PÉREZ, D., *La titulización de activos por parte de las entidades de crédito: el modelo español en el contexto internacional y su tratamiento desde el punto de vista de la regulación prudencia*, Banco de España, Estabilidad financiera, Madrid, núm. 14.

424 Desde un ámbito general, el 15 de febrero 2024 en el DOUE se publicó el Reglamento Delegado (UE) 2024/584 por el que se modifican las normas técnicas de regulación en lo relativo a la homogeneidad de los activos subyacentes de titulizaciones simples, transparentes y normalizadas ("*STS*" por sus siglas en inglés). Esta modificación de los RTS de Homogeneidad entró en vigor el 6 de marzo de 2024. Mencionaremos que el Reglamento de Titulización establece una serie de requisitos para las citadas titulizaciones STS. Entre los mismos encontramos la simplicidad (que constituye la primera "S" en la abreviatura "STS"). Dentro de tal característica de simplicidad, en aras de asegurar que los inversores realicen un proceso de diligencia debida, y para facilitar la evaluación de los riesgos, una regla capital consiste en que las operaciones de titulización estén respaldadas por conjuntos de exposiciones que sean homogéneas en cuanto al tipo de activo. Así, el artículo 20.8 del Reglamento de Titulización citado contiene la norma relativa a la homogeneidad. Sin embargo, dicha norma de primer nivel está sujeta a una mayor definición mediante los *RTS* de Homogeneidad. Conforme al nuevo Reglamento Delegado, los mismos deberán incluir las siguientes novedades: réditos a particulares: este tipo de activo agrupará tanto a particulares

Merece la pena destacar, que, pese a que no se había previsto una regulación específica al respecto en la propuesta inicial de la Comisión Europea, el Reglamento *BVEu* (artículos 16 a 19) ha incluido un régimen específico para los bonos de titulización o *SSPE*[425], por sus

---

como a empresas, siempre que la política de concesión de crédito aplicable a ambos sea idéntica. Se adiciona en el artículo 1 (a): "líneas de crédito concedidas a particulares con fines personales, familiares o de consumo doméstico, o líneas de crédito concedidas a empresas cuando la originadora apliquen el mismo enfoque de evaluación del riesgo de crédito que para los particulares en los casos no cubiertos por los incisos i) y ii) y iv) a viii). En punto a la administración, mediante este requisito facilita la interpretación en el caso de titulización sintética, pues elimina la mención al fondo de titulización. Se adiciona en el artículo 1 (c) la frase" se administren con arreglo a procedimientos similares de seguimiento, cobro y gestión de los derechos de cobro en efectivo en el activo del *SSPE*". Con relación a los factores de homogeneidad y dado que ciertos tipos de activo no tienen factor de homogeneidad alguno, se adiciona una aclaración en el artículo 1(d) cuyo tenor literal determina "que se apliquen uno o varios de los factores de homogeneidad de conformidad con el artículo 2, en su caso". En relación con el factor de homogeneidad para préstamos o leasing de vehículos, este agrupará ahora a particulares y empresas cuando su concesión esté enfocada en criterios de riesgo idénticos. Es adicionado en el artículo 2.4 (a) "particulares y empresas cuando la originadora tenga el mismo enfoque para evaluar el riesgo de crédito asociado a las exposiciones frente a empresas que para las exposiciones frente a particulares". Asimismo, y en relación con el factor de homogeneidad para tarjetas de crédito, el factor relativo al tipo de obligado agrupará ahora a particulares y empresas cuando su concesión esté enfocada en criterios de riesgo idénticos, siendo adicionado en el artículo 2.5 (a) "particulares y empresas cuando la originadora aplique el mismo enfoque para evaluar el riesgo de crédito asociado a las exposiciones frente a empresas que para las exposiciones frente a particulares". También es establecido un régimen transitorio para aquellas titulizaciones *STS* que hayan sido notificadas con anterioridad al 6 de marzo de 2024, de forma que podrán seguir cualificando como STS sin cumplir con esta modificación.

[425] Desde un ámbito conceptual, se entiende por bonos de titulización, aquellos emitidos por un vehículo especializado de titulización (*Securitisation Special Purpose Entity*), en virtud de lo establecido en el Reglamento (UE) 2017/2402 del Parlamento Europeo y del Consejo, de 12 de diciembre de 2017 por el que se establece un marco general para la titulización y se crea un marco específico para la titulización simple, transparente y normalizada, y por el que se modifican las Directivas 2009/65/CE, 2009/138/CE y 2011/61/UE y los Reglamentos (CE) 1060/2009 y (UE) 648/2012. Específicamente, véase el tenor sustantivo de los artículos 16 a 19 del Reglamento *BVEu*. Completando lo anterior, la Comisión Europea presentó el 19 de febrero 2025 su programa de trabajo para 2025 enfocado en la simplificación y competitividad en donde es incluido la revisión del

siglas en inglés (con la excepción de los bonos emitidos a efectos de una titulización sintética[426]), en línea con las demandas del sector y siendo esto necesario para la desintermediación bancaria.

Siendo esto así, el aludido Cuerpo legal establece que en relación con indicados bonos, las referencias al emisor deberán entenderse hechas al originador, mientras que las referencias a los fondos deberán se comprendidas con relación a los fondos obtenidos por el originador por la venta de las exposiciones titulizadas al vehículo de titulización correspondiente (Reglamento (UE) 2017/2402 del Parlamento Europeo y del Consejo, de 12 de diciembre de 2017)[427].

---

actual "Marco de titulización" durante el segundo trimestre de 2025 al objeto de estimular la financiación privada.

426 Se refiere a aquellas que logran transferir el riesgo de crédito de una cartera de activos mediante la contratación de derivados crediticios o garantías (principalmente *Credit Default Swaps, CDS*).

427 En virtud de la nueva normativa en materia de titulizaciones, se atribuye al Banco de España (en adelante BE) nuevas competencias de supervisión en relación con los requisitos sobre retención de riesgos, transparencia, prohibición de retitulizar y requisitos sobre los criterios de concesión de créditos, para originadores, prestamistas originales, patrocinadores, entidades de titulización con fines especiales (*SSPE*), según corresponda. Estos requisitos se corresponden con los artículos 6, 7, 8, y 9 del Reglamento (UE) 2017/2402, de 12 de diciembre de 2017, por el que se establece un marco general para la titulización y se crea un marco específico para la titulización simple, transparente y normalizada, en Además, el Banco de España, en virtud del artículo 29, apartado 5 del Reglamento (UE) 2017/2402 y el artículo 38 de la Ley 5/2015, de 27 de abril, de fomento de la financiación empresarial, es la autoridad competente para la supervisión del cumplimiento de los criterios Simples, Transparentes y Normalizados (*STS*), para entidades de crédito, ya sean significativas o no, u otras entidades sujetas a la supervisión del BE con arreglo a su normativa sectorial correspondiente. Los requisitos en relación con el cumplimiento de los criterios STS se corresponden con los artículos 18 al 27 del Reglamento (UE) 2017/2402. Por otro lado, de acuerdo con el apartado 2, del artículo 44 el Reglamento (UE) 2023/2631, de 22 de noviembre de 2023, sobre los bonos verdes europeos y la divulgación de información opcional para los bonos comercializados como bonos medioambientalmente sostenibles y para los bonos vinculados a la sostenibilidad, las autoridades competentes designadas de conformidad con el artículo 29, apartado 5, del Reglamento (UE) 2017/2402, supervisarán el cumplimiento por parte de las originadoras de sus obligaciones en virtud del Título II, Capítulo 2, y de los artículos 18 y 19 del Reglamento (UE) 2023/2631. Por tanto, el Banco de España, es la autoridad competente en relación con aquellas titulizaciones tradicionales que emitan bonos designados como *BVEu* en virtud del Reglamento

Parece evidente, a su vez, que a tenor del contenido sustantivo del Reglamento 2023/2631, los bonos de titulización podrán ser considerados *BVEu,* por lo que se les aplicará el citado Texto reglamentario, si bien bajo una serie de particularidades con relación al régimen general establecido para otros bonos.

A tales efectos, las referencias al emisor se entenderán efectuadas a la entidad originadora de los activos subyacentes mientras que las referencias a los fondos deberán entenderse efectuadas a los fondos obtenidos por la entidad originadora por la venta de las exposiciones titulizadas al *SSPE* correspondiente[428]

Bajo este contexto se desliza que para el supuesto de existencia de varias entidades originadoras en una misma operación de titulización, cada originadora deberá cumplir los correspondientes requisitos para la utilización de los ingresos recibidos de forma proporcional con referencia a su participación en el conjunto de exposiciones titulizadas.

Así las cosas, las originadoras cumplimentarán conjuntamente los requisitos referidos a las siguientes obligaciones, indicando clara-

---

(UE) 2023/2631. El desarrollo de las competencias señaladas requiere disponer de información que permita valorar tanto el cumplimiento de los requisitos de los artículos 6 al 9 como de los criterios *STS*, del Reglamento (UE) 2017/2402, así como las obligaciones en relación con el Reglamento (UE) 2023/2631.

428 En este apartado vemos oportuno mencionar que en nuestro país y en virtud de la nueva normativa en materia de titulizaciones, se atribuye al Banco de España nuevas competencias de supervisión en relación con los requisitos sobre retención de riesgos, transparencia, prohibición de retitulizar y requisitos sobre los criterios de concesión de créditos, para originadores, prestamistas originales, patrocinadores, entidades de titulización con fines especiales (*SSPE*), según corresponda. Estos requisitos se corresponden con los artículos 6, 7, 8, y 9 del Reglamento (UE) 2017/2402, de 12 de diciembre de 2017, por el que se establece un marco general para la titulización y se crea un marco específico para la titulización simple, transparente y normalizada. Además, el Banco de España, en virtud del artículo 29, apartado 5 del Reglamento (UE) 2017/2402 y el artículo 38 de la Ley 5/2015, de 27 de abril, de fomento de la financiación empresarial, es la autoridad competente para la supervisión del cumplimiento de los criterios Simples, Transparentes y Normalizados (*STS*), para entidades de crédito, ya sean significativas o no, u otras entidades sujetas a la supervisión del BE con arreglo a su normativa sectorial correspondiente. Los requisitos en relación con el cumplimiento de los criterios STS se corresponden con los artículos 18 al 27 del Reglamento (UE) 2017/2402.

mente en qué medida cada originadora ha cumplimentado los mismos (particularmente la ficha informativa del Anexo I del Reglamento), debiendo asegurar que se ha obtenido una verificación previa emisión además de un dictamen positivo de un verificador externo.

Desde otra perspectiva, y unido a las pautas delimitativas que preceden, se realizarán informes de asignación y verificación posterior a la emisión junto con la elaboración y publicación del informe de impacto además de la necesariedad de la publicación en el sitio web y la correspondiente notificación a las autoridades competentes. Resulta significativo, asimismo, el reflejo de las pertinentes explicaciones sobre los motivos de exclusión de determinados activos, así como de los requisitos de divulgación de información adicionales. Por otra parte, cuando el Reglamento a estudio se refiera al destino de los ingresos recibidos por el emisor, se entenderán como tales, los ingresos obtenidos por la entidad originadora con la operación de titulización mencionada.

Pero, es más, para que los citados bonos de titulización sean verdes, esto es, se llegue a la denominada titulización sostenible[429], la entidad originadora cumplirá los requisitos de uso de los fondos, prohibiéndose que las exposiciones titulizadas incluyan ciertos activos especialmente perjudiciales, es decir, los activos subyacentes no comprenderán activos que financien la prospección, la minería, la extracción, la producción, la transformación, el almacenamiento, el

---

429 Implica la titulización de activos financieros verdes, es decir, instrumentos de capital y deuda emitidos por empresas que están comprometidas con los principios de sostenibilidad ambiental con el fin de minimizar su impacto negativo en el planeta. Así las cosas, no tiene dudas la EBA de la necesaria homologación de la titulización sostenible con los *BVE*, pero no deja de significar la necesaria adaptación específica de numerosos aspectos a llevar a cabo, particularmente por el desdoblamiento originador y el vehículo de titulización, las partes implicadas, y los requisitos particulares de verificación y transparencia y su juego es estructuras complicadas. Es de interés el tema de los activos subyacentes y su transformación para utilizar los "*use of proceeds*" en inversiones verdes sobre activos no verdes, pero no es menos cierto que por dicha vía se transiciona con mayor racionalidad financiera el poder ir modificando y transformando los balances en más sostenibles en línea con Basilea y el *ECB*. Desde un punto de vista doctrinal, MINGUEZ PRIETO, R., "La regulación de los bonos verdes..." *op. cit.* pág. 13.

refinado o la distribución, incluido el transporte, y el comercio de combustibles fósiles.

Precisamente por esto, la entidad originadora vendrá obligada a explicar que ha cumplido este requisito en la correspondiente ficha informativa. Además, los activos subyacentes (préstamos, créditos, facturas, etc.) no deberán comprender activos que financien la prospección, la minería, la extracción, la producción, la transformación, el almacenamiento, el refinado o la distribución, incluido el transporte, y el comercio de combustibles fósiles. A tales efectos, la entidad originadora indicará que se ha cumplido dicho requisito en la correspondiente ficha informativa[430].

No obstante, lo previsto en el apartado anterior, pesar de lo anterior, en el conjunto de activos titulizados se podrán incluir activos que financien la generación de electricidad a partir de combustibles fósiles, la cogeneración de calor/frío y electricidad a partir de combustibles fósiles, o la producción de calor/frío a partir de combustibles fósiles, siempre y cuando la actividad cumpla los criterios del principio de no causar un perjuicio significativo establecidos en el Reglamento Delegado (UE) 2021/2139[431] (*ex* artículo 18 del Reglamento *BVEu*).

---

430 CHAMORRO DOMÍNGUEZ, Mª C. "La financiación de proyectos medioambientales a través de la inversión sostenible..." *op. cit.* págs. 3 y ss.

431 Reglamento Delegado (UE) 2021/2139 de la Comisión, de 4 de junio de 2021, por el que se completa el Reglamento (UE) 2020/852 del Parlamento Europeo y del Consejo y por el que se establecen los criterios técnicos de selección para determinar las condiciones en las que se considera que una actividad económica contribuye de forma sustancial a la mitigación del cambio climático o a la adaptación al mismo, y para determinar si esa actividad económica no causa un perjuicio significativo a ninguno de los demás objetivos ambientales, modificado por el Reglamento delegado (UE) 2022/1214 de la Comisión, de 9 de marzo de 2022 en lo que respecta a las actividades económicas en determinados sectores energéticos y por el Reglamento Delegado (UE) 2021/2178 en lo que respecta a la divulgación pública de información específica sobre esas actividades económicas; y por Reglamento delegado (UE) 2023/2485 de la Comisión, de 27 de junio de 2023 por el que se modifica el Reglamento Delegado (UE) 2021/2139 por el que se establecen criterios técnicos de selección adicionales para determinar las condiciones en las que se considera que una actividad económica contribuye de forma sustancial a la mitigación del cambio climático o a la adaptación al mismo, y para determinar si esa actividad económica no causa un perjuicio significativo a ninguno de los demás objetivos medioambientales.

Por otra parte, no queremos dejar de advertir que el régimen sustantivo expuesto es complementado con requisitos de divulgación de información adicionales, en particular, será necesario que en los folletos publicados en las emisiones de bonos de titulización calificados como *BVEu* se incluya una declaración de que el bono es realmente, un bono de titulización[432] y de que la originadora es responsable del cumplimiento de los compromisos asumidos en el folleto en relación con la utilización de los ingresos. Además, en el folleto[433] y la ficha informativa se incluirá información sobre las características medioambientales de las exposiciones titulizadas conforme a los datos disponibles.

4. Bonos comercializados como medioambientalmente sostenibles y bonos vinculados a la sostenibilidad

A lo largo de estas líneas abordaremos, tal y como recoge el Reglamento *BVEU,* a otras dos variedades de bonos respecto de los que si bien no establece el citado marco legal un régimen exhaustivo, sí contempla la posibilidad de que los emisores correspondientes se acojan voluntariamente al régimen de transparencia allí previsto[434].

En primer término, y según la definición proclamada en el artículo 2 del Reglamento *BVEu,* los "bonos comercializados como medioambientalmente sostenibles" que refiere a bonos cuyo emisor se compromete a proporcionar a los inversores un compromiso o cualquier forma de alegación precontractual de que los ingresos procedentes de los bonos se asignan a actividades económicas que contribuyen a un objetivo medioambiental (*ex* artículo 3 del Reglamento de Taxonomía de 2020), como la eficiencia energética y la eficiencia

---

432 En nuestro país, es interesante resaltar que la CNMV actualizó, el pasado 15 de enero 2025 el documento de preguntas y respuestas sobre la normativa de vehículos de inversión colectiva (*IICs*), entidades de capital riesgo (*ECR*) y otros vehículos de inversión colectiva cerrados. En esta actualización aclaró dos cuestiones: los requisitos para que las instituciones de inversión colectiva puedan invertir en fondos de titulización, y los aspectos relacionados con el procedimiento de elección del depositario y con el proceso para designarlo.

433 *Vid supra np.* 425

434 *Cfr.* artículos 20 y 21 de Reglamento *BVEu.* Por su interés véase supra np 425

de los recursos, así como las infraestructuras de transporte y las infraestructuras de investigación sostenible[435]

En segundo término, y con referencia a los "bonos vinculados a la sostenibilidad" ("*Sustainability-Linked Bonds, o SLBs*") cuyas características financieras o estructurales varían en función de la consecución por parte del emisor de objetivos de sostenibilidad medioambiental predefinidos, abordan el poder desarrollar, aún más, el papel clave que los mercados de deuda pueden desempeñar en la financiación y el fomento de empresas que contribuyen a objetivos de sostenibilidad (desde una perspectiva medioambiental, social, o de gobernanza, "*ESG*"[436] tal y como hemos avanzado en el presente trabajo).

A tales efectos, para poder desempeñar ese papel y que el mercado de la Unión prospere, la homogeneidad es de suma importancia, encontrando la misma entre sus inherentes principios, el de proporcionar guías específicas que incluyan recomendaciones sobre los aspectos de estructuración, divulgación y presentación de informes ("*reporting*"), concibiéndose específicamente para su uso efectivo por los participantes del mercado, y diseñándose para lograr el necesario impulso a la transparencia de la información, que tenderá, en última instancia, al aumento de los volúmenes de capital invertidos en estos productos financieros.

Pero es más, podrán ser aplicables a todo tipo de emisores e instrumentos del mercado de capitales financieros, incentivándose de esta forma por parte del emisor, de la adecuación de los objetivos

---

435 Cfr. artículos 20 y 21 de Reglamanto BVEu. s son aquellos cuyo emisor se compromete a asignar directamente los ingresos procedentes del bono a actividades económicas que contribuyen a un objetivo medioambiental conforme al art. 3 del Reglamento de Taxonomía de 2020. Por su parte, los bonos vinculados a la sostenibilidad son bonos cuyas características financieras o estructurales varían en función de la consecución por parte del emisor de objetivos de sostenibilidad medioambiental predefinidos.

436 Ya el 25 de mayo de 2023, las AES (Autoridades Europeas de Supervisión)-esto es, la *EBA, EIOPA* y *ESMA*— aprobaron el borrador final de las *RTS* sobre el contenido, metodologías y presentación de información en respecto de los indicadores de sostenibilidad para la titulización *STS*. Indicaremos en este apartado, que el 24 de abril de 2024, el Parlamento Europeo adoptó la Propuesta de Reglamento del Parlamento Europeo y del Consejo sobre la transparencia y la integridad de las actividades de calificación medioambiental, social y de gobernanza (*ESG*).

de sostenibilidad citados (*ESG*)[437] materiales, cuantitativos, predeterminados, ambiciosos, regularmente monitorizados y verificados externamente mediante el seguimiento de Indicadores Clave de Desempeño *("Key Performance Indicators, o KPIs")*[438] y Objetivos de Desempeño en Sostenibilidad ("*Sustainability Performance Targets, o SPTs*").

A mayor abundamiento, recordaremos que se engarzan en una naturaleza colaborativa y consultiva, además de estar sustentados en las contribuciones de los Miembros y Observadores de los Principios de Bonos Verdes y de Bonos Sociales (los "Principios" o "*GBPs / SBPs*") y de un amplio número de grupos de interés y de estar coordinados por el Comité Ejecutivo, actualizándose periódicamente para reflejar el desarrollo y crecimiento del mercado global de Bonos Vinculados a la Sostenibilidad. Bajo las anteriores pautas, son orientados, en última instancia, los emisores sobre aquellos componentes clave involucrados en la emisión de un *SLB* creíble y ambicioso.

En estas circunstancias, y como criterio hermeneútico, también es promovida la responsabilidad de los mismos[439] en la delimitación de sus estrategias de sostenibilidad y de la disponibilidad de la información necesaria para evaluar sus inversiones en *SLB*, además de ayudar a los aseguradores a orientar el mercado hacia enfoques de estructuración e información que faciliten, en última instancia, transacciones

---

437 Es interesante el Informe de la *ESMA* sobre los beneficios potenciales para los emisores de un efecto de fijación de precios *ESG* publicado el 6 de octubre de 2023.

438 Dichos *KPIs* de sostenibilidad que pueden ser externos o internos. Además, inserto en su materialidad para la incidir en una adecuada estrategia de sostenibilidad y de negocio del emisor, deberían abordar los desafíos ambientales, sociales y/o de gobernanza relevantes del sector industrial, y estar bajo el control de la dirección. En efecto, deberían ser relevantes, estratégicos y materiales para los negocios y actividades del emisor, y de gran importancia estratégica para las operaciones actuales o futuras del emisor; ser medibles o cuantificables sobre una base metodológica coherente; ser verificables externamente; y poder ser comparados con terceros, y tanto como sea posible, utilizar referencias externas o definiciones que faciliten la evaluación del nivel de ambición del *SPT*.

439 BATALLER GRAU, J., "Desmontando tópicos sobre la Responsabilidad Social Empresarial", *Revista de Derecho Mercantil*, núm. 323, Madrid, 2022, pág. 10.

creíbles bajo un proceso claro y un compromiso transparente para los diferentes emisores[440].

Consecuentemente, los dos instrumentos referidos tienden a evitar lo que se ha denominado blanqueo ecológico o "*greenwashing*" (esto es, la promoción engañosa de que un producto financiero cumple con objetivos sostenibles)[441].

A estos efectos, en el Reglamento *BVEu* en su artículo 20(1) y el artículo 21(4) mandataron a la Comisión Europea a la adopción de un acto delegado para complementar dicho marco reglamentario al objeto de establecer el contenido, las metodologías y la presentación de la información que debe divulgarse en las plantillas de divulgación voluntarias previas y posteriores a la emisión, respectivamente, aplicables a los bonos comercializados como bonos medioambientalmente sostenibles y vinculados a la sostenibilidad.

Por otro lado, el 17 de diciembre de 2024, la Comisión publicó un proyecto de Reglamento Delegado con respecto a las divulgaciones posteriores a la emisión, incluido un Anexo en el que se establecen las plantillas pertinentes, abriéndose un proceso de consulta con comentarios que finalizó el 28 de enero de 2025.

Recordaremos que dicho Reglamento Delegado enfatizaba que, para el aseguramiento de la coherencia con las divulgaciones que los emisores deben publicar para los *BVEu* y en consonancia con el objetivo general de facilitar a los inversores la comparación de productos, las mencionadas plantillas posteriores a la emisión deben sustentarse en las plantillas para la información posterior a la emisión en virtud del Reglamento BVEU.

De la misma forma, era establecido que para aquellos emisores que decidieran optar voluntariamente por el régimen voluntario, de-

---

440 YU, E. P.; LUU, B. V. y CHEN, C. H., "Greenwashing in environmental, social and governance disclosures", *Research in International Business and Finance*, núm. 52, Elsevier, págs. 9 y ss.

441 TATO PLAZA, A., "Sobre el uso de alegaciones…" *op. cit.* pág. 103; VENDRELL, C. y SUANCES, C., "*Greenwashing* y prácticas desleales con los consumidores: la Propuesta de Directiva relativa al empoderamiento de los consumidores para la transición ecológica a la luz del contexto actual y algunos casos recientes en el Derecho comparado", *Actualidad Jurídica Uría Menéndez,* núm. 60, Madrid, 2022, págs. 161 y ss. Disponible: *www.uria.com.* (acceso 15 diciembre 2024).

bían divulgar la información pertinente posterior a la emisión para cada período de 12 meses hasta la asignación completa de los ingresos de los bonos, a partir de la fecha de emisión y hasta el final del año natural o el final del ejercicio financiero de la emisión. La información posterior a la emisión deberá publicarse en el sitio *web* del emisor hasta al menos 12 meses después del vencimiento del bono en cuestión.

En este escenario, al objeto de potenciar aún más dichos efectos y ofrecer a los emisores nuevas posibilidades de informar sobre su adaptación a la taxonomía al margen de la norma de *BVEu*[442], y teniendo como principal justificación la reducción de la carga administrativa y además de poder facilitar que los inversores tengan acceso a información clara y normalizada, con fecha 16 de abril de 2025, ha sido publicado el Reglamento delegado por el que se completa el Reglamento (UE) 2023/2631 del Parlamento Europeo y del Consejo estableciendo el contenido, las metodologías y la presentación de la información que los emisores de bonos comercializados como medioambientalmente sostenibles o de bonos vinculados a la sostenibilidad pueden divulgar, de forma voluntaria, en las plantillas para la divulgación periódica de información posterior a la emisión[443].

En este sentido, el artículo 1 indica de forma textual "que los emisores de bonos comercializados como medioambientalmente sostenibles o de bonos vinculados a la sostenibilidad que opten por utilizar las plantillas voluntarias comunes a que se refiere el artículo 21, apartado 1, del Reglamento (UE) 2023/2631 utilizarán las plantillas que figuran en el anexo. Una misma plantilla podrá referirse a más de una emisión de bonos"

---

442 *Vid* Reglamento (UE) 2023/2631 del Parlamento Europeo y del Consejo, de 22 de noviembre de 2023, sobre los bonos verdes europeos y la divulgación de información opcional para los bonos comercializados como bonos medioambientalmente sostenibles y para los bonos vinculados a la sostenibilidad, y en particular el literal del artículo 21, apartado 4.

443 Disponible: *https://eur-lex.europa.eu/legal-ES/TXT/HTML/?uri=PI_COM:C(2025)5* (acceso 18 abril 2025). El presente Reglamento entrará en vigor a los veinte días de su publicación en el DOUE siendo obligatorio en todos sus elementos y directamente aplicable en cada Estado miembro (*ex* artículo 6 del Texto referenciado).

Con relación a la frecuencia de divulgación, los emisores de bonos comercializados como medioambientalmente sostenibles que opten por divulgar voluntariamente la información a que se refiere el artículo 21 del citado marco reglamentario, lo efectuarán respecto a cada período de doce meses hasta la fecha de la asignación completa de los ingresos de dichos bonos. Para el supuesto de emisores de bonos vinculados a la sostenibilidad que opten por divulgar voluntariamente dicha información lo harán respecto a cada período de doce meses hasta que se cumpla el último objetivo de sostenibilidad. Así, el primer período de doce meses a que se refiere el apartado 1 comenzará en la fecha de emisión de los bonos de que se trate (artículo 2 del Reglamento delegado de la Comisión de 2025.

Junto con el supuesto anterior, y aludiendo a la publicación en los sitios *web* de los emisores de bonos comercializados como medioambientalmente sostenibles o de bonos vinculados a la sostenibilidad, la información que se deberá divulgar será la que refiere explícitamente el artículo 21 del Reglamento (UE) 2023/2631[444] utilizando las plantillas a que se refiere el artículo 1 del presente Reglamento delegado, y si hubiera que efectuarse alguna corrección en el supuesto de la asignación de ingresos tras su publicación de la información a que se refiere el antes citado artículo 21, los emisores de bonos comercializados como medioambientalmente sostenibles o de bonos vinculados a la sostenibilidad actualizarán

444 Esto es, "se publicará, a elección del emisor de los bonos de que se trate, bien en una lengua habitual en el ámbito de las finanzas internacionales, bien: a) cuando los bonos se ofrezcan al público o sean admitidos a cotización en un solo Estado miembro, en una lengua aceptada por la autoridad competente de dicho Estado miembro; b. cuando los bonos se ofrezcan al público o se admitan a cotización en dos o más Estados miembros, en una lengua aceptada por la autoridad competente de esos Estados miembros. No obstante lo dispuesto en el apartado 2, cuando se haya publicado un folleto para los bonos en cuestión de conformidad con el artículo 3, apartado 1, del Reglamento (UE) 2017/1129 del Parlamento Europeo y del Consejo, la información a que se refiere el artículo 21 del Reglamento (UE) 2023/2631 se publicará en la lengua o las lenguas en las que esté redactado dicho folleto".

inmediatamente dicha información en consecuencia y la publicarán sin demora indebida[445].

Con tal finalidad, se desgrana del tenor sustantivo del artículo 5 que, además, se deberá notificar a las autoridades competentes, por medios electrónicos y sin retraso alguno, después de cada publicación, lo siguiente: a) la publicación de la información a que se refiere el artículo 21 del Reglamento (UE) 2023/2631; b) la publicación de las actualizaciones a que se refiere el artículo 4; c) el hiperenlace al sitio web en el que se haya publicado dicha información, debiendo las establecer por dichas autoridades un punto de contacto que actuará como destinatario de todas las notificaciones que hayan sido efectuadas por el emisor de conformidad con el apartado 1 del artículo 5 del referido Texto legal.

VII. HACIA UNA EFECTIVA UNIÓN DE LOS MERCADOS DE CAPITALES: EL PUNTO DE ACCESO ÚNICO EUROPEO A LA INFORMACIÓN DE CARÁCTER FINANCIERO Y SOBRE SOSTENIBILIDAD

1. Contextualización del Reglamento (UE) 2023/2859, de 13 de diciembre de 2023, por el que se crea un punto de acceso único europeo para el acceso centralizado a la información pública sobre mercados de capitales, sostenibilidad y servicios financieros

El acceso sencillo y estructurado a los datos es importante para que los responsables de la toma de decisiones, los inversores profesionales y minoristas, las organizaciones no gubernamentales, las organizaciones de la sociedad civil, las organizaciones sociales y medioambientales, así como otras partes interesadas en el ámbito económico y en la sociedad, adopten decisiones de inversión fundadas, con conocimiento de causa y responsables desde el punto de vista ambiental y social que contribuyan al funcionamiento eficiente del mercado.

---

445 *Cfr.* artículo 4 del Reglamento delgado de la Comisión de 16 de abril de 2025 (C (2025) 5 final).

A estos efectos, la UE, en desarrollo de sus estrategias respecto a la unión de los mercados de capitales y a las finanzas digitales, ha sentado las bases de un ambicioso proyecto que pretende establecer un Punto de Acceso Único (*European Single Access Point*, acrónimo en inglés)[446] a los datos que han de publicar las entidades que integran o participan en el sector financiero, previéndose también la inclusión en esta plataforma centralizada de los datos que voluntariamente transmitan las empresas que participan en el sector financiero[447]. En esencia, se trata de un complejo proyecto que permitirá el acceso público a una ingente cantidad de datos a través de buscadores, además de la comparabilidad y descarga de la información financiera y sobre sostenibilidad[448].

Desde una perspectiva material, el sistema descansa sobre lo que denomina el legislador "organismo recopilador" (*organisme de collec-*

446 *Vid.* Reglamento (UE) 2023/2859 por el que se establece un punto de acceso único europeo que proporciona un acceso centralizado a la información disponible al público pertinente para los servicios financieros, los mercados de capitales y la sostenibilidad, El mismo se encuentra en vigor desde el 9 de enero de 2024 (DO *L*, 2023/2859, 20.12.2023).

447 Ampliamente, véase los comentarios de PALÁ LAGUNA, R., "El nuevo Punto de Acceso Único Europeo a la información de carácter financiero y sobre sostenibilidad, *GA_P*, Análisis, diciembre 2023. Disponible en *ga_p.com* (acceso 25 de enero 2025).

448 Tal y como reseña el Texto normativo a estudio, "en su Comunicación, de 24 de septiembre de 2020, titulada "Una Unión de los Mercados de Capitales para las personas y las empresas: nuevo plan de acción" (el plan de acción para la Unión de los Mercados de Capitales, la Comisión propuso mejorar el acceso público a la información financiera y no financiera de las entidades mediante la creación de un Punto de Acceso Único Europeo (PAUE). Asimismo, la Comunicación de la Comisión, de 24 de septiembre de 2020, titulada "Una Estrategia de Finanzas Digitales para la UE" establece en términos generales el modo en que la Unión podría promover la transformación digital de las finanzas en los próximos años, en particular cómo promover las finanzas basadas en los datos. Posteriormente, en su Comunicación de 6 de julio de 2021 titulada "Estrategia para financiar la transición a una economía sostenible", la Comisión situó las finanzas sostenibles en el centro del sistema financiero como un medio clave para lograr la transición ecológica de la economía de la Unión, en el marco del Pacto Verde Europeo establecido en la Comunicación de la Comisión de 11 de diciembre de 2019.

te, collection body)[449]. Se trata de órganos u organismos de la Unión Europea o de los Estados miembros encargados de remitir al Punto de Acceso Único, la información financiera que se detalla en la reforma y validar, de forma automatizada —incluidos los metadatos—, las comunicaciones presentadas por las entidades financieras y otros operadores del mercado financiero con carácter previo a su remisión y conforme a unos criterios técnicos que son detallados en el literal del artículo 5 del Reglamento 2023/2859 del Parlamento Europeo y del Consejo, de 13 de diciembre, por el que se establece un Punto de Acceso Único Europeo[450] que proporciona un acceso centralizado a la información disponible al público pertinente para los servicios financieros, los mercados de capitales[451] y la sostenibilidad y la diversidad derivada de futuros actos legislativos de la Unión, como una Directiva del Parlamento Europeo y del Consejo sobre diligencia debida de las empresas en materia de sostenibilidad y por la que se modifique la Directiva (UE) 2019/1937[452].

---

449 Dichos organismos de recopilación recogen, almacenan y validan la información; proporcionan gratuitamente al punto de acceso único la información y los metadatos dentro de unos plazos; garantizan que la información esté disponible en el punto de acceso durante al menos diez años o durante un máximo de cinco años cuando la información contenga datos personales, o se trate de información histórica; pueden rechazar la información que consideren manifiestamente inadecuada, abusiva o fuera del ámbito de aplicación de la legislación.

450 El Reglamento establece un calendario para las presentaciones voluntarias: antes del 10 de enero de 2028, las autoridades europeas de supervisión pertinentes deben elaborar las normas técnicas necesarias y presentarlas a la Comisión Europea; antes del 9 de enero de 2030, los Estados miembros de la UE deben designar al menos un organismo de recopilación para recibir la información; a partir del 10 de enero de 2030, una entidad podrá presentar la información, junto con los metadatos adecuados, a un organismo de recopilación nacional.

451 Al permitirse el acceso de forma homogénea a los datos de todas las empresas de la UE desde un único lugar, se facilitará la labor de los inversores eliminándose las posibles diferencias que existen en los mercados de la UE (p.ej., formato o idioma en que se presenta la información). Por otro lado, se espera que el flujo de información transfronteriza mejore la visibilidad de las empresas y su acceso a la financiación, especialmente en el caso de las PYMES.

452 Directiva (UE) 2019/1937 del Parlamento Europeo y del Consejo, de 23 de octubre de 2019, relativa a la protección de las personas que informen sobre infracciones del Derecho de la Unión (DO *L* 305 de 26.11.2019, págs. 17-56) (acceso 13 de enero 2025).

Por ello, el punto de partida de esta iniciativa es la previsible transformación digital del sector financiero en los próximos años, la cual deberá ser apoyada por las instituciones europeas, especialmente a través del fomento de las finanzas basadas en datos. A ello se vinculan las finanzas sostenibles, que habrían de situarse en el centro del sistema financiero como "medio clave para lograr la transición ecológica de la economía de la Unión"[453].

Queda claro, a su vez, tal y como es reflejado en los respectivos expositivos de las normas creadoras de este Punto de Acceso Único a la información financiera y sobre sostenibilidad que "a fin de que dicha transición ecológica prospere, es esencial que la información relacionada con la sostenibilidad y la gobernanza social de las empresas fácilmente accesible para los inversores, también "al organismo de recopilación pertinente" —autoridad europea— de modo que estén mejor informados a la hora de tomar decisiones sobre inversiones. Para ello, es necesario mejorar el acceso público a la información financiera, no financiera y relativa al medio ambiente, a la sociedad y a la gobernanza sobre las personas físicas o jurídicas (...) que de-

---

453 A nivel internacional, contamos con numerosas iniciativas en los últimos años para fomentar que las empresas faciliten más información al mercado sobre sus principales riesgos en el ámbito de la sostenibilidad, su estrategia para abordarlos y su desempeño respecto a empresas similares, y para que esta información sea lo más homogénea posible. Entre estas iniciativas destaca la Directiva (UE) 2022/2464 del Parlamento Europeo y del Consejo de 14 de diciembre de 2022 por la que se modifican el Reglamento (UE) 537/2014, la Directiva 2004/109/CE, la Directiva 2006/43/CE y la Directiva 2013/34/UE, por lo que respecta a la presentación de información sobre sostenibilidad por parte de las empresa que pretende equiparar, con el tiempo, la divulgación de la información sobre sostenibilidad con la de la información financiera, permitiendo al público acceder a datos fiables y comparables. Deberemos en relación con la misma tener en consideración el denominado paquete "Ómnibus" que reúne propuestas en diversos ámbitos legislativos conexos, abarca una simplificación de gran alcance en los ámbitos de la presentación de información sobre finanzas sostenibles, la diligencia debida en materia de sostenibilidad, la taxonomía de la UE, el Mecanismo de Ajuste en Frontera por Carbono, y los programas de inversión europeos. Igualmente, la denominada Directiva "*Stop the clock*" o de suspensión temporal aprobada por el Parlamento Europeo el 3 abril 2025 incluida en el primer paquete Ómnibus, que retrasa dos años la aplicación de la Directiva de presentación de información sobre sostenibilidad para las grandes empresas y pymes cotizadas, y un año la transposición de la Directiva sobre diligencia debida en materia de sostenibilidad.

ben publicar dicha información o que divulgan públicamente dicha información a un organismo de recopilación de manera voluntaria. Un medio eficaz de hacerlo a escala de la Unión es establecer una plataforma centralizada que dé acceso electrónico a toda la información pertinente"[454].

No obstante, con una técnica legislativa, en nuestra opinión mejorable, en el *DOUE* de 20 de diciembre de 2023 fueron publicadas tres normas determinantes para el análisis de este apartado concreto: la primera de ellas, refiere al nombrado Reglamento (UE) 2023/2859 por el que se establece un Punto de Acceso Único Europeo. Asimismo, las dos siguientes modifican diecinueve Reglamentos y dieciséis Directivas de nivel 1 (Reglamento (UE) 2023/2869, del Parlamento Europeo y del Consejo, de 13 de diciembre, por el que se modifican determinados Reglamentos en lo que respecta al establecimiento y el funcionamiento del *PAUE* y la Directiva (UE) 2023/2864 del Parlamento Europeo y del Consejo, de 13 de diciembre, por la que se modifican determinadas Directivas en lo que respecta al establecimiento y el funcionamiento del aludido Punto de Acceso Único Europeo, respectivamente).

Así las cosas, en cada una de las treinta y cinco normas atinentes al sector financiero que son alteradas, son insertados los correspondientes artículos, en virtud de los cuales las entidades obligadas han de presentar la información regulada no sólo ante el supervisor financiero nacional por razón de la materia, sino también, al organis-

---

454 Debemos de recordar que el punto de acceso debe contener al menos las siguientes funciones: un portal web con una interfaz fácil de usar, que tenga en cuenta las necesidades de las personas con discapacidad y ofrezca información en todas las lenguas oficiales de la UE; una interfaz única de programación de aplicaciones que permita acceder fácilmente a la información; una función de búsqueda en todas las lenguas oficiales de la UE que permita realizar búsquedas a partir de diferentes metadatos; un visor de información; un servicio de descarga, incluso para descargar grandes cantidades de datos; un servicio de traducción automática de la información recuperada (antes del 10 de julio de 2028); un servicio de notificación que informe a los usuarios de la existencia de nueva información (antes del 10 de julio de 2028); presentación de la información enviada voluntariamente para que sea fácilmente distinguible (antes del 9 de enero de 2030).

mo de recopilación pertinente con el fin de que la información esté accesible al público por medios electrónicos a través del mismo.

Siendo esto así, el mismo refiere, en la mayor parte de los casos y en función de la normativa sectorial aplicable, a la Autoridad Bancaria Europea, la Autoridad Europea de Valores y Mercados y la Autoridad Europea de Seguros y Pensiones de Jubilación o sus homólogos nacionales[455]. No obstante, no siempre aplicamos dicho parámetro; a modo ejemplificativo, en relación con el informe anual de transparencia que han de publicar las empresas auditoras en su página *web* respecto a las auditorías legales realizadas de las entidades de interés público[456]. Por tanto, mediante la interacción de las anteriores circunstancias, es modificado el Reglamento 537/2014, de 16 de abril, sobre los requisitos específicos para la auditoría legal de las entidades

455 Tal y refleja el Texto reglamentario: "la Autoridad Europea de Supervisión, creada por el Reglamento (UE) 1093/2010 del Parlamento Europeo y del Consejo; la Autoridad Europea de Supervisión (Autoridad Europea de Seguros y Pensiones de Jubilación) (AESPJ), creada por el Reglamento (UE) 1094/2010 del Parlamento Europeo y del Consejo, y la Autoridad Europea de Supervisión (Autoridad Europea de Valores y Mercados) (AEVM), creada por el Reglamento (UE) 1095/2010 del Parlamento Europeo y del Consejo (denominadas conjuntamente "Autoridades Europeas de Supervisión" o "AES"), deben elaborar, a través del Comité Mixto, proyectos de normas técnicas de ejecución que especifiquen los metadatos que deben acompañar dicha información y, en su caso, los formatos o plantillas que se utilizarán para elaborar dicha información. El Comité Mixto debe tener en cuenta asimismo las normas vigentes en los actos legislativos sectoriales de la Unión correspondientes, en particular las normas diseñadas específicamente para las PYMES".

456 Como decía expresamente en el Plan de Acción del 2020, "el acceso fluido en toda la UE a los datos de las empresas en formatos digitales comparables reducirá los costes de búsqueda de información para los inversores transfronterizos y ampliará la base de inversores para las empresas. Al mismo tiempo, contribuirá a una mejor integración de los mercados de capitales locales más pequeños y apoyará la recuperación. Se debe facilitar la información que responda a las necesidades de los inversores y a los intereses de una gama más amplia de usuarios. Por consiguiente, cabe esperar que con ello también mejore la disponibilidad y la accesibilidad de los datos relacionados con la sostenibilidad, se orienten más inversiones hacia actividades sostenibles y se contribuya a la consecución de los objetivos del Pacto Verde Europeo". Véase los artículos 5 y 7 del Reglamento 2023/2859. Del mismo, y como complemento a lo indicado, es interesante el *ESAS, Consultation Paper, Draft Implementing Technical Standards specifying certain tasks of collection bodies and certain functionalities of the European single access point under Regulation (EU) 2023/2859*, JC, 2023 78, de 23 de noviembre de 2023.

de interés público, y se establece la obligación, "a más tardar el 9 de enero de 2030, de que los Estados miembros designen inversores potenciales, como inversores profesionales y minoristas, instituciones académicas y organizaciones de la sociedad civil".

Junto con la información regulada, el marco reglamentario a estudio prevé la posibilidad de remisión voluntaria de información a este *PAUE,* siendo la *AEVM* como el organismo encargado de su gestión, un organismo de recopilación a los efectos de facilitar al mismo la información, los metadatos de dicha información y, cuando sea obligatorio, el sello electrónico cualificado, recordando que la competencia para el establecimiento y gestión de esta plataforma centralizada es atribuida, por su Reglamento creador, a la *AEVM.*

Unido a que antecede, tal y como se encuentra especificado en el expositivo 17 del Reglamento 2023/2859, dicha *AEVM* "debe garantizar que el *PAUE* ofrezca una serie de funcionalidades, incluida una función de búsqueda, un servicio de traducción automática y la posibilidad de extraer información, así como características de accesibilidad electrónica diseñadas para personas con discapacidad visual y personas con otras discapacidades y necesidades de acceso".

Continuando con el hilo expositivo, las funciones de búsqueda, *ex* artículo 7 del marco reglamentario indicado, deben ofrecerse en todas las lenguas oficiales de la Unión y basarse, como mínimo, en los metadatos proporcionados con los actos legislativos de la Unión enumerados en el Anexo del presente Cuerpo legal. Así las cosas, la interfaz de usuario y la función de búsqueda en el PAUE deben diseñarse de manera que sean lo más sencillas posibles de utilizar, con un alto grado de comparabilidad de los datos, y que atiendan a una amplia gama de usuarios potenciales, como inversores profesionales y minoristas, instituciones académicas y organizaciones de la sociedad civil, delegándose en la Comisión el establecimiento de normas técnicas de ejecución.

Junto con la información regulada, el Reglamento mencionado prevé la posibilidad de remisión voluntaria de información a este Punto de Acceso Único Europeo, lo que se vincula a mayores oportunidades para PYMES de aumentar su crecimiento, visibilidad e innovación.

En todo caso, se trata de información no obligada de carácter financiero o relacionada con la sostenibilidad a la que se refieren las treinta y cinco normas de nivel 1 del citado Cuerpo normativo. En efecto, esta posibilidad de remisión voluntaria de información queda diferida al 10 de enero del 2030 (*ex* artículo 3 del marco reglamentario mencionado) y requerirá desarrollo normativo por la *AEVM* en relación a los modelos de presentación de la información, modelos que han de permitir su comparabilidad.

Por otro lado, si bien el acceso a la información financiera y sobre sostenibilidad debe ser gratuito para el público, el literal del artículo 8 del Reglamento autoriza al mencionado organismo europeo a imponer el pago de tasas por servicios específicos, en particular los que conllevan costes elevados de mantenimiento debido a la búsqueda y descarga de grandes volúmenes de información o a una elevada frecuencia de acceso a la información alojada en la plataforma, en especial si tal información es para fines comerciales.

A tales efectos, expresamente se exime a las instituciones académicas y a las organizaciones de la sociedad civil del pago de dichas tasas, que no podrán superar los costes en los que incurra la Autoridad Europea para la prestación de estos servicios. Así, la fecha límite para la puesta en funcionamiento de este *PAUE* se fija en el 10 de julio de 2027 (*ex* artículo 1 del Reglamento 2023/2859). Ahora bien, por la complejidad del sistema, los diecinueve Reglamentos y las dieciséis Directivas que se modifican prevén fechas posteriores de remisión de esta información al organismo recopilador, fechas que oscilan entre el 10 de enero de 2028 y el 10 de enero del 2030 en función de la norma modificada.

Por tanto, junto con la información regulada en la que se incluye la obligación a por parte de las entidades que operan en el sector financiero, de remitir voluntariamente al organismo recopilador la información financiera y sobre sostenibilidad que será objeto de inclusión en la plataforma centralizada, lo que se vincula a mayores oportunidades para las *PYMES* de aumentar crecimiento, visibilidad e innovación[457].

---

457 Véase el Informe de la Plataforma sobre Finanzas Sostenibles: Racionalización de la financiación sostenible para las PYMES de 21 de marzo de 2025. Dicho texto se sustenta en la experiencia adquirida con la aplicación de la garantía de sostenibilidad en el marco del programa *InvestEU* (y sus herramientas de acompañamiento) y sugiere desarrollar un enfoque voluntario y racionalizado —la "norma de financiación sostenible para PYMES" —para ayudar a las *PYMES* y a sus prestamistas o financiadores a demostrar voluntariamente el comportamiento de las pymes en materia de sostenibilidad medioambiental. A estos efectos,

Como bien puede intuirse, se trata de información no obligada de carácter financiero o relacionada con la sostenibilidad a la que se refieren las treinta y cinco normas de nivel 1 detalladas en el Anexo al citado Reglamento. En efecto, esta posibilidad de remisión voluntaria de información queda diferida al 10 de enero del 2030 (*ex* artículo 3 del marco reglamentario) requiriéndose desarrollo reglamentario por la *AEVM* en relación a los modelos de presentación de la información, modelos o plantillas que han de permitir su comparabilidad.

Desde la perspectiva metodológica, pueden clasificarse las Directivas y Reglamentos en los que se incluye la obligación por parte de las entidades que operan en el sector financiero, de remitir al organismo recopilador la información financiera y sobre sostenibilidad que será objeto de inclusión en la plataforma centralizada, como se expone a continuación, en el bien entendido que cada modificación legal especifica la concreta información que ha de enviarse al mismo[458]:

a) Sociedades cotizadas: la Directiva de *OPAS* de 21 de abril de 2004[459] y la Directiva sobre el ejercicio de determinados dere-

---

es propuesto la elaboración de un marco simplificado y voluntario para que los bancos y otras instituciones financieras clasifiquen los préstamos (u otros tipos de financiación) concedidos a las PYMES como financiación sostenible, simplificando al mismo tiempo, la divulgación voluntaria de información al respecto. Asimismo, se permite a las PYMES divulgar a sus financiadores sus indicadores clave de rendimiento y demostrar sus esfuerzos relacionados con el clima, facilitando a las entidades financieras su evaluación y apoyo, en particular a través de una herramienta en línea adaptada a las necesidades y capacidades de las mismas, centrándose, inicialmente, en la sostenibilidad relacionada con el clima, estando prevista su ampliación a otros objetivos medioambientales, con el fin último de reducir la brecha entre dichas PYMES y las finanzas sostenibles. Disponible en: *http://finance.ec.europa.eu/publications/platform-sustainable-finance-report* (acceso 21 de abril 2025).

458 Tal y como proclama el Texto reglamentario, y a fin de que la información en el *PAUE* sea accesible de manera eficiente en cuanto a costes, la recopilación, la transmisión y el almacenamiento de la información deben basarse, en la medida de lo posible, en los procedimientos e infraestructuras de recopilación, transmisión y almacenamiento existentes a nivel nacional, así como en los utilizados para la transmisión de información de los organismos de recopilación a la *AEVM*.

459 La Directiva (UE) 2023/2864 modifica la Directiva 2004/25/CE en lo que respecta al establecimiento y el funcionamiento del Punto de Acceso Único Europeo y por el Reglamento (UE) 2023/2859 del Parlamento Europeo y del

chos de los accionistas de sociedades cotizadas de 11 de julio del 2007[460].

b) Mercados de Valores: *MiFID II*[461] *y MiFIR*[462] (ambas de 15 de mayo de 2014), la Directiva de Transparencia de 15 de diciem-

---

Consejo, de 13 de diciembre de 2023, por el que se establece un Punto de Acceso Único Europeo que proporciona un acceso centralizado a la información disponible al público pertinente para los servicios financieros, los mercados de capitales y la sostenibilidad (*DO L* 2023/2859, de 20 de diciembre de 2023).

460 Véase, la Directiva (UE) 2017/828, de modificación de la Directiva de Derechos de los Accionistas, en la que se establecían requisitos específicos al objeto de facilitar la identificación de los accionistas, la transmisión de la información y los derechos de los accionistas; Incrementar la transparencia de los inversores institucionales, los gestores de activos y los asesores de voto (*proxy advisors*); reforzar el control y la transparencia de la remuneración de los administradores; y mejorar de la supervisión y la transparencia de las transacciones con partes vinculadas. Haremos necesaria referencia a nuestro país, mediante la publicación del Proyecto de Real Decreto por el que se modifica el RD 1066/2007, de 27 de julio, sobre el Régimen de las Ofertas Públicas de Adquisición de Valores, para extender su aplicación a los sistemas multilaterales de negociación. Aunque su redacción no es definitiva, se prevé la incorporación de un nuevo Capítulo al Real Decreto 1066/2007 para desarrollar las especificidades necesarias para adecuar el régimen de las opas a las características de las empresas que cotizan en SMN, entre las que se encuentran: 1) cuatro nuevos supuestos excluidos de la obligación de realizar una opa cuando se alcanza el control, incluyendo la toma de una participación inferior al 50% del capital con derecho de voto; 2) la ampliación del plazo para reducir la participación o formular una opa en caso de toma de control indirecta o sobrevenida; 3) la eliminación de la supervisión por la CNMV del informe de experto independiente en las ofertas públicas de exclusión de negociación; 4) la simplificación del proceso de exclusión iniciado a instancias de la propia sociedad emisora; y 5) una mayor flexibilidad en relación con la forma de constituir o acreditar la garantía del precio de la OPA. Se recoge, asimismo, como aplicación supletoria del régimen general, que en lo no previsto específicamente en el nuevo Capítulo XII del Real Decreto 1066/2007, regirá el régimen general de OPAs para sociedades cotizadas en mercados regulados.

461 La *Retail Investment Strategy* (RIS) entendida como como una de las iniciativas legislativas más importantes y de mayor alcance de los últimos años puesta en marcha por la Comisión Europea, introduce modificaciones de impacto en el sector financiero. Con relación a los "Incentivos" y por su impacto en el modelo de remuneración de la distribución de ciertos productos, ha generado numerosas controversias en la comunidad inversora y en las instituciones de la UE. No obstante, lo que en principio pretendía ser una prohibición total se ha ido atemperando en el curso del procedimiento legislativo. La propuesta inicial de la Comisión pretendía prohibir todos los incentivos con la única excepción de aquellos originados en el marco de un asesoramiento no independiente y sujetos al nuevo estándar

de "actuar en el mejor interés del cliente", frente al requisito actual de "mejorar la calidad del servicio", lo que dejaba fuera los servicios de recepción y transmisión de órdenes y ejecución. La enmienda que propone el Parlamento elimina la prohibición relativa a estos dos últimos servicios de inversión si bien parece que sujeto a requisitos. En segundo término y con relación al Proceso de fijación de precios —*value for money* y *benchmarks*— son reforzadas las normas en materia de gobernanza de productos, obligando a las entidades a adoptar en la aprobación del producto, un proceso de fijación de precios respecto de determinados productos. El objetivo es garantizar que los costes y gastos asociados al producto están justificados y son proporcionados teniendo en cuenta las características del producto y en comparación con los *benchmarks* que publicarán la *ESMA* y la *EIOPA*, siguiendo así el principio de *value for money*. Además, se limita la comercialización de determinados productos que no superen dicho test. Adicionalmente, destacan otras modificaciones en ámbitos como las evaluaciones de idoneidad o conveniencia, la información sobre costes y sobre la cartera de inversiones, la diversificación en el asesoramiento de inversiones, las comunicaciones comerciales y publicitarias y la solicitud de tratamiento como cliente profesional. Por tanto, tal y como proclama la CNMV "es necesario una comparación de productos como fórmula de proporcionar una fuente de información imparcial para la comunidad inversora. Al respecto de introducción de índices de referencia nacionales (aunque solo sea sobre valores de renta fija) es necesario considerar que esta sea una solución eficaz y siempre acorde con los principios del mercado único. No podemos permitirnos, en el momento clave que vivimos, un trato desigual de las distintas inversiones minoristas. Es preocupante que finalmente coexista un sistema dual formado, por un lado, por los requisitos de agrupación por pares y por otro, con los índices de referencia de supervisión europeos. Este sistema de "dos cabezas" generaría un incremento de costes para todas las partes que es justo lo contrario a lo que se busca. Y además generaría una presión desmedida sobre los supervisores nacionales, al otorgarles una relevancia mayor a la que deben tener e incluso adquirir una dimensión de control de precios más que una dimensión informativa. Según la posición manifestada por el Consejo, los supervisores estarían obligados a crear una base de datos no pública a efectos del ejercicio de comparación por homólogos. Asimismo, se considera que la creación de esa base de datos —como herramienta solo para un determinado grupo de participantes en el mercado —no constituiría un uso eficiente de los recursos de los supervisores y podría llevarnos al riesgo de caer en una heterogeneidad en función de las diferentes autoridades nacionales que poco beneficia a la industria. Por otra parte, la misión fundamental de los supervisores nacionales es la protección del inversor minorista. Por esta razón, debe garantizarse un marco de supervisión adecuado y eficiente que permita una supervisión oportuna y eficaz de las actividades transfronterizas, y finalmente, la Comisión y los colegisladores deben evaluar adecuadamente el impacto que estos nuevos elementos tienen en costes humanos, operativos y de pruebas a los consumidores. En BUENAVENTURA, R., "*Retail Investment Strategy*: un reto mayúsculo para el sector financiero", *IEAF, Finreg* 360 y *BME*, de 2 de diciembre 2024.

bre de 2004, la Directiva sobre emisión y supervisión de bonos garantizados de 27 de noviembre de 2019, el Reglamento sobre abuso de mercado de 16 de abril de 2014 y el Reglamento de Folletos de 14 de junio de 2017[463].

---

462 Reglamento (UE) 600/2014 del Parlamento europeo y del Consejo, de 15 de mayo de 2014 relativo a los mercados de instrumentos financieros y por el que se modifica el Reglamento (UE) 648/ 2012. Dicho marco reglamentario ha sido modificado, a su vez, por el Reglamento (UE) 2024/791 del Parlamento europeo y del Consejo, de 20 de febrero de 2024. A estos efectos, la principal novedad introducida en la reforma de la Directiva *MiFID* II en relación con la admisión a negociación de acciones persigue permitir una mayor flexibilidad a los emisores y mejorar la competitividad de los mercados de capitales de la Unión, reduciendo el requisito de capital flotante (*free float*) mínimo para la admisión a negociación de acciones en los mercados regulados: de este modo, los Estados miembros garantizarán que los mercados regulados exijan que, en el momento de la admisión a negociación, el público posea al menos el 10% del capital suscrito representado por la clase de acciones objeto de la admisión a negociación. Sin perjuicio de lo anterior, se establece que los Estados miembros podrán exigir que los mercados regulados establezcan, en el momento de la admisión, al menos uno de los siguientes requisitos para una solicitud de admisión a negociación de acciones: (i) que el público posea un número suficiente de acciones; (ii) que un número suficiente de accionistas posea las acciones; y (iii) que el valor de mercado de las acciones poseídas por el público represente un nivel suficiente del capital suscrito en la clase de acciones de que se trate. Por otro lado, cuando se solicite la admisión a negociación de acciones fungibles con acciones ya admitidas a negociación, los mercados regulados analizarán, a fin de cumplir el requisito de capital flotante mínimo, si se ha distribuido al público un número suficiente de acciones en relación con todas las acciones emitidas y no solo en relación con las acciones fungibles con acciones ya admitidas a negociación. Asimismo, otra novedad importante en la nueva Directiva *MiFID* II es que se permite que los segmentos de los sistemas multilaterales de negociación (*SMNs*) puedan solicitar convertirse en un mercado de pymes en expansión, siempre que dicho segmento esté claramente separado del resto del *SMN*. De este modo, se persigue fomentar el desarrollo de estos mercados especializados y limitar la carga organizativa para las empresas de servicios de inversión o los organismos rectores del mercado que gestionen *SMNs*, facilitando a la vez el acceso a la captación de recursos en los mercados de capitales a los emisores más pequeños (considerando 8 de la Directiva (UE) 2024/2811, de 23 de octubre de 2024). Los Estados miembros dispondrán hasta el 5 de junio de 2026 para realizar la transposición de estas modificaciones.

463 En este punto, tal y como hemos avanzado en el trabajo, el 14 de noviembre de 2024 se publicó en le DOUE el Reglamento 2024/2809 del Parlamento europeo y del Consejo, de 23 de octubre de 2024, así como la Directiva (UE) 2024/2481 del Parlamento europeo y del Consejo, de 23 de octubre de 2024 que forman

c) Auditoría y contabilidad: la Directiva relativa a la auditoría legal de las cuentas anuales y de las cuentas consolidadas de 17 de mayo de 2016[464], la Directiva sobre los estados financieros anuales y los estados financieros consolidados de 26 de junio de 2013[465], y el Reglamento sobre los requisitos específicos para la auditoría legal de las entidades de interés público de 16 de abril de 2014[466].

---

parte del paquete legislativo al que la Comisión europea refiere como *Listing Act* (Ley de Cotización) la cual consiste en un conjunto de modificaciones a ciertos Reglamentos y Directivas de la UE que tienen el propósito de hacer las bolsas de valores europeas más atractivas. En particular, se modifica el citado Reglamento de Folletos (Reglamento (UE) 2017/1129 del Parlamento Europeo y del Consejo de 14 de junio de 2017), el Reglamento de Abuso de Mercado (Reglamento (UE) 596/2014), *MiFID* II (Directiva (UE) 2014/65 del Parlamento Europeo y del Consejo, de 15 de mayo de 2014 sobre mercados de instrumentos financieros). Asimismo, es derogada la Directiva 2001/34/CE del Parlamento Europeo y del Consejo de 28 de mayo de 2001 sobre la admisión de valores negociables a cotización oficial y la información que ha de publicarse sobre dichos valores. Unido a lo anterior, vemos interesante resaltar que son introducidos dos nuevos modelos de folleto, disponibles en ambos casos tanto para valores participativos como no participativos y que sustituyen a los anteriores folletos "simplificado", "de la Unión de recuperación" y "de la Unión de crecimiento": (i) folleto de la Unión de seguimiento ("*EU Follow-on prospectus*"); y (ii) folleto de emisión de la Unión de crecimiento ("*EU Growth issuance prospectus*"), los cuales entrarán en vigor el 5 de marzo de 2026.

464 En dicho Cuerpo legal, se modifican las Directivas 78/660/CEE y 83/349/CEE del Consejo y se deroga la Directiva 84/253/CEE del Consejo. Texto consolidado tras la reforma operada por la Directiva 2014/56/UE del Parlamento Europeo y del Consejo de 16 de abril de 2014, por la que se modifica la Directiva 2006/43/CE relativa a la auditoría legal de las cuentas anuales y de las cuentas consolidadas.

465 Directiva 2013/34/UE del Parlamento europeo y del Consejo, de 26 de junio de 2013 por la que se modifica la Directiva 2006/43/CE del Parlamento Europeo y del Consejo y se derogan las Directivas 78/660/CEE y 83/349/CEE del Consejo. Asimismo, lo relacionaremos con la Directiva (UE) 2023/2775 y el Reglamento Delegado (UE) 2023/2772 de la Comisión, de 31 de julio de 2023, por el que se completa la Directiva 2013/34/UE del Parlamento Europeo y del Consejo en lo que respecta a las normas de presentación de información sobre sostenibilidad.

466 En fecha 19 de abril de 2024 fue publicada la Resolución del Instituto de Contabilidad y Auditoría de Cuentas de 11 de abril de 2024, por la que se publicaba la actualización de las NIA-ES, las NIGC 1 y 2-ES, y el Glosario de Términos. Asimismo, véase la Resolución de 24 de abril de 2025, del Instituto de Contabilidad

d) Productos financieros: el Reglamento sobre Bonos Verdes Europeos, de 22 de noviembre de 2023; el Reglamento relativo a un producto paneuropeo de pensiones individuales (*PEPP*) de 20 de junio de 2019[467]; el Reglamento sobre los fondos de inversión a largo plazo europeos (*FILPE*) de 29 de abril de 2015[468];

---

y Auditoría de Cuentas, por la que se somete a información pública la modificación de las Normas Técnicas de Auditoría, Comunicación con los responsables del gobierno de la entidad, NIA-ES 260 (Revisada) y Formación de la opinión y emisión del informe de auditoría sobre los estados financieros, NIA-ES 700 (Revisada).

467 Reglamento (UE) 2019/1238, el cual garantiza la normalización de las características principales del producto, como: los requisitos de transparencia; las normas de inversión; el derecho a cambiar de promotor y las distintas opciones de inversión. Asimismo, establece normas uniformes sobre la inscripción, la producción, la distribución y la supervisión de productos de pensiones individuales distribuidos en la Unión Europea (UE) con la denominación "PEPP", el cual refiere a un plan de pensiones individual voluntario que complementa los sistemas de pensiones públicos y de empleo existentes, junto con los planes privados de pensiones nacionales. Asimismo, el texto reglamentario se propone ofrecer a los ahorradores más opciones y proporcionarles productos de pensiones individuales más competitivos con los que ahorrar para su jubilación, a la vez que disfrutan de una sólida protección de los consumidores.

468 *Cfr.* Reglamento *FILPE* 2.0. Con el fin de dinamizar y extender los Fondos de Inversión a Largo Plazo Europeos (*FILPE*) como vehículos de inversión, el 15 de marzo de 2023 se publicó en el DOUE el Reglamento (UE) 2023/606, de 15 de marzo de 2023, por el que se modifica el Reglamento *FILPE*. El citado Cuerpo normativo— aplicable desde el 10 de enero de 2024— incorpora activos aptos para inversión por dichos Fondos, tales como: activos reales, sin exigir una cuantía mínima como se exigía previamente, titulizaciones simples, transparentes y normalizadas, bonos emitidos por una empresa en cartera admisible, y determinados organismos de inversión colectiva en valores mobiliarios y los fondos de inversión alternativa (fondos "*UCITS*" y "*FIA*", respectivamente) domiciliados en la Unión Europea. Asimismo, inclusión de fondos *UCITS* y *FIA* dentro del régimen de conflictos de intereses, estableciendo que los *FILPE* no invertirán en ningún activo apto en el que su sociedad gestora tenga, o adquiera, un interés directo o indirecto, distinto a la tenencia de participaciones o acciones de, entre otros, fondos *UCITS y FIA*; reducción del mínimo de inversión por los *FILPE* al 55% de su patrimonio en activos aptos para la inversión (anteriormente, mínimo del 70%) y el aumento al 20% del límite de no inversión del patrimonio de un *FILPE* en instrumentos emitidos por una única empresa, en un único activo real o en participaciones de un único *FILPE, FCRE, FESE*, fondo *UCITS* o *FIA* de la UE; modificación del régimen de comercialización de los *FILPE* a inversores minoristas, precisando que su comercialización estará sujeta a los requisitos establecidos en *MiFID II*; posibilidad de crear un *FILPE* con estructura *master-feeder*

el Reglamento sobre los documentos de datos fundamentales relativos a los productos de inversión minorista empaquetados y los productos de inversión basados en seguros, de 26 de noviembre de 2014[469]; el Reglamento sobre los fondos de capital riesgo europeos de 17 de abril de 2013[470] y, de la misma fecha, el Reglamento sobre los fondos de emprendimiento social europeos[471]; el Reglamento sobre fondos del mercado monetario de 14 de junio de 2017[472] y el Reglamento sobre los índices utilizados como referencia en los instrumentos financieros y en los contratos financieros o para medir la rentabilidad de los fondos de inversión de 8 de junio de 2016[473].

e) Conglomerados financieros, entidades de crédito, empresas de servicios de inversión y entidades aseguradoras: Reglamento 575/2013, de 26 de junio, sobre los requisitos prudenciales de las entidades de crédito; la Directiva relativa a la supervisión adicional de las entidades de crédito, empresas de seguros y empresas de inversión de un conglomerado financiero de 16 de diciembre de 2002[474], la Directiva relativa al acceso a la acti-

---

(estructura principal-subordinado), junto con los requisitos y límites de inversión correspondientes.

469 Reglamento (UE) 1286/2014 del Parlamento Europeo y del Consejo, de 26 de noviembre de 2014, sobre los documentos de datos fundamentales relativos a los productos de inversión minorista vinculados y los productos de inversión basados en seguros (DOUE-*L*-2014-83648).

470 Reglamento (UE) 345/2013 del Parlamento Europeo y del Consejo, de 17 de abril de 2013, sobre los fondos de capital riesgo europeos

471 Reglamento (UE) 346/2013 sobre los fondos de emprendimiento social europeos

472 Reglamento (UE) 2017/1131 del Parlamento Europeo y del Consejo, de 14 de junio de 2017, sobre fondos del mercado monetario.

473 Reglamento (UE) 2016/1011 del Parlamento Europeo y del Consejo, de 8 de junio de 2016, sobre los índices utilizados como referencia en los instrumentos financieros y en los contratos financieros o para medir la rentabilidad de los fondos de inversión, y por el que se modifican las Directivas 2008/48/CE y 2014/17/UE y el Reglamento (UE) 596/2014.

474 Directiva 2002/87/CE del Parlamento Europeo y del Consejo, de 16 de diciembre de 2002, relativa a la supervisión adicional de las entidades de crédito, empresas de seguros y empresas de inversión de un conglomerado financiero, y por la que se modifican las Directivas 73/239/CEE, 79/267/CEE, 92/49/CEE, 92/96/CEE, 93/6/CEE y 93/22/CEE del Consejo y las Directivas 98/78/CE y 2000/12/CE del Parlamento Europeo y del Consejo. A su vez, la Directiva

vidad de las entidades de crédito y a la supervisión prudencial de las entidades de crédito de 26 de junio de 2013[475]; la Directiva de marcos de reestructuración y resolución de entidades de crédito y empresas de servicios de inversión de 15 de mayo de 2014[476]; el Reglamento relativo a los requisitos prudenciales de las empresas de servicios de inversión de 27 de noviembre de 2019[477]; la Directiva relativa a la supervisión prudencial de las empresas de servicios de inversión de 27 de noviembre de 2014[478]; el Reglamento sobre transparencia de las operaciones de financiación de valores y de reutilización de 25 de noviem-

2025/2 del Parlamento Europeo y del Consejo, de 27 de noviembre de 2024 por la que se modifica la Directiva 2009/138/CE en lo que respecta a la proporcionalidad, la calidad de la supervisión, la presentación de información, las medidas de garantía a largo plazo, los instrumentos macroprudenciales, los riesgos de sostenibilidad y la supervisión de grupo y transfronteriza, y se modifican las Directivas 2002/87/CE y 2013/34/UE.

475 Directiva 2013/36/UE del Parlamento Europeo y del Consejo, de 26 de junio de 2013, relativa al acceso a la actividad de las entidades de crédito y a la supervisión prudencial de las entidades de crédito y las empresas de inversión, por la que se modifica la Directiva 2002/87/CE y se derogan las Directivas 2006/48/CE y 2006/49/CE. Asimismo, véase el Reglamento de ejecución (UE) 2025/379 de la Comisión, de 26 de febrero de 2025 por el que se modifican las normas técnicas de ejecución establecidas en el Reglamento de Ejecución (UE) 2016/2070 en lo que respecta a las carteras de referencia y las plantillas e instrucciones que deben aplicarse en la Unión a efectos de la comunicación de información conforme al artículo 78, apartado 2, de la Directiva 2013/36/UE del Parlamento Europeo y del Consejo.

476 Directiva 2014/59/UE del Parlamento Europeo y del Consejo, de 15 de mayo de 2014, por la que se establece un marco para la reestructuración y la resolución de entidades de crédito y empresas de servicios de inversión, y por la que se modifican la Directiva 82/891/CEE del Consejo, y las Directivas 2001/24/CE, 2002/47/CE, 2004/25/CE, 2005/56/CE, 2007/36/CE, 2011/35/UE, 2012/30/UE y 2013/36/UE, y los Reglamentos (UE) 1093/2010 y (UE) 648/2012 del Parlamento Europeo y del Consejo.

477 Reglamento (UE) 2019/2033 del Parlamento Europeo y del Consejo de 27 de noviembre de 2019 relativo a los requisitos prudenciales de las empresas de servicios de inversión, y por el que se modifican los Reglamentos (UE) 1093/2010, (UE) 575/2013, (UE) 600/2014 y (UE) 806/2014.

478 Directiva (UE) 2019/2034 del Parlamento Europeo y del Consejo de 27 de noviembre de 2019 relativa a la supervisión prudencial de las empresas de servicios de inversión, y por la que se modifican las Directivas 2002/87/CE, 2009/65/CE, 2011/61/UE, 2013/36/UE, 2014/59/UE y 2014/65/UE.

bre de 2015[479]; la Directiva Solvencia II[480]; la Directiva sobre la distribución de seguros de 20 de enero de 2016[481] y la Directiva relativa a las actividades y la supervisión de los fondos de pensiones de empleo, de 14 de diciembre de 2016[482].

f) Instituciones de Inversión Colectiva y Gestores de fondos de inversión alternativos: las respectivas Directivas OICVM de 13 de julio de 2009[483] y la Directiva 2011/61/UE, de 8 de junio[484].

g) Sostenibilidad: el Reglamento sobre la divulgación de información relativa a la sostenibilidad en el sector de los servicios financieros de 27 de noviembre de 2019[485].

h) Agencias de calificación crediticia: el Reglamento de 16 de septiembre de 2009 de criptoactivos— el Reglamento *MiCA de* 31 de mayo de 2023—[486].

---

479 Reglamento (UE) 2015/2365 del Parlamento Europeo y del Consejo, de 25 de noviembre de 2015, sobre transparencia de las operaciones de financiación de valores y de reutilización y por el que se modifica el Reglamento (UE) 648/2012

480 Directiva del Parlamento europeo y del Consejo por la que se modifica la Directiva 2009/138/CE en lo que respecta a la proporcionalidad, la calidad de la supervisión, la presentación de información, las medidas de garantía a largo plazo, los instrumentos macroprudenciales, los riesgos de sostenibilidad y la supervisión de grupo y transfronteriza, y se modifican las Directivas 2002/87/CE y 2013/34/UE

481 Directiva (UE) 2016/97, del Parlamento Europeo y del Consejo de 20 de enero de 2016 sobre la distribución de seguros.

482 Directiva (UE) 2016/2341 relativa a las actividades y la supervisión de los fondos de pensiones de empleo

483 Directiva 2009/65/CE del Parlamento Europeo y del Consejo, de 13 de julio de 2009, por la que se coordinan las disposiciones legales, reglamentarias y administrativas sobre determinados organismos de inversión colectiva en valores mobiliarios (OICVM).

484 Directiva 2011/61/UE del Parlamento Europeo y del Consejo de 8 de junio de 2011 relativa a los gestores de fondos de inversión alternativos y por la que se modifican las Directivas 2003/41/CE y 2009/65/CE y los Reglamentos (CE) 1060/2009 y (UE) 1095/2010.

485 Reglamento (UE) 2019/2088 del Parlamento Europeo y del Consejo de 27 de noviembre de 2019 sobre la divulgación de información relativa a la sostenibilidad en el sector de los servicios financieros

486 Recordaremos, en este punto, que el Reglamento (EU) 2023/1114 (*MiCA*), prevé normas uniformes para los emisores de criptoactivos que hasta ahora no han sido regulados por otros actos sobre servicios financieros de la Unión Europea y para los proveedores de servicios relacionados con dichos los mismos

Para este inmenso proyecto normativo, se cuenta con financiación con cargo al "*Programa Europa Digital*"[487] además de con las con-

---

(proveedores de servicios de criptoactivos). Así, las mismas abarcan requisitos de transparencia y divulgación para la expedición, la oferta al público y la admisión de criptoactivos a una plataforma de negociación; la autorización y el control de los proveedores de servicios de criptoactivos y de los emisores de fichas referenciadas a activos y fichas de dinero electrónico; el funcionamiento, la organización y la gobernanza de los emisores y de los proveedores de servicios de criptoactivos; la protección de los titulares de los mismos y los clientes de proveedores de servicios; medidas para evitar las operaciones con información privilegiada, la comunicación ilícita de información privilegiada y la manipulación del mercado. Asimismo, indicaremos que con fecha 13 de febrero de 2025 la Comisión Europea publicó siete Reglamentos delegados que desarrollan el nombrado Reglamento *MICA*-Reglamento delegado 2025/292, que establece un modelo de acuerdo de cooperación entre las autoridades competente de la UE y la de terceros países en el régimen de criptoactivos; Reglamento delegado 2025/293 y Reglamento delegado 2025/294 que regulan los procedimientos y requisitos para la tramitación de reclamaciones relativas a fichas referenciadas a activos y a los proveedores de servicios de criptoactivos, respectivamente; Reglamento delegado 2025/299 que regula la continuidad y regularidad de los servicios de criptoactivos estableciendo requisitos para que los proveedores tengan planes de contingencia en caso de interrupciones o fallos operativos; Reglamento delegado 2025/296 que define el procedimiento para la aprobación de los Libros Blancos de criptoactivos asegurando un proceso armonizado con participación de las autoridades competentes y el Banco Central Europeo; Reglamento delegado 2025/298 que establece la metodología armonizada para estimar el número y valor de las operaciones con fichas referenciadas a activos y fichas d dinero electrónico denominadas en moneda no oficial de la Unión Europea, cuyo objetivo es mejora de la supervisión y el control del uso de estos activos. Todo este acerbo normativo entró en vigor el 4 de marzo de 2025. En nuestro país, mencionaremos, por su importancia, que el 26 de febrero de 2025, la CNMV ha presentado su Plan de Actividades para 2025, efectuándose especial incidencia en la supervisión en finanzas sostenibles, criptoactivos y redes sociales, vigilancia del uso de la IA o simplificación de procesos sin descuidar la protección del inversor, en donde se prevé aprobar las circulares de modificación de la Circular 5/2014, de 27 de octubre de la CNMV que modifica la Circular 5/2008 de 5 de noviembre sobre requerimientos de información estadística sobre activos y pasivos de instituciones de inversión colectiva de la Unión Europea y la Circular 7/2013, de 25 de septiembre de la CNMV por la que se regula el procedimiento de resolución de reclamaciones y quejas contra empresas que prestan servicios de inversión colectiva de la Unión Europea.

487 Este programa proporciona financiación estratégica para responder a estos retos, apoyando proyectos en ámbitos de capacidad clave como: supercomputación, inteligencia artificia l-Reglamento (UE) 2024/1689 del Parlamento Europeo y del Consejo, de 13 de junio de 2024, por el que se establecen normas

tribuciones de las autoridades competentes, que a partir del 2024, devendrá con cargo al presupuesto de la Unión.

Como es fácilmente constatable, se trata de un proyecto a medio plazo de gran complejidad técnica que se estructura en una primera fase inicial de doce meses, a fin de conceder un plazo razonable a los Estados miembros y a la Autoridad Europea de Valores y Mercados (*ESMA*) para el establecimiento la infraestructura informática y primeras pruebas con un número limitado de flujos de información. Posteriormente se incorporarán gradualmente flujos adicionales y nuevas funciones en la plataforma de manera que pueda estar parcialmente operativa a principios de 2028 y en pleno funcionamiento a partir de enero de 2030[488].

2. *Delimitación jurídica de la Directiva (UE) 2023/2864 del Parlamento Europeo y del Consejo, de 13 de diciembre de 2023*[489]

Unido a lo que hemos expuesto, un acceso fácil y estructurado a los datos, también a la información facilitada con carácter volun-

---

armonizadas en materia de inteligencia artificial—, ciberseguridad, capacidades digitales avanzadas y garantía de un amplio uso de las tecnologías digitales en toda la economía y la sociedad. Apoya a la industria, las pequeñas y medianas empresas (pymes) y la administración pública en su transformación digital con una red reforzada de centros europeos de innovación digital (*EDIH*). En atención a su rendimiento: *https://commission.europa.eu/strategy-and-policy/eu-budget/performance* (acceso 2 de febrero 2025).

488 El proyecto se concibe como abierto a la recepción y publicación de nueva información financiera, en una tarea en permanente revisión. Sería el caso, por ejemplo, de la información regulada a remitir por determinadas empresas yque ya se encontraba prevista en el artículo 11 de la Propuesta de Directiva del Parlamento Europeo y del Consejo sobre diligencia debida de las empresas en materia de sostenibilidad y por la que se modifica la Directiva (UE) 2019/1937, texto sobre el que se llegó a un acuerdo por el Parlamento y el Consejo el 14 de diciembre de 2023. El nuevo artículo 11 *bis* de la propuesta refería expresamente a la accesibilidad de esta información a través del *PAUE* establecido por el citado Reglamento 2023/2859.

489 Véase la corrección de errores de la Directiva (UE) 2023/2864 del Parlamento Europeo y del Consejo, de 13 de diciembre de 2023, por la que se modifican determinadas Directivas en lo que respecta al establecimiento y el funcionamiento del Punto de Acceso Único Europeo. Así en la página 16, artículo 9 (modificación de la Directiva 2013/34/UE), nuevo artículo 33 bis, apartado 1, letra b),

tario deviene importante para que los responsables de la toma de decisiones en la economía y la sociedad puedan adoptar decisiones fundadas que contribuyan al funcionamiento eficiente del mercado. Este acceso también es necesario para aumentar las oportunidades de crecimiento, visibilidad e innovación de las PYMES.

Bajo esta premisa expositivo, el despliegue de espacios comunes europeos de datos en sectores cruciales, incluido el sector financiero, tiene como fin proporcionar un acceso fácil a fuentes de información fiables en dichos sectores. Se prevé que el propio sector financiero experimente una transformación digital en los próximos años, que la Unión debe apoyar, en particular mediante el fomento de las finanzas basadas en datos.

En esencia, el situar las finanzas sostenibles en el centro del sistema financiero es un medio clave para lograr la transición ecológica de la economía de la Unión. Por tanto, para la misma prospere, es esencial que los inversores puedan acceder fácilmente a la informa-

---

incisos i) y ii): todos los nombres de la empresa a que se refiere la información y, cuando la empresa declarante sea una empresa filial exenta a tenor del artículo 29 bis, apartado 4, párrafo segundo, el nombre de la empresa matriz que presente información a nivel de grupo; ii) el identificador de entidad jurídica de la empresa y, cuando la empresa declarante sea una empresa filial exenta a tenor del artículo 29 bis, apartado 4, párrafo segundo, cuando se conozca, el identificador de entidad jurídica de la empresa matriz que presente información a nivel de grupo, tal como se estipula en el artículo 7, apartado 4, letra b), del Reglamento (UE) 2023/2859", debe decir: "i)
todos los nombres de la empresa a que se refiere la información y, cuando la empresa declarante sea una empresa filial exenta a tenor del artículo 29 *bis*, apartado 4, párrafo segundo, el nombre de la sociedad matriz que presente información a nivel de grupo, ii) el identificador de entidad jurídica de la empresa y, cuando la empresa declarante sea una empresa filial exenta a tenor del artículo 29 *bis*, apartado 4, párrafo segundo, cuando se conozca, el identificador de entidad jurídica de la sociedad matriz que presente información a nivel de grupo, tal como se estipula en el artículo 7, apartado 4, letra b), del Reglamento (UE) 2023/2859". Asimismo, la Directiva 2025/2 del Parlamento europeo y del Consejo de 27 de noviembre de 2024 por la que se modifica la Directiva 2009/138/CE en lo que respecta a la proporcionalidad, la calidad de la supervisión, la presentación de información, las medidas de garantía a largo plazo, los instrumentos macroprudenciales, los riesgos de sostenibilidad y la supervisión de grupo y transfronteriza, y se modifican las Directivas 2002/87/CE y 2013/34/UE.

ción relacionada con la sostenibilidad y la gobernanza social de las empresas, de modo que estén mejor informados a la hora de tomar decisiones sobre diferentes inversiones.

Para ello, es necesario mejorar el acceso público a la información financiera, no financiera y relativa al medio ambiente, a la sociedad y a la gobernanza sobre las personas físicas o jurídicas que deben hacer pública dicha información o que divulgan públicamente dicha información a un organismo de recopilación de manera voluntaria. Así, un medio eficaz de hacerlo a escala de la Unión es establecer una plataforma centralizada que de acceso electrónico a toda la información pertinente.

Con sustento en las ideas precedentes, ya en su Comunicación de 24 de septiembre de 2020 titulada "*Una Unión de los Mercados de Capitales para las personas y las empresas: nuevo Plan de Acción*"[490], la Comisión propuso mejorar el acceso público a la información financiera y no financiera de las entidades mediante la creación de un Punto de Acceso Único Europeo (en adelante, *PAUE*), que antes hemos tenido ocasión de comentar. Junto a ella, la Comunicación de la Comisión, de 24 de septiembre de 2020, titulada "*Una Estrategia de Finanzas Digitales para la UE*"[491] estableció en términos generales, la manera en que la Unión podría promover la transformación digital de las finanzas en los próximos años, y en particular, la manera en que se podrían promover las finanzas basadas en datos.

Posteriormente, en su Comunicación de 6 de julio de 2021, titulada "*Estrategia para financiar la transición a una economía sostenible*", fueron situadas las finanzas sostenibles[492] en el centro del sistema

490 Disponible: *https://eur-lex.europa.eu* (acceso 22 de enero de 2025).

491 *Ibidem.*

492 En nuestro país, en relación con las finanzas sostenibles, se celebró el 13 de febrero de 2025 la primera reunión del Consejo de Finanzas Sostenibles, cuya creación ya estaba prevista en el Libro Verde de Finanzas Sostenibles— aprobado el 28 de noviembre de 2024 por el Ministerio de Economía, Comercio y Empresa (MINECO)— en aras a reforzar el compromiso público-privado para promover la transición climática y la descarbonización de la economía, acompañando al sector privado en su adaptación al marco europeo de finanzas sostenibles, tendente hacia cambios estructurales profundos, acciones globales coordinadas y movilización de un importante volumen de financiación pública y privada en aras al despliegue de las tecnologías necesarias. El programa ela-

financiero como un medio clave para lograr la transición ecológica de la economía de la Unión, en el marco del Pacto Verde Europeo establecido en la Comunicación de la Comisión de 11 de diciembre de 2019.

Precisamente por ello, y en consonancia con lo expuesto, el *PAUE* es establecido bajo los mimbres del Reglamento (UE) 2023/2859 del Parlamento Europeo y del Consejo, de 13 de diciembre de 2023[493], con el fin de proporcionar al público un acceso fácil y centralizado a la información sobre las entidades y sus productos que sea pertinente

---

borado por dicho Consejo incluye diversas acciones que se vertebran en torno a dos ejes dirigidos a promover la adaptación del sector financiero y de las empresas, especialmente de las pymes y orientar el ahorro y la inversión hacia la sostenibilidad. Por tanto, en primer término, se pondrá en marcha un *Sandbox* de sostenibilidad —entorno colaborativo con los supervisores para acelerar el aprendizaje y utilización de la taxonomía y avanzar en la medición del riesgo del cambio climático —en colaboración con los supervisores financieros, el cual es concebido como espacio de pruebas donde empresas y entidades financieras puedan colaborar con los supervisores para resolver dudas sobre el marco normativo y desarrollar soluciones prácticas, antes de finales de 2025. De la misma forma, será creado también un repositorio de conocimiento para facilitar la divulgación de información de sostenibilidad la cual se articula como herramienta especialmente dirigida a las PYMES, para facilitar su acceso a fuentes de información que sean útiles sobre finanzas sostenibles y ayudarles a cumplir con los requisitos normativos. Asimismo, se impulsará la elaboración de guías sectoriales dirigidas especialmente a las pymes, con un enfoque práctico para orientar e impulsar su transformación y que puedan aprovechar las oportunidades que suponen las finanzas sostenibles, y por ende, del desarrollo de productos financieros verdes, para promover la implementación de productos financieros que fomenten la sostenibilidad y donde la cooperación entre el sector público y privado pueda ser útil. De la misma manera, será elaborada una lista positiva para facilitar la identificación de proyectos sostenibles financiables por la Línea ICO-Verde del Plan de Recuperación, que pone a disposición de las empresas financiación en condiciones preferentes, sirviendo como modelo para que el sector financiero pueda identificar a futuro proyectos de inversión verdes. Es conveniente traer a colación la Orden ECM/425/2025, de 16 de abril que modifica a la letra c) del apartado 1 del artículo 4 de la Orden ECM/44/2025, por la que se crea y regula el Consejo de Finanzas Sostenibles (BOE 105/2025, publicado el 1 de mayo).

493 Por el que se modifican determinados Reglamentos en lo que respecta al establecimiento y el funcionamiento del Punto de Acceso Único Europeo y la Directiva (UE) 2023/2864, del Parlamento Europeo y del Consejo, de 13 de diciembre, por la que se modifican determinadas Directivas en lo que respecta al establecimiento y el funcionamiento del PAUE, respectivamente.

para los servicios financieros, los mercados de capitales y la sostenibilidad, y que las autoridades y entidades estén obligadas a publicar en virtud de los actos legislativos de la Unión en esos ámbitos[494].

Dicha publicación debe llevarse a cabo con sustento con el principio de "presentación única" y sin que conlleve requisitos adicionales de divulgación que vayan más allá de los especificados en la legislación. Además, toda entidad que se rija por el Derecho de un Estado miembro debe poder presentar a un organismo de recopilación, con carácter voluntario, información sobre sus actividades económicas que sea pertinente para los servicios financieros o los mercados de capitales, o que se refiera a la sostenibilidad, a fin de que dicha información sea accesible en el *PAUE* de conformidad con el Reglamento (UE) 2023/2859[495].

---

494 Véase la Corrección de errores de la Directiva (UE) 2023/2864 del Parlamento Europeo y del Consejo, de 13 de diciembre de 2023, por la que se modifican determinadas Directivas en lo que respecta al establecimiento y el funcionamiento del Punto de Acceso Único Europeo (DOUE *L* 2023/2864, 20 de diciembre de 2023). Así, en la "Sección 4 accesibilidad de la información en el punto de acceso único europeo artículo 82 bis", "Sección 4 accesibilidad de la información en el Punto de Acceso Único Europeo. Artículo 82 *ter*". En la página 16, artículo 9 (modificación de la Directiva 2013/34/UE), nuevo artículo 33 bis, apartado 1, letra b), incisos i) y ii), donde se establece: "i) todos los nombres de la empresa a que se refiere la información y, cuando la empresa declarante sea una empresa filial exenta a tenor del artículo 29 *bis*, apartado 4, párrafo segundo, el nombre de la empresa matriz que presente información a nivel de grupo, ii) el identificador de entidad jurídica de la empresa y, cuando la empresa declarante sea una empresa filial exenta a tenor del artículo 29 *bis*, apartado 4, párrafo segundo, cuando se conozca, el identificador de entidad jurídica de la empresa matriz que presente información a nivel de grupo, tal como se estipula en el artículo 7, apartado 4, letra b), del Reglamento (UE) 2023/2859", debe decir: "i) todos los nombres de la empresa a que se refiere la información y, cuando la empresa declarante sea una empresa filial exenta a tenor del artículo 29 *bis*, apartado 4, párrafo segundo, el nombre de la sociedad matriz que presente información a nivel de grupo, ii) el identificador de entidad jurídica de la empresa y, cuando la empresa declarante sea una empresa filial exenta a tenor del artículo 29 *bis*, apartado 4, párrafo segundo, cuando se conozca, el identificador de entidad jurídica de la sociedad matriz que presente información a nivel de grupo, tal como se estipula en el artículo 7, apartado 4, letra b), del Reglamento (UE) 2023/2859".

495 Reglamento (UE) 2023/2859 del Parlamento Europeo y del Consejo, de 13 de diciembre, de 2023, por el que se establece un punto de acceso único europeo que proporciona un acceso centralizado a la información disponible al público

Pues bien, en aras a facilitar el funcionamiento del *PAUE,* se deberán modificar serie de Directivas del ámbito de los servicios financieros, los mercados de capitales y la sostenibilidad con el fin de lograr una adecuación sólida y eficiente de manera proporcionada, recordando que el incremento de la recogida y la presentación de dicha información ha de ser gradual.

Desde una perspectiva metodológica, se pretende que el requisito de la puesta a disposición de la información al *PAUE*, sea parte integrante de los actos legislativos sectoriales de la Unión enumerados en el Anexo del marco reglamentario citado y de cualquier acto legislativo ulterior de la Unión que establezca un acceso centralizado a la citada información a través del mismo, la cual, junto a los organismos de recopilación designados, podrían reexaminarse en el marco de la revisión de dichos actos legislativos sectoriales de la UE a fin de garantizar que el *PAUE* proporcionara a los participantes en el mercado, un acceso fácil y centralizado a la información que necesitan y con el fin último de su conversión en centro electrónico de referencia.

A estos efectos, el desarrollo del mismo debe tener una fase inicial de doce meses, a fin de conceder tiempo suficiente a los Estados miembros y a la Autoridad Europea de Supervisión (Autoridad Europea de Valores y Mercados) creada por el Reglamento (UE) 1095/2010 del Parlamento Europeo y del Consejo[496] para el establecimiento de la infraestructura informática necesaria, además ponerla a prueba sobre la base de la recopilación de un número limitado de flujos de información.

Posteriormente, incardinado a lo anterior, se deberá ir incorporando gradualmente un número adicional de flujos de información y funciones a un ritmo que permita que dicho desarrollo sea sólido y

---

pertinente para los servicios financieros, los mercados de capitales y la sostenibilidad (DO *L*, 2023/2859, 20 de diciembre de 2023. Disponible: *http://data.europa.eu.* (acceso 29 de noviembre 2024).

496 Traeremos, asimismo, a colación el Reglamento (UE) 1095/2010 del Parlamento Europeo y del Consejo, de 24 de noviembre de 2010, por el que se crea una Autoridad Europea de Supervisión (Autoridad Europea de Valores y Mercados), se modifica la Decisión 2009/77/CE de la Comisión (DO *L* 331 de 15 de diciembre de 2010, pág. 84).

eficiente. De la misma forma, se evaluará periódicamente a lo largo de su puesta en práctica y utilización, con el fin de permitir cualquier ajuste necesario para satisfacer las necesidades de sus usuarios y garantizar, en última instancia, su eficiencia técnica y solidez operativa.

A mayor abundamiento, también deberán designarse organismos de recopilación que recaben de las entidades información que sea pertinente para los servicios financieros, los mercados de capitales y la sostenibilidad.

No obstante, lo que antecede, en ausencia de un organismo de recopilación ya establecido con arreglo al Derecho de la Unión, los Estados miembros deberán gozar de flexibilidad a la hora de organizar la recopilación de información en su jurisdicción y designarán, al menos, un organismo de recopilación, tal como se define en el Reglamento (UE) 2023/2859, de 13 de diciembre de 2023, al objeto de recopilar y almacenar la información, además de la pertinente notificación a la *AEVM*, en consecuencia.

Así las cosas, y con el fin último de que la información en el *PAUE* sea accesible de manera eficiente en cuanto a costes, la recopilación, la transmisión y el almacenamiento de la información deben sustentarse, en la medida de lo posible, en los procedimientos e infraestructuras de recopilación, transmisión y almacenamiento existentes a nivel nacional.

De modo coetáneo, al objeto de garantizar que el *PAUE* proporcione un acceso oportuno a la información pertinente para los servicios financieros, los mercados de capitales, sostenibilidad y diversidad derivada de futuros actos legislativos de la Unión, tal como hemos tenido ocasión de aludir en el análisis del referido Cuerpo legal las entidades deben presentar su información a un organismo de recopilación al mismo tiempo que la hacen pública. A su vez, los citados organismos de recopilación deben situar la información a disposición del *PAUE* de manera automatizada recurriendo, en la medida de lo posible, a los procedimientos e infraestructuras de recopilación de información existentes a escala de la Unión y nacional, para la transmisión de información a la *AEVM* sin demora indebida.

Por otro lado, y con el fin de lograr un funcionamiento eficiente en cuanto a costes, los organismos de recopilación deben poder delegar sus tareas en un tercero, la cual deberá estar sujeta a las salvaguardas adecuadas y no debe ejercerse hasta el punto de hacer del organismo de recopilación una mera “entidad ficticia”. Pues bien, no debe ser posible delegar la tarea de adoptar una decisión discrecional de rechazar o retirar información que sea manifiestamente inadecuada, ofensiva o ajena al ámbito de aplicación del presente Reglamento. Sin embargo, ello no impide que un delegatario ejecute dicho rechazo o retirada de conformidad con una decisión discrecional al respecto del organismo de recopilación[497].

Continuando con *iter* expositivo, para que la información presente en el *PAUE* sea utilizable digitalmente, las entidades deben presentar a los organismos de recopilación, la información en un formato que permita extraer los datos o, cuando así lo exija el Derecho de la Unión, en un formato legible por máquina, los cuales son formatos de archivo estructurados de tal forma que mediante aplicaciones informáticas se puedan identificar, reconocer y extraer con facilidad datos específicos, incluidas las declaraciones individuales fácticas y la estructura interna de dichos datos. Ambos formatos deben estar abiertos para permitir el uso más amplio posible. En efecto, los formatos abiertos se entenderán en el sentido de que sean independientes de las plataformas y se pongan a disposición del público sin restricciones que impidan reutilizar la información que contienen. A tales efectos, la información presentada por las entidades a los organismos de recopilación debe ir acompañada por los metadatos solicitados por dichos organismos[498].

En este marco expositivo, la Comisión debe estar facultada para adoptar normas técnicas de ejecución elaboradas por la Autoridad Europea de Supervisión (*ABE*)[499] creada en virtud del Reglamento

---

497 *Cfr.* Considerando 11 del Reglamento (UE) 2023/2859.

498 *Ibidem.*

499 Desde un punto de vista general, en enero de 2011 fue creado el Sistema Europeo de Supervisión Financiera (*SESF*), que engloba tres autoridades de supervisión: la Junta Europea de Riesgo Sistémico (*JERS*), el Comité Mixto de las Autoridades Europeas de Supervisión y las autoridades nacionales de supervisión: Autoridad Bancaria Europea (*EBA*); la Autoridad Europea de Seguros y Pensiones de Jubilación; y la Autoridad Europea de Valores y Mercados (*ESMA*). Disponible: *https://eur-lex.europa.eu/* (acceso 25 de enero 2025).

(UE) del Consejo 1093/2010 del Parlamento Europeo[500] y por la Autoridad Europea de Supervisión (Autoridad Europea de Seguros y Pensiones de Jubilación, *AESPJ*) creada sobre el sustantivo del Reglamento (UE) 1094/2010 del Parlamento Europeo y del Consejo[501], o por la *AEVM* (denominadas conjuntamente "Autoridades Europeas de Supervisión" o "*AES*") que especifiquen los metadatos de cada información, el modo en que deben estructurarse los datos incluidos en la información, la información para la que se requiere un formato legible por máquina junto a un formato de lectura por máquina que debe utilizarse en tales casos[502].

---

500 *Cfr.* Reglamento (UE) 1093/2010 del Parlamento Europeo y del Consejo, de 24 de noviembre de 2010, por el que se crea una *AES* (Autoridad Bancaria Europea) y modifica la Decisión 716/2009/CE y se deroga la Decisión 2009/78/CE de la Comisión. Dicho marco reglamentario ha sido modificado por la Directiva 2014/17/UE del Parlamento Europeo y del Consejo de 4 de febrero de 2014; por la Directiva 2014/59/UE del Parlamento Europeo y del Consejo, de 15 de mayo de 2014; por el Reglamento (UE) 806/2014 del Parlamento Europeo y del Consejo, de 15 de julio de 2014; por la Directiva (UE) 2015/2366 del Parlamento Europeo y del Consejo de 25 de noviembre de 2015; por el Reglamento (UE) 2018/1717 del Parlamento Europeo y del Consejo de 14 de noviembre de 2018; por el Reglamento (UE) 2019/2033 del Parlamento Europeo y del Consejo, de 27 de noviembre de 2019; y por el Reglamento (UE) 2019/2175 del Parlamento Europeo y del Consejo, de 18 de diciembre de 2019.

501 Reglamento (UE) 1094/2010 del Parlamento Europeo y del Consejo, de 24 de noviembre de 2010, por el que se crea una Autoridad Europea de Supervisión (Autoridad Europea de Seguros y Pensiones de Jubilación), se modifica la Decisión 716/2009/CE y se deroga la Decisión 2009/79/CE de la Comisión. Dicho Texto reglamentario fue modificado por la Directiva 2014/51/UE del Parlamento Europeo y del Consejo de 16 de abril de 2014 y por el Reglamento (UE) 2019/2175 del Parlamento Europeo y del Consejo de 18 de diciembre de 2019.

502 El expositivo 17 del Reglamento 2023/2859, dispone textualmente que dicha Autoridad: "debe garantizar que el *PAUE* ofrezca una serie de funcionalidades, incluida una función de búsqueda, un servicio de traducción automática y la posibilidad de extraer información, así como características de accesibilidad electrónica diseñadas para personas con discapacidad visual y personas con otras discapacidades y necesidades de acceso. Las funciones de búsqueda deben ofrecerse en todas las lenguas oficiales de la Unión y basarse, como mínimo, en los metadatos proporcionados con los actos legislativos de la Unión enumerados en el anexo del presente Reglamento. La interfaz de usuario y la función de búsqueda en el *PAUE* deben diseñarse de manera que sean lo más sencillas posibles de utilizar, con un alto grado de comparabilidad de los datos, y que atiendan

Se advertirá, por lo que respecta a las normas técnicas de ejecución relativas a la información en materia de sostenibilidad, que las nombradas *AES*, a través de su Comité Mixto, deberán mantener consultas con el *EFRAG* sobre la elaboración de estos proyectos de normas técnicas de ejecución que especifiquen los metadatos que deben acompañar dicha información y, en su caso, los formatos o plantillas que se utilizarán para su elaboración[503].

El Comité Mixto debe tener en cuenta asimismo las normas vigentes en los actos legislativos sectoriales de la Unión correspondientes, en particular las normas diseñadas específicamente para las *PYMES*. De esta manera, la introducción de un formato legible por máquina debe justificarse mediante un análisis que tenga en cuenta los costes y beneficios para las entidades y para los usuarios de la información, así como para cualquier otra parte interesada, en particular, los organismos de recopilación, las autoridades competentes y las Autoridades Europeas de Supervisión antes indicadas.

A mayor abundamiento, las entidades que presenten información y metadatos a los organismos de recopilación[504] deben seguir siendo

---

a una amplia gama de usuarios potenciales, como inversores profesionales y minoristas, instituciones académicas y organizaciones de la sociedad civil".

503 Es importante recordar, tal y como se expone en dicho Cuerpo legal, que el *PAUE* no crea ninguna nueva obligación de divulgación en términos de contenido, sino que debe sustentarse en los requisitos vigentes derivados de los actos legislativos de la Unión (ver Anexo del Reglamento). De la misma forma se especifica la necesidad de evitar la duplicación de informes a fin de evitar la imposición de cargas administrativas y financieras adicionales para las entidades, especialmente las *PYMES*. Unido a lo anterior, debe poder incluirse información histórica en el *PAUE* con el fin de aumentar la disponibilidad y comparabilidad de la información que debe abarcar la información que se haya hecho pública menos de cinco años antes de la obligatoriedad de su presentación al *PAUE*. Por otro lado, a fin de garantizar que los conjuntos de información histórica sean coherentes y completos, la capacidad de hacer accesible información histórica en el *PAUE* debe seguir siendo prerrogativa de organismos de recopilación que sean órganos u organismos de la Unión (Considerandos 7 y 8).

504 Recordaremos que no se deberá exigir a los organismos de recopilación la construcción de nuevos mecanismos de almacenamiento cuando sea posible recurrir a mecanismos de la Unión o nacionales existentes para el almacenamiento de información. Por ello, los Estados miembros deberán designar, al menos, un organismo de recopilación para la recopilación de información presentada por las entidades con carácter voluntario, que podría ser el mismo que el que

responsables de la exactitud y la exhaustividad de la información en la lengua en que se haya presentado, así como de la fiabilidad de los mismos. A estos efectos, y en virtud de los principios de minimización de datos y protección de datos, las entidades deben garantizar que no se incluyan datos personales en la información que va a presentarse, excepto cuando dichos datos constituyan un elemento necesario de la información sobre sus actividades económicas, en particular, cuando el nombre de la entidad se corresponda con el nombre del propietario.

Unido a lo anterior, cuando la información presentada contenga datos personales, las entidades deben garantizar que puedan ampararse en uno de los motivos lícitos para el tratamiento establecidos en el Reglamento (UE) 2016/679 del Parlamento Europeo y del Consejo[505], a efectos de la divulgación de dichos datos.

Unido a lo anterior, y como el objetivo de la *AEVM* es proteger el interés público contribuyendo a la estabilidad y eficacia del sistema

---

recopile la información presentada por las entidades con carácter obligatorio (Considerando 10 del Reglamento (UE) 2023/2859).

505 Reglamento (UE) 2016/679 del Parlamento Europeo y del Consejo, de 27 de abril de 2016, relativo a la protección de las personas físicas en lo que respecta al tratamiento de datos personales y a la libre circulación de estos datos y por el que se deroga la Directiva 95/46/CE (Reglamento general de protección de datos) (DO *L* 119 de 4.5.2016, pág. 1). Como documentos conexos a dicho marco reglamentario, debemos traer a colación la Directiva (UE) 2016/680 del Parlamento Europeo y del Consejo, de 27 de abril de 2016, relativa a la protección de las personas físicas en lo que respecta al tratamiento de datos personales por parte de las autoridades competentes para fines de prevención, investigación, detección o enjuiciamiento de infracciones penales o de ejecución de sanciones penales, y a la libre circulación de dichos datos y por la que se deroga la Decisión Marco 2008/977/JAI del Consejo (DO *L* 119 de 4.5.2016, págs. 89-131); el Reglamento (UE) 2018/1725 del Parlamento Europeo y del Consejo, de 23 de octubre de 2018, relativo a la protección de las personas físicas en lo que respecta al tratamiento de datos personales por las instituciones, órganos y organismos de la Unión, y a la libre circulación de esos datos, y por el que se derogan el Reglamento (CE) 45/2001 y la Decisión 1247/2002/CE (DO *L* 295 de 21.11.2018, págs. 39-98) y la Directiva 2002/58/CE del Parlamento Europeo y del Consejo, de 12 de julio de 2002, relativa al tratamiento de los datos personales y a la protección de la intimidad en el sector de las comunicaciones electrónicas (Directiva sobre la privacidad y las comunicaciones electrónicas) (DO *L* 201 de 31.7.2002, págs. 37-47)

financiero en beneficio de la economía de la Unión, sus ciudadanos y sus empresas, se deberá contribuir, en particular, a garantizar la integridad, la transparencia, la eficiencia y el funcionamiento ordenado de los mercados financieros, sobre todo, en aras a la mejora de la protección de los inversores.

En todo caso, los organismos de recopilación mencionados no deben ser responsables de verificar la exactitud del contenido de la información presentada por las entidades, a menos que estén obligados a ello de conformidad con los actos legislativos de la Unión aplicables y enumerados en el Anexo del Reglamento (UE) 2023/2859. De esta forma, las entidades que presenten información con carácter obligatorio serán responsables de garantizar la exactitud de la información presentada en virtud de sus obligaciones legales con arreglo a los actos legislativos aplicables de la Unión que se encuentran enumerados en el citado Anexo, o al Derecho nacional.

Continuando con el hilo expositivo, los referidos organismos de recopilación deberán informar a la *AEVM* de cualquier dificultad práctica importante detectada en relación con el desempeño de sus funciones. En efecto, la *AEVM*, en estrecha cooperación con la *ABE* y la *AESPJ*, deberá supervisar el funcionamiento del *PAUE* y publicar un informe anual al respecto, al objeto de garantizar la transparencia respecto de posibles problemas, además de la adopción de medidas adecuadas cuando sea necesario, lo que contribuirá a garantizar la participación de las autoridades competentes además de la consulta a otras partes interesadas a través del grupo de trabajo, grupo o comité *ad hoc*, según proceda, y que será establecida por la *AEVM*.

No es ocioso recordar, reforzando lo comentado, que fue consultado el Supervisor Europeo de Protección de Datos a tenor del literal del artículo 42, apartado 1, del Reglamento (UE) 2018/1725 del Parlamento Europeo y del Consejo, el 19 de enero de 2022[506], emitiendo el Banco Central Europeo su dictamen, el 7 de junio de 2022[507].

---

506 Aludiremos al Reglamento (UE) 2018/1725 del Parlamento Europeo y del Consejo, de 23 de octubre de 2018, relativo a la protección de las personas físicas en lo que respecta al tratamiento de datos personales por las instituciones, órganos y organismos de la Unión, y a la libre circulación de esos datos, y por el que se derogan el Reglamento (CE) de 21 de noviembre de 2018, pág. 39).

507 *Cfr.* DO C 307 de 12 de agosto de 2022, pág. 3.

En suma, dado que el objetivo de la presente Norma adjetiva tiende a una adecuada armonización de los requisitos de divulgación respecto a la información pública que debe ser accesible a través del *PAUE*[508] y que no puede ser alcanzado de manera suficiente por los Estados miembros, sino que debido a las dimensiones y efectos de la acción puede lograrse mejor a escala de la Unión, ésta puede adoptar diferentes medidas de acuerdo con el principio de subsidiariedad establecido en el literal del artículo 5 del Tratado de la Unión Europea, lo que unido al principio de proporcionalidad[509] recogido en el citado precepto, nos lleva a concluir que la Norma europea no deberá exceder de los parámetros estrictamente necesarios, en aras al efectivo alcance de los objetivos señalados por la misma[510].

---

508 Se tendrá en consideración lo prevenido en el artículo 290 del TFUE por lo que respecta a la fecha a partir de la cual dicha información debe presentarse para que sea accesible en el *PAUE*.

509 Como avance, en nuestro país, y con relación al principio de proporcionalidad, debe señalarse que la transposición de la Directiva (UE) 2022/2464, de 14 de diciembre, relativa a la presentación de información sobre sostenibilidad por parte de las empresas a través del Proyecto de Ley de Información Empresarial, de 15 de noviembre de 2024, sobre sostenibilidad, mediante la que se modifican el Ccom, la LSC y la LAC, proporciona el marco legal necesario para regular la presentación de información sobre sostenibilidad, garantizando que la información sea significativa, suficiente y comparable, y el desarrollo de la actividad de verificación de dicha información, garantizando la calidad de los informes de verificación de dicha información al exigir determinados requisitos de formación para el acceso al ejercicio de esta actividad, requisitos de organización interna y del trabajo que aseguren la calidad del trabajo realizado, y al someter a estos profesionales a una supervisión independiente y rigurosa, lo que contribuye a la calidad del servicio prestado. Esta verificación, a su vez, proporciona una mayor fiabilidad a la información sobre sostenibilidad lo que redunda en una mayor protección del inversor que cada vez demanda más información acerca de los aspectos sostenibles de las entidades a la hora de tomar sus decisiones económicas.

510 Recordaremos que fueron modificadas las siguientes Directivas: Directiva 2004/25/CE del Parlamento Europeo y del Consejo, de 21 de abril de 2004, relativa a las ofertas públicas de adquisición en donde se inserta un artículo 16 *bis*, se suprime el artículo 21 *bis*, y se inserta un artículo 23 *bis*; Directiva 2004/109/CE del Parlamento Europeo y del Consejo, de 15 de diciembre de 2004, sobre la armonización de los requisitos de transparencia relativos a la información sobre los emisores cuyos valores se admiten a negociación en un mercado regulado y por la que se modifica la Directiva 2001/34/CE; Directiva 2006/43/CE del Parlamento Europeo y del Consejo, de 17 de mayo de 2006,

relativa a la auditoría legal de las cuentas anuales y de las cuentas consolidadas, por la que se modifican las Directivas 78/660/CEE y 83/349/CEE del Consejo y se deroga la Directiva 84/253/CEE del Consejo, en donde se inserta un artículo 20 *bis*; Directiva 2007/36/CE del Parlamento Europeo y del Consejo, de 11 de julio de 2007, sobre el ejercicio de determinados derechos de los accionistas de sociedades cotizadas donde ser introduce un nuevo Capítulo II *ter*. Punto de acceso único europeo; Directiva 2009/65/CE del Parlamento Europeo y del Consejo, de 13 de julio de 2009, por la que se coordinan las disposiciones legales, reglamentarias y administrativas sobre determinados organismos de inversión colectiva en valores mobiliarios (OICVM) en donde en su Capítulo IX es añadida la sección siguiente: Sección 4: Accesibilidad de la información en el Punto de Acceso Único Europeo; Directiva 2009/138/CE del Parlamento Europeo y del Consejo, de 25 de noviembre de 2009, sobre el acceso a la actividad de seguro y de reaseguro y su ejercicio (Solvencia II) donde se inserta un artículo 304 *ter*; Directiva 2011/61/UE del Parlamento Europeo y del Consejo, de 8 de junio de 2011, relativa a los gestores de fondos de inversión alternativos y por la que se modifican las Directivas 2003/41/CE y 2009/65/CE y los Reglamentos (CE) 1060/2009 y (UE) 1095/2010 donde se introduce el artículo 69 *ter*; Directiva 2013/34/UE del Parlamento Europeo y del Consejo, de 26 de junio de 2013, sobre los estados financieros anuales, los estados financieros consolidados y otros informes afines de ciertos tipos de empresas, por la que se modifica la Directiva 2006/43/CE del Parlamento Europeo y del Consejo y se derogan las Directivas 78/660/CEE y 83/349/CEE del Consejo en la que se inserta un artículo 33 *bis*; Directiva 2013/36/UE del Parlamento Europeo y del Consejo, de 26 de junio de 2013, relativa al acceso a la actividad de las entidades de crédito y a la supervisión prudencial de las entidades de crédito, por la que se modifica la Directiva 2002/87/CE y se derogan las Directivas 2006/48/CE y 2006/49/CE en la que se inserta un artículo 116 *bis*; Directiva 2014/59/UE del Parlamento Europeo y del Consejo, de 15 de mayo de 2014, por la que se establece un marco para la reestructuración y la resolución de entidades de crédito y empresas de servicios de inversión, y por la que se modifican la Directiva 82/891/CEE del Consejo y las Directivas 2001/24/CE, 2002/47/CE, 2004/25/CE, 2005/56/CE, 2007/36/CE, 2011/35/UE, 2012/30/UE y 2013/36/UE, y los Reglamentos (UE) 1093/2010 y (UE) 648/2012 del Parlamento Europeo y del Consejo donde se inserta un artículo 128 *bis*; Directiva 2014/65/UE del Parlamento Europeo y del Consejo, de 15 de mayo de 2014, relativa a los mercados de instrumentos financieros y por la que se modifican la Directiva 2002/92/CE y la Directiva 2011/61/UE en la cual se introduce un artículo 87 *bis*; Directiva (UE) 2016/97 del Parlamento Europeo y del Consejo, de 20 de enero de 2016, sobre la distribución de seguros en la que se inserta un artículo 40 *bis*; Directiva (UE) 2016/2341 del Parlamento Europeo y del Consejo, de 14 de diciembre de 2016, relativa a las actividades y la supervisión de los fondos de pensiones de empleo (FPE) en la que es insertado un artículo 63 *bis*; Directiva (UE) 2019/2034 del Parlamento Europeo y del Consejo, de 27 de noviembre de 2019, relativa a la supervisión prudencial de las empresas de servicios de inversión, y por la que se modifican las Directivas 2002/87/CE, 2009/65/CE, 2011/61/UE, 2013/36/UE, 2014/59/UE y 2014/65/UE en la que se inserta un artículo 44 *bis*; Directiva (UE) 2019/2162 del Parlamento Europeo y del Consejo, de 27 de noviembre de 2019, sobre la emisión y la supervisión pública de bonos garantizados y por la que se modifican las Directivas 2009/65/CE y 2014/59/UE en la que se introduce un artículo 26 *bis*. Recordaremos, que si bien el Reglamento entró en vigor a los 20 días de su publicación en el DOUE (esto es, el 9 de enero de 2024), las obligaciones que derivan del mismo se implementarán de forma progresiva y se espera que la puesta en marcha del *PAUE* no tenga lugar hasta el verano de 2027. En todo caso, está previsto que se elaboren proyectos de normas técnicas de ejecución del Reglamento; recordando además, el Reglamento de ejecución (UE) 2025/379 de la Comisión, de 26 de febrero de 2025 por el que se modifican las normas técnicas de ejecución establecidas en el Reglamento de Ejecución (UE) 2016/2070 en lo que respecta a las carteras de referencia y las plantillas e instrucciones que deben aplicarse en la Unión a efectos de la comunicación de información conforme al artículo 78, apartado 2, de la Directiva 2013/36/UE del Parlamento Europeo y del Consejo (*DOUE* 2025/379, 12.3.2025).

Capítulo Tercero

IMPLEMENTACIÓN DE LA DILIGENCIA DEBIDA EN LA SOSTENIBILIDAD FINANCIERA: REFERENCIA A LA TRANSPARENCIA E INTEGRIDAD DE LAS ACTIVIDADES DE CALIFICACIÓN AMBIENTAL, SOCIAL Y DE GOBERNANZA (*ESG*). ÁMBITO NORMATIVO EUROPEO Y PARÁMETROS DEL NUEVO "PAQUETE OMNIBUS"

VIII. LA INTEGRACIÓN DE LAS CONSIDERACIONES MEDIOAMBIENTALES Y DE DERECHOS HUMANOS EN LA GOBERNANZA EMPRESARIAL: REFERENCIA A LA DIRECTIVA SOBRE LA DILIGENCIA DEBIDA EN MATERIA DE SOSTENIBILIDAD EMPRESARIAL

1. Introducción

Con el fin de abordar los impactos negativos de las operaciones comerciales transnacionales sobre los Derechos humanos y el medio ambiente[511], la UE se embarcó en 2021 en un procedimiento legisla-

---

511 Sobre ejemplos de impactos adversos en los Derechos humanos, medioambientales y climáticos por parte de las empresas de la UE, véase. Comisión Europea: "Informe de evaluación de impacto del documento de trabajo de los servicios de la Comisión: que acompaña a la propuesta de Directiva sobre la diligencia debida en materia de sostenibilidad de las empresas y por la que se modifica la Directiva (UE) 2019/1937" (*SWD* 2022, 42 final, 23 de febrero de 2022), Anexo 10, pág. 162-164.

tivo sobre una Directiva de diligencia debida[512] en materia de sostenibilidad empresarial[513].

Los antecedentes inmediatos de esta iniciativa residen en los llamamientos del Parlamento Europeo[514] y el Consejo[515], y se remon-

512 Esta obligación de diligencia ha sido diseñada por etapas por parte de la *Guía de la OCDE de Debida Diligencia para una Conducta Empresarial Responsable*, la cual incluye medidas de diligencia debida para que las empresas identifiquen y aborden los efectos adversos sobre los derechos humanos y el medio ambiente. Esto abarca las siguientes etapas: 1) integrar la diligencia debida en las políticas y los sistemas de gestión, 2) identificar y evaluar los efectos adversos sobre los derechos humanos y el medio ambiente, 3) prevenir, interrumpir o minimizar los efectos adversos reales y potenciales sobre los derechos humanos y el medio ambiente, 4) verificar, supervisar y evaluar la eficacia de las medidas, 5) comunicar, 6) proporcionar reparación. Asimismo, ésta obligación de diligencia ha tenido su respuesta normativa mediante la Directiva (UE) 2024/1760 del Parlamento Europeo y del Consejo, de 13 de junio, sobre diligencia debida de las empresas en materia de sostenibilidad y por la que se modifican la Directiva (UE) 2019/1937, de 23 de febrero y el Reglamento (UE) 2023/2859, donde se regulan las directrices por las cuales la política de diligencia debida contendrá un código de conducta que describa las reglas y principios, así como procesos que se extiendan a las relaciones comerciales relevantes de su cadena de actividades. Desde un ámbito doctrinal y abordando las ideas anteriores en materia de Derechos humanos y su evolución en el campo de empresas, son interesantes las aportaciones de MÁRQUEZ CARRASCO, C., "Instrumentos sobre la debida diligencia en materia de Derechos Humanos: orígenes, evolución y perspectivas de futuro", *Cuadernos de Derecho Transnacional*, Vol. 14, núm. 2, Universidad Carlos III, Madrid, 2022, págs. 605-642.

513 Sobre ejemplos de impactos adversos en los derechos humanos, medioambientales y climáticos por parte de las empresas de la UE, véase Comisión Europea, "Informe de evaluación de impacto del documento de trabajo de los servicios de la Comisión, que acompaña a la propuesta de Directiva sobre la diligencia debida en materia de sostenibilidad de las empresas y por la que se modifica la Directiva (UE) 2019/1937" (SWD (2022) 42 final, 23 de febrero de 2022), Anexo 10, pág. 162-164.

514 En mayo de 2018, el Parlamento Europeo instó a la Comisión en la Resolución sobre finanzas sostenibles (2018/2007) la introducción de un marco de diligencia debida obligatorio y proporcionado, basado en las Directrices de la OCDE de 2017 sobre la conducta empresarial responsable para inversores institucionales. Estas Directrices requieren a los inversores que, tras un período transitorio, detecten, prevengan, mitiguen y rindan cuentas de los factores ambientales, sociales y de gobernanza. El Parlamento Europeo propuso que este marco delimitativo debía sustentarse en la Ley francesa sobre el deber de vigilancia.

515 Ya el Parlamento Europeo, en su Resolución de 10 de marzo de 2021, instaba a la Comisión a que propusiera normas de la Unión que establecieran obliga-

tan a los trabajos del grupo del Parlamento Europeo sobre conducta empresarial responsable[516], situándose los antecedentes mediatos en 2011, cuando la Comisión Europea introduce su nueva definición sobre la responsabilidad social empresarial para alinearla con los Principios Rectores de las Naciones Unidas[517] sobre empresas y Derechos humanos a los que la Unión Europea había expresado su adhesión[518].

Este importante primer punto de inflexión, representado por la Estrategia renovada de la UE 2011-2014 de responsabilidad social de las empresas[519], fue seguido de un segundo hito de esta evolución,

---

ciones integrales de diligencia debida de las empresas, con consecuencias que incluyeran la responsabilidad civil de aquellas empresas que causaran o contribuyeran a causar daños al no llevar a cabo la diligencia debida. Las Conclusiones del Consejo sobre los Derechos humanos y el trabajo digno en las cadenas mundiales de suministro de 1 de diciembre de 2020, instaron a la Comisión a presentar una propuesta dentro del marco jurídico de la Unión sobre gobernanza empresarial sostenible, en el que fueron incluidas las obligaciones intersectoriales de diligencia debida corporativa a lo largo de las cadenas mundiales de suministro.

516 *Vid. Responsible Business Conduct Working Group, Shadow EU Action Plan on the Implementation of the UN Guiding Principles on Business and Human Rights within the EU*, March 2019: Disponible: *https://responsiblebusinessconduct.euBusiness-and-Human-Rights.pdf* (acceso 18 de marzo 2025).

517 Principios Rectores sobre las Empresas y los Derechos Humanos. Puesta en práctica del marco de las Naciones Unidas para "proteger, respetar y remediar" 2011. Disponible: *https://www.ohchr.org/documents/publications/guidingprinciples-businesshr_sp.pdf* (acceso 19 de enero 2025).

518 CAPUTO, F., SCUOTTO, V., PAPA, A. y DEL GIUDICE, M., "From Sustainability coercion to Social Engagement: the turning role of Corporate Social Responsibility", *Corporate Governance and Research & Development Studies*, núm. 2, Napoli, 2020, pág. 20. Disponible en: *https://doi.org/10.3280/cgrds2-2020oa10558*. Desde un ámbito doctrinal, son interesantes las aportaciones de MURRAY, A., *Corporate Social Responsibility in the EU, Centre for European Reform*, London, 2003, págs. 29-31.

519 *Vid.* Comunicación de la Comisión al Parlamento Europeo, el Consejo, el Comité Económico y Social Europeo y el Comité de las Regiones (2011), Estrategia renovada de la UE 2011-2014 de responsabilidad social de las empresas. En la misma refiere al compromiso de la UE de promover los Principios Rectores de las Naciones Unidas sobre empresas y derechos humanos y de implementarlos a través de una combinación inteligente de medidas voluntarias y obligatorias para avanzar hacia una conducta responsable de las empresas, dentro y fuera de la UE, y para asegurarse de que éstas rindan cuentas por sus impactos sociales

consistente en la adopción de normas sobre transparencia empresarial como la Directiva de 2014 sobre información no financiera[520] cuya aplicación generó un importante escepticismo acerca de que este tipo de legislación de *reporting* pudiera realmente modificar la conducta empresarial a escala suficiente[521]. De otro lado, se persigue, asimismo, mejorar la información sobre sostenibilidad en la búsqueda de que la información que se presente sea de alta calidad —con los beneficios que ello produciría en todos los ámbitos—.

Al hilo de lo hasta aquí relatado, ya el Informe de la Comisión Europea de 21 de abril de 2021 sobre las cláusulas de revisión de las Directivas 2013/34/UE, 2014/95/UE y 2013/50/UE además del correspondiente control de adecuación relativo al marco de la Unión Europea sobre publicación de información por parte de las empresas (*"Informe de la Comisión sobre las cláusulas de revisión y correspondiente*

---

y ambientales. Asimismo adiciona que en sus Resoluciones de 6 de febrero de 2013 sobre responsabilidad social de las empresas, tituladas, respectivamente, "Comportamiento responsable y transparente de las empresas y crecimiento sostenible" y "Promover los intereses de la sociedad y un camino hacia la recuperación sostenible e integradora", el Parlamento Europeo reconocía la importancia de que las empresas divulguen información sobre la sostenibilidad, como pueden ser los factores sociales y medioambientales, con el fin de identificar riesgos para la sostenibilidad y aumentar la confianza de los inversores y los consumidores. De hecho, la divulgación de información no financiera resulta esencial para la gestión de la transición hacia una economía mundial sostenible que combine la rentabilidad a largo plazo con la justicia social y la protección del medio ambiente. Desde un ámbito doctrinal, en líneas generales MARTÍ MOYA, V., "El incesante proceso de positivización de la responsabilidad social en la UE: de la información no financiera al informe de sostenibilidad", *La Ley Mercantil*, núm. 93, Aranzadi, Cizur menor, 2022, pág. 4 y ss.

520 Véase, la Directiva sobre información no financiera de la UE, Directiva 2014/95/UE, con las directrices correspondientes. Disponible: *https://ec.europa.eu/info/publications/non-financial-reporting-guidelines_en.*

521 Estos límites se hicieron más evidentes y más ampliamente reconocidos especialmente en 2020, cuando fueron publicaron dos voluminosos estudios por parte de la Comisión Europea, uno de ellos referente a la debida diligencia obligatoria, que pusieron de manifiesto una percepción generalizada sobre las insuficiencias de los instrumentos de *reporting*. A estos efectos, véase el *Study on due diligence requirements on the supply chain*. En: *https://op.europa.eu/en/publication-detail/-/publication/8ba0a8fd-4c83-11ea-b8b7-01aa75ed71a1/language-en* (acceso 28 enero 2025).

control de adecuación")[522], detectaron problemas en cuanto a la eficacia de la Directiva 2014/95/UE. En particular, se constató que muchas empresas no presentaban información significativa sobre todos los temas importantes relacionados con la sostenibilidad además de la limitada comparabilidad y fiabilidad de la información bajo las anteriores pautas delimitativas[523].

Si a ello es adicionado el numeroso volumen de empresas de las que los usuarios necesitan información sobre sostenibilidad, pero que no están obligadas a presentarla, se concluye la necesidad de un marco de presentación de dicha información fiable, que ofrezca adecuada respuesta a las solicitudes de información a las compañías sobre dichas cuestiones y que, además, resulte lo más homogénea posible en los Estados miembros, en aras a evitar que la divergencia de las normas nacionales repercuta negativamente en la complejidad y el coste de cumplimiento.

Por todo ello, la información presentada por las referidas empresas se consideraba que debía ser lo más coherente posible con la definición de los términos "factores de sostenibilidad" establecida en el Reglamento (UE) 2019/2088[524] y debía corresponder a las necesida-

---

522 Informe de la comisión al Parlamento Europeo, al Consejo y al Comité Económico y Social Europeo sobre las cláusulas de revisión de las Directivas 2013/34/UE, 2014/95/UE y 2013/50/EU (COM(2021) 199 final.

523 El referido Informe de la Comisión al Parlamento Europeo, al Consejo y al Comité Económico y Social Europeo sobre las cláusulas de revisión de las Directivas 2013/34/UE, 2014/95/UE y 2013/50/EU especificaba de forma literal: "En cuanto a la pertinencia, existen numerosas pruebas de que muchas empresas no divulgan información no financiera importante sobre todas las cuestiones significativas relacionadas con la sostenibilidad. Al mismo tiempo, las empresas divulgan cantidades significativas de información irrelevante, lo que dificulta que los usuarios encuentren la información que buscan. Estas conclusiones son verdaderas para la información sobre el impacto de la empresa en asuntos relacionados con la sostenibilidad y para la información sobre el impacto de estos asuntos en el desarrollo, el rendimiento y la posición de la empresa. En la consulta pública organizada por los servicios de la Comisión en 2020 para preparar una revisión de la DINF, solo el 6% de los usuarios afirmó que no tuvieron problemas en cuanto a la no divulgación de toda la información pertinente por parte de las empresas"

524 Reglamento (UE) 2019/2088 del Parlamento Europeo y del Consejo, de 27 de noviembre de 2019 sobre la divulgación de información relativa a la sostenibilidad en el sector de los servicios financieros.

des y expectativas de los usuarios y empresas, que a menudo utilizan los términos "medioambiental", "social" y "gobernanza" como medio para clasificar las tres cuestiones principales de sostenibilidad.

Sin embargo, se incide en que la definición terminológica de los aludidos "factores de sostenibilidad" establecida en el anterior marco reglamentario, no incluye expresamente las cuestiones de gobernanza. Con estos presupuestos, la definición de los términos "cuestiones de sostenibilidad" en la Directiva 2013/34/UE en su versión modificada por la Directiva 2022/2464 de 14 de diciembre de 2022 debía comprender, por tanto, los factores medioambientales, sociales, de derechos humanos y de gobernanza e incorporar la definición de los términos "factores de sostenibilidad" establecida en el Reglamento expuesto[525].

A lo anterior debemos cohonestar la idea de que la mencionada iniciativa legislativa de una Directiva de debida diligencia empresarial en materia de sostenibilidad corporativa era presentada como una herramienta para la armonización de las normas aplicables a las empresas europeas en todo el mercado interior. No debe extrañar, por tanto, que las bases jurídicas que debían aplicarse fueran sustentadas en los artículos 50 y 114 del TFUE[526].

---

525 Recordaremos que la Directiva 2022/2464 de 14 de diciembre de 2022 entró en vigor a los veinte días de su publicación en el DOUE (DOUE, *L* 322, 16 de diciembre de 2022), aunque el artículo 4 (modificaciones del Reglamento (UE) núm. 537/2014) ha comenzado a aplicarse desde el 1 de enero de 2024 a los ejercicios que comiencen a partir de dicha fecha o en una fecha posterior. Por otra parte, teniendo en cuenta que la fecha general de transposición para dar cumplimiento a lo establecido en los artículos 1 (modificaciones de la Directiva 2013/34/UE), 2 (modificaciones de la Directiva 2004/109/CE) y 3 (modificaciones de la Directiva 2006/43/CE) fue el 6 de julio de 2024, son contempladas reglas específicas para la aplicación de disposiciones atendiendo a la fecha de comienzo del ejercicio, en particular, para cumplir lo prevenido en el artículo 1 —a excepción del punto 14 que se determina para los ejercicios que comiencen a partir del 1 de enero de 2028— y el artículo 2 (*ex* artículo 5 Directiva). Desde un ámbito doctrinal, en relación con estas cuestiones, CAMPUZANO, A. B., "Sostenibilidad y Derecho privado". *Actas del Congreso Internacional Sostenibilidad y Derecho del Sistema Financiero*, Valencia, 2023, págs. 53 y ss.

526 Como señalaba la Comisión en la propuesta, "el artículo 50 del TFUE tiene carácter de *lex specialis* para las medidas adoptadas con el fin de alcanzar la libertad de establecimiento. Entre las medidas propuestas, las relativas la gobernanza empresarial entran en el ámbito de aplicación de esta base jurídica, en

Adicionalmente, desde una perspectiva metodológica y como hemos tenido ocasión de abordar a lo largo de nuestro estudio, la importancia del Pacto Verde Europeo[527] ha sido un elemento esencial a la hora de establecer los mimbres sustantivos de la misma.

En efecto, el Pacto plantea importantes reformas que están dirigidas a reforzar, *per se*, el marco de gobernanza empresarial sostenible. Ello se justifica por la emergencia climática y la crisis de la COVID[528], además de mostrar que la UE está dispuesta a impulsar un nuevo modelo de negocio, esto es, un modelo de conducta empresarial responsable[529]. No obstante, y aunque no se trata de una desviación

---

particular la integración de la diligencia debida en las políticas de las empresas, las medidas sobre el plan de las empresas para garantizar que su modelo de negocio y su estrategia sean compatibles con la transición hacia una economía sostenible y con la limitación del calentamiento global a 1,5°C, en consonancia con el Acuerdo de París, y las medidas de remuneración conexas, así como las disposiciones sobre el deber de diligencia y las obligaciones de los administradores en relación con el establecimiento y la supervisión de la diligencia debida. Con el fin de analizar, de manera exhaustiva, los obstáculos al mercado interior descritos, el artículo 50 del TFUE se combina aquí con la disposición general del artículo 114 del TFUE, el cual prevé la adopción de medidas relativas a la aproximación de las disposiciones legales, reglamentarias y administrativas de los Estados miembros que tengan por objeto el establecimiento y el funcionamiento del mercado interior. Así, el legislador de la Unión puede recurrir al mencionado precepto, en particular cuando las disparidades entre las normas nacionales puedan obstaculizar las libertades fundamentales o crear distorsiones de la competencia y, por tanto, tener un efecto directo sobre el funcionamiento del mercado interior". De la misma forma, traeremos a colacion los Considerandos 19 y 73 de la CS3D.

527 La Comunicación de 2019 sobre el Pacto Verde Europeo establecía que todas las acciones y políticas de la Unión deben unirse para ayudar a la Unión a lograr una transición exitosa y justa hacia un futuro sostenible en el que nadie se quede atrás. También establecía que la sostenibilidad debe integrarse aún más en el marco de gobierno corporativo. Véase COM/2019/640 final.

528 CURTO POLO, M., "Legislación de urgencia en el Derecho de Sociedades ante la Covid-19 en el primer semestre de 2020", *Ars Iuris Salmanticensis: AIS: revista europea e iberoamericana de pensamiento y análisis de derecho, ciencia política y criminología*, Vol. 8, núm. 2, Universidad de Salamanca, 2020, págs. 265-272.

529 En tal sentido, también debe citarse el Programa de Acción Ambiental General de la Unión hasta 2030. La Comisión también presentó una lista de indicadores clave para supervisar los avances hacia el logro de los objetivos medioambientales y climáticos de la UE hasta 2030, así como la visión a largo plazo para 2050 "Vivir bien dentro de los límites de nuestro planeta". Como resultado de inten-

radical de los modelos actuales, se debe atestiguar que el mismo está orientado hacia un modelo de accionista o negocio alineado con una necesaria transición justa.

Siendo esto así, merece la pena destacar en estos antecedentes, la presión proveniente de las organizaciones de la sociedad civil, las víctimas, los inversores e incluso el propio tejido empresarial[530]. A modo ejemplificativo, un extenso estudio sobre la diligencia debida en materia de Derechos humanos, incluyó una encuesta realizada a más de 300 empresas que mostró que una gran mayoría (75,37%) de las empresas encuestadas indicaron que cualquier marco reglamentario europeo beneficiaría a las mismas al proporcionar una "norma única y armonizada a nivel de la UE" (en lugar de un mosaico de diferentes medidas a nivel nacional e industrial)[531]. Curiosamente, ese estudio también mostró que la mayoría de las empresas consideraban que la nueva regulación mejoraría o facilitaría la influencia respecto a terceros al introducir un estándar no negociable, sin reducir la competitividad o la innovación.

---

sas consultas con las partes interesadas y los Estados miembros, el nuevo marco de seguimiento del "VIII Programa de Acción en materia de Medio Ambiente" el cual tiene por objeto fomentar la transparencia e informar a los europeos sobre el impacto de la política climática y medioambiental de la UE, cuyo fin es allanar el camino para medir la salud de nuestras economías y sociedades sobre la base del bienestar económico. En: *https://ec.europa.eu/commission/presscorner/detail/es* (acceso 19 enero 2025).

530 El texto final de la *CS3D* incorpora cambios significativos respecto de los borradores anteriores. Aunque en un principio se proponía una aplicación más amplia, las negociaciones definieron su ámbito de aplicación para centrarse en las mayores empresas con sede en la UE. Por ello, estas entidades están ahora obligadas a llevar a cabo una diligencia debida exhaustiva e informar sobre la sostenibilidad y la información relacionada con los derechos humanos, incluidos los riesgos y el rendimiento, no solo dentro de sus propias operaciones sino también en todas sus cadenas de suministro. Este ajuste responde a los comentarios de las partes interesadas durante las negociaciones, esforzándose por lograr un enfoque matizado y equilibrar los estrictos requisitos de diligencia debida con las preocupaciones prácticas de aplicación. Al dirigirse a las grandes empresas, la Directiva pretende minimizar las cargas sobre las entidades más pequeñas, al tiempo que ejerce una influencia sustancial en toda la cadena de suministro.

531 Véase Comisión Europea. *Study on due diligence requirements through the supply chain*, 2020. En *https://op.europa.eu/en/publication-detail/-/publication/8ba0a8fd-4c83-11ea-b8b7-01aa75ed71a1/language-en*.(acceso 21 de enero 2025).

Por otro lado, y desde un punto de vista regulatorio, la intención de la Comisión Europea de adoptar un nuevo acto legislativo en este ámbito concreto, no se centraba en un sector específico, sino que se trataba, más bien, de una norma de carácter general de Derecho derivado de la Unión que debía consignar, como fin último, el objetivo de establecimiento de un estándar mínimo de diligencia debida aplicable a las empresas europeas en el ámbito de Derechos humanos[532], engarzado en un marco jurídico horizontal.

Con todo, y tras haberse presentado diversas variantes en junio de 2020[533], en septiembre del citado año, el Parlamento Europeo adoptó un informe para la Comisión Europea con recomendaciones específicas para la elaboración de un proyecto de Directiva sobre diligencia debida empresarial en materia de Derechos humanos, medio ambiente y buena gobernanza[534].

Asimismo, la Comisión en su primera propuesta de Directiva[535]; decidió continuar la senda establecida de la normativa fran-

---

532 En Naciones Unidas se trabaja también en un proyecto de Tratado vinculante de carácter multilateral para proteger los Derechos humanos en las empresas. Un proyecto que surge de una resolución del Consejo de Derechos Humanos de las Naciones Unidas en 2014, que busca regular, en el marco del Derecho Internacional de los Derechos Humanos, las actividades de las empresas transnacionales y otras empresas con respecto a los derechos humanos, obligando a los Estados a garantizar que todas las empresas respeten los derechos humanos y prevengan violaciones. Véase, CISDE *https://www.cidse.org/es/2021/10/20/analysis-of-the-third-draftof-the-un-treaty-on-business-and-human-rights/* (acceso 23 octubre 2024).

533 Parlamento Europeo, *Human Rights Due Diligence Legislation-Options for the EU*, junio 2020. En: *www.europarl.europa.eu/RegData/etudes/BRIE/2020/603495/EXPO_BRI(2020)603495_EN.pdf*. (acceso 21 de diciembre 2024).

534 Es interesante el "Draft Report of the Committee on Legal Affairs (2020/2129(INL) of 11 September 2020 with Recommendations to the Commission on Corporate Due DiligenceandCorporateAccountability". Disponible: *https://www.europarl.europa.eu/doceo/document/JURI-PR-657191_EN.pdf* (consultado el 26 de enero de 2025).

535 Como expone con precisión PORTELLANO DIEZ, P., "Los cuatro textos legales que tuvo en consideración la Comisión para la elaboración de dicha propuesta de Directiva respondían— y siguen haciéndolo-a dos modelos de aplicación diferente con relación al ámbito de aplicación personal o subjetivo. Dos de ellos tenían como destinatarios a todas las empresas. Los otros dos, por el contrario, lo restringían a aquellas que tuvieran un determinado número de trabajadores. La diferencia de criterios tenía fácil explicación. Los dos primeros proceden de

cesa[536] y alemana de no incluir en el ámbito subjetivo de aplicación a todas las empresas, además de establecer un doble criterio: el primero de ellos, de corte general aplicable con independencia de la actividad que era desarrollada; y otro específico conectado a determinados criterios productivos, y en ambos casos, tal y como reseña la doctrina más autorizada[537], no limitándose al número de trabajadores sino complementándolo con la cifra del volumen de negocios neto.

Entre tanto, el 30 de noviembre de 2022, el Consejo Europeo adoptó formalmente su posición negociadora ("Orientación general del Consejo") sobre la misma[538], siendo aprobada en 2023, y a partir de ese momento, el Proyecto de Directiva fue negociado por la Presidencia del Consejo, Parlamento y la Comisión en el marco de las reuniones interinstitucionales informales conocidas como "diálogos tripartitos", destacando el alcance pionero de la propuesta de la Comisión, en cuyo texto, la Unión Europea junto con los Estados miembros se comprometían a reforzar su participación con el fin de promover activamente la aplicación de normas internacionales tendente a una conducta empresarial responsable[539].

---

instituciones internacionales (Naciones Unidas y la Organización para Cooperación y el Desarrollo Económicos) y se sitúa en el campo de la voluntariedad, esto es, de la recomendación. Los dos últimos, son normas de obligado cumplimiento dictadas por dos Estados, Francia y Alemania"; PORTELLANO DÍEZ, P., "NESSUN DORMA: el verdadero ámbito de aplicación personal de la Directiva sobre diligencia debida y sus pilares" en CASTELLANO, MªJ. y CAMPUZANO LAGUILLO, A. B.(coords.), *Libro homenaje al Profesor Ángel Rojo*, Vol. 2, Tomo 2, Aranzadi, Cizur menor, 2024, págs. 1181-1226.

536 PIETRANCOSTA, A., "Codification in Company Law of general CSR Requirements pioneering recent French reform and EU perspectives", *SSRN*, 2022. Disponible en: *http://www.papers. ssrn.com/sol3/papers.cfr?abstract_id=4083398*, págs. 16 y ss. (acceso 21 de febrero 2025).

537 PORTELLANO DÍEZ, P., "NESSUN DORMA: el verdadero ámbito de aplicación personal..." *op. cit.* pág. 1186.

538 Véase Consejo de la Unión Europea, "Propuesta de Directiva del Parlamento Europeo y del Consejo relativa a la diligencia debida en materia de sostenibilidad de las empresas y por la que se modifica la Directiva (UE) 2019/1937: orientación general" (Doc. núm. 15024/1/22, de 30 de enero de 2025).

539 Propuesta de Directiva del Parlamento Europeo y del Consejo relativa a la diligencia debida en materia de sostenibilidad empresarial y por la que se modifica la Directiva (UE) 2019/1937, Exposición de motivos, pág. 11. En este párrafo

Continuando con el hilo expositivo, y aunque su ámbito de aplicación queda circunscrito a las grandes compañías[540] que posean su

---

se alude a "los Principios Rectores de las Naciones Unidas sobre las Empresas y los Derechos Humanos, las Líneas Directrices de la *OCDE* para Empresas Multinacionales y la Guía de la *OCDE* de Debida Diligencia. Es coherente con la Estrategia de la UE sobre los Derechos del Niño que compromete a la Unión a adoptar un enfoque de tolerancia cero contra el trabajo infantil y a garantizar que las cadenas de suministro de las empresas de la UE estén libres de trabajo infantil. En la estrategia de la UE en la lucha contra la trata de seres humanos 2021-2025, la Comisión se comprometió a presentar una propuesta legislativa sobre gobernanza empresarial sostenible para fomentar un comportamiento empresarial sostenible y responsable a largo plazo. La iniciativa también contribuye a los objetivos de la Comunicación de la Comisión sobre el trabajo digno en todo el mundo, que se adopta junto con la presente propuesta.

540 Por lo que atañe al criterio general, la Propuesta de Directiva— que se aparta de la Recomendación del Parlamento Europeo de 10 de marzo de 2021— refería a volumen de negocio mundial neto superior a 40 millones EUR y tener una media de más de 250 empleados siempre que su volumen de negocio mundial (al menos, 20 millones de EUR correspondiera a una o varias actividades consideradas de gran impacto) Asimismo, excluyó a las microempresas y a las PYMES (en el sentido de la Directiva 2013/34/UE sobre Estados financieros anuales, estados financieros consolidados y otros informes afines de ciertos tipos de empresa) en atención a la carga financiera y administrativa que podrían suponer y porque, en su mayor parte, no dispone de mecanismos de diligencia debida preexistentes. Del mismo modo también quedaron excluidas otro tipo de empresas que por su número de empleados y por su volumen de negocios, habían de reputarse grandes empresas a tenor de lo prevenido en la Directiva 2013/34/UE citada. Según el artículo 2 de la Directiva (UE) 2024/1760 del Parlamento Europeo y del Consejo, de 13 de junio de 2024, sobre diligencia debida de las empresas en materia de sostenibilidad, será de aplicación a las compañías que tengan más de mil empleados y un volumen de negocios superior a los cuatrocientos cincuenta millones EUR. Se ha elevado, considerablemente, el umbral con respecto a la propuesta original que pretendía que su contenido fuera de aplicación a las empresas comunitarias con más de quinientos empleados y una facturación neta mundial superior a ciento cincuenta millones EUR, o a las que tengan más de doscientos cincuenta empleados y una facturación neta mundial superior a cuarenta millones EUR cuando el cincuenta por ciento de su facturación se produzca en sectores de alto impacto. Alude al recorte del ámbito de aplicación por la elevación de los umbrales PALÁ LAGUNA, R., "Exclusiones de la Directiva sobre diligencia debida de las empresas en materia de sostenibilidad", julio 2024 disponible en: *https://www.ga-p.com/publicaciones/exclusiones-de-la-directiva-sobre-diligenciadebida-de-las-empresas-en-materia-de-sostenibilidad/;* PORTELLANO DÍEZ, P., "NESSUN DORMA: el verdadero ámbito de aplicación personal de la Directiva…*op. cit.* pág. 1186.

sede u operan tanto en el mercado interior de la UE como fuera del espacio europeo, el legislador introduce un cambio de paradigma en relación con las obligaciones de las empresas para la identificación, prevención y solución de impactos adversos en dicho ámbito[541], abordando no sólo los impactos potenciales, sino también reales, relacionados con sus subsidiarias y socios comerciales además de elevar los umbrales a la hora de adquirir la condición de sujeto obligado[542].

En línea con lo anterior, y como tendremos ocasión de analizar más detenidamente, debido a la globalización de las cadenas de valor[543], la Directiva de la UE —en tanto que Derecho derivado[544]— debe tener implicaciones considerables para las empresas y los titulares de Derechos humanos fuera de la Unión Europea. En efecto, además, al sustentarse en la noción de diligencia debida fundamentada en el riesgo para los mismos formulado en los estándares internacionales de *soft law* (Derecho indicativo) sobre empresas, convierte los mencionados estándares en el denominado *hard law* (Derecho vinculante) con implicaciones para las empresas activas en territorio de la Unión, pero también, para aquellas sociedades situadas a lo largo de sus cadenas de suministro mundiales[545].

Precisamente, bajo estas circunstancias y originado en el "*Marco Proteger, Respetar y Remediar y en los Principios Rectores de las Naciones*

---

541 GIMENO BEVIÁ, V. "Sostenibilidad, deber de diligencia de los administradores sociales y signos distintivos" *RDMV*, núm. 35, *La Ley*, Madrid, 2024.

542 *Ibidem*

543 Sobre los desafíos que éstas presentan, véase MARULLO, C., SALES PALLARÉS, L. y ZAMORA CABOT, F. J. (dirs.), *Empresas transnacionales, Derechos humanos y cadenas de valor: nuevos desafíos*, Colex, Madrid, 2023.

544 Mencionaremos, como hemos reseñado, la Directiva (UE) 2024/1760 del Parlamento Europeo y del Consejo, de 13 de junio de 2024, sobre diligencia debida de las empresas en materia de sostenibilidad y por la que se modifican la Directiva (UE) 2019/1937 y el Reglamento (UE) 2023/2859. También, relativamente reciente, la Directiva *CSRD* o Directiva (UE) 2022/2464 del Parlamento Europeo y del Consejo de 14 de diciembre de 2022 por la que se modifican el Reglamento (UE) 537/2014, la Directiva 2004/109/CE, la Directiva 2006/43/CE y la Directiva 2013/34/UE, por lo que respecta a la presentación de información sobre sostenibilidad por parte de las empresas.

545 Aunque de forma velada, es indicado en el Considerando 99 del Cuerpo normativo de acuerdo con los principios de subsidiariedad y proporcionalidad establecidos en el artículo 5 del Tratado de la Unión Europea. En cualquier caso, también son reveladores los Considerandos 3, 4, 73.

Unidas sobre empresas y Derechos humanos"[546], el ámbito conceptual de diligencia debida empresarial sustentada en el riesgo para los Derechos humanos y el medio ambiente se ha convertido en un elemento central de los principales estándares y guías sobre conducta empresarial responsable[547].

Unido a lo relatado, los Principios Rectores referenciados constituyeron el primer instrumento que estableció el concepto de diligencia debida en materia de Derechos humanos de manera integral, y seguidamente, las Directrices de la *OCDE*[548] para Empresas Multinacionales que ampliaron el enfoque más allá de los citados derechos con la intención de introducir el marco medioambiental y otras preocupaciones dimanadas de la sostenibilidad[549]; recordando, a tales efectos, que si bien la debida diligencia empresarial en la men-

---

546 Recordaremos, en este apartado, que los Principios Rectores de las Naciones Unidas sobre empresas y Derechos humanos constituyen un hito en el debate que tiene lugar desde la década de los setenta sobre los efectos negativos que causan las actividades empresariales de todos los sectores sobre las personas y el medio ambiente. Uno de los principales avances de los Principios Rectores es que aclaran que las empresas, independientemente de su tamaño, sector, contexto operacional, propietario y estructura, tienen la responsabilidad de respetar los Derechos humanos. Esto se materializa a través del ejercicio de la diligencia debida en materia de derechos humanos, que constituye la piedra angular del Pilar II de los Principios Rectores. Véase, a estos efectos, el Informe del Representante Especial del Secretario General para la cuestión de los derechos humanos y las empresas transnacionales y otras empresas. Disponible en: *http://hdl.handle.net/10486/678217* (acceso 21 de octubre 2024).

547 Entre otros, Directrices de la *OCDE* para empresas multinacionales 2011. Disponible en *https://doi.org/10.1787/9789264115415-en*. Véase también "Líneas Directrices de la OCDE para empresas multinacionales: temas de conducta empresarial: *guidelines.oecd.org/MNEguidelines_RBCmatters.pdf*. (acceso 17 de enero 2025).

548 RODRÍGUEZ MARTÍNEZ, I., "Líneas directrices de la OCDE para empresas multinacionales y la guía de la OCDE de debida diligencia para una conducta empresarial responsable" en BATALLER GRAU, J. y BOQUERA MATARREDONA, J., *Responsabilidad social y sostenibilidad. El marco de actuación de la empresa*, Tirant lo Blanch, Valencia, 2023, págs. 229-266

549 OCDE: "Directrices para empresas multinacionales" (2011); OCDE. "Guía de diligencia debida de la OCDE para una conducta empresarial responsable" (2018). Asimismo, véase el considerando 16 de la Directiva del Parlamento Europeo y del Consejo relativa a la diligencia debida en materia de sostenibilidad empresarial y por la que se modifica la Directiva (UE) 2019/1937, basándose específicamente en *OCDE*. "*OCDE Due Diligence Guidance for Responsible Business*

cionada materia de Derechos humanos, ha recibido un amplio respaldo por los actores del mercado, la implementación efectiva de las recomendaciones pertinentes formuladas en los citados estándares de *soft law* (Derecho indicativo internacional) dependerá, en última instancia, de la voluntariedad corporativa empresarial[550].

Por consiguiente, los desarrollos normativos en materia de diligencia debida obligatoria forman parte de la combinación inteligente (*smart mix*) de medidas voluntarias y vinculantes que los Estados deben adoptar para promover el respeto de los Derechos humanos por parte de las empresas[551].

De esta forma, este marco sustantivo no sólo supone un "endurecimiento" de los mencionados estándares de *soft law* en materia de conducta empresarial responsable, sino que también, poseen potencial para incentivar e impulsar la diligencia debida en materia de Derechos humanos como parte de las prácticas empresariales habituales, al poder proporcionar una mayor certeza jurídica para las empresas, al mismo tiempo de contribuir a la generación de un mayor entendimiento y uniformidad de los requisitos que deben cumplir al objeto de la materialización de su responsabilidad en el respeto a los mismos[552].

No obstante, lo que antecede, y aun a pesar de las ideas propugnadas, desde un punto de vista práctico, y recordando que el estándar

---

Conduct" (Guía de la *OCDE* sobre la debida diligencia para la conducta empresarial responsable).

550 Para asegurar la implementación sistemática de este estándar de conducta global por parte de las empresas, la diligencia debida en materia de Derechos humanos se ha integrado en los principales instrumentos que promueven una conducta empresarial responsable, que además de las Líneas Directrices de la *OCDE* para Empresas Multinacionales de 2011, ha tomado como marco referencial, la Declaración Tripartita de Principios sobre las Empresas Multinacionales, la Política Social de la OIT de 2017 y la norma *ISO* 26000 relativa a la responsabilidad social.

551 Disponible: *https://www.ohchr.org/es/stories/2024/12/business-and-human-rights-adopting-smart-mix* (acceso 29 de enero de 2025)

552 Consejo de Derechos Humanos, "Improving accountability and access to remedy for victims of business-related human rights abuse: The relevance of human rights due diligence to determinations of corporate liability Report of the United Nations High Commissioner for Human Rights", June 2018, *A/HRC/38/20/Add.2* (acceso 25 febrero 2025).

de este deber no es siempre simétrico, la aplicación de las normas internacionales de diligencia debida empresarial en esta materia, sigue siendo muy deficiente[553].

Consecuentemente, ante el panorama que se ha descrito, la UE ha ido adoptando medidas regulatorias no solo para mejorar las prácticas de diligencia debida en la materia expuesta, sino también, para evitar la inseguridad jurídica, la fragmentación del mercado interior, los costes asociados y la complejidad generada[554], innecesarios, por

---

553 Las evidencias sobre la implementación de la debida diligencia de derechos humanos en la práctica son limitadas, y los estudios existentes apuntan a su deficiente aplicación. A estos efectos, es interesante el *World Benchmarking Alliance, Benchhmark 2022*. En: *https://assets.worldbenchmarkingalliance.org*, pág. 9.(acceso 12 diciembre 2024).

554 A lo largo de la tramitación de la hoy Directiva (UE) 2024/1760 del Parlamento Europeo y del Consejo, de 13 de junio, sobre diligencia debida de las empresas en materia de sostenibilidad y por la que se modifican la Directiva (UE) 2019/1937 y el Reglamento (UE) 2023/2859 —en concreto, a partir de enero del 2024—, la necesidad de lograr las mayorías en el Consejo de la Unión Europea para su aprobación provocó, por un lado, un recorte en su ámbito de aplicación mayor que el inicialmente esperado y, por otro, la inclusión en los términos que veremos de las entidades financieras en su ámbito subjetivo. En efecto, no ha sido un proceso fácil y el texto no obtuvo la mayoría necesaria para su aprobación en el Consejo del 28 de febrero, lo que obligó a elevar el umbral de exenciones a su aplicación respecto al inicialmente previsto, de forma que sólo las grandes empresas (con más de mil trabajadores de media-quinientos en las versiones iniciales— y un volumen de negocios mundial neto superior a cuatrocientos cincuenta millones EUR en el último ejercicio financiero —ciento cincuenta millones en los Textos anteriores—) quedaban subsumidas en el ámbito de la directiva. Las negociaciones políticas llevaron asimismo, entre otras materias, a suprimir la inclusión por debajo de estos umbrales de empresas dedicadas a determinadas actividades consideradas potencialmente más perjudiciales para el medio ambiente o a la supresión de toda referencia a la actividad de eliminación del producto (incluido el desmantelamiento, el reciclaje, el compostaje o el vertido) cuando fuera realizada por los socios comerciales por cuenta o en nombre de la empresa obligada conforme a la directiva. En esas complicadas negociaciones culminadas en el texto de consenso del 15 de marzo que permitió su aprobación por el Parlamento Europeo el 24 de abril y un mes después por el Consejo, los colegisladores debieron haber dado una nueva lectura al texto final de la norma, ya que los cambios introducidos en el articulado no siempre encuentran debida *ex* considerandos de la Directiva publicada en el *DOUE* de 5 de julio. Parece que, fruto del compromiso alcanzado en su aprobación, el artículo 36 dedicado a la revisión de la norma y a la presentación de informes por la Comisión Europea (informes de la Comisión que pueden in-

otra parte, para las empresas teniendo como resultado de un número creciente de leyes de diligencia debida adoptadas por los diferente Estados miembros[555] y cuyas disposiciones serán aplicables, de forma gradual, a las grandes empresas a partir de 2027, presentando un desafío significativo para la mayoría de ellas.

2. *Marco contextual*

Con sustento en las ideas que anteceden, el 24 de mayo de 2024 el Consejo de la Unión Europea adoptó la versión final de la Directiva 2024/1760, de 13 de junio, de debida diligencia en materia de sostenibilidad corporativa (*Corporate Sustainability Due Diligence*-"*CS3D*")[556], inscribiéndose la misma en el contexto normativo de las

---

cluir propuestas de reforma de la directiva) refiere muchos de los aspectos que fue necesario adaptar para lograr la aprobación de la directiva en el Consejo, tales como los umbrales cuantitativos que determinan la aplicación de la norma a las empresas de un determinado tamaño, la necesidad en su caso de adoptar un enfoque sectorial específico en los sectores que presentan un alto riesgo en materia de sostenibilidad o la definición de la expresión cadena de actividades, entre otras.

555 *Cfr.* Directiva del Parlamento Europeo y del Consejo relativa a la diligencia debida en materia de sostenibilidad empresarial y por la que se modifica la Directiva (UE) 2019/1937 (denominada *CS3D*).

556 Sus dimensiones formales nos muestran una disposición que ocupa 58 páginas del *DOUE* distribuidas en 99 considerandos, 39 artículos y un Anexo. El examen de sus dimensiones sustanciales nos revela que los mismos cobijan normas extremadamente complejas y relevantes que imponen a las empresas europeas un cúmulo de nuevas obligaciones a cuyo incumplimiento anudan contundentes responsabilidades civiles y administrativas. Sirva de ejemplo el Anexo que recoge, en su Parte I un listado detallado de los "derechos y prohibiciones incluidos en instrumentos internacionales sobre derechos humanos" y de los "instrumentos sobre derechos humanos y libertades fundamentales" y, en su Parte II, un catálogo de las "prohibiciones y obligaciones incluidas en los instrumentos medioambientales". En líneas generales es interesante *OECD*.2020. *Due Diligence Guidance for Responsible Business Conduct.* Disponible en: *https://www.oecd.org* (*acceso* 25 de enero de 2025). Sobre su aplicabilidad y tomando como punto de referencia el denominado "paquete de simplificación *Omnibus*"— compuesto por cuatro propuestas legislativas. Además de la Directiva que aplaza la aplicación de las exigencias sobre sostenibilidad y diligencia debida, incluye una Directiva por la que se modifica el contenido y el alcance de estos requisitos, que tendremos ocasión de comentar en el presente trabajo— con fecha 26 de marzo de 2025 los representantes de los Estados miembros (COREPER) aprobaron la

leyes de diligencia debida[557] de los Estados miembros[558], así como en la normativa de la UE en donde son sentadas las pautas de lo que se podría denominar la regulación de la "sostenibilidad empresarial o corporativa"[559], incluyéndose en esta realidad diversas face-

---

posición del Consejo ("mandato de negociación") sobre una de las propuestas de la Comisión al objeto de simplificar las normas de la UE e impulsar así la competitividad de la Unión, al objeto de retrasar un año la aplicación de esta nueva normativa (al efecto, véase *np.* núm. 596). Recordaremos también que el 14 de abril de 2025, el Consejo Europeo ha aprobado la Directiva *Stop-the-Clock* (2025/794/UE) —Directiva de suspensión temporal—, una de las normas incluidas en la Propuesta Ómnibus I de la Comisión que busca simplificar la normativa de sostenibilidad en materia de información y debida diligencia. Se pospone un año (hasta el 26 de julio de 2028, en lugar de julio de 2027) la aplicación de la normativa para las empresas más grandes. Es decir, para aquellas que tienen más de 5000 empleados y una facturación de más de 1.500 millones EUR. Para los otros dos grupos de empresas, el calendario se mantiene sin cambios.

557 Indicaremos que la misma no contiene una declaración separada (más amplia) sobre la diligencia debida para el sector financiero que se preveía en la versión original. No obstante, existe una cláusula de revisión mediante un mandato a la Comisión para que, en el plazo máximo de dos años, prepare un informe sobre la necesidad de establecer requisitos adicionales de diligencia debida para este sector (fundamento núm. 51).

558 El 29 de octubre de 2024, el Consejo de Ministros aprobó el proyecto de Ley de Información Empresarial sobre Sostenibilidad para remitirlo a las Cortes, el cual modifica el Código de Comercio, la LSC y la Ley de Auditoría de Cuentas, e implementa Directivas europeas que fortalecen el marco de presentación y verificación de información ambiental, social y de gobernanza. La Norma citada obligará a grandes empresas, y a medianas y pequeñas empresas cotizadas (excepto microempresas), a presentar informes de sostenibilidad que incluirá información relativa al impacto que genera la empresa sobre dichas cuestiones, así como información necesaria para comprender cómo afectan factores medioambientales, sociales o los relativos a Derechos humanos y gobernanza, en la evolución, resultados y la situación de la empresa o grupo.

559 Entendida, siguiendo a TAPIA HERMIDA "como el estadio siguiente en la evolución societaria de la responsabilidad social corporativa y consiste en lograr la existencia perdurable de las sociedades-especialmente las mercantiles-compatible con el equilibrio ecológico del planeta y los derechos humanos de todos los sujetos afectados por su actuación la situación", así TAPIA HERMIDA, A., *Sostenibilidad financiera*, Editorial Reus, Madrid, 2021 pág. 139 y ss; AGUADO CORREA, F. y DE LA VEGA JIMÉNEZ, J. J., "Sistemas para evaluar interna y externamente la actuación empresarial en el ámbito de la sostenibilidad" en LÓPEZ JIMÉNEZ, J. Mª y ZAMARRIEGO MUÑOZ, A. (dirs.), *La sostenibilidad y el nuevo marco institucional y regulatorio de las finanzas sostenibles*, Aranzadi, Cizur

tas interrelacionadas (financiera, corporativa, medioambiental y del consumo)[560] lo que ha supuesto una palpable muestra de aceleración y ampliación de la normativa sobre la sostenibilidad en la Unión[561].

---

menor (Navarra), 2021, pág. 530; ASENCIO GALLEGO, A., "La diligencia debida de las empresas en materia de sostenibilidad. Entre la Propuesta de Directiva y la Directiva UE 2024/1760", *RDMV*, núm. 35, La Ley, Madrid, 2024, pág. 1-16; VALMAÑA OCHAITA, Mª., "Diez años de regulación europea en materia de sostenibilidad de la Directiva 2024/95/UE, sobre información no financiera, a la Directiva (UE) 2024(1760, sobre diligencia debida de las empresas en materia de sostenibilidad", *La Ley*, núm. 10683, Madrid, 2025, págs. 1-14

560 El denominado "Paquete Omnibus" de 2025 ha introducido modificaciones a la Directiva y en su artículo 4 reseña: "En el artículo 1, apartado 1, la letra c) se sustituye por el texto siguiente "c) la obligación de que las empresas adopten un plan de transición para la mitigación del cambio climático, que incluya la aplicación de medidas destinadas a garantizar, mediante los mejores esfuerzos, la compatibilidad del modelo empresarial y de la estrategia de la empresa con la transición a una economía sostenible y con la limitación del calentamiento global a 1,5ºC, en consonancia con el Acuerdo de París."; (2) En el artículo 3, apartado 1, la letra n) se sustituye por el texto siguiente: "n) partes interesadas: los empleados de la empresa, los empleados de sus filiales y de sus socios comerciales, así como sus sindicatos y representantes de los trabajadores, y las personas o comunidades cuyos derechos o intereses se vean o puedan verse directamente afectados por los productos, servicios y actividades de la empresa, sus filiales y sus socios comerciales, así como los representantes legítimos de dichas personas o comunidades". Asimismo, en relación con el nivel de armonización, ha sido dada nueva redacción al artículo 8 (se modifica el apartado 2 letra (b), se inserta un parágrafo 2a), el parágrafo 4 es reemplazado y se adiciona un parágrafo 5); en el artículo 10 se sustituye el parágrafo 6; se sustituye por una nueva redacción el artículo 11 parágrafo 7; al artículo 13 parágrafo 3 se modifica el punto (a) y en el párrafo b) se suprimen los puntos (b) y (e); en le artículo 15 la segunda frase se ha sustituido por la siguiente:" Dichas evaluaciones se basarán, en su caso, en indicadores cualitativos y cuantitativos y se llevarán a cabo sin demora indebida después de que se produzca un cambio significativo, pero al menos cada 5 años y siempre que haya motivos razonables para creer que las medidas ya no son adecuadas o eficaces o que pueden surgir nuevos riesgos de que se produzcan esos impactos adversos"; el apartado 3 del artículo 19 es sustituido por una nueva redacción; el apartado 1 del artículo 22, el primer párrafo se ha modificado; El apartado 4 del artículo 27 tiene nueva redacción; el artículo 29 se ha modificado: se suprime el apartado 1, se sustituye el apartado 2; el apartado 3 punto (d) se suprime; se sustituye con una nueva redacción el apartado 4; en el apartado 5, el párrafo primero se sustituye y el apartado 7 se suprime. Asimismo, se elimina el apartado 1 del artículo 36.

561 Los Estados miembros adoptarán y publicarán, a más tardar el 26 de julio de 2026 (*ex* artículo 37 de la Directiva), las disposiciones legales, reglamentarias y

Sin duda, la presente Directiva es un instrumento legislativo importante para garantizar la transición de las empresas hacia una economía sostenible, en particular para reducir los daños existenciales y costes del cambio climático, garantizar una armonización con el objetivo de cero emisiones netas a escala mundial para 2050, evitar

administrativas necesarias para dar cumplimiento a lo establecido en la presente Directiva. Así, se aplicarán dichas medidas, a partir del 26 de julio de 2027, en lo que respecta a las empresas a que se refiere el artículo 2, apartado 1, letras a) y b), constituidas de conformidad con la legislación del Estado miembro y que tengan más de 5000 empleados de media y hayan generado un volumen de negocios mundial neto superior a 1500 millones EUR en el último ejercicio anterior al 26 de julio de 2027 para el que se hayan aprobado o se deberían haber aprobado estados financieros anuales, con excepción de las medidas necesarias para dar cumplimiento al artículo 16, que los Estados miembros aplicarán a dichas empresas durante los ejercicios que comiencen a partir del 1 de enero de 2028; a partir del 26 de julio de 2028, en lo que respecta a las empresas a que se refiere el artículo 2, apartado 1, letras a) y b), constituidas de conformidad con la legislación del Estado miembro y que tengan más de 3000 empleados de media y hayan generado un volumen de negocios mundial neto superior a 900 millones EUR en el último ejercicio anterior al 26 de julio de 2028 para el que se hayan aprobado o se deberían haber aprobado estados financieros anuales, con excepción de las medidas necesarias para dar cumplimiento al artículo 16, que los Estados miembros aplicarán a dichas empresas durante los ejercicios que comiencen a partir del 1 de enero de 2029;— a partir del 26 de julio de 2027 en lo que respecta a las empresas a que se refiere el artículo 2, apartado 2, letras a) y b), constituidas de conformidad con la legislación de un tercer país y que hayan generado un volumen de negocios neto superior a 1500 millones EUR en la Unión en el ejercicio anterior al 26 de julio de 2027, con excepción de las medidas necesarias para dar cumplimiento al artículo 16, que los Estados miembros aplicarán a dichas empresas durante los ejercicios que comiencen a partir del 1 de enero de 2028;— a partir del 26 de julio de 2028 en lo que respecta a las empresas a que se refiere el artículo 2, apartado 2, letras a) y b), constituidas de conformidad con la legislación de un tercer país y que hayan generado un volumen de negocios neto superior a 900 millones EUR en la Unión en el ejercicio anterior al 26 de julio de 2028, con excepción de las medidas necesarias para dar cumplimiento al artículo 16, que los Estados miembros aplicarán a dichas empresas durante los ejercicios que comiencen a partir del 1 de enero de 2029;— a partir del 26 de julio de 2029 en lo que respecta a todas las demás empresas a que se refieren el artículo 2, apartado 1, letras a) y b), y el artículo 2, apartado 2, letras a) y b), y las empresas a que se refieren el artículo 2, apartado 1, letra c), y el artículo 2, apartado 2, letra c), con excepción de las medidas necesarias para dar cumplimiento al artículo 16, que los Estados miembros aplicarán a dichas empresas durante los ejercicios que comiencen a partir del 1 de enero de 2029.

cualquier afirmación engañosa en relación con dicha armonización y poner fin al blanqueo ecológico, la desinformación y la expansión de los combustibles fósiles a escala mundial a fin de alcanzar los objetivos climáticos internacionales y europeos.

Pues bien, a fin de garantizar que el referenciado Cuerpo legal contribuya eficazmente a la lucha contra el cambio climático, las empresas deben adoptar y poner en práctica un plan de transición para la mitigación del cambio climático encaminado a garantizar que, haciendo todo lo posible, su modelo de negocio y su estrategia sean compatibles con la transición hacia una economía sostenible y con la limitación del calentamiento global a 1,5°C, en consonancia con el Acuerdo de París y el objetivo de lograr la neutralidad climática establecido en el Reglamento (UE) 2021/1119[562], incluidos sus objetivos intermedios y para 2050 en materia de neutralidad climática.

Desde un prisma material, todo ello es traducido en dos efectos regulatorios, los cuales son ocasionados bajo la eclosión de la normativa sobre sostenibilidad: el primero de ellos, y sustancial, es la imposición bajo un ámbito contextual de colaboración de las empresas en la lucha contra el cambio climático[563], la gobernanza sostenible y el

---

562 Reglamento (UE) 2021/1119 del Parlamento Europeo y del Consejo, de 30 de junio de 2021 por el que se establece el marco para lograr la neutralidad climática y se modifican los Reglamentos (CE) 401/2009 y (UE) 2018/1999 ("Legislación europea sobre el clima"). Dicho marco reglamentario lo completaremos con el Reglamento (UE) 2023/955 del Parlamento Europeo y del Consejo, de 10 de mayo de 2023 por el que se establece un Fondo Social para el Clima y se modifica el Reglamento (UE) 2021/1060.

563 En el Reglamento (UE) 2021/1119, del Parlamento Europeo y del Consejo, la Unión también se comprometió jurídicamente a alcanzar la neutralidad climática de aquí a 2050 y a reducir las emisiones en, al menos, un 55% de aquí a 2030. Ambos compromisos exigen cambiar la forma en que las empresas producen y contratan. El documento de trabajo de los servicios de la Comisión que acompaña a la Comunicación de la Comisión, de 17 de septiembre de 2020, titulada "Intensificar la ambición climática de Europa para 2030: Invertir en un futuro climáticamente neutro en beneficio de nuestros ciudadanos" (Plan del Objetivo Climático para 2030), presenta distintos grados de reducción de las emisiones exigidos en diferentes sectores económicos, aunque todos ellos requieren reducciones considerables en todos los escenarios para que la Unión cumpla sus objetivos climáticos. Asimismo, dicho plan subraya que "introducir cambios en las normas y prácticas de gobernanza empresarial, especialmente con relación a las finanzas sostenibles, hará que los dueños y los gestores de las empresas prio-

trabajo digno[564], además de la afectación de los tres factores típicos de la sostenibilidad (*ASG*)[565], si bien concentra su atención en los dos primeros (el ambiental y el social en su forma de protección de los Derechos humanos)[566].

---

ricen los objetivos de sostenibilidad en sus acciones y estrategias". En la Comunicación de la Comisión sobre el Pacto Verde Europeo se establece que todas las acciones y políticas de la Unión deben converger para contribuir al éxito de la UE en su transición justa hacia un futuro sostenible. También se establece que la sostenibilidad debe integrarse aún más en el marco de gobernanza empresarial. El marco para la acción de la Unión en el ámbito del medio ambiente y del clima establecido en la Decisión (UE) 2022/591 del Parlamento Europeo y del Consejo tiene por objeto acelerar la transición ecológica hacia una economía circular climáticamente neutra, sostenible, que no sea tóxica, eficiente en el uso de los recursos, basada en las energías renovables, resiliente y competitiva de forma justa, equitativa e integradora, así como proteger, restaurar y mejorar el estado del medio ambiente, entre otras vías, deteniendo y revirtiendo la pérdida de biodiversidad (Considerando 11 Directiva a estudio).

564 En este contexto, la Directiva tiene por objeto garantizar que las empresas que operan en el mercado interior contribuyan al desarrollo sostenible y a la transición hacia la sostenibilidad de las economías y las sociedades mediante la detección y, cuando sea necesario, priorización, prevención, mitigación, eliminación, minimización y reparación de los efectos adversos reales o potenciales para los derechos humanos y el medio ambiente relacionados con las propias" (Considerando 16 Directiva).

565 La Directiva sobre diligencia debida propone un nuevo paradigma en la protección y tutela de los criterios *ESG*. En este sentido, y pese al nombre de la Directiva, cabe advertir que la misma se centra fundamentalmente en la tutela de la sostenibilidad ambiental.

566 La Comisión encuentra las bases legales para la Directiva en el literal del artículo 50 de la Unión Europea que le autoriza para actuar en la coordinación de medidas que conciernen a la protección de los intereses de los accionistas y de otros grupos de interesados, con la finalidad de que dicha protección sea equivalente en todos los Estados. Resulta prioritario evitar que disparidades en las legislaciones nacionales, terminen obstruyendo la libertad de establecimiento. Los antecedentes de la Directiva se encuentran, por tanto, en las directivas sobre los derechos de los accionistas, recordando que la Comisión toma nota de que algunos Estados de la Unión ya han legislado en la protección de los derechos de todos los interesados de las compañías, y de que otros están en camino de hacerlo, lo que hace perentoria alguna actuación armonizadora desde el más alto nivel con el fin de evitar la posible fragmentación del mercado interior. Aunque con ello no es suficiente porque las empresas con sede en países de la UE están integradas en cadenas de valor que cruzan a través de distintas nacionalidades, cada una con sus propias leyes de protección de los derechos humanos y de defensa del medio ambiente. Asimismo, la armonización plena obliga a

En efecto, el Considerando 4 reseña textualmente: "El comportamiento de las empresas de todos los sectores de la economía es clave para el éxito con respecto a los objetivos de sostenibilidad de la Unión, ya que las empresas de la Unión, especialmente las grandes, dependen de las cadenas de valor mundiales. Del mismo modo, redunda en interés de las empresas proteger los Derechos humanos[567] y el medio ambiente, en particular, habida cuenta de la creciente preocupación de los consumidores y los inversores con relación a los temas expuestos[568].

Cabalmente, es abordada la obligación creciente de transparencia adoptándose a tales efectos, medidas de prevención, mitigación y eliminación de los efectos adversos[569] que sus actividades pudieran

---

que la Directiva extienda los mismos estándares de exigencia, en cuanto a cumplimiento normativo, a todas las fases de la cadena de valor de la industria, las que se desarrollan en países de la UE y las que tienen lugar en países externos.

567 Sobre la noción de diligencia debida en relación con Derechos humanos véase MÁRQUEZ CARRASCO, C., "Instrumentos sobre debida diligencia..." *op. cit.* pág. 608 y ss; ASENCIO GALLEGO, A., "La diligencia debida de las empresas en materia de sostenibilidad..." pág. 13 y ss; VALMAÑA OCHAITA, Mª., "Diez años de regulación europea en materia de sostenibilidad ..." *op. cit.* pág 12.

568 El Anexo Parte I comprende; primero, un elenco de derechos protegidos por distintos instrumentos internacionales sobre derechos humanos (Pacto internacional de Derechos civiles y políticos; Pacto Internacional de Derechos económicos, sociales y culturales; Convención sobre los Derechos del niño y principales de la *OIT*); y, en segundo lugar, una relación de los principales tratados internacionales sobre derechos humanos y libertades fundamentales. Unido a lo anterior, la Parte II incluye múltiples instrumentos convencionales sin los relativos al cambio climático, reconociendo que los estándares en materia de derechos humanos y medioambientales serán, como mínimo, los establecidos en la Directiva (artículos 1.2 y 4.2 *CS3D*).

569 La Directiva tiene por objeto garantizar que las empresas que operan en el mercado interior contribuyan al desarrollo sostenible y a la transición hacia la sostenibilidad de las economías y las sociedades mediante la detección y, cuando sea necesario, priorización, prevención, mitigación, eliminación, minimización y reparación de los efectos adversos reales o potenciales para los Derechos humanos y el medio ambiente relacionados con las propias (Considerando 16). Asimismo, el Anexo I de la CS3D identifica los bienes jurídicos protegidos frente a los efectos adversos sobre los derechos humanos y el medio ambiente. En concreto, relaciona derechos y prohibiciones incluidas en tratados internacionales de derechos humanos, así como prohibiciones y obligaciones incluidas en instrumentos internacionales de protección del medio ambiente. Por consiguiente, el Anexo I constituye la referencia para la delimitación de

ocasionar sobre el aludido medio ambiente y los Derechos humanos a lo largo de su cadena de valor, haciéndolo extensible dichas obligaciones a la de sus filiales y a la de sus socios comerciales del grupo en sus cadenas de actividades[570] y a las que designe como "socios comerciales"[571].

Con todo, las referidas cadenas de actividades engloban tanto a las actividades de los citados socios comerciales en las fases previas de

---

los efectos adversos para los derechos humanos y el medio ambiente a los que debe aplicarse la diligencia debida derivados de la violación de los derechos o de las prohibiciones y obligaciones que en él se contienen, estableciéndose, por tanto, una obligación de medios, consistente en que la empresa adoptará medidas adecuadas aptas para alcanzar los objetivos de la diligencia debida. Para ello deberá atenderse a la naturaleza y alcance de los efectos adversos en cada caso específico. Desde un ámbito doctrinal, MÁRQUEZ CARRASCO, C., "Instrumentos sobre debida diligencia..." *op. cit.* pág 68 y ss.

570 Con relación a las líneas generales y al régimen de obligaciones vinculantes y de responsabilidades administrativas y civiles que contiene la Norma a estudio, ha habido un cambio fundamental respecto del marco hasta ahora existente que estaba formado por estándares voluntarios de mercado, instrumentos internacionales de *soft law,* como los *Guiding Principles on Business and Human Rights: Implementing the United Nations 'Protect, Respect and Remedy' Framework* de 2011; normas adoptadas por los Estados Miembros (en Francia, la Ley núm. 2017-399 relativa a la vigilancia de las sociedades matrices y las empresas contratistas (*Loi num 2017-399 relative au devoir de vigilance des sociétés mères et des entreprises donneuses d'ordre*); en Países Bajos, la *Wet Zorgplicht Kinderarbeid* o Ley de Debida Diligencia en Trabajo Forzoso Infantil de 2019, y, en Alemania, la Ley de 16 de julio de 2021 sobre diligencia debida de las empresas respecto de las cadenas de valor (*Lieferkettensorgfaltspflichtengesetz* 2021); y con relación a normas de la UE, en concreto, el Reglamento (UE) 2023/1115 del Parlamento Europeo y del Consejo, de 31 de mayo de 2023, relativo a la comercialización en el mercado de la Unión y a la exportación desde la Unión de determinadas materias primas y productos asociados a la deforestación y la degradación forestal, y por el que se deroga el Reglamento (UE) 995/2010 y el Reglamento (UE) 2017/821 del Parlamento Europeo y del Consejo, de 17 de mayo de 2017, por el que se establecen obligaciones en materia de diligencia debida en la cadena de valor por lo que respecta a los importadores de la Unión de estaño, tantalio y wolframio, sus minerales y oro originarios de zonas de conflicto o de alto riesgo.

571 Tal y como se desprende de su tenor sustantivo, la *CS3D* será igualmente aplicable a las empresas (o sociedades matrices del grupo) que hayan celebrado acuerdos de franquicia o licencia en la Unión Europea, a cambio de royalties, que generen una identidad y concepto de negocio comunes, así como la aplicación de unos métodos empresariales uniformes.

producción del bien o aprovechamiento de servicios —*upstream*—[572] (eslabones anteriores) como a los posteriores de distribución, transporte y almacenamiento —*dowstream*—[573] (eslabones posteriores), que lleven a cabo esas actividades para la empresa o en nombre de esta última[574].

Partiendo de lo expuesto, dicha fórmula tiene como fin último, en primer término, no sobrecargar a todas las empresas con lo que supone el régimen de diligencia debida y, en segundo término, no minusvalorar el hecho de que también la conducta de los socios comerciales puede ser la causa del perjuicio hacia los Derechos humanos y al medioambiente, consistiendo en restringir el ámbito de aplicación directa sólo a unas cuantas empresas, pero indirectamente abrirlo, por lo que atañe el cumplimiento de los objetivos de esta Directiva, a los socios comerciales[575].

El segundo efecto técnico-regulatorio de la normativa sobre sostenibilidad en el ámbito normativo y, por ende, mediático, alude a la

---

572 Se especifica, entre ellos, el diseño —extracción— fabricación— transporte— almacenamiento— suministro materias primas— productos— partes y el desarrollo del producto o del servicio.

573 Es incluido, de forma específica, la distribución, el transporte, el almacenamiento (excepto armas y productos de doble uso tras autorización de exportación y excluye el uso y venta de productos (a modo ejemplificativo, servicios financieros), la eliminación-desmontaje —reciclado— compostaje y vertido.

574 *Cfr.* artículo 3.1.g (ii) y el Considerando 26. No obstante, tal exclusión de los eslabones posteriores no sólo afecta a las empresas financieras reguladas, sino a todas que únicamente presten servicio y a los servicios prestados por empresas, cuando, además de servicios, pongan en circulación productos; y ello por cuanto en tales casos no hay producto "del" sujeto obligado que sea susceptible de ser distribuido, transportado o almacenado (para los eslabones anteriores sí se habla de producción de bienes o prestación de servicios, pero para los posteriores sólo se incide en "producto de dicha empresa". Véase PORTELLANO DÍEZ, P., "NESSUN DORMA: el verdadero ámbito de aplicación personal de la Directiva…", *op. cit.* pág. 1196.

575 A estos efectos, véase la Directiva 2022/2464 relativa a la presentación de informes de sostenibilidad por parte de las empresas la cual incide mucho más en la importancia de la información sobre la cadena de valor que a Directiva 2014/95 relativa a la divulgación de información no financiera e información sobre diversidad. Desde un ámbito doctrinal, analizando estas cuestiones PALÁ LAGUNA, R., "El informe de sostenibilidad y el gobierno corporativo" en *Estudios de Derecho de Sociedades y Derecho Concursal. Libro en homenaje al profesor Jesús Quijano González*, Ediciones Universidad de Valladolid, 2023, pág. 609.

pérdida de significado del propio adjetivo "sostenible" y del sustantivo de "sostenibilidad" como resultado, en opinión de buena parte de la doctrina científica "del bastardeo de la mercancía que en todo mercado tiene su inflación hasta el punto que se podría decir que cuando todo se califica de sostenible, nada quiere decir el adjetivo sostenible"[576].

Bajo las anteriores premisas, el tenor sustantivo de la norma viene a complementar e integrar el marco jurídico más amplio de la UE sobre conducta empresarial responsable con el que se encuentra interconectada[577]. Por tanto, debemos indicar que dicho Texto reglamentario se encuentra estrechamente vinculado a la Directiva relativa a la presentación de información sobre sostenibilidad por parte de las empresas (*CSRD*)[578], mediante la que es modificada la Directiva de Contabilidad de la UE[579] y la Directiva sobre divulgación

---

576 TAPIA HERMIDA, A., *Sostenibilidad …op. cit.* págs. 145 y ss.

577 *Ibidem.*

578 El 26 de febrero de 2025 la Comisión Europea La Comisión Europea ha adoptado un nuevo paquete de propuestas para simplificar las normas de la UE e impulsar la competitividad, liberando así capacidad de inversión adicional en aras a racionalizar los requisitos de información sobre sostenibilidad estableciéndose posibles cambios en normativas clave, como la Directiva sobre la elaboración de informes de sostenibilidad empresarial (*CSRD*), la Directiva sobre la diligencia debida en materia de sostenibilidad empresarial (*CS3D*) y la Taxonomía de la UE. Disponible en: *https://ec.europa.eu/commission/presscorner/detail/en/ip_25_614* (acceso 1 de marzo 2025).

579 Directiva 2013/34/UE del Parlamento Europeo y del Consejo, de 26 de junio de 2013, sobre los estados financieros anuales, los estados financieros consolidados y otros informes afines de ciertos tipos de empresas, por la que se modifica la Directiva 2006/43/CE del Parlamento Europeo y del Consejo y se derogan las Directivas 78/660/CEE y 83/349/CEE del Consejo. Como documentos conexos, traeremos a colación el Reglamento Delegado (UE) 2023/2772 de la Comisión, de 31 de julio de 2023, por el que se completa la Directiva 2013/34/UE del Parlamento Europeo y del Consejo en lo que respecta a las normas de presentación de información sobre sostenibilidad; Reglamento (UE) 2023/2859 del Parlamento Europeo y del Consejo, de 13 de diciembre de 2023, por el que se establece un punto de acceso único europeo que proporciona un acceso centralizado a la información disponible al público pertinente para los servicios financieros, los mercados de capitales y la sostenibilidad; Directiva (UE) 2022/2464 del Parlamento Europeo y del Consejo de 14 de diciembre de 2022 por la que se modifican el Reglamento (UE) 537/2014, la Directiva 2004/109/CE, la Directiva 2006/43/CE y la Directiva 2013/34/UE, por lo que respecta a

de información no financiera[580] exigiéndose taxativamente, que las empresas y los grupos corporativos divulguen información general en el ámbito de la sostenibilidad[581], que deberá unirse al Reglamento de Taxonomía[582]. En efecto, en la UE nos encontramos con normas

la presentación de información sobre sostenibilidad por parte de las empresas; Directiva 2014/95/UE del Parlamento Europeo y del Consejo, de 22 de octubre de 2014, por la que se modifica la Directiva 2013/34/UE en lo que respecta a la divulgación de información no financiera e información sobre diversidad por parte de determinadas grandes empresas y determinados grupos; Directiva 2006/43/CE del Parlamento Europeo y del Consejo, de 17 de mayo de 2006, relativa a la auditoría legal de las cuentas anuales y de las cuentas consolidadas, por la que se modifican las Directivas 78/660/CEE y 83/349/CEE del Consejo y se deroga la Directiva 84/253/CEE del Consejo.

580 La Directiva 2014/95/UE del Parlamento Europeo y del Consejo modificó la Directiva 2013/34/UE en lo que respecta a la divulgación de información no financiera por parte de determinadas grandes empresas y determinados grupos. Así, la citada Directiva 2014/95/UE introdujo la obligación de que las empresas presentaran información relativa, como mínimo, a cuestiones medioambientales y sociales, así como relativas al personal, al respeto de los derechos humanos y a la lucha contra la corrupción y el soborno. En relación con estos temas, el marco normativo exigía a las empresas que presentaran información en los siguientes ámbitos: modelo de negocio; políticas, incluidos los procedimientos de diligencia debida; resultados de dichas políticas; riesgos y gestión de riesgos; e indicadores clave de resultados que sean pertinentes respecto de la actividad empresarial. Desde un punto de vista doctrinal, DE LUCA, F., *Mandatory and Discretional Non-financial Disclosure After the European Directive 2014/95/EU: An empirical analysis of Italian listed companies' behavior*, Emerald Group Publishing, Bingley, 2020, pág. 17.

581 Véase el Considerando 44 de la Directiva del Parlamento Europeo y del Consejo relativa a la diligencia debida en materia de sostenibilidad empresarial y por la que se modifica la Directiva (UE) 2019/1937 y Directiva (UE) 2022/2464 del Parlamento Europeo y del Consejo, de 14 de diciembre de 2022, por la que se modifican el Reglamento (UE) 537/2014, la Directiva 2004/109/CE, la Directiva 2006/43/CE y la Directiva 2013/34/UE, en lo que respecta a la presentación de información sobre sostenibilidad por parte de las empresas.

582 Reglamento (UE) 2020/852, de 28 de junio relativo al establecimiento de un marco para facilitar las inversiones sostenibles. Dicho marco reglamentario exige a la Comisión que establezca una lista de actividades medioambientalmente sostenibles en la que se definan los criterios técnicos de selección para cada objetivo medioambiental. Estos criterios se establecen mediante actos delegados. Como documentos conexos no podemos obviar Reglamento Delegado (UE) 2023/2485 de la Comisión, de 27 de junio de 2023, que modifica el Reglamento Delegado (UE) 2021/2139 por el que se establecen criterios técnicos de selección adicionales para determinar las condiciones en las que se considera que

en dichas categorías, lo que nos lleva a concluir, *per se,* que la *CS3D* citada no es considerada estrictamente, como una novedad legislativa, ni tampoco es un Texto legal que opere de forma desconectada de otras[583].

3. Integración de la diligencia debida en las políticas corporativas y los sistemas de gestión de riesgo

Como es fácilmente deducible, a tenor de lo expuesto, la Directiva se centra en políticas y procesos de gestión para identificar y abordar los impactos adversos, prescribiendo obligaciones de divulgación sólo para aquellas entidades que no están cubiertas por la misma. A su vez, garantiza que las empresas y los grupos corporativos comuniquen información relevante, incluida una descripción de los procesos de debida diligencia de las empresas en materia de derechos

---

una actividad económica contribuye de forma sustancial a la mitigación del cambio climático o a la adaptación al mismo, y para determinar si esa actividad económica no causa un perjuicio significativo a ninguno de los demás objetivos medioambientales; Reglamento Delegado (UE) 2023/2486 de la Comisión, de 27 de junio de 2023, por el que se completa el Reglamento (UE) 2020/852 del Parlamento Europeo y del Consejo mediante el establecimiento de los criterios técnicos de selección para determinar en qué condiciones se considerará que una actividad económica contribuye de forma sustancial al uso sostenible y a la protección de los recursos hídricos y marinos, a la transición a una economía circular, a la prevención y el control de la contaminación, o a la protección y recuperación de la biodiversidad y los ecosistemas, y para determinar si dicha actividad económica no causa un perjuicio significativo a ninguno de los demás objetivos medioambientales, y por el que se modifica el Reglamento Delegado (UE) 2021/2178 de la Comisión en lo que respecta a la divulgación de información pública específica sobre esas actividades económicas; Reglamento Delegado (UE) 2023/2772 de la Comisión, de 31 de julio de 2023, por el que se completa la Directiva 2013/34/UE del Parlamento Europeo y del Consejo en lo que respecta a las normas de presentación de información sobre sostenibilidad.

583 La Comisión encuentra las bases legales para la redacción de la Directiva en el artículo 50 de la UE que le autoriza para actuar en la coordinación de medidas que conciernen a la protección de los intereses de los accionistas y de otros grupos de interesados, con la finalidad de que dicha protección sea equivalente en todos los Estados. Así, resulta prioritario evitar que disparidades en las legislaciones nacionales, terminen obstruyendo la libertad de establecimiento, recordando que los antecedentes de la Directiva se encuentran, por tanto, en las diferentes Directivas enlazadas a los derechos de los accionistas.

humanos y medio ambiente, los principales impactos reales o potenciales resultantes de sus propias operaciones o cadenas de valor[584] y las acciones tomadas para prevenir, mitigar, remediar o poner fin a tales impactos adversos[585].

A pesar de la separación formal, los dos requisitos están estrechamente vinculados. En primer término, los procesos de diligencia debida basados en el riesgo prescritos permiten a las empresas recopilar mejor los datos necesarios para sus informes de sostenibilidad[586]. En segundo término, la mayor disponibilidad de información sobre sostenibilidad, resultante de los requisitos de *CS3D*, facilita a las empresas, especialmente a los socios comerciales de las entidades informantes, cumplir con sus propias obligaciones de diligencia debida basadas en el riesgo[587].

En puridad, la política de diligencia debida debe desarrollarse previa consulta a los empleados y representantes de la empresa y la misma debe contener una descripción del enfoque empresarial, y

---

584 PALAO MORENO, G., "La Estrategia Europea sobre diligencia debida y "cadenas de valor": una aproximación desde el Derecho Internacional Privado" en ORTEGA GIMÉNEZ, A., HEREDIA SÁNCHEZ, L. y GÓMEZ JENE, M, (dirs.), *Estrategia Europea 2030 y sus retos sociales. Una lectura desde el Derecho Internacional Privado,* Tirant lo Blanch, 2023, págs. 33-51.

585 Recoge le Considerando 22 del Texto legal citado que: "El cumplimiento de algunas de las obligaciones de diligencia debida a nivel de grupo debe entenderse sin perjuicio de la responsabilidad civil de las filiales, de conformidad con la presente Directiva, con respecto a las víctimas a las que se ocasione el daño. Si se cumplen los requisitos de responsabilidad civil, la filial podría ser considerada responsable de los daños producidos, con independencia de si las obligaciones de diligencia debida han sido atendidas por la filial o por la empresa matriz en nombre de la filial."

586 Véase los exhaustivos comentarios de ENCISO ALONSO-MUÑUMER, Mª T., "Los informes de sostenibilidad en el marco de la transición hacia una economía sostenible" en *Derecho de Sociedades, Concursal y de los Mercados Financieros. Libro Homenaje al profesor Adolfo Sequeira Martín*, 2022, pág. 451 y ss.

587 Sí que vemos necesario especificar, que la Norma europea a debate, no contiene una declaración separada (más amplia) sobre la diligencia debida para el sector financiero que se preveía en la versión original. No obstante, existe una cláusula de revisión mediante un mandato a la Comisión para que, en el plazo máximo de dos años, prepare un informe sobre la necesidad de establecer requisitos adicionales de diligencia debida para este concreto sector (fundamento núm. 51).

también a largo plazo, un código de conducta en el que sean descritas las normas y los principios que deben seguirse en toda la misma y sus filiales[588]. De la misma forma y, cuando sea pertinente, también se aplicará a aquellos socios comerciales directos o indirectos, así como la inclusión de una descripción de los procesos establecidos para integrar la diligencia debida en las políticas pertinentes que deberá necesariamente que actualizarse, al menos, cada 24 meses y, en todo caso, si ocurre un cambio o evento significativo.

Unido a lo anterior, las empresas deberán evaluar y supervisar la eficacia de esta política de cara a esta actualización. A su vez, deberá garantizar que las empresas y los grupos corporativos comuniquen información relevante, incluida una descripción de los procesos de debida diligencia de las empresas en materia de Derechos humanos y medio ambiente, de los principales impactos reales o potenciales resultantes de sus propias operaciones o cadenas de valor junto con las acciones tomadas para prevenir, mitigar, remediar o poner fin a tales impactos adversos.

No obstante, aun a pesar de la separación formal, los dos requisitos se encuentran estrechamente vinculados. Por una parte, los procesos de diligencia debida sustentados en el riesgo prescrito permiten a las empresas recopilar mejor los datos necesarios para sus informes de sostenibilidad[589]. Por otro lado, la mayor disponibilidad

---

[588] En el Considerado 93 se reseña que: "Las personas que trabajen para empresas sujetas a las obligaciones de diligencia debida en virtud de la presente Directiva o que estén en contacto con dichas empresas en el contexto de sus actividades laborales pueden desempeñar un papel clave a la hora de poner al descubierto infracciones de las disposiciones de Derecho nacional que transpongan la presente Directiva. Por tanto, pueden contribuir a la prevención y la disuasión de tales infracciones y al refuerzo de la aplicación de la presente Directiva. Así pues, lo dispuesto en la Directiva (UE) 2019/1937 debe aplicarse a la denuncia de todas las infracciones de las disposiciones de Derecho nacional que transpongan la presente Directiva y a la protección de las personas que las denuncien"

[589] El cumplimiento de las obligaciones de diligencia debida debe atender a las siguientes consideraciones: a) Bienes jurídicos protegidos. El Anexo I de la *CS3D* identifica los bienes jurídicos protegidos frente a los efectos adversos sobre los derechos humanos y el medio ambiente. En concreto, relaciona derechos y prohibiciones incluidas en tratados internacionales de Derechos humanos, así como prohibiciones y obligaciones incluidas en instrumentos internacionales

de información sobre sostenibilidad resultante de los requisitos de *CS3D,* facilita a las empresas, especialmente a los socios comerciales de las entidades informantes, el poder cumplir con sus propias obligaciones de diligencia debida sustentadas en el riesgo[590].

En lo que refiere al ámbito de aplicación personal de la Directiva, se han mantenido umbrales generales similares a la propuesta inicial de la Comisión. En efecto, partiendo de que el sujeto obligado debe ser "empresa" (*ex* artículo 3.1 de la Directiva)[591] y con relación

---

de protección del medio ambiente. Por consiguiente, el Anexo I constituye la referencia para la delimitación de los efectos adversos para los derechos humanos y el medio ambiente a los que debe aplicarse la diligencia debida derivados de la violación de los derechos o de las prohibiciones y obligaciones que en él se contienen.

590 En este punto, el Considerando 23 de la *CS3D* indica: "Los socios comerciales no deben estar obligados a revelar a una empresa que cumpla las obligaciones derivadas de la presente Directiva la información que constituya un secreto comercial según la definición de la Directiva (UE) 2016/943 del Parlamento Europeo y del Consejo, sin perjuicio de la revelación de la identidad de los socios comerciales directos e indirectos o de información esencial necesaria para detectar efectos adversos reales o potenciales, cuando sea necesario y esté debidamente justificado para el cumplimiento de las obligaciones de diligencia debida por parte de la empresa. Esto debe entenderse sin perjuicio de que los socios comerciales puedan proteger sus secretos comerciales mediante los mecanismos establecidos en la Directiva (UE) 2016/943. Los socios comerciales no deben estar nunca obligados a revelar información clasificada u otra información cuya divulgación pueda suponer un riesgo para los intereses esenciales de la seguridad de un Estado".

591 El Texto legal expone: "empresa": cualquiera de las entidades siguientes: una persona jurídica constituida bajo alguna de las formas jurídicas indicadas en los anexos I y II de la Directiva 2013/34/UE; una persona jurídica constituida de conformidad con el Derecho de un tercer país bajo alguna forma comparable a las indicadas en los anexos I y II de la Directiva 2013/34/UE; una empresa financiera regulada, con independencia de su forma jurídica, que sea: una entidad de crédito, tal como se define en el artículo 4, apartado 1, punto 1, del Reglamento (UE) 575/2013 del Parlamento Europeo y del Consejo; una empresa de servicios de inversión, tal como se define en el artículo 4, apartado 1, punto 1, de la Directiva 2014/65/UE del Parlamento Europeo y del Consejo, un gestor de fondos de inversión alternativos (GFIA), tal como se define en el artículo 4, apartado 1, letra b), de la Directiva 2011/61/UE, incluido un gestor de fondos de capital riesgo europeos (FCRE), a que se refiere el Reglamento (UE) 345/2013 del Parlamento Europeo y del Consejo (35), un gestor de fondos de emprendimiento social europeos (FESE), a que se refiere el Reglamento (UE) 346/2013 del Parlamento Europeo y del Consejo (36), y un gestor de fondos de

a los criterios exigidos, la Norma referenciada abarca dos grupos diferenciados: el primero de ellos, comprende a aquellas empresas de responsabilidad limitada de la UE del grupo 1 que en el último ejercicio financiero emplearon en promedio a más de 1000 empleados —en lugar de 500— y sus ingresos netos en volumen de negocio a escala mundial superaron los 450 millones EUR— en lugar de 150—

inversión a largo plazo europeos (FILPE), a que se refiere el Reglamento (UE) 2015/760 del Parlamento Europeo y del Consejo; una sociedad de gestión, tal como se define en el artículo 2, apartado 1, letra b), de la Directiva 2009/65/CE; una empresa de seguros, tal como se define en el artículo 13, punto 1, de la Directiva 2009/138/CE del Parlamento Europeo y del Consejo; una empresa de reaseguros, tal como se define en el artículo 13, punto 4, de la Directiva 2009/138/CE; un fondo de pensiones de empleo que entre en el ámbito de aplicación de la Directiva (UE) 2016/2341 de conformidad con su artículo 2, salvo que un Estado miembro haya optado por no aplicar dicha Directiva —en su totalidad o en parte— a los fondos de pensiones de empleo de conformidad con el artículo 5 de dicha Directiva; una entidad de contrapartida central, tal como se define en el artículo 2, punto 1, del Reglamento (UE) 648/2012 del Parlamento Europeo y del Consejo; un depositario central de valores, tal como se define en el artículo 2, apartado 1, punto 1, del Reglamento (UE) 909/2014 del Parlamento Europeo y del Consejo; una entidad con cometido especial de seguros o reaseguros autorizada de conformidad con el artículo 211 de la Directiva 2009/138/CE; un vehículo especializado en titulizaciones, tal como se define en el artículo 2, punto 2, del Reglamento (UE) 2017/2402 del Parlamento Europeo y del Consejo una sociedad financiera mixta de cartera, tal como se define en el artículo 4, apartado 1, punto 20, del Reglamento (UE) 575/2013, una sociedad de cartera de seguros, tal como se define en el artículo 212, apartado 1, letra f), de la Directiva 2009/138/CE, o una sociedad financiera mixta de cartera, tal como se define en el artículo 212, apartado 1, letra h), de la Directiva 2009/138/CE, que forme parte de un grupo de seguros que esté sujeto a supervisión a nivel de grupo con arreglo al artículo 213 de dicha Directiva y que no esté exenta de la supervisión de grupo en virtud del artículo 214, apartado 2, de la Directiva 2009/138/CE, una entidad de pago, a que se refiere el artículo 1, apartado 1, letra d), de la Directiva (UE) 2015/2366 del Parlamento Europeo y del Consejo; una entidad de dinero electrónico, tal como se define en el artículo 2, punto 1, de la Directiva 2009/110/CE del Parlamento Europeo y del Consejo; un proveedor de servicios de financiación participativa, tal como se define en el artículo 2, apartado 1, letra e), del Reglamento (UE) 2020/1503 del Parlamento Europeo y del Consejo; un proveedor de servicios de criptoactivos, tal como se define en el artículo 3, apartado 1, punto 15, del Reglamento (UE) 2023/1114 del Parlamento Europeo y del Consejo que preste uno o varios servicios de criptoactivos, tal como se definen en el artículo 3, apartado 1, punto 16, de dicho Reglamento."

en volumen de negocio neto en todo el mundo[592], eliminándose los umbrales más bajos aplicables sólo a las empresas de "sectores de alto impacto", al haberse ampliado el dicho ámbito personal a todas las empresas que cumplan con el marco referencial de volumen de negocios anterior.

En segundo término, afectará a aquellas empresas medianas cualificadas del grupo 2 que abarcará a otras empresas de responsabilidad limitada con actividades en sectores definidos de gran impacto y que no alcancen los umbrales determinados para el grupo 1, pero que emplearon en promedio a más de 250 empleados y en el último ejercicio financiero lograron ingresos netos mundiales de más de 40 millones EUR, esto es, aplicable a las grandes empresas con forma de sociedad mercantil.

A tales efectos, la condición es que, al menos, el 50% del volumen de negocios proceda de sectores específicos de alto riesgo, entre los que se indican la producción y venta al por mayor de textiles, cuero y productos de cuero (incluido el calzado); agricultura, silvicultura, pesca, producción y venta al por mayor de artículos; extracción de recursos minerales independientemente del lugar de extracción, producción de productos metálicos básicos, otros productos a partir de materias primas minerales no metálicas y productos metálicos acabados (excepto maquinaria y equipo) y comercio al por mayor de materias primas minerales, productos minerales básicos e intermedios[593] recordando que estos criterios se aplican específicamente a

---

592 No obstante, si la empresa se ha constituido de acuerdo con las normas de un tercer país, el número de empleados resulta irrelevante; y con independencia del volumen mundial neto de negocio, habrá de haber generado en la Unión un volumen de negocios, de más de 450 millones EUR.

593 Como antecedentes a la misma, el 6 de diciembre de 2022 se produjo un acuerdo político de los colegisladores europeos en el que se decide reemplazar el Reglamento de la Madera con un nuevo Reglamento de Deforestación de la UE (*EUDR*), que cubrirá la madera, así como el aceite de palma, el ganado, la soja, el café, el cacao, el caucho y los productos derivados. El próximo nuevo acto jurídico, aprobado por el Parlamento Europeo en primera lectura, exige la debida diligencia no solo para garantizar el cumplimiento de la ley del país de producción, sino también para evitar la importación o exportación desde la UE de productos básicos o productos que contribuyen a la deforestación. En comparación con las obligaciones generales de diligencia debida en virtud de Directiva, sus objetivos son más específicos y diferentes. Este Reglamento inclu-

una empresa individual y no a nivel de grupo, y para éstas comenzará dicha aplicación dos años más tarde.

4. Exclusiones totales de la aplicación de la directiva (ámbito subjetivo)

A la hora de abordar el ámbito subjetivo de la Directiva, debemos inicialmente de recalcar que el ejercicio de la actividad empresarial por persona distinta de la sociedad mercantil no queda sometida directamente a las previsiones de esta Norma. Cuestión diferente es el supuesto de empresas que no adoptan la forma de sociedad mercantil (a modo ejemplificativo, una cooperativa que actúe como proveedor) en donde, necesariamente, debe de ser suministrada determinada información a la gran empresa en la medida en que la misma integra su cadena de actividades[594], la cual deberá anclarse en

ye la prohibición de introducir en el mercado determinadas materias primas y productos derivados "si el cumplimiento del requisito de "legal" y "libre de deforestación" no puede establecerse mediante la diligencia debida". Dicha prohibición será aplicable a todos los agentes que introducen los productos pertinentes en el mercado de la Unión, tanto empresas de la UE como de terceros países, independientemente de su forma jurídica y su tamaño. Ambos instrumentos se reforzarán mutuamente, constituyendo la actual Directiva un complemento al Reglamento sobre productos libres de deforestación "mediante la introducción de una diligencia debida de la cadena de valor relacionada con actividades que no están contempladas en dicho Reglamento, pero que pueden conducir, directa o indirectamente, a la deforestación". Otro concreto ejemplo es el Reglamento de Minerales de Conflicto de la UE de 2017. Aplicando un enfoque de diligencia debida consistente con las normas pertinentes de la *OCDE*, presenta obligaciones de diligencia debida en la cadena de suministro para los importadores de minerales y metales que contienen estaño, tantalio, tungsteno u oro con el objetivo de prevenir la violencia y el abuso de los derechos humanos en relación con la extracción y el comercio de estos recursos en zonas afectadas por conflictos y de alto riesgo.

594 Según establece el referido Cuerpo Legal, "la misma debe comprender las actividades de los socios comerciales de una empresa que intervienen en los eslabones anteriores de la cadena relacionadas con la producción de bienes o la prestación de servicios por parte de la empresa, como el diseño, la extracción, el abastecimiento, la fabricación, el transporte, el almacenamiento y el suministro de materias primas, productos o partes de productos y el desarrollo del producto o del servicio, y las actividades de los socios comerciales de una empresa que intervienen en los eslabones posteriores de la cadena relacionadas

dos puntos diferentes: el primero de ellos, con relación a las actividades de los socios comerciales, como hemos anticipado, en sentido ascendente ("*upstream*") relacionadas con la producción de bienes o la prestación de servicios por parte de la empresa, incluidos el diseño, extracción, aprovisionamiento, fabricación, transporte, almacenamiento y suministro de materias primas, productos o partes de los productos y el desarrollo del producto o del servicio, y en segundo

---

con la distribución, el transporte y el almacenamiento del producto, cuando los socios comerciales lleven a cabo dichas actividades para la empresa o en nombre de esta. La presente Directiva no debe aplicarse a la eliminación del producto. Asimismo, no incluirá la distribución, el transporte, el almacenamiento y la eliminación de un producto sujeto al control de las exportaciones de un Estado miembro, a saber, el control de las exportaciones en virtud del Reglamento (UE) 2021/821 del Parlamento Europeo y del Consejo o el control de las exportaciones de armas, municiones o material de guerra sujeto a controles nacionales de exportación, tras la autorización de la exportación del producto. Por otro lado, la presente Directiva se complementa con otros actos legislativos, que también tratan de los efectos adversos negativos en el ámbito de los Derechos humanos o la protección del medio ambiente. En particular, el Reglamento (UE) 2021/821 establece un régimen de control de las exportaciones, el corretaje, la asistencia técnica, el tránsito y la transferencia de productos de doble uso, que se aplica, entre otras cosas, a los programas informáticos y las tecnologías que pueden utilizarse con fines de cibervigilancia. En el marco de este régimen, los Estados miembros deben considerar, en particular, el riesgo de que dichos bienes se utilicen en relación con la represión interna o con la comisión de violaciones graves de los derechos humanos y del Derecho internacional humanitario. Igualmente, el Reglamento (UE) 2019/125 del Parlamento Europeo y del Consejo prohíbe o regula, según el caso, la exportación de productos como sustancias químicas que se utilizan o pueden utilizarse para aplicar la pena de muerte o infligir tortura u otros tratos o penas crueles, inhumanos o degradantes. Además, otras iniciativas legislativas tienen por objeto mitigar el impacto medioambiental de los productos durante todo su ciclo de vida, por ejemplo, mediante el establecimiento de requisitos de diseño ecológico basados en los aspectos de sostenibilidad y circularidad de los productos. También, los exportadores deben tener en cuenta las conclusiones de su proceso de diligencia debida llevado a cabo con arreglo a la presente Norma. El término "cadena de actividades", tal como se define en la presente Directiva, se entiende sin perjuicio de los de "cadena de valor" o "cadena de suministro", en el sentido de otros actos legislativos de la Unión o tal como se definen en estos" (Considerando 25 y 26). De la misma forma puede consultarse sobre estos extremos la Posición Común del Consejo de noviembre de 2022. Disponible: *http://data.consilium.eueopa.eu/doc/document/ST-15024-2022-REV-1/en/pdf* (acceso 25 de febrero 2025).

término, aquellas actividades de los socios comerciales de la empresa en sentido descendente ("*downstream*") relacionadas con la distribución, transporte y almacenamiento del producto, cuando los socios realizan estas actividades para la empresa o en su nombre[595].

Así las cosas, en los expositivos de la *CS3D* se aclara que, en relación con las entidades financieras reguladas, las obligaciones de diligencia debida no se proyectarán sobre el *downstream* de la cadena de actividades, esto es, a los socios comerciales que reciben sus productos o servicios financieros.

Unido a lo anterior, la sociedad mercantil (o bien la empresa matriz del grupo que haya alcanzado los siguientes umbrales) deberá mantener durante dos ejercicios financieros consecutivos una media de un neto superior a cuatrocientos cincuenta millones EUR en el último ejercicio respecto del que se hayan sido aprobados o hubiera debido aprobarse esta eliminación).

Siendo esto así, desde su concepción hasta su configuración, las sociedades de terceros Estados (fuera de la Unión Europea) deberán de cumplir las mismas condiciones en términos de volumen de negocios, aunque generado dentro de la Unión Europea, adjuntándose a los criterios de los grupos 1 y 2 antes mencionados y con independencia del número de trabajadores[596], el haber generado un volumen de

---

595 En este punto se excluyen también la distribución, el transporte, el almacenamiento y la eliminación de un producto sujeto al control de las exportaciones de un Estado miembro.

596 A tales efectos, "los trabajadores de empresas de trabajo temporal y los trabajadores desplazados con arreglo al artículo 1, apartado 3, letra c), de la Directiva 96/71/CE del Parlamento Europeo y del Consejo deben incluirse en el cálculo del número de trabajadores de la empresa usuaria. Los trabajadores desplazados con arreglo al artículo 1, apartado 3, letras a) y b), de la Directiva 96/71/CE solo deben incluirse en el cálculo del número de trabajadores de la empresa de envío. Otros trabajadores con contratos de empleo atípicos también deben incluirse en el cálculo del número de trabajadores, siempre que cumplan los criterios establecidos por el Tribunal de Justicia de la Unión Europea para determinar la condición de trabajador. Los trabajadores de temporada deben estar incluidos en el cálculo del número de empleados de forma proporcional al número de meses para los que estén empleados. El cálculo de los umbrales establecido en la presente Directiva debe incluir el número de trabajadores y el volumen de negocios de las sucursales de una empresa, que son centros de actividad distintos de la sede central que dependen jurídicamente de ella, por

negocios neto superior a cuatrocientos cincuenta millones de euros en la Unión en el ejercicio financiero precedente al último ejercicio y mantenerlo dos años consecutivos, encontrándose dicha previsión en línea con la Directiva de Informes de Sostenibilidad Corporativa de la UE (*CSRD*). Y, en rigor, se reconoce expresamente en la Norma indicada, que el ejercicio de la actividad empresarial por persona distinta de la sociedad mercantil no queda sometida directamente a las previsiones de la Directiva[597].

A mayor abundamiento, la interacción de dichas circunstancias se ha considerado como un elemento esencial, en cuanto que el volumen de negocios generado siempre se ha erigido en nexo entre las empresas de terceros Estados y la Unión dado que dichas actividades empresariales podían generar efectos en el mercado interior.

Por consiguiente, el legislador europeo lo ha articulado como vínculo suficiente para que el Derecho de la Unión fuera aplicable a las mencionadas compañías, siendo las leyes nacionales sobre debida diligencia en materia de Derechos humanos únicamente aplicables a las empresas que están registradas o tienen una sucursal en los res-

---

lo que se consideran parte de la empresa, de conformidad con el Derecho de la Unión y nacional. Esto también debe aplicarse al grupo de empresas cuando los umbrales se calculen sobre una base consolidada. Cuando no se especifique lo contrario, los umbrales que deben alcanzarse para que una empresa esté incluida en el ámbito de aplicación de la presente Directiva deben entenderse como umbrales calculados de manera individual" (Considerando 27).

597 Específicamente, en su artículo 3, es definida la concepción general de empresa entendiéndose, a estos efectos "cono cualquiera de las entidades siguientes: i) una persona jurídica constituida bajo alguna de las formas jurídicas indicadas en los Anexos I y II de la Directiva 2013/34/UE, ii) una persona jurídica constituida de conformidad con el Derecho de un tercer país bajo alguna forma comparable a las indicadas en los anexos I y II de la Directiva 2013/34/UE, iii) una empresa financiera regulada, con independencia de su forma jurídica, que sea: una entidad de crédito, tal como se define en el artículo 4, apartado 1, punto 1, del Reglamento (UE) 575/2013 del Parlamento Europeo y del Consejo, una empresa de servicios de inversión, tal como se define en el artículo 4, apartado 1, punto 1, de la Directiva 2014/65/UE del Parlamento Europeo y del Consejo, un gestor de fondos de inversión alternativos (*GFIA*), tal como se define en el artículo 4, apartado 1, letra b), de la Directiva 2011/61/UE, incluido un gestor de fondos de capital riesgo europeos (*FCRE*), a que se refiere el Reglamento (UE) 345/2013, del Parlamento Europeo y del Consejo.

pectivos Estados miembros. Asimismo, destacaremos que las PYMES no son incluidas directamente en el ámbito de aplicación de la *CS3D*.

Continuando con el hilo expositivo, y bajo los parámetros de inclusión dentro del ámbito subjetivo de la norma de los supuestos de contratos de distribución que crean una identidad empresarial común, su artículo 2 establece la aplicación de la Directiva a estudio a la empresa o matriz del grupo —con domicilio en la Unión o en terceros estados[598] —que haya celebrado acuerdos de franquicia o de licencia en la UE con terceros independientes, si se cumplen determinadas condiciones[599], y siempre que estos acuerdos supongan una identidad, un concepto empresarial común y métodos empresariales uniformes y para el supuesto en que dichos cánones percibidos hubieran superado los veintidós millones quinientos mil EUR en el último ejercicio, siempre que la sociedad o la matriz del grupo hubiera generado un volumen de negocios mundial neto superior a los ochenta millones EUR en el último ejercicio cuyos estados financieros anuales hayan sido o debieran haber sido aprobados (si se trata de una sociedad constituida conforme a la legislación de un tercer país, los más de 80 millones EUR habrán de haberse generado en la Unión en el ejercicio anterior al último ejercicio financiero)[600].

Ahora bien, por debajo de dichos umbrales, la Norma europea no resulta de aplicación directa a la empresa. No obstante, aunque

---

598 *Cfr.* letra b) del artículo 2.2 de la Directiva en relación con los artículos 6 a 16 y 22 del citado Texto legal. En todo caso, la matriz última será responsable solidariamente junto con la filial designada por lo que atañe a la observancia de las mencionadas obligaciones en caso de incumplimiento por parte de la filial (artículo 2.3 de la Directiva).

599 El artículo 36 de la Norma prevé que, a más tardar, el 26 de julio de 2030, la Comisión habrá de presentar un informe al Parlamento Europeo y al Consejo sobre la aplicación de la Directiva, en el que, entre otros aspectos, tendrá que evaluarse (y en su caso acompañarse de propuesta legislativa) si debe ser incluido en su ámbito de aplicación personal otros modelos de negocio o formas de cooperación económica con empresas distintos a los acuerdos de franquicia o licencia.

600 *Cfr.* artículo 37 de la Norma, el cual establece en su tenor literal un proceso escalonado de aplicación en función del número de trabajadores y del volumen mundial neto de negocios. Por otro lado, se ha suprimido del texto final de la Directiva el criterio que ligaba menor tamaño empresarial a actividades de especial riesgo.

fuera superado el contenido sustantivo de la *CS3D*, no regiría para los organismos de inversión colectiva, sean los tradicionales previstos en la Directiva por la que se coordinan las disposiciones legales, reglamentarias y administrativas sobre determinados organismos de inversión colectiva en valores mobiliarios (*OICVM*) del 2009, sean los reguladas en la Directiva relativa a los gestores de fondos de inversión alternativos del 2011 (*ex* artículo 2.8 de la Norma), al estar carentes de personalidad jurídica[601].

A este respecto, no acontece para las sociedades de inversión, solucionándose dicha cuestión con la expresa aplicación de sus pautas legales a las sociedades gestoras de estos organismos de inversión colectiva, armonizados o de inversión alternativos. Por último, mencionaremos que las finalidades de la Directiva no rigen con relación a los fondos de pensiones de empleo del sistema público nacional.

5. *Exclusiones parciales de la aplicación de la directiva (ámbito objetivo)*

Dentro del contexto que hemos descrito precedentemente, uno de los problemas inicialmente generados en la elaboración de la *CS3D* fue la inclusión de las entidades financieras reguladas en su ámbito de aplicación. Así las cosas, el acuerdo político en el Consejo tuvo como resultado la sumisión parcial de las entidades financieras a la misma, como excepción a los parámetros establecidos con anterioridad.

Desde otra perspectiva, el concepto de entidad financiera regulada que ofrece el Cuerpo legal a estudio en el literal del artículo 3.1 es demasiado amplio. A saber: entidades de crédito y empresas de servicios de inversión; entidades aseguradoras y reaseguradoras; sociedades gestoras de instituciones de inversión colectiva, de enti-

---

601 Aludiremos en este punto a las exclusiones contenidas en el artículo 2.8 del Texto normativo, como son los fondos de inversión alternativa (tal y como son definidos en el artículo 4.1 a) de la Directiva 2011/61/UE) y los organismos de inversión colectiva en valores mobiliarios en el sentido recogido en el literal del artículo 1.2 d) de la Directiva 2009/65/CE. Véase PALÁ LAGUNA, R., "Exclusiones de la Directiva sobre diligencia debida de las empresas en materia de sostenibilidad" *GA_P Análisis*, julio 2024. Disponible en *ga_p.com*.

dades de capital riesgo y de otras entidades de inversión colectiva de tipo cerrado; entidades de propósito especial en el ámbito asegurador y en el de las titulizaciones; los fondos de pensiones de empleo con las particularidades indicadas; las entidades de contrapartida central y los depositarios centrales de valores; las sociedades financieras mixtas de cartera; las entidades de pago; las de dinero electrónico; las de financiación participativa y los proveedores de servicios sobre criptoactivos[602]. Como es fácilmente deducible, se condensa en

---

602 Reglamento 2023/1114 del Parlamento Europeo y del Consejo, de 31 de mayo de 2023, relativo a los mercados de criptoactivos (*MiCA*). En nuestro país, el pasado 26 de octubre, el Ministerio de Asuntos Económicos y Transformación Digital publicó una nota de prensa en la que se anunciaba que el Gobierno tenía intención de reducir en seis meses el periodo transitorio previsto para la aplicación del régimen sobre los proveedores de servicios de criptoactivos previsto en el citado marco reglamentario relativo a estos específicos mercados. De esta forma, si se cumplen dichas pautas, a estos empresarios, siempre que estén ejerciendo su actividad en España con anterioridad al 30 diciembre de 2024, les sería aplicable el nuevo régimen sobre criptoactivos en diciembre de 2025 (y no en julio de 2026 como se prevé en el periodo transitorio del Reglamento *MiCA*), haciendo uso de la habilitación contenida en el artículo 143.3 del Reglamento citado el cual permite a los Estados miembros directamente no aplicar el régimen transitorio-hasta el 1 de julio del 2026-o bien reducir su aplicación temporal para los proveedores de servicios de criptoactivos que actúen en sus respectivas jurisdicciones "de conformidad con el Derecho aplicable" antes del 30 de diciembre de 2024. Asimismo, las obligaciones de información que ya fueron introducidas por la Ley 11/2021, de medidas de prevención y lucha contra el fraude fiscal, y desarrolladas por el Real Decreto 249/2023 y, antes de que termine el próximo año 2025, deberán ser adaptadas a la *DAC* 8— tue publicada en octubre de 2023 la Directiva 2023/2226 del Consejo de 17 de octubre de 2023 por la que se modifica la Directiva 2011/16/UE, relativa a la cooperación administrativa en el ámbito de la fiscalidad. Se trata de la octava modificación sustancial de la citada Directiva, por ello se conoce también como "DAC8"— Del mismo modo, no se aplicará a todos aquellos que tengan esta consideración, previéndose una serie de exclusiones legales por el tipo de criptoactivos previstos o la naturaleza pública del emisor. Por otro lado, se ha publicado el Reglamento Delegado de la Comisión (UE) 2025/422, que complementa al Reglamento de Mercados de Criptoactivos (MiCA) con las normas técnicas sobre el contenido, las metodologías y la presentación de la información respecto a los indicadores de sostenibilidad relacionados con los impactos adversos en el clima y otros impactos adversos relacionados con el medioambiente (DOUE 31 de marzo 2025). Asismismo, en nuestro país, en el BOE núm. 99 de 24 de abril de 2025 (Sec. I. Pág. 55598 y ss.) se ha publicado la Circular 2/2025, de 26 de marzo, de la CNMV, por la que se modifican las Circulares 1/2021, de 25 de

entidades definidas en las respectivas normas sectoriales de carácter financiero[603].

En unión de lo anterior y bajo una terminología económica, la misma le es de aplicación a las grandes entidades financieras reguladas esto es, lo que se denomina en la práctica, como hemos avanzado, "aguas arriba"— aplicable a socios comerciales directos e indirectos sin importar su tamaño—, pero no "aguas abajo" —socios comerciales directos—, debiéndose de evaluar las incidencias negativas de su actividad (tanto reales como potenciales) y prevenirlas, recordando que para el supuesto que no fuera posible, deberían ser remediadas en el sentido ascendente de su cadena de actividades[604], pero no en sentido descendente (prestación de servicios de inversión u otros servicios financieros a sus clientes).

A mayor abundamiento, es reiterada dicha exención de aplicabilidad en los Considerandos 26[605] y 51 de la citada Directiva, enten-

---

marzo, 1/2010, de 28 de julio, y 5/2009, de 25 de noviembre, de la Comisión Nacional del Mercado de Valores. Esta Circular 2/2025 atiende al objetivo fundamental de adaptar la supervisión por la CNMV de las entidades que prestan servicios de criptoactivos ante la aplicación del Reglamento (UE) 2023/1114, del Parlamento Europeo y del Consejo, de 31 de mayo de 2023, relativo a los mercados de criptoactivos (MiCA.) Desde un punto de vista general, MARTÍ MIRAVALLS, J., "La propuesta de Reglamento del Parlamento europeo y del Consejo relativo a los mercados de criptoactivos: la propuesta MiCA", *Revista de Derecho del Sistema Financiero: mercados, operadores y contratos*, Thomson Reuters, Aranzadi, 2021, Cizur menor (Navarra), págs. 473-480.

603 PALA LAGUNA, R., "Los criptoactivos valores negociables como nueva categoría de los derechos valor", AA.VV., *El derecho mercantil y la pandemia, algunos problemas del pasado, la crisis coyuntural y las perspectivas futuras: libro homenaje a Agustín Madrid Parra,* en GUERRERO LEBRÓN M. J., y otros (dirs.), *RMV,* núm. 35, 2024, La Ley, 2023, págs. 961-975

604 Así, indicaremos que se trata de actividades de aquellos socios que intervienen en los eslabones anteriores de la cadena relacionadas con la producción del bien o aprovisionamiento de servicios, que incluye el diseño, aprovisionamiento de materias primas, productos o partes de productos-incluyendo su extracción, fabricación, transporte, almacenamiento y suministro—, y el desarrollo del producto o del servicio.

605 Según refiere un reputado sector de la doctrinal "el Considerando 26 es una desfasada reminiscencia de la Propuesta de Directiva de la Comisión y de su complejo *iter* legislativo por lo que se refería tanto (a la entonces llamada) a la cadena de valor como a las empresas financieras reguladas (véase letra g) del artículo 3 de la Propuesta). El Parlamento pretendía restringir la definición de

diéndose a estos efectos, que la obligación de que la empresa evalúe periódicamente la aplicación de sus medidas de diligencia debida, idoneidad y eficacia de sus procedimientos de detección, prevención, minimización, eliminación y mitigación de los efectos adversos para el medio ambiente y los Derechos humanos que pueda ser causas directamente o a través de sus filiales y socios comerciales, únicamente debería serlo en relación a los eslabones anteriores de su cadena de actividades. Por ello, y como es fácilmente deducible, la esencialidad del concepto no es sólo inherente a los efectos de exclusión de la aplicación de determinadas obligaciones de la Directiva a las entidades financieras, sino también, por la posible afectación de los socios comerciales de la gran empresa a la *CS3D*.

Consiguientemente, ha sido revisado el concepto clave de la cadena de suministro regulada al sustituirse el marco conceptual de "cadena de valor" indicada por la Comisión, por la denominada "cadena de actividades", la cual se define como aquellas actividades de los socios comerciales ascendentes de una empresa relacionadas con la producción de un bien o la prestación de servicios por parte de la empresa (…) y las actividades de los socios comerciales intermedios de una empresa que tienen vínculo contractual relacionado con la distribución, el transporte, el almacenamiento (siempre que lleven a cabo dichas actividades para la mencionada empresa o en su nombre) y la eliminación del producto, incluido el desmantelamiento, el reciclaje, el compostaje o el depósito en vertederos, pero excluyendo expresamente la eliminación del producto por parte de los consumidores y la distribución, el transporte, el almacenamiento y la eliminación del producto que están sujetos, entre otras cosas, al control de las exportaciones de la UE en virtud de lo prevenido en el Reglamento (UE) 2021/821 del Parlamento Europeo y del Consejo, de 20

la cadena de valor cuando el sujeto obligado fuera una empresa financiera regulada. También la Comisión, pero con un enfoque diferente, empezando porque otorgaba a los Estados miembros la capacidad de incluir o no los eslabones posteriores de las empresas financieras reguladas"; así, PORTELLANO DÍEZ. P., "NESSUN DORMA: el verdadero ámbito de aplicación personal…"*op. cit.* pág. 1197; PALÁ LAGUNA, R., "Exclusiones de la Directiva sobre diligencia debida de las empresas…" *op. cit.* pág. 1.

de mayo de 2021[606] por el que se establece un régimen de la Unión de control de las exportaciones, el corretaje, la asistencia técnica, el tránsito y la transferencia de productos de doble uso[607].

En este punto, es importante tener en consideración que ha sido sustituida la definición propuesta inicialmente por parte de la Comisión de "relación comercial establecida" (definida originalmente como la relación con un contratista, subcontratista o cualquier otra entidad jurídica; el antiguo artículo 3, letras e) y f) *CS3D*) recurriendo exclusivamente a los denominados "socios comerciales" directos e indirectos[608] y haciéndose un mayor hincapié en un enfoque basado en el riesgo por parte de las compañías y en la priorización de los graves efectos adversos en su "cadena de actividades".

Finalmente, y aunque pueda considerarse una reflexión tautológica, de lo anterior se deduce que el mencionado Cuerpo legal ha abandonado dicho ámbito conceptual propuesto por la Comisión. No obstante, el llamamiento a la diligencia debida en la "cadena de valor" (excluyendo la gestión de residuos del producto por parte de consumidores individuales) significa que las obligaciones que requieren la debida diligencia sobre el uso de los productos de una empresa por parte de sus consumidores vuelven a estar incardinadas dentro

---

606 Dicho Reglamento deroga y revisa el Reglamento (CE) 428/2009 desde el 9 de septiembre de 2021, excepto para las solicitudes de autorización presentadas antes de esta fecha, según se estipula en el artículo 31 del Reglamento (UE) 2021/821, de 20 de mayo de 2021. Como Documentos conexos indicaremos la Comunicación de la Comisión al Consejo y al Parlamento Europeo: Revisión de la política de control de las exportaciones: garantizar la seguridad y la competitividad en un mundo cambiante (COM(2014) 244 final de 24.4.2014) y el Reglamento (CE) 428/2009 del Consejo, de 5 de mayo de 2009, por el que se establece un régimen comunitario de control de las exportaciones, la transferencia, el corretaje y el tránsito de productos de doble uso (DO *L* 134 de 29.5.2009, págs. 1-269).

607 Disponible: *https://eur-lex.europa.eu/legal-juri=CELEX%3A32021R0821* (acceso 25 enero 2025).

608 Dicha actividad de los socios comerciales, tanto directos como indirectos, habrá de ser tenida en consideración —abandonado el prudente criterio de la Propuesta de la Comisión —cuando la relación contractual no sea o no se prevea que vaya a ser duradera o aunque represente una parte insignificante o meramente accesoria de la cadena de actividades.

de los objetivos de la Directiva, si bien, con un ámbito mucho más restrictivo (*ex* artículo 3.1 g) de la Norma)[609].

6. *Obligaciones de diligencia y planes de transición para mitigación del cambio climático*

En el núcleo de la Directiva encontramos un conjunto de requisitos (denominados "diligencia debida de sostenibilidad" o "debida diligencia de Derechos humanos y medio ambiente"), que requieren que las empresas identifiquen y gestionen los impactos adversos reales y potenciales en los Derechos humanos y el medio ambiente a lo largo de su cadena de valor (relaciones comerciales establecidas de forma directa o indirecta)[610].

---

609 Sin ánimo exhaustivo indicaremos que la *CS3D* establece que la Comisión presentará al Parlamento Europeo y al Consejo, en un plazo de dos años a partir de la fecha de entrada en vigor de la Directiva, un informe sobre la necesidad de establecer requisitos adicionales de diligencia debida en materia de sostenibilidad adaptados a las empresas financieras reguladas por lo que respecta a la prestación de servicios financieros y las actividades de inversión.

610 En la Directiva se percibe la trascendencia ganada en la lucha contra el cambio climático respecto a los primeros esbozos, reconoce la emergencia climática y ocupa un lugar privilegiado en esta regulación: entre el conjunto de normas obligatorias para las empresas se dispone el plan de transición para la mitigación climática. Se abordará según el tamaño de la empresa, con actualización anual (*ex* artículo 22). Además, el modelo de negocio y la estrategia corporativa se tratarán de adecuar al Acuerdo de París (artículo 1.1 c). Se precisa el cumplimiento de los objetivos vinculantes sobre neutralidad climática para 2050. De este modo, se abarcará la mitigación y gestión de los riesgos, especialmente los sectores del carbón, petróleo y gas, en etapas quinquenales hasta 2050, con medidas de ejecución validadas por terceros independientes y supervisadas por las autoridades de control (Considerandos 10 a 12, 73 y artículo 22 del Cuerpo legal). También se refiere (Considerando 73) a la posibilidad de lograr objetivos absolutos, con diferenciación entre la huella procedente de las emisiones de gases de efecto invernadero (*GEI*) de alcance 1 (emisiones directas de la empresa), alcance 2 (indirectas, como por la compra de electricidad) y, las más complejas, de alcance 3 (indirectas generadas en toda la cadena de valor, incluidos clientes y proveedores); conforme a la metodología establecida para su estandarización ("*GHG Protocol Corporate Accounting and Reporting Standard*"). Cabe agregar que esta Norma se complementa con el "*Reporting ESG*" y otras normas que incrementan la transparencia sobre sostenibilidad corporativa, como el Reglamento sobre la taxonomía de actividades sostenibles (Reglamento 2020/852) o la Directiva *CSRD* sobre información corporativa en materia de

A este respecto, y en punto a detectar efectos adversos, deben ser adoptada medidas adecuadas para inventariar sus propias operaciones, las de sus filiales, y cuando estén relacionadas con sus cadenas de actividades, las de sus socios comerciales, a fin de establecer ámbitos generales en los que es más probable que se produzcan los mismos y que estos sean más graves y, además, sobre la base de los resultados de dicho inventario, poder llevar a cabo una evaluación en profundidad de sus propias operaciones, las de sus filiales, y para el supuesto de relación con sus cadenas de actividades, las de sus socios comerciales en los ámbitos en los que haya sido detectada una mayor probabilidad de que produzcan efectos adversos y que estos sean más graves[611].

Por tanto, necesariamente debemos delimitar, en primer término, su ámbito conceptual, para adentrarnos con posterioridad en el análisis de las medidas adecuadas que deben ser implementadas desde un punto de vista empresarial

6.1. La noción de efectos adversos y efectos adversos para el medioambiente o Derechos humanos y factores de riesgo

Como es constatable, el artículo 3.1 de la Directiva a debate no ofrece una noción genérica de "efecto adverso" y reseña, en relación al mismo, "un efecto adverso para el medio ambiente o para los Derechos humanos", el cual lo diversifica en el "efecto adverso para el medio ambiente" y que es definido como "las consecuencias adversas

---

sostenibilidad (Directiva 2022/2464), que ha sido objeto de análisis en el presente trabajo. Unido a lo anterior, traeremos a colación la Directiva 2025/794/UE de 14 de abril, una de las normas incluidas en la Propuesta Ómnibus I de la Comisión que busca simplificar la normativa de sostenibilidad en materia de información y debida diligencia. Así se retrasa dos años la aplicación de los requisitos de información previstos en la directiva sobre información corporativa en materia de sostenibilidad (2022/2464/UE) para: Las grandes compañías que debían informar en 2026 (respecto del ejercicio 2025) deberán hacerlo en 2028 (respecto del ejercicio 2027). Las PYMES cotizadas que debían informar en 2027 (respecto del ejercicio 2026) deberán hacerlo en 2029 (respecto del ejercicio 2028).

611 PORTELLANO DÍEZ. P., "NESSUN DORMA: el verdadero ámbito de aplicación personal…"*op. cit.* pág. 1198; PALAO MORENO, G., "La Estrategia Europea sobre diligencia debida…" *op. cit.* pág 64.

para el medio ambiente derivadas de la infracción de las prohibiciones y obligaciones que se enumeran en el Anexo, Parte I, sección 1, puntos 15 y 16, y Parte II, de la presente Norma, teniendo en cuenta la legislación nacional relacionada con las disposiciones de los instrumentos en él enumerados"[612].

Nótese, además, con relación al "efecto adverso para los Derechos humanos", que el Cuerpo legal citado lo define como "las consecuencias para las personas derivadas de, en primer término, la vulneración de alguno de los derechos humanos enumerados en el Anexo, parte I, sección 1, de la Directiva, dado que dichos Derechos humanos están amparados por los instrumentos internacionales que figuran en el Anexo, parte I, sección 2, de la presente Directiva.

Del mismo modo, encuadramos la vulneración de un derecho humano no enumerado en el Anexo, parte I, sección 1, de la misma,

---

612 Esto es, se identifican como las consecuencias negativas para el medio ambiente resultantes del incumplimiento de alguna de las prohibiciones y obligaciones establecidas en los convenios internacionales en materia de medio ambiente que se enumeran en la parte II del Anexo de la Norma expuesta. A tales efectos el mencionado Anexo hace referencia a las disposiciones pertinentes y a los tratados internacionales en materia de derechos humanos, incluidos la Declaración Universal de Derechos Humanos, el Pacto Internacional de Derechos Civiles y Políticos, el Pacto Internacional de Derechos Económicos, Sociales y Culturales, la Convención para la Prevención y la Sanción Internacional de Derechos Económicos, Sociales y Culturales, la Convención para la Prevención y la Sanción del Delito de Genocidio, Convención contra la Tortura y Otros Tratos o Penas Crueles, Inhumanos o Degradantes, entre otros, y de instrumentos internacionales en materia de medio ambiente, como el Convenio sobre la Diversidad Biológica, el Convención sobre el Comercio Internacional de Especies Amenazadas de Fauna y Flora Silvestres, Convenio de Minamata sobre el Mercurio, Convenio de Viena para la Protección de la Capa de Ozono y su Protocolo de Montreal relativo a las sustancias que agotan la capa de ozono, que las empresas deben respetar a través del cumplimiento de sus obligaciones de diligencia debida. A pesar de incluir un compromiso explícito con la no regresión (artículo 1, apartado 2), y una cláusula de salvaguardia (artículo 1, apartado 3), la omisión por parte de la Directiva de las normas regionales europeas y nacionales de Derechos humanos parece regresiva, en particular en lo que respecta a los derechos humanos que ya son vinculantes para las instituciones de la UE y los Estados miembros (como el *CEDH,* la Carta Social Europea y la Carta Europea de Derechos Fundamentales). Estas normas contienen protecciones que son relevantes en un contexto empresarial y que pueden no ser abordadas en la misma medida, por los otros instrumentos mencionados en el citado Anexo.

pero amparado por los instrumentos de Derechos humanos que figuran en el Anexo, parte I, sección 2, de la Directiva citada, siempre que: a) el derecho humano pueda ser objeto de vulneración por parte de una empresa o entidad jurídica; b) la vulneración del derecho humano menoscabe directamente un interés jurídico protegido en los instrumentos de Derechos humanos que figuran en el Anexo, parte I, sección 2, de la presente Directiva y c) la empresa pudiera haber previsto razonablemente el riesgo de que dicho derecho humano pudiese ser vulnerado, teniendo en cuenta las circunstancias del caso concreto, en particular la naturaleza y el alcance de las operaciones comerciales de la empresa y su cadena de actividades, las características del sector económico y el contexto geográfico y operativo"[613].

En este mismo orden de ideas, las definiciones presentadas se complementan con la de los "factores de riesgo", esto es, aluden a "los hechos, las situaciones o las circunstancias relacionados con la gravedad y la probabilidad de un efecto adverso, incluidos los hechos, las situaciones y las circunstancias a escala de empresa, ligados a las operaciones comerciales, geográficos y contextuales, relativos a los productos y servicios, y sectoriales" y la de "gravedad de un efecto adverso" entendida como "la magnitud, el alcance o el carácter irreparable del efecto adverso, teniendo en cuenta la importancia de este, en particular el número de personas que se vean o puedan verse afectadas, el grado en que el medio ambiente se vea o pueda verse dañado o afectado de otro modo, la irreversibilidad del efecto y los límites de la capacidad para devolver a las personas afectadas o al medio ambiente a una situación equivalente a la que tenían antes de que se produjese el efecto dentro de un plazo razonable".

Con todo, a la hora de determinar cuáles son las medidas adecuadas a adoptar para solventarlos, deberán tenerse en cuenta las circunstancias del caso concreto y, en particular, el causante del efecto adverso (esto es, el nivel de participación de la empresa en un efecto

---

613 La directiva ha sido calificada en este punto, como hito "*milestone*" y de piedra angular "corstone" de la regulación de la sosteniblidad. Ampliamente, CIACCHI, S., "The newly-adopted Corporate Sistainability Due Diligencie: an overview of the lawmaking orcess and analysis odf te fnal text", ERA *Forum* 24, 29-48, 2024. Disponible en: *http://doi.org/10.1007/s12027-024-00791-y* (acceso 25 de febrero 2025)

adverso[614], si la empresa lo causa por sí misma con actos u omisiones, o si contribuye a causarlo conjuntamente con filiales/socios comerciales, o si se trata solo de los socios comerciales[615]); y la capacidad de influencia de la empresa en el socio comercial que causa (solo o de forma conjunta con la empresa) dicho efecto[616].

A mayor abundamiento, la *CS3D* continúa exponiendo, que incluso cuando el efecto adverso no sea causado por la empresa, se debería usar su capacidad de influencia en sus socios comerciales para persuadirlos de prevenirlos o mitigarlos. Entre otras, se podrán exigir las siguientes "medidas adecuadas", tales como el desarrollo e implementación de un plan de acción preventiva, con plazos razonables para la adopción de medidas e indicadores cuantitativos y cualitativos para medir las mejoras practicadas.

Por consiguiente, estos planes de acción podrán desarrollarse en cooperación con iniciativas sectoriales o multilaterales (*industry or multi-stakeholders initiatives*)[617] y deberán estar adaptados a la específica operativa de la empresa y a su cadena de actividades, además

---

614 No obstante, los impactos climáticos que surgen de la actividad corporativa no se mencionan en este contexto, dado que es recogida una obligación separada para empresas específicas, al margen de los requisitos de diligencia debida, de adoptar un plan climático que establezca cómo su modelo de negocio y estrategia, alineándose alinean con la transición a una economía neutra en carbono y a los objetivos del Acuerdo de París. Ello es particularmente desafortunado puesto que puede considerarse que la debida diligencia climática, sin dejar de reconocer las dificultades de su aplicación, es un componente importante de la debida diligencia en materia de Derechos humanos.

615 Se define como una entidad con la que la empresa tiene un acuerdo comercial relacionado con las operaciones, productos o servicios de la empresa o a la que la empresa presta servicios ("socio comercial directo"). También es aplicado a una entidad que realiza operaciones comerciales relacionadas con las operaciones, productos o servicios de la empresa ("socio comercial indirecto").

616 Recordaremos que la Directiva ofrece un sistema de gestión por las empresas de los efectos adversos que podemos exponer conforme a la siguiente cronología de 5 fases en la que se suceden —en un orden lógico— la prevención de efectos adversos potenciales (artículo 10), la detección y evaluación de efectos adversos reales y potenciales (artículo 8), la priorización de efectos adversos reales y potenciales detectados (artículo 9), la eliminación de los efectos adversos reales (artículo 11) y la reparación de efectos adversos reales (artículo 12).

617 Vid. *https://accelerating-clinical-trials.europa.eu/our-work/multi-stakeholder-platform_en* (acceso 15 de enero 2025).

de asegurar el establecimiento de garantías contractuales que deben recabarse de los socios comerciales de que cumplirán el código de conducta y, cuando sea necesario, el plan de acción, debiendo repartir la responsabilidad de forma apropiada. Así, estas garantías contractuales deben ir acompañadas de mecanismos de verificación por terceros independientes (lo que incluye mediante iniciativas de entidades patronales o de grupos de interés).

En todo caso, en las inversiones financieras o no financieras en la propia empresa, deberán ser establecidos ajustes o mejoras— por ejemplo, en instalaciones, en procesos de producción u otros procesos operativos, y en infraestructuras—. Del mismo modo, será necesario efectuar cambios en el plan de negocio, estrategias y operaciones (incluyendo sus políticas de compra, prácticas de diseño y distribución del producto), a modo ejemplificativo, en el sector de la alimentación o agrícola, se apunta a la posible pertinencia de adaptar prácticas de compras (con plazos o especificaciones que imponga la empresa, vinculación de incentivos comerciales a los derechos humanos y al comportamiento medioambiental) o de presión de precios para contribuir a unos salarios e ingresos dignos para sus proveedores.

Continuando con el hilo expositivo, se deberá suministrar el adecuado apoyo (financiero y administrativo) a PYMES con las que la empresa tenga relaciones comerciales, cuando sea necesario a la vista de los recursos, conocimiento y limitaciones a los que esté sujeto. Este apoyo puede incluir desarrollo de capacidades, formaciones o mejora de sus sistemas de gestión. Además, cuando el cumplimiento del código de conducta o del plan de acción pudiese poner en peligro la viabilidad de la PYME, se contempla el poderse facilitar apoyo financiero específico y proporcionado, como financiación directa, préstamos a bajo interés, garantías de abastecimiento continuo o, en su caso, asistencia para obtener financiación.

Adicionalmente, se aboga por la colaboración con otras empresas o entidades para incrementar la capacidad de la empresa para prevenir o mitigar el efecto adverso (a modo ejemplificativo, con socios comerciales indirectos, sobre todo cuando ninguna otra medida fuese adecuada o eficaz, respetándose, necesariamente, el Derecho de la Competencia).

Finalmente, las iniciativas sectoriales o multilaterales (de Administraciones públicas, asociaciones del sector, organizaciones interesadas, agrupaciones, etc.) podrán contribuir a crear un efecto palanca adicional para la prevención y mitigación de efectos adversos, adoptando medidas adecuadas para detectar y evaluar los efectos adversos reales y potenciales en los Derechos humanos y el medio ambiente que se deriven de sus propias operaciones o de las de sus filiales y, cuando tengan relación con sus cadenas de actividades, la de sus socios comerciales.

6.1.1. Eliminación de los efectos adversos reales

Bajo la delimitación anteriormente expuesta, las empresas deberán adoptar medidas para poner fin a los efectos adversos reales y, cuando ello no sea posible, minimizar inmediatamente el alcance de los mismos y seguir esforzándose por eliminarlos revaluando periódicamente las circunstancias que le hayan impedido su eliminación.

De nuevo será relevante determinar quién es el causante del efecto adverso, el nivel de participación de la empresa y la capacidad de influencia de la empresa en sus socios comerciales para ponerles fin. Por ello, las medidas indicadas en el apartado 4.4 serán igualmente aplicables para neutralizar el efecto adverso o minimizar su alcance y además, serán proporcionales a la gravedad de los efectos adversos y a la implicación de la empresa en ellos.

No obstante, lo que antecede, si, a pesar de haber adoptado las medidas adecuadas para la detección de efectos adversos, las empresas no disponen de toda la información necesaria sobre sus cadenas de actividades, deben poder explicar el motivo por el que no se ha podido obtener dicha información y deben tomar las medidas necesarias y razonables para obtenerla lo antes posible.

Cuando la empresa no pueda prevenir, mitigar, eliminar o minimizar el alcance de todos los efectos adversos reales y potenciales detectados al mismo tiempo en toda su extensión, debe dar prioridad a los efectos adversos en función de su gravedad y probabilidad. Una vez abordados los efectos adversos más graves y más probables en un plazo razonable, la empresa abordará los efectos adversos menos graves y menos probables.

6.1.2. Eliminación de efectos adversos potenciales

Dispone la norma que los Estados miembros velarán por que las empresas adopten las medidas adecuadas para prevenir o, cuando la prevención no sea posible o no lo sea de forma inmediata, mitigar suficientemente los efectos adversos potenciales que se hayan detectado o que deberían haberse detectado. En este sentido el texto establece aquellas medidas que deben adoptar las empresas para prevenir y mitigar los efectos adversos potenciales, cuando proceda, en función de las circunstancias.

A tales efectos, cuando resulte necesario debido a la complejidad de las medidas de prevención, las empresas deben elaborar y aplicar un plan de acción preventiva y para el supuesto de que estas fracasen, las aludidas empresas considerarán la desvinculación, con el consiguiente riesgo de repercusiones económicas y sociales para las empresas y los titulares de derechos en terceros países (como los boicots en zonas de alto riesgo). Del mismo modo, la norma también recoge las medidas adecuadas a adoptar por las empresas para eliminar los efectos adversos reales que se hayan detectado, o que deberían haberse detectado e impone a los Estados miembros velar por que reparen los efectos adversos reales que hayan causado por sí mismas o conjuntamente.

En suma, cuando el efecto adverso real haya sido causado únicamente por un socio comercial de la empresa, esta podrá repararlo voluntariamente, y recurrir a su capacidad de influir en el citado socio comercial causante del mismo con el fin de una adecuada reparación

6.1.3. Reparación de efectos adversos reales

Las empresas estarán obligadas a reparar un efecto adverso real que hayan causado, por sí mismas o conjuntamente. En el caso de que el efecto adverso real sea causado únicamente por un socio comercial de la empresa, esta podrá ofrecer una reparación voluntaria. Asimismo, la empresa podrá valerse de su capacidad de influir en dicho socio comercial que esté causando el efecto adverso real en aras de permitir la remediación. La remediación debe perseguir devolver a la persona o personas o al medio ambiente afectados a una situación equivalente, o lo más cercana posible, a aquella en la que se encontrarían de no haberse producido el efecto adverso.

Esto incluirá compensaciones (financieras o no financieras) y el reembolso de los costes soportados por las autoridades públicas en relación con cualquier medida reparadora necesaria. De este modo, en el supuesto en que la empresa no repare el efecto adverso real en caso de haberlo causado, la autoridad de control competente estará facultada para ordenarle que lo repare adecuadamente, sin perjuicio de otras sanciones o de la responsabilidad civil que pueda reclamarse. Así, se prevé que la Comisión Europea emita, en los 30 meses siguientes a la entrada en vigor de la Directiva, directrices generales y para sectores específicos o efectos adversos específicos con orientaciones que puedan ayudar a las empresas a implementar en la práctica medidas adecuadas para la reparación de los efectos adversos.

7. *Colaboración efectiva con los grupos de interés (***Stakeholders***)*

Las empresas estarán obligadas a adoptar medidas adecuadas para mantener una colaboración efectiva/constructiva con sus grupos de interés/las partes interesadas a lo largo de todo el proceso de diligencia debida. Así, esta colaboración implicará, por un lado, que las empresas faciliten a las partes interesadas afectadas información pertinente y exhaustiva durante las consultas con estas; y por otro, que dichas partes puedan solicitar, de forma motivada, información adicional pertinente que la empresa proporcionará en un plazo razonable y en un formato apropiado y comprensible, salvo causa justificada.

Como se ve, la *CS3D* establece que este proceso de colaboración deberá celebrarse en las siguientes fases del proceso de diligencia debida: identificación, evaluación y priorización de efectos adversos reales o potenciales; desarrollo de planes de acción de prevención y correctiva; decisión de resolver o suspender una relación comercial; adopción de medidas de reparación apropiadas para los efectos adversos reales; desarrollo de indicadores cualitativos y cuantitativos de supervisión, según proceda. Por ello, en el supuesto de que no sea razonablemente posible para la empresa mantener esta colaboración con las partes interesadas, se permite que esta colabore adicionalmente con expertos que sean capaces de proporcionar conocimientos fiables sobre efectos adversos potenciales o reales.

En cualquier caso, la norma europea específicamente establece la obligación de que las empresas identifiquen cualquier barrera a esta colaboración y que aseguren que los participantes no estarán sujetos a represalias (a través de medidas como el anonimato o la confidencialidad), recordando, a tales efectos, que estas obligaciones de colaboración podrán cumplirse mediante iniciativas sectoriales o multilaterales, salvo en lo que respecta a la obligación de consultar al personal de la empresa y a sus representantes que establece la misma.

Por su parte, los Estados miembros han de velar por que las empresas lleven a cabo evaluaciones periódicas de sus propias operaciones y medidas, de las de sus filiales y, cuando estén relacionadas con la cadena de actividades de la empresa, de las de sus socios comerciales, con el fin de evaluar su aplicación y supervisar la adecuación y eficacia de las actividades de detección, prevención, mitigación, eliminación y minimización del alcance de los efectos adversos.

Consecuentemente, dichas evaluaciones se sustentarán, según proceda, en indicadores cualitativos y cuantitativos y se llevarán a cabo sin demora injustificada cuando tenga lugar un cambio significativo y al menos cada doce meses y siempre que existan motivos fundados para pensar que pueden surgir riesgos nuevos de que se produzcan esos efectos adversos, indicando que, cuando proceda, la política de diligencia debida, los efectos adversos detectados y las medidas adecuadas que de ello se deriven deberán ser actualizadas en función de los resultados de dichas evaluaciones y teniendo debidamente en cuenta la información pertinente de las partes interesadas.

8. *Relaciones con socios comerciales: acuerdos, suspensiones o resoluciones*

Con sustento en las ideas precedentes, en la prevención, mitigación o eliminación de efectos adversos se prioriza intentar alcanzar compromisos con el socio comercial frente a la resolución del contrato. No obstante, como último recurso, tras intentar prevenir, mitigar o eliminar sin éxito los efectos adversos potenciales, se contemplan las siguientes medidas:

En primer término, la abstención de celebrar nuevos acuerdos con el socio comercial o de prorrogar los existentes; la suspensión temporal de las relaciones comerciales y la implementación sin demora de un plan de medidas preventivas reforzadas que estén enfocadas en el efecto adverso específico —siempre que haya una expectativa razonable de que estos esfuerzos sean exitosos—. Lo anterior incluye la búsqueda de socios comerciales alternativos.

Indicaremos que la resolución de la relación comercial en lo relativo a las actividades afectadas, se considera como efecto adverso potencial o real grave, siempre que dichos esfuerzos no puedan razonablemente obtener ese resultado o si la ejecución del plan de acción no ha logrado prevenir, eliminar o mitigar el alcance de los efectos adversos. Por tanto, estas medidas se aplicarán solo como último recurso y previa valoración de que los impactos que generen no sean más graves que el impacto adverso que se pretende prevenir, mitigar o eliminar. Así las cosas, la suspensión temporal o la resolución de la relación comercial se adoptarán, en todo caso, con un preaviso razonable al socio comercial y serán objeto de revisión periódica.

Continuado con el hilo expositivo, y enmarcado en el nivel de relaciones comerciales indirectas, es posible que la prevención de efectos requiera la colaboración con otra entidad, en particular cuando el socio comercial indirecto no esté dispuesto a celebrar un contrato con la empresa. Así las cosas, la *CS3D* dispone que los Estados miembros incorporarán en sus respectivos ordenamientos internos las medidas de abstención de celebración de nuevos contratos, de suspensión y de resolución de los mismos.

Como es fácilmente deducible, lo expuesto puede poner el foco en la decisión sobre el derecho aplicable a los contratos con socios comerciales[618] —esto es, la opción por un ordenamiento europeo que contemple estas medidas, o la opción por el derecho de terceros Estados que no las disponga—, a la luz de las obligaciones de diligen-

---

[618] En los que de una manera u otra, habrá una remisión al Código de conducta previsto en el literal del artículo 7.2 de Texto normativo con los miembros de su cadena de actividades para conseguir los objetivos de la norma expuesta. Asimismo, véase los Considerandos 46, 48, 54, 55, 56 y 66 en relación con los artículos 6, 10 y 11 del mismo Cuerpo legal.

cia debida y de ejercicio de una capacidad de influencia sobre los socios comerciales (cuando se disponga de ella)[619]

9. Mecanismos de denuncia y de reclamación extrajudicial

Las empresas deberán establecer mecanismos de notificación y de reclamación extrajudiciales cuando las personas o entidades que se indican a continuación alberguen inquietudes legítimas en cuanto a los efectos adversos, reales o potenciales con respecto a las propias operaciones de las empresas, las de sus filiales o las de sus socios comerciales en las cadenas de actividades de las empresas.

El marco procedimental para tramitar las reclamaciones deberá ser justo, públicamente disponible, accesible, predecible y transparente, en particular en los casos en que la empresa considere que la reclamación es infundada, estando legitimadas para presentar estas reclamaciones: las personas físicas o jurídicas afectadas por los impactos adversos (o que tengan motivos fundados para considerar que han sido afectadas), así como sus representantes (incluyendo aquí a organizaciones de la sociedad civil y defensores de derechos humanos); los sindicatos y otros representantes de los trabajadores de la cadena de actividades; y las organizaciones de la sociedad civil activas y con experiencia en los ámbitos relacionados con los efectos adversos medioambientales objeto de la reclamación.

A tales efectos, las denuncias podrán ser anónimas y confidenciales, de conformidad con la legislación aplicable y deberán necesariamente adoptarse medidas para evitar represalias. En efecto, los reclamantes tendrán derecho a solicitar que la empresa dé seguimiento a la reclamación, a estar informados de la tramitación de la misma, a reunirse con representantes de la compañía; y a recibir una respuesta

---

619 La Directiva exige expresamente que los directamente obligados utilicen los contratos (en los que, de una manera u otra, habrá una remisión al código de conducta establecido en el artículo 7.2) con los miembros de su cadena de actividades para conseguir los objetivos de la norma de la Unión. Esto conlleva, a que en opinión de un sector de la doctrina suponga que el Derecho Contractual se convierta en instrumento al servicio del Derecho público; en concreto, la aplicación universal de ciertos valores. Véase, por todos, PORTELLANO DÍEZ, P., "NESSUN DORMA: el verdadero ámbito de aplicación personal de la Directiva..." *op. cit.* pág. 1208

motivada (y, en caso de que sea favorable, de las medidas adoptadas o que se adoptarán en relación con ese efecto adverso y su posible reparación).

A mayor abundamiento, se prevé que estos mecanismos puedan ser regulados por las empresas a través de procedimientos de reclamación y mecanismos de notificación colaborativos entre varias empresas, asociaciones sectoriales e iniciativas multilaterales (*multistakeholders initiative*)[620]. Por ello, las empresas deben ofrecer a las personas y organizaciones la posibilidad de presentar reclamaciones directamente ante ellas en caso de inquietudes legítimas con respecto a efectos adversos reales o potenciales en los derechos humanos y el medio ambiente.

Con todo, entre las personas y organizaciones capacitadas para presentar dichas reclamaciones deben figurar las personas que se vean afectadas o tengan motivos fundados para pensar que podrían verse afectadas, los representantes legítimos de dichas personas que actúen en nombre de estas (como organizaciones de la sociedad civil y defensores de los Derechos humanos), los sindicatos y otros representantes de los trabajadores que representen a las personas que trabajen en la cadena de actividades de que se trate y las organizaciones de la sociedad civil activas y con experiencia en los ámbitos relacionados con el efecto adverso para el medio ambiente que sea objeto de la reclamación.

De la misma forma, las empresas deben establecer un procedimiento justo, a disposición del público, accesible, predecible y transparente para tramitar dichas reclamaciones e informar a los correspondientes trabajadores, sindicatos y otros representantes de los trabajadores sobre estos procedimientos. También, deben crear un mecanismo accesible para la presentación de notificaciones por parte de personas y organizaciones que tengan información o inquietudes en relación con efectos adversos reales o potenciales.

---

620 Desde un ámbito de Derecho comparado, CLARKSON, M. E., "A stakeholder framework for analyzing and evaluating corporate social performance", *Academy of Management Review,* Vol. 20, núm. 1, New York, 1995, págs. 92-117; MITCHELL, R. K., AGLE, B. R., WOOD, D. J., "Toward a theory of stakeholder identification and salience: Defining the principle of who and what really counts", *Academy of Management Review*, vol. 22, núm. 4, New York, 1997, págs. 853-886.

Ahora bien, la presentación de una notificación o reclamación no debe constituir un requisito previo ni impedir que la persona que la presenta tenga acceso al procedimiento sobre inquietudes fundadas o a mecanismos judiciales u otros mecanismos extrajudiciales, como los puntos nacionales de contacto de la *OCDE*, cuando existan.

Como queda dicho, las personas que presenten reclamaciones, cuando no lo hagan de forma anónima, deben tener derecho a solicitar a la empresa un seguimiento oportuno y adecuado y a reunirse con los representantes de la empresa de nivel adecuado de cara a debatir los efectos adversos potenciales o reales que sean objeto de la reclamación y su posible reparación, a conocer el razonamiento por el cual se ha considerado fundada o infundada una reclamación y, cuando se haya considerado fundada, a recibir información sobre los pasos y medidas que la empresa ha adoptado o va a adoptar. Por su parte, la empresa debe adoptar medidas razonables para evitar cualquier forma de represalia garantizando la confidencialidad de la identidad de la persona u organización que presenta la reclamación o notificación.

En suma, los Estados miembros velarán por que toda persona física o jurídica tenga derecho a exponer sus inquietudes fundadas, a través de canales de fácil acceso, a cualquier autoridad de control cuando tenga motivos para pensar, a partir de circunstancias objetivas, que una empresa está incumpliendo las disposiciones de Derecho nacional adoptadas a estos efectos. De esta forma, las personas que expongan inquietudes fundadas así lo soliciten, la autoridad de control deberá adoptar las medidas necesarias para la protección apropiada de la identidad de la persona y de su información personal que, de revelarse, resultaría perjudicial para dicha persona.

10. Supervisión y verificación y comunicación

Enlazado con las ideas expositivas anteriores, las empresas deberán verificar de forma constante la aplicación y supervisar la idoneidad y la eficacia de las medidas que adopten de conformidad con la *CS3D*. Por ello, esta evaluación se basará en indicadores cualitativos y cuantitativos y deberá realizarse, al menos, cada 12 meses y, en todo caso, sin demora injustificada cuando tenga lugar un cambio significativo o surjan nuevos riesgos.

Siendo esto así, las empresas deberán publicar en su página *web* una declaración anual sobre los aspectos regulados en la *CS3D* en al menos una de las lenguas oficiales de la Unión y del Estado miembro que corresponda según la autoridad nacional de supervisión que sea competente, y no más tarde de 12 meses después del cierre del balance del ejercicio financiero correspondiente a la declaración o en la fecha de publicación de los estados financieros anuales en el caso de empresas que proporcionen información de manera voluntaria de conformidad con la Directiva 2013/34/UE[621], recordando que el 31 de marzo de 2027, a más tardar, la Comisión fijará el contenido y los criterios para la presentación de información a publicar, en los que se especificará, en particular, información suficientemente detallada sobre la descripción de la diligencia debida, los efectos adversos reales y potenciales detectados y las medidas adecuadas adoptadas con respecto a dichos efectos[622].

Junto a lo anterior, la Directiva objeto de análisis establece exenciones para las empresas que estén sujetas a requisitos de información en materia de sostenibilidad de conformidad con la Directiva antes referenciada teniendo en consideración los requisitos mencio-

---

621 No debemos olvidar el Reglamento Delegado (UE) 2023/2772 de la Comisión, de 31 de julio de 2023, por el que se completa la Directiva 2013/34/UE del Parlamento Europeo y del Consejo en lo que respecta a las normas de presentación de información sobre sostenibilidad y el Reglamento de Ejecución (UE) 2024/2952 de la Comisión, de 29 de noviembre de 2024, por el que se establece una plantilla común y los formatos electrónicos de presentación de información a efectos de la aplicación de la Directiva 2013/34/UE del Parlamento Europeo y del Consejo en lo que respecta a la información que debe presentarse en los informes relativos al impuesto sobre sociedades.

622 Reiteramos, en cuanto al ámbito de aplicación temporal, la Directiva entra en vigor a los veinte días de publicación en el *DOUE* (artículo 38). La transposición por los Estados miembros debe efectuarse en dos años; esto es, hasta el 26 de julio de 2026. Su aplicación se llevará a cabo en tres fases desde su entrada en vigor: 2027, 2028 y 2029. Así, comenzará a estar en funcionamiento a partir de los tres años (26 de julio de 2027) y las primeras destinatarias (artículo 37.1 a y c) serán las empresas de la UE (las previstas en el artículo 2.1 a y b) que además superen los 5.000 empleados, cuyo volumen de negocios mundial neto supere los 1.500 millones EUR. También se aplicará a las empresas foráneas que operen en el mercado interior (art. 2.2 a y b) y que además supere los 1.500 millones EUR su volumen de negocios neto en la UE. Paulatinamente entrarán las demás, según el calendario previsto para 2028 y 2029.

nados y los integrados en el Reglamento (UE) 2019/2088[623] al objeto de evitar duplicidades.

A mayor abundamiento, las empresas publicarán en su sitio *web* una declaración anual informando sobre las políticas de diligencia debida, los procesos y las actividades realizadas para detectar y abordar los efectos adversos reales o potenciales, incluidos los resultados y las conclusiones de dichas actividades. Y a partir del 1 de enero de 2029, los Estados miembros velarán por que, al publicar dicha declaración anual, las empresas presenten al mismo tiempo dicha declaración al organismo de recopilación pertinente que designen al efecto a más tardar el 31 de diciembre de 2028, a fin de que sea accesible en el *PAUE* establecido con arreglo al Reglamento (UE) 2023/2859, al que hemos efectuado anteriormente oportuna referencia.

11. Directrices y medidas de acompañamiento y apoyo

A fin de proporcionar apoyo a las empresas o a las autoridades de los Estados miembros en cuanto a la forma en que las empresas deben cumplir sus obligaciones de diligencia debida de una manera práctica y de proporcionar apoyo a las partes interesadas, la Comisión emitirá directrices, por ejemplo, directrices generales y para sectores específicos o efectos adversos específicos, en consulta con los Estados miembros y las partes interesadas, la Agencia de los Derechos Fundamentales de la Unión Europea, la Agencia Europea de Medio Ambiente, la Autoridad Laboral Europea y, cuando proceda, las or-

---

[623] Reglamento (UE) 2019/2088 del Parlamento Europeo y del Consejo de 27 de noviembre de 2019 sobre la divulgación de información relativa a la sostenibilidad en el sector de los servicios financieros. Lo completaremos con el Reglamento de modificación (UE) 2023/2869 incorpora en el Reglamento (UE) 2019/2088 un nuevo artículo sobre la accesibilidad de la información relativa al punto de acceso único europeo (PAUE), establecido con arreglo al Reglamento (UE) 2023/2859 y con el Reglamento delegado (UE) 2022/1288 complementa el Reglamento (UE) 2019/2088 en lo que respecta a las normas técnicas de regulación, especificando el contenido, las metodologías y la presentación de la información en los documentos precontractuales, en los sitios web y en los informes periódicos relativos a: indicadores de sostenibilidad y efectos adversos sobre la sostenibilidad; el principio de "no causar un perjuicio significativo"; la promoción de las características medioambientales o sociales y los objetivos de las inversiones sostenibles.

ganizaciones internacionales y otros organismos con experiencia en materia de diligencia debida. Asimismo, también debe proporcionar orientaciones sobre las cláusulas contractuales tipo que las empresas pueden utilizar voluntariamente como instrumento de ayuda para cumplir sus obligaciones.

Con idéntico tenor, la Comisión creará un servicio de ayuda único sobre diligencia debida de las empresas en materia de sostenibilidad a través del cual las empresas podrán solicitar información, orientaciones y apoyo en lo que se refiere a la manera de cumplir sus obligaciones, el cual deberá poder colaborar con las autoridades nacionales pertinentes de cada Estado miembro, incluidos los servicios de ayuda nacionales cuando existan, y solicitar información a dichas autoridades, por ejemplo, para ayudar a adaptar la información y las orientaciones a los contextos nacionales y a darles difusión, sin perjuicio del reparto de las funciones y competencias entre las distintas autoridades dentro de los sistemas nacionales. Igualmente, debe establecer la necesaria colaboración en aras a garantizar la cooperación transfronteriza.

Por otra parte, y con el fin de ofrecer a las empresas y sus socios comerciales y a las partes interesadas información y asistencia, los Estados miembros crearán y gestionarán, individual o conjuntamente, sitios *web*[624], plataformas o portales especializados. A ese respecto, se prestará una especial atención a las PYMES que estén presentes en

---

[624] A estos efectos, las empresas deberán publicar en su página *web* una declaración anual sobre los aspectos regulados en la *CS3D* en al menos una de las lenguas oficiales de la Unión y del Estado miembro que corresponda según la autoridad nacional de supervisión que sea competente, y no más tarde de 12 meses después del cierre del balance del ejercicio financiero correspondiente a la declaración o en la fecha de publicación de los estados financieros anuales en el caso de empresas que proporcionen información de manera voluntaria de conformidad con la Directiva 2013/34/UE. Estimativamente, el 31 de marzo de 2027 la Comisión fijará el contenido y los criterios para la presentación de información a publicar, en los que se especificará, en particular, información suficientemente detallada sobre la descripción de la diligencia debida, los efectos adversos reales y potenciales detectados y las medidas adecuadas adoptadas con respecto a dichos efectos. La *CS3D* establece exenciones para las empresas que estén sujetas a requisitos de información en materia de sostenibilidad de conformidad con la Directiva 2013/34/UE y tendrá en cuenta dichos requisitos y los del Reglamento (UE) 2019/2088 para evitar duplicidades.

las cadenas de actividades de las empresas. En particular, estos sitios *web,* plataformas o portales darán acceso al contenido y los criterios de presentación de información definidos por la Comisión en los actos delegados, a las orientaciones de la Comisión sobre las cláusulas contractuales tipo voluntarias y las directrices que emita, al servicio de ayuda único y a la información para las partes interesadas y sus representantes sobre cómo colaborar a lo largo del proceso de diligencia debida.

12. Previsiones específicas para entidades financieras reguladas

Las entidades financieras reguladas no han sido finalmente excluidas de la *CS3D,* pese a diversos debates en torno a esta cuestión a lo largo del proceso legislativo.

No obstante, sí son contempladas determinadas previsiones específicas en atención a la realidad de los servicios financieros en los expositivos de la *CS3D* (aunque no están reflejadas en el articulado de la norma). Así, se matiza que las obligaciones de diligencia debida no se aplicarán a su cadena de actividades hacia abajo (*downstream*), esto es, a los socios comerciales que intervienen en los eslabones posteriores de la cadena que reciben sus productos o servicios. Así, es indicado que existe una expectativa de que las empresas financieras reguladas consideren los efectos adversos y utilicen su capacidad de presión o "efecto palanca" para influir en las empresas (como, por ejemplo, mediante el ejercicio de los derechos de los accionistas).

Unido a lo anterior, la *CS3D* establece que la Comisión presentará al Parlamento Europeo y al Consejo, en un plazo de dos años a partir de la fecha de entrada en vigor de la Directiva, un informe sobre la necesidad de establecer requisitos adicionales de diligencia debida en materia de sostenibilidad adaptados a las empresas financieras reguladas por lo que respecta a la prestación de servicios financieros y las actividades de inversión.

13. Lucha contra el cambio climático

La Norma se alinea más estrechamente los planes requeridos con las disposiciones de presentación de informes con los planes de transición climática establecidas en la Directiva de Informes de Sostenibilidad Corporativa, aunque iría, incluso, más lejos, requiriendo que no sólo se adoptara un Plan de Transición, sino que también éste se aplicara, un punto que no estaba claro en las posiciones de la Comisión y el Consejo. Del mismo modo, el citado Plan también debería estar alineado no sólo con los objetivos internacionales para lograr cero emisiones netas para 2050[625], sino también, con el Plan de Objetivos Climáticos de la UE para reducir las emisiones de gases de efecto invernadero en al menos un 55% para 2030[626].

Entre las críticas de las partes interesadas a la propuesta inicial de la Comisión se encontraba que el cambio climático no se incluyó como parte del deber general de diligencia debida en virtud de la propuesta de Directiva. A tales efectos, la *CS3D* ha tratado de corregirlo incorporando las infracciones de las obligaciones internacionales y de la UE en materia de cambio climático al deber de diligencia debida, como parte de una ampliación del ámbito medioambiental de la Norma, estableciéndose la obligación, para todas las empresas sujetas al mencionado cuerpo legal, de adoptar y poner en práctica un plan de transición para la mitigación del cambio climático, el cual necesariamente deberá ser actualizarse cada año[627].

Por otra parte, el citado plan deberá estar encaminado a garantizar que, mediante sus mejores esfuerzos, el modelo de negocio y la estrategia de la empresa sean compatibles con la transición hacia una economía sostenible y con el límite del calentamiento global de 1,5°C, en línea, como hemos avanzado en el presente trabajo, con el Acuerdo de París y con los objetivos de la UE en aras al logro de la deseada neutralidad climática en 2050[628] ya propugnada en el Re-

---

625 FINK, L., *Net zero: A fiduciary approach*, 26 de enero 2021. Disponible en: *https://www.blackrock.com/corporate/investor-relations/blackrock-client-letter* (acceso 19 de enero 2025).

626 *Cfr.* artículo 1.1 apartado c) de la *CS3D*. Asimismo, O*rganización Metereológica mundial/WMO, Global Annual to Decadal Climate Update (Target years:* 2024 and 2024-2028*), Executive Summary, WMO,* Ginebra, 2024.

627 *Ibidem*

628 La misma abarcará la mitigación y gestión de los riesgos, especialmente los sectores del carbón, petróleo y gas, en etapas quinquenales hasta 2050, con medidas de ejecución validadas por terceros independientes y supervisadas por las autoridades de control (Considerandos 10 a 12, 73 y artículo 22 de la Directiva citada).

glamento (UE) 2021/1119 antes mencionado, incluidos sus objetivos intermedios y el objetivo climático para 2030[629]. Por ello, cuando proceda, la exposición de la empresa a las actividades relacionadas con el carbón, el petróleo y el gas, todo ello, basados en datos científicos concluyentes y en los que se incluyan objetivos específicos de reducción de emisiones de gases de efecto invernadero (alcances 1, 2 y 3).

De conformidad con lo anterior, se deberán adicionar las palancas de descarbonización identificadas y las acciones relevantes para alcanzar los referidos objetivos temporales (como, por ejemplo, cambios en la cartera de productos y de servicios de la empresa y adopción de nuevas tecnologías); las inversiones y la financiación cuantificadas para la implementación del plan; la descripción del rol de los órganos de administración, dirección y supervisión en el plan además de los avances logrados por la empresa hacia la consecución de los objetivos.

A la luz de los antes determinado, las empresas, según establece específicamente el marco sustantivo de la *CS3D,* estarán sujetas a obligaciones de medios (y no de resultados) en la consecución del referido plan. Sin embargo, sí será exigible que dichas empresas empleen sus "*best efforts*" (mejores esfuerzos) en el logro de la correcta implementación del mismo. En efecto, la Directiva objeto de análisis establece normas para el cumplimiento por la empresa matriz de las obligaciones en materia de lucha contra el cambio climático en nombre de la filial, si bien esta debe observar dichas obligaciones de conformidad con el plan de mitigación del cambio climático de la

629 También se refiere (Considerando 73) a la posibilidad de lograr objetivos absolutos, con diferenciación entre la huella procedente de las emisiones de gases de efecto invernadero (*GEI*) de alcance 1 (emisiones directas de la empresa), alcance 2 (indirectas, como por la compra de electricidad) y, las más complejas, de alcance 3 (indirectas generadas en toda la cadena de valor, incluidos clientes y proveedores); conforme a la metodología establecida para su estandarización (*GHG Protocol Corporate Accounting and Reporting Standard*). Cabe agregar, como hemos indicado, que esta Directiva se complementa con el "*Reporting ESG*" y otras normas que incrementan la transparencia sobre sostenibilidad corporativa, como el Reglamento sobre la Taxonomía de actividades sostenibles (Reglamento 2020/852) o la Directiva CSRD sobre información corporativa en materia de sostenibilidad (Directiva 2022/2464).

empresa matriz, adaptado en función de su modelo de negocio y su estrategia. Dicho plan deberá actualizarse cada doce meses y contener una descripción de los avances logrados por la empresa.

14. *Autoridad nacional de supervisión y régimen sancionador aplicable. Referencia a la creación de una autoridad nacional de control y supervisión*

Esta regulación resulta necesaria en aras a la creación de un marco armonizado en la UE, siguiendo los principios de proporcionalidad y subsidiariedad (Considerando 99). En efecto, su carácter vinculante resulta relevante para alcanzar su efectividad, la seguridad jurídica y el mantenimiento de unas condiciones equitativas de competencia entre las empresas de la UE[630]. Por ello, es crucial la armonización

---

[630] Con relación a las prácticas competitivas leales, la *CS3D* introduce modificaciones en tres preceptos de la *DPCD*, el artículo 2 ("Definiciones") y los artículos 6 y 7, que regulan las "acciones engañosas" y las "omisiones engañosas", respectivamente. Así como el Anexo I, donde se incluye el listado de prácticas comerciales que se consideran desleales en cualquier circunstancia, esto es, con el objeto de incluir ciertas conductas dentro del catálogo de prácticas prohibidas, tales como "realizar una afirmación medioambiental sobre la totalidad del producto o sobre toda la empresa del comerciante cuando solo se refiera a un determinado aspecto del producto o a una actividad específica de la empresa", o "afirmar, basándose en la compensación de emisiones de gases de efecto invernadero, que un producto tiene un impacto neutro, reducido o positivo en el medio ambiente en términos de emisiones de gases de efecto invernadero". Unido a lo anterior, el artículo 6 de la *DPCD* sanciona toda práctica comercial "que contenga información falsa y por tal motivo carezca de veracidad o información que, en la forma que sea, incluida su presentación general, induzca o pueda inducir a error al consumidor medio" cuando recaiga sobre uno de los elementos enumerados en el propio precepto. Del mismo modo, la Directiva modifica el apartado b) para hacer referencia específica a las "características medioambientales o sociales" y "los aspectos de circularidad, como su durabilidad, reparabilidad o reciclabilidad". La Norma citada modifica también el artículo 7 de la *DPCD* para adicionar un elemento adicional en el listado de información fundamental cuya omisión puede hacer que una práctica comercial se considere engañosa: "cuando un comerciante preste un servicio que compare productos y proporcione al consumidor información sobre las características medioambientales o sociales o sobre aspectos de circularidad, como la durabilidad, reparabilidad o reciclabilidad" e integra un elemento adicional en el listado de información fundamental cuya omisión puede hacer que una práctica comercial se considere engañosa, esto es, "cuando un comerciante preste un servicio que compare productos y

entre los Estados miembros, donde la Comisión podrá adoptar actos delegados (*ex* artículos 16.3, 20, 34). La labor desempeñada por la Comisión es sumamente importante; así, a modo ejemplificativo, publicará directrices que orienten a las empresas y faciliten un mayor conocimiento sobre *due diligence*[631] y pondrá en funcionamiento un servicio de ayuda público, jugando una labor netamente integradora (artículos 19 a 21)[632].

---

proporcione al consumidor información sobre las características medioambientales o sociales o sobre aspectos de circularidad, como la durabilidad, reparabilidad o reciclabilidad". Del mismo modo, es modificado el citado precepto de la *DPCD* con relación a la "información sobre el método de comparación, los productos objeto de la comparación y los proveedores de dichos productos, así como las medidas impuestas para mantener dicha información actualizada, se considerarán información sustancial".

631 Recordaremos que el contrato de *due diligence* pasa por una definición de sus objetivos y criterios de materialidad, negociación y firma de la carta de mandato, preparación del *request list,* organización *deldata room,* remisión de la documentación, redacción del informe y tipología de informes. Véase a estos efectos, DEVA, S., "Mandatory human rights due diligence laws in Europe: A mirage for rightsholders?" *Leiden Journal of International Law,* núm. 36, págs 389-414. Disponible: *https://doi.org/10.1017/S0922156522000802* (acceso 15 enero 2025); SINNING, J. y ZETZSCHE, D., "The EU'S Corporate Sustainability Due Diligence Directive: From Disclosure to Prevention of Adverse Sustainability Impacts in Supply Chains". Disponible en: *https://ssrn.com/abstracct=4865488* (acceso 15 enero 2025).

632 Destacaremos que en este Cuerpo legal hay un ingente apoyo en disposiciones de organizaciones internacionales, algunas reflejan prácticas mercantiles abusivas o corruptas. Ciertamente, hallamos gran profusión de normas en todo el mundo con objetivos de protección semejantes. Cabe mencionar "*The Modern Slavery Act*" de Australia y del Reino Unido, "*The California Transparency in Supply Chains Act*" y en el ámbito de la UE, la Ley alemana sobre debida diligencia corporativa en las cadenas de suministro o la francesa sobre deber de vigilancia de las sociedades matrices y otras empresas, entre otras. Resulta fundamental reconocer el planteamiento de muchas de ellas, de obligado cumplimiento. Así, en la Ley alemana las sanciones administrativas destinadas al cumplimiento riguroso de los requerimientos de diligencia por parte de las empresas, que incluyen la desautorización en la contratación pública y en responsabilidad extracontractual, tanto la francesa como "*The Allien Tort Claims Act*" estadounidense facilitan a los damnificados el acceso a los. En España se encontraba en ciernes la Ley de protección de los Derechos humanos, de la sostenibilidad y de la diligencia debida en las actividades empresariales. La transposición de la Directiva deberá buscar la efectividad, de modo que los grupos trasnacionales y otras empresas, especialmente las de mayor tamaño y riesgo, la ajusten a su estrategia empre-

Desde una perspectiva institucional y con la finalidad de velar por el cumplimiento efectivo de la Norma, podría considerarse acertada la designación de autoridades nacionales de control que incorpora la directiva, con facultades de investigación, recepción de inquietudes fundadas, inspección, seguimiento y régimen sancionador; que así mismo colaborarán mutuamente a través de la Red Europea de Autoridades de Control (Considerando 75 a 78 y artículos 25 a 28).

De esta forma estará facultada para requerir no sólo información a las empresas, sino también, para llevar a cabo inspecciones (de las que deberá elaborar un registro de estas, además de investigaciones, incluso de oficio. Junto a ello, podrá ordenar el cese de incumplimientos además de la adopción de medidas de reparación (proporcionadas a la infracción), lo que podría incluir la retirada y prohibición de comercialización de productos; imponer sanciones y adoptar medidas cautelares en caso de riesgo inminente de daño grave e irreparable.

Por lo que antecede, podrán ejercitar las anteriores facultades directamente, en cooperación con otras autoridades o bien mediante solicitud dirigida a las autoridades judiciales competentes, las cuales garantizarán que las vías de recurso sean efectivas y tengan un efecto equivalente a las sanciones impuestas directamente por las Autoridades de Control, estableciendo, a estos efectos, que las decisiones fueran adoptadas por las Autoridades Nacionales de Supervisión, según la *CS3D,* no afectarán, bajo ningún concepto, a la reclamación de responsabilidad civil contra la empresa o sociedad por los efectos adversos que hubieran generado.

15. Remisión de sospechas fundadas sobre incumplimientos de empresas o sociedades

Otra de las cuestiones integradas en la Directiva a estudio, es la remisión de sospechas fundadas sobre incumplimientos de empresas o sociedades. Pues bien, la Autoridad Nacional de Supervisión deberá

sarial e incorporen medidas operativas para evitar impactos negativos, a través de su identificación, prevención, mitigación, rendición de cuentas e incluso podrán ser jurídicamente responsables por la conducta propia o de terceros (filiales, subcontratistas, proveedores).

establecer un mecanismo accesible y sencillo por el que le comuniquen inquietudes —siempre sobre la base de elementos objetivos— de que una empresa o sociedad estaría incumpliendo las medidas de transposición de la misma, Así las cosas, la Comisión creará una Red Europea de Autoridades de Control[633] compuesta por representantes de las distintas autoridades de control que necesariamente deberán facilitar la cooperación de las autoridades de control además de la coordinación y armonización de las prácticas de regulación, investigación, sanción y control de estas y el intercambio de información entre ellas además de publicar las decisiones de las mismas que contengan sanciones y de una lista indicativa de las empresas de terceros países sujetas a la presente Directiva.

Bajo los anteriores presupuestos, los Estados miembros exigirán que toda empresa que desarrolle su actividad en un Estado miembro designe como su representante autorizado a una persona física o jurídica establecida o domiciliada en uno de los Estados miembros en los que la empresa desarrolle su actividad. Con este fin, resulta significativo que dicha designación se considerará válida cuando el representante autorizado confirme que ha sido aceptada. Por tanto, y en lazado con dichos parámetros, las empresas deben facilitar información relativa a sus representantes autorizados, y también deberá ser posible que el representante autorizado funcione como punto de contacto.

Además, cada Estado miembro designará a una o varias autoridades de control nacionales, encargadas de controlar el cumplimiento de las obligaciones establecidas en las disposiciones de Derecho nacional adoptadas a la Directiva. Estas autoridades de control deben ser de carácter público, ser independientes de las empresas y estar libres de conflictos de intereses y de toda influencia externa, sea directa o indirecta. No deben solicitar ni aceptar instrucciones de nadie, recogiendo el Cuerpo legal, las competencias de estas Autoridades de Control en el ejercicio de sus funciones.

633 Véase: *https://www.europarl.europa.eu/news/es/press* (acceso 18 de marzo 2025).

Igualmente, la Comisión deberá crear una Red Europea de Autoridades de Control[634] la cual se compondrá de representantes de las distintas autoridades de control al objeto de facilitar la cooperación de las autoridades de control y la coordinación y armonización de las prácticas de regulación, investigación, sanción y control de las autoridades de control y, según corresponda, el intercambio de información entre ellas.

16. Régimen sancionador

Los Estados miembros deben prever sanciones disuasorias, proporcionadas y eficaces en caso de incumplimiento de las medidas adoptadas en aplicación de la Directiva. Para que dicho régimen sancionador sea eficaz, las sanciones que impongan las autoridades nacionales de control deben incluir sanciones pecuniarias y una declaración pública en la que figuren la empresa responsable y la naturaleza de la infracción en caso de que la empresa no cumpla en el plazo aplicable la decisión por la que se le impone una sanción pecuniaria.

Nótese, por lo demás, que cuando sean impongan sanciones pecuniarias, éstas se basarán en el volumen de negocios mundial neto de la empresa. En todo caso, el límite máximo de las sanciones pecuniarias no deberá ser inferior al 5% del volumen de negocios mundial neto de la empresa en el ejercicio financiero anterior a la decisión de imponer la sanción. Asimismo, con el fin de evitar una reducción artificial de las posibles multas administrativas, los Estados miembros deberán velar por que cuando sea impuesta una sanción pecuniaria a una empresa perteneciente a un grupo, la misma deberá ser calculada teniendo en consideración el volumen de negocios consolidado calculado al nivel de la empresa matriz última.

A la vista de lo anterior, las sanciones deberán ser graduadas tomado como referencia los siguientes criterios: 1) la naturaleza, gravedad y duración de la infracción; las inversiones realizadas y cualquier apoyo específico efectuado en el marco de las obligaciones de preven-

---

634 Véase: *https://eur-lex.europa.eu/ES/legal-content/summary/european-competition-network-ecn.html?fromSummary=08* (acceso 10 de marzo 2025)

ción, mitigación y eliminación; 2) cualquier colaboración con otras entidades para abordar los efectos adversos; 3) la medida en que se tomaron decisiones de priorización; 4) los beneficios económicos obtenidos o las pérdidas evitadas por la infracción; 5) el alcance de cualquier medida de reparación implementada por la empresa; 6) cualquier infracción previa cometida por la empresa y finalmente, cualquier otro factor agravante o atenuante aplicable a las circunstancias del caso de que se trate.

17. Responsabilidad civil por daños. Consecuencias sobre los gestores de empresas

Como es sabido, la Directiva *CS3D* la ubicamos en el contexto normativo de la sostenibilidad empresarial o corporativa que es la fase siguiente en la evolución societaria de la responsabilidad social corporativa y que consiste, de manera esencial, en lograr la existencia perdurable de las empresas —principalmente personificadas en forma de sociedades mercantiles— compatible con el equilibrio ecológico del planeta y el respeto a los derechos humanos de todos los sujetos afectados por su actuación. Consiguientemente, como analizaremos, partimos del supuesto de que la estructura de esta acción resarcitoria requiere una serie de pautados elementos esenciales: 1) que exista una conducta antijurídica; 2) que pueda imputarse esa responsabilidad al infractor en aplicación del sistema legal de responsabilidad objetiva por culpa u objetivada; 3) que la infracción haya ocasionado un daño o perjuicio económico que justificaría la indemnización en sentido amplio[635].

Siguiendo a un reputado sector de la doctrina científica[636], nos permite constatar que, en ella, son impuestas nuevas obligaciones de diligencia a las empresas y, por ende, a sus gestores, que afectan a dos de las materias que integran la noción clásica de sostenibilidad (ambiental, social y de gobierno corporativo, *ASG*). En concreto, afectan,

---

635 Tapia Hermida, A. J. "La responsabilidad civil derivada del incumplimiento de la Directiva sobre diligencia debida de las empresas en materia de sostenibilidad", *La Ley*, núm. 10657, Madrid, 2025 págs. 1 y s.

636 *Ibidem*

al componente ambiental[637] y al social, en forma de respeto a los Derechos humanos[638], ordenándose nuevas obligaciones conforme a un enfoque de riesgo que permita a las empresas detectar, evaluar, priorizar, prevenir, eliminar y reparar los efectos adversos que su actuación pueda generar sobre ambas materias (*ex* artículos 5 a 12 de la Directiva *CS3D).*

Con sustento en lo que antecede, y bajo el texto expuesto, se prevé, asimismo, la responsabilidad civil de las sociedades vinculadas a incumplimientos de diligencia debida[639], así como exclusiones par-

---

637 El "efecto adverso para el medio ambiente", es definido como "las consecuencias adversas para el medio ambiente derivadas de la infracción de las prohibiciones y obligaciones que se enumeran en el anexo, parte I, sección 1, puntos 15 y 16, y parte II, de la presente Directiva, teniendo en cuenta la legislación nacional relacionada con las disposiciones de los instrumentos en él enumerados" (artículo 3.1.b de la Directiva expuesta).

638 El texto legal citado refiere, de forma específica al "efecto adverso para los derechos humanos" siendo el mismo definido como "las consecuencias para las personas derivadas de: i) la vulneración de alguno de los derechos humanos enumerados en el anexo, parte I, sección 1, de la presente Directiva, ya que dichos derechos humanos están amparados por los instrumentos internacionales que figuran en el anexo, parte I, sección 2, de la presente Directiva; ii) la vulneración de un derecho humano no enumerado en el anexo, parte I, sección 1, de la presente Directiva, pero amparado por los instrumentos de derechos humanos que figuran en el anexo, parte I, sección 2, de la presente Directiva, siempre que: el derecho humano pueda ser objeto de vulneración por parte de una empresa o entidad jurídica; la vulneración del derecho humano menoscabe directamente un interés jurídico protegido en los instrumentos de derechos humanos que figuran en el anexo, parte I, sección 2, de la presente Directiva, y a empresa pudiera haber previsto razonablemente el riesgo de que dicho derecho humano pudiese ser vulnerado, teniendo en cuenta las circunstancias del caso concreto, en particular la naturaleza y el alcance de las operaciones comerciales de la empresa y su cadena de actividades, las características del sector económico y el contexto geográfico y operativo" (artículo 3.1.c del citado Cuerpo legal).

639 Según expone un sector de la doctrina más autorizada, de conformidad con la regla general del Derecho privado de la responsabilidad civil de no causar daño a nadie (*naeminem laedere*) y del correspondiente deber de resarcir el daño causado si se infringen las obligaciones de conducta establecidas en la ley. Sin embargo, la Directiva incorpora normas específicas sobre responsabilidad civil "para eliminar las divergencias actuales a nivel nacional entre los regímenes generales de responsabilidad", ya que, en opinión de la Comisión, "esta fragmentación daría lugar a distorsiones de la competencia en el mercado interior"; véase las interesantes aportaciones sobre estos extremos de ALONSO LEDES-

ciales de responsabilidad basadas en el cumplimiento de la misma[640], con el fin de lograr una mayor claridad además de evitar interferencias injustificadas en los sistemas de responsabilidad civil de los Estados miembros, introduciéndose el requisito previo de culpa (dolo o negligencia), cuando como consecuencia de ese incumplimiento, se haya producido un impacto adverso[641] que debió ser identificado, prevenido, mitigado, eliminado, o minimizado su alcance mediante la aplicación de las medidas apropiadas establecidas en los artículos 10 y 11 de la indicada Directiva[642].

En tal sentido, una empresa será responsable de los daños causados a una persona física o jurídica, siempre que "la empresa incumplió intencionalmente o por negligencia las obligaciones de diligencia debida establecidas en los artículos 7 y 8 *CS3D*; siempre que el derecho, la prohibición o la obligación enumerados en el Anexo I tengan por objeto proteger a la persona física o jurídica[643], y como

---

MA, C., "Una primera aproximación a la responsabilidad de las empresas por incumplimiento de las obligaciones de diligencia debida)", *La Ley Mercantil,* núm. 118, Madrid, 2024, págs. 1-24

640 Debemos precisar que el régimen de responsabilidad previsto en dicho Cuerpo legal, lo será al margen del establecido en la Directiva 2004/35/CE sobre responsabilidad medioambiental en relación con la prevención y reparación de daños medioambientales.

641 *Cfr.* artículo 3.1 de la *CS3D.*

642 En este sentido se manifiesta el Considerando 79 cuando se refiere a que "la empresa, de forma deliberada o por negligencia, no haya evitado o mitigado los efectos adversos potenciales, o eliminado los efectos reales o minimizado su alcance". Ampliamente, analizado estas cuestiones TAPIA HERMIDA, A. J., "La responsabilidad civil ..." *op. cit.* págs. 1 y ss.

643 Como bien expone un sector doctrinal, referirán a "las infracciones humanitarias, esto es, las infracciones de los derechos y prohibiciones incluidos en instrumentos internacionales sobre Derechos humanos tipificados en la Parte I que contiene un elenco de otros tantos derechos y prohibiciones entre los que menciona, por ejemplo, los siguientes: El derecho a la vida, interpretado en consonancia con el artículo 6, apartado 1, del Pacto Internacional de Derechos Civiles y Políticos la prohibición de la tortura y los tratos crueles, inhumanos o degradantes, interpretada en consonancia con el artículo 7 del Pacto Internacional de Derechos Civiles y Políticos y las infracciones medioambientales, esto es, las "prohibiciones y obligaciones incluidas en los instrumentos medioambientales" enunciadas en la Parte II del Anexo que se refiere —entre otras muchas— a las obligaciones y prohibiciones siguientes: La obligación de evitar o reducir al mínimo los efectos adversos para la diversidad biológica, interpretada

consecuencia de tal incumplimiento, se causó un perjuicio al interés jurídico de la persona física o jurídica protegido por el Derecho nacional"[644]. Asimismo, la responsabilidad civil de una empresa por daños, de conformidad con el nuevo artículo 29 del marco normativo citado, se entenderá sin perjuicio de la mencionada responsabilidad civil de sus filiales o de cualquier socio comercial directo o indirecto en la cadena de actividades de la empresa.

A renglón seguido, cuando el daño sea causado conjuntamente por la sociedad y su filial y socio comercial directo o indirecto, serán solidariamente responsables sin perjuicio de las disposiciones pertinentes de la legislación nacional[645]. De hecho, en el supuesto de generarse las condiciones para la responsabilidad civil propuestas por la orientación general del Consejo, la filial podrá ser considerada responsable de los daños causados, incluso, si la obligación de diligencia debida pertinente no ha sido suficientemente cumplida por la sociedad matriz en nombre de la filial[646].

---

en consonancia con el artículo 10, letra b), del Convenio sobre la Diversidad Biológica de 1992; la prohibición de importar, exportar, reexportar o introducir procedente del mar cualquier espécimen incluido en los apéndices I a III de la Convención sobre el comercio internacional de especies amenazadas de fauna y flora silvestres (CITES), de 3 de marzo de 1973 etc. Véase las acertadas aportaciones de TAPIA HERMIDA, A. J., "La responsabilidad civil ..." *op. cit.* págs. 3 y ss.

644 Al objeto de un mejor entendimiento de lo reflejado, es interesante acudir al ejemplo que, "a sensu contrario", es recogido en el Considerando 79 cuando se refiere al caso de que "si un empleado de una empresa ha sufrido daños y perjuicios debido a un incumplimiento por parte de la empresa de las normas de seguridad en el lugar de trabajo, el arrendador de dicho empleado no debe poder presentar una demanda contra la empresa por una pérdida económica causada por el hecho de que el empleado no pueda pagar el alquiler".

645 Así se citan, a modo ejemplificativo, los recogidos en el considerando 56 de la directiva la muerte, las lesiones físicas o psicológicas, la privación de libertad personal, la pérdida de la dignidad humana o los daños patrimoniales.

646 La Directiva no será de aplicación a las instituciones de inversión colectiva y fondos de inversión alternativa regulados en la Directiva *UCITs* y la Directiva *AIFM,* respectivamente, pero sí a las entidades financieras prestadoras de servicios financieros y actividades de inversión, para las que se aclara que la referencia a la cadena de actividades ha de entenderse sólo "aguas arriba", sin perjuicio de la posibilidad de que la Comisión Europea, (ex artículo 29) considere oportuno ampliar el ámbito de aplicación "aguas abajo", esto es, a quienes reciben sus

En esencia, "se evita la práctica común pero indeseable de concentrar determinadas actividades potencialmente dañinas en filiales para eludir la responsabilidad extracontractual. El problema se plantea, no obstante, porque la exigencia de responsabilidad puede dar lugar a distintos procedimientos nacionales contra varias filiales o entidades pertenecientes a la misma cadena de actividades, sin que se haya previsto la coordinación entre todos ellos o la coordinación de sus resultados, lo que debería haberse hecho para evitar consecuencias indeseadas. Esta exigencia de responsabilidad a la matriz por los daños causados por la filial, queda limitada, no obstante, a las empresas europeas ya que a las matrices no europeas que operen en la UE a través de filiales, no se les podrá exigir responsabilidad la cual quedará circunscrita únicamente a la filial"[647].

En estas circunstancias, la Unión Europea se convierte en uno de los espacios más accesibles a las acciones interpuestas por las víctimas de daños producidos fuera de su territorio. Además, como es fácilmente deducible, esto excede claramente de los principios que gobiernan el derecho de daños, que, como es sabido, consagran la idea básica de que la responsabilidad presupone una conexión o una influencia cualificada (se responde por las personas sobre las que se tiene control o autoridad), lo que, si bien puede admitirse que se dé en el caso de la matriz en relación con las filiales, aunque se trate de personas jurídicas independientes, no sucede lo mismo con los socios comerciales directos, con los cuales se tiene simplemente una conexión contractual, y menos aún con los indirectos, sobre los que no se tiene esa influencia ni tampoco existe una conexión geográfica, organizacional o social cualificada, matizando que las reglas impuestas en el literal del artículo 29 de la Directiva citada son de carácter mínimo.

Continuando con el análisis, su aplicación no impide la exigencia de responsabilidad bajo normas más estrictas de la Unión o nacionales relacionadas con impactos adversos en los Derechos humanos o en el medioambiente en situaciones no contempladas por la Directi-

---

servicios o adquieren sus productos ("socios comerciales"), con la pertinente reforma de este Cuerpo legal.

647 ALONSO LEDESMA, C., "Una primera aproximación a la responsabilidad de las empresas…" *op. cit.* pág 10.

va o que establezcan una responsabilidad más estricta que la prevista en ella (artículo 29.6)[648]. Por ello, se intenta cubrir todas las posibilidades para impedir que no se exija responsabilidad o que haya una menor exigencia ante impactos adversos no contemplados expresamente en la Directiva, pero hubiera sido deseable que al tiempo de consignar esta remisión a normas nacionales o europeas, se hubiera establecido una adecuada coordinación o armonización entre esas normas europeas y las normas nacionales vigentes.

Por otro lado, se prevé que las normas sobre responsabilidad establecidas en el artículo 29 indicado al ser transpuestas al Derecho nacional sean de "aplicación imperativa y prevalente en aquellos casos en los que la ley aplicable a las reclamaciones correspondientes no sea la de un Estado miembro" (artículo 29.7). Al parecer, la pretensión de su contenido sustantivo es que las normas imperantes sobre conflicto de leyes, no puedan socavar el efecto de la Directiva, lo que puede ser coherente a la luz de los lugares más probables de las infracciones de los Derechos humanos en terceros países y en relación con los efectos disuasorios que pretende conseguir el citado marco legal en todo el territorio de la UE[649].

En consecuencia, se altera la normativa de Derecho internacional privado al consignar la prevalencia de las disposiciones nacionales sobre las normas de conflicto establecidas en el Reglamento Roma II que designan como lugar de cumplimiento de las obligaciones extracontractuales la *lex loci damni*[650]; esto es, tal y como se reseña textualmente: "la ley del país en que el daño se produce independientemente del país en el que se produzca el hecho que da lugar al daño ocurrido", a menos que, en caso de daño ambiental, "la persona que solicita compensación por daño elija basar su reclamación

---

648 Para la interpretación de estas previsiones resulta útil acudir a los Considerandos (88) y (89) de la *CS3D*.

649 SINNING, J. y ZETZSCHE, D., "The EU'S Corporate Sustainability..." *op. cit.*, pág. 2

650 ALONSO LEDESMA, C., "Una primera aproximación a la responsabilidad de las empresas ..." *op. cit.* pág. 18; PIETRANCOSTA, A., "Codification in Company Law of General CSR Requirements: Pioneering Recent French Reforms and EU Perspectives", 2022. Disponible en: *http://ssrn.com/abstract_id=4083398.* (acceso 16 enero 2025).

en la ley del país en el que se produjo el hecho que da lugar al daño producido".

Como expone un sector doctrinal, dicha derogación de las normas de Derecho Internacional Privado entraña, sin embargo, un problema a la hora de determinar cuál debería ser el Derecho del Estado miembro que sería aplicable, ante el silencio de la Directiva, cuando la sociedad y la víctima pertenezcan a dos Estados miembros distintos, no clarificando cuando se debería aplicar la ley del Estado miembro del domicilio de la empresa causante del daño o la del Estado miembro de residencia de la parte perjudicada, resultando sorprendente que el texto normativo objeto de análisis, indique que a los nacionales, conforme a lo dispuesto en el artículo 29 deberán aplicarse, incluso, en el supuesto de que la ley de un tercer país fuera más favorable para la parte perjudicada[651].

Incardinado a lo que antecede, el cumplimiento de las obligaciones de diligencia debida consagradas en la Directiva no garantiza en todo caso lo que es denominado como "un puerto seguro". Y ello porque si bien se reitera en distintos considerandos que las obligaciones impuestas a las empresas son obligaciones de medios[652] y no de resultado, y por tanto, no se requiere que se garantice que nunca se producirán efectos adversos o que serán eliminados, lo cierto es que la adopción de todas las medidas que se consideren adecuadas no los eximirá automáticamente de tener que responder por daños, requiriéndose al efecto que se tiene que tener en consideración al adoptar tales medidas, las circunstancias del caso concreto, la naturaleza y la extensión de los efectos adversos y los factores de riesgo pertinentes, en particular en la prevención y minimización de dichos efectos, las particularidades de las operaciones comerciales de la empresa y su cadena de actividades, el sector o la zona geográfica en la que operen sus socios comerciales, el poder de la empresa para influir en sus socios comerciales directos e indirectos y las posibilidades de la empresa para aumentar su poder de influencia.

Además, a la hora de dilucidar si se cumplen las condiciones para atribuir responsabilidad a la empresa, y como parte de la evalua-

---

651 PIETRANCOSTA, A., "Codification in Company Law…", *op. cit.*, pág. 49.

652 *Cfr.* Considerando (19) de la *CS3D*.

ción destinada a determinar si la empresa incumplió su obligación de abordar adecuadamente los efectos adversos que haya detectado, deberá ser evaluado si la empresa priorizó correctamente los efectos adversos[653].

En este marco expositivo, la determinación de si la empresa priorizó adecuadamente o no los efectos adversos más graves y probables entraña un grado de incertidumbre notable al tener que juzgarlo ex post. No es fácil establecer *ex ante*, aun teniendo en cuenta las indicaciones facilitadas en el Considerando (44), decidir ante varios efectos adversos detectados de una gravedad y probabilidad semejante el que debe ser atendido primero. Y la decisión de la empresa puede no coincidir con la efectuada por la Autoridad de control o con la del juzgador que debe decidir sobre la exigencia de responsabilidad.

Por tanto, establecer si la medida empleada por la empresa, sus filiales o sus socios comerciales es adecuada podrá dar lugar a variadas interpretaciones que habrán de ventilarse *ex post*. En consecuencia, como ha sido señalado, tener en cuenta el cúmulo de circunstancias que se han mencionado, "si bien resulta correcto como técnica jurídica puede permitir, o bien la exoneración de responsabilidad de la empresa o justamente lo contrario, toda vez que por grande que sea el esfuerzo de un sujeto directamente obligado, este no tendrá certeza jurídica de que no va a ser sancionado por la autoridad supervisora o condenado por responsabilidad civil por un tribunal que puede que, por ejemplo, valore aquellos factores de otra manera"[654].

En esencia, en el literal artículo 29.5.II[655] de la Norma aludida se establece expresamente, que para el supuesto en que los daños hayan sido causados conjuntamente por la empresa y su filial, socio comercial directo o socio comercial indirecto, serán responsables solidariamente, sin perjuicio de las disposiciones del Derecho nacional

653 Véase el Considerando (80) del Texto legal.

654 PORTELLANO DÍEZ, P., "NESSUN DORMA: el verdadero ámbito de aplicación personal de la Directiva..."*op. cit.* pág. 1211.

655 Su tenor literal especifica: "Cuando los daños hayan sido causados conjuntamente por la empresa y su filial, socio comercial directo o socio comercial indirecto, serán responsables solidariamente, sin perjuicio de las disposiciones del Derecho nacional relativas a las condiciones de la responsabilidad solidaria y a los derechos de repetición".

relativas a las condiciones de la responsabilidad solidaria y a los derechos de repetición.

A mayor abundamiento, y enfocando los presupuestos materiales inherentes a la responsabilidad, para poder entablar acciones de responsabilidad o acciones resarcitorias deben concurrir los elementos propios del régimen general del Derecho privado de la responsabilidad civil. No obstante, recordaremos que en la Propuesta presentada por la Comisión, no se hacía referencia a los presupuestos materiales de la acción (antijuridicidad, imputación, culpa y daño) o a las reglas procesales de legitimación o a las relativas a la prescripción, que, por tanto, debía entenderse que serían las existentes en el Derecho interno, salvo la antijuridicidad, que se produce por el incumplimiento de la sociedad de las obligaciones de conducta establecidas en la Directiva.

Así las cosas, en el texto definitivo de la Directiva se han clarificado parcialmente estas cuestiones. De una parte, ahora se precisa que el incumplimiento de la sociedad debe ser doloso o culposo. A estos efectos, el sustantivo del artículo. 29.1 señala que para que la empresa pueda ser considerada responsable de los daños causados a una persona física o jurídica, tal y como antes hemos avanzado, la empresa ha de haber incumplido, "a) de forma deliberada o por negligencia, las obligaciones establecidas en los artículos 10 y 11[656], cuando el derecho, la prohibición o la obligación enumerados en el anexo de la presente Directiva tengan por objeto proteger a la persona física o jurídica" y "b) como consecuencia del incumplimiento se haya causado un daño a los intereses jurídicos de la persona física o jurídica protegidos por el Derecho nacional".

En consecuencia, para que surja la responsabilidad tiene que producirse: (i) un incumplimiento del deber de diligencia debida concurriendo dolo o negligencia (ii) una afectación de los derechos o una vulneración de las prohibiciones consignadas en el Anexo I de la Directiva como consecuencia del incumplimiento del deber (iii)

---

656 En esos artículos se detallan las medidas adecuadas para prevenir los efectos adversos potenciales (artículo 10) y las medidas adecuadas para la eliminación de los efectos adversos reales (artículo 11). Desde un ámbito doctrinal, por su claridad expositiva, ALONSO LEDESMA, C., "Una primera aproximación a la responsabilidad de las empresas ..." *op. cit.* pág. 19

la producción de un daño (iv) el nexo de causalidad entre el incumplimiento del deber y la producción del daño y (v) la ausencia de exclusión de responsabilidad.

Adicionalmente, y al analizar el nexo causal, es establecido de forma explícita que la infracción que se acuse debe de afectar a los intereses jurídicos protegidos de una persona (ex artículo 29.1.b). De acuerdo con esta disposición, la determinación de esos intereses jurídicos serán los que se consignen en la legislación nacional al transponer la Directiva y, a título de ejemplo, se señalan en el Considerando (79), la muerte, la privación de libertad, la perdida de la dignidad humana, las lesiones físicas o psicológicas y los daños materiales a los bienes de la persona. Por tanto, la acción para exigir la responsabilidad solo procederá si existe una conexión causal entre el incumplimiento del deber de diligencia debida que ha dado lugar a la violación de las normas establecidas en el Anexo I y el daño.

No obstante, habría que entender que, si la sociedad adoptó las medidas previstas en la Directiva para prevenir, mitigar o eliminar el efecto adverso, la sociedad obligada no debería responder por las actividades realizadas por sus socios o sus filiales, salvo que no fuera razonable en las circunstancias del caso concreto esperar que las medidas adoptadas fueran idóneas para prevenir, mitigar, poner fin o reducir el alcance del impacto adverso que dio lugar al daño. Como antes se dijo, la adecuación de la medida adoptada deberá valorarse *ex post* con las dificultades que supone valorar las múltiples circunstancias concurrentes.

Inherente a lo anterior y en punto al daño generado, la Directiva exige que se produzca una compensación total del daño sufrido. Sin embargo, la determinación del daño queda remitida, como hemos tenido ocasión de exponer, a la legislación nacional, lo que podrá conducir a una estimación diferente de daños según los distintos Estados miembros. Además, la legislación nacional podría, a modo ejemplificativo, incluir también las pérdidas puramente económicas o el lucro cesante, o incluso adicionar daños morales, lo que podría implicar una sobrecompensación en unas jurisdicciones, respecto a otras.

Entendemos, por tanto, que el Cuerpo legal objeto de análisis, previendo dicha posibilidad, expone que la indemnización íntegra no puede suponer una compensación excesiva, ya sea mediante indemnizaciones punitivas, múltiples o de otro tipo que pudieran existir en el Derecho nacional (artículo 29.2)[657], siendo dicha previsión acertada, dado que la mencionada disparidad podría generar incentivos perversos y fomentar, *per se*, una industria de litigios[658]. Sin embargo, no queda claro dentro de sus parámetros legales, cual podría ser el umbral que para el supuesto que fuera traspasado supondría esa sobrecompensación, dados los términos un tanto vagos de la letra de la Directiva expuesta y los factores que la contextualizan.

Siendo esto así, y partiendo de la necesaria conexión causal entre el incumplimiento del deber de diligencia debida y el daño, quedaría excluida la posibilidad de exigir responsabilidad civil a la empresa sometida a la Directiva por los daños y perjuicios derivados, esto es, En efecto, los generados indirectamente a otras personas que no son víctimas directas de los efectos adversos y que, por ello, no están protegidos por los derechos, prohibiciones u obligaciones enumerados en el Anexo 1 de la Directiva[659].

Así las cosas e inherente a la exclusión de responsabilidad, se desgrana de este concepto legal que la responsabilidad de la empresa sujeta a la Directiva queda excluida si el daño producido a la persona física o jurídica fue causado exclusivamente por uno de sus socios comerciales (artículo 29.1.2)[660].

---

657 El literal de dicho precepto de la Directiva establece: "2. Cuando una empresa sea considerada responsable de conformidad con el apartado 1, una persona física o jurídica tendrá derecho a una indemnización íntegra por los daños sufridos, de conformidad con el Derecho nacional. La indemnización íntegra con arreglo a la presente Directiva no conllevará una compensación excesiva, ya sea mediante indemnizaciones punitivas, múltiples o de otro tipo".

658 SINNING, J. y ZETZSCHE, D., "The EU's Corporate Corporate Sustainability...", *op. cit.* pág. 33.

659 El mismo refiere a derechos y prohibiciones incluidos en instrumentos internacionales sobre Derechos humanos.

660 Claramente se expone en el artículo mencionado: "Los Estados miembros cooperarán con la Red Europea de Autoridades de Control para identificar a las empresas bajo su competencia territorial, en particular, facilitando toda la información necesaria para evaluar si una empresa de un tercer país cumple los criterios establecidos en el artículo 2. La Comisión establecerá un sistema seguro para el intercambio de información sobre el volumen de negocios neto generado en la Unión por las empresas contempladas en el artículo 2, apartado

Sin embargo, no exime de responsabilidad el hecho de que la empresa haya empleado cláusulas contractuales o de verificación por un tercero independiente al objeto de apoyar el cumplimiento de obligaciones de diligencia debida (artículo 29.4)[661]. Esto supone que si bien la empresa podría eximirse quizás, de las sanciones administrativas al haber cumplido con este instrumento legislativo, no estará exenta de responder civilmente si, a pesar de las garantías contractuales y de la verificación efectuada, se han producido daños.

De igual forma, y en el entendimiento de los mimbres del Texto adjetivo, no podemos obviar las cuestiones procesales que se deslizan del mismo, siendo consciente, no obstante, de sus propias limitaciones frente a los regímenes nacionales de responsabilidad civil; y por otra parte, es consciente de la importancia de estos aspectos para la eficacia de sus previsiones favorecedoras de la responsabilidad civil empresarial por las infracciones de las normas de sostenibilidad[662], lo

---

2, que no tengan sucursales en ningún Estado miembro o que tengan sucursales situadas en Estados miembros diferentes, mediante las cuales los Estados miembros comunicarán periódicamente la información de que dispongan en relación con el volumen de negocios neto generado por dichas empresas. La Comisión analizará esa información en un plazo razonable y notificará al Estado miembro en el que la empresa haya generado la mayor parte de su volumen de negocios neto en la Unión en el ejercicio anterior al último ejercicio que la empresa es una empresa en el sentido del artículo 2, apartado 2, y que la autoridad de control del Estado miembro es competente de conformidad con el artículo 24, apartado 3".

661 El literal del precepto recoge: "Las autoridades de control adoptarán todas las medidas apropiadas para responder a la solicitud de asistencia de otra autoridad de control sin demora indebida y, a más tardar, en el plazo de un mes a partir de la recepción de la solicitud. Cuando sea necesario debido a las circunstancias del caso, y con una justificación adecuada, el plazo podrá prorrogarse hasta un máximo de dos meses. Dichas medidas podrán incluir, en particular, la transmisión de información pertinente sobre el desarrollo de una investigación".

662 En el Considerando (81) se advierte claramente que "el régimen de responsabilidad no regula quién debe demostrar el cumplimiento de las condiciones para a la atribución de responsabilidad en las circunstancias del caso ni en qué condiciones puede iniciarse el procedimiento civil, por lo que estas cuestiones corresponden al Derecho nacional". Desde un ámbito doctrinal, véase las exhaustivas aportaciones de ALONSO LEDESMA, C., "Una primera aproximación a la responsabilidad de las empresas ..." *op. cit.* pág. 19; PORTELLANO DÍEZ, P., "NESSUN DORMA: el verdadero ámbito de aplicación personal de la Direc-

que puede dar lugar a un diferente tratamiento de las víctimas (o de la empresa)[663] según el Estado y ordenamiento nacional en que fuera ejercitada la acción[664].

No obstante, como ha sido expuesto, si lo pretendido es el logro de una armonización de la normativa respecto a la exigencia de responsabilidad y dejar al arbitrio de la legislación nacional la determinación de la carga de la prueba, podría dar lugar, desde nuestra perspectiva y acogiendo plenamente las ideas preconizadas por un sector autorizado de la doctrina[665], a un posible arbitraje regulatorio dado que las empresas podrán reorganizar sus cadenas de suministro para minimizar su exposición a la responsabilidad, frustrándose de esta forma, el propósito perseguido por el legislador europeo con el establecimiento de la responsabilidad de la empresa por las actividades generadas por las entidades que integran su cadena de valor[666].

Consciente de ello, el Parlamento Europeo intentó que se abordara esta materia, alentando a los Estados miembros a invertir la carga de la prueba, pero sobre todo, a su instancia fue introducida una enmienda tendente a facilitar a los demandantes el acceso a dichas pruebas permitiendo la exhibición de aquellas en poder de la empresa de conformidad con el Derecho Procesal nacional, siendo claro que la asimetría de información y la dificultad de acceso a las mismas,

tiva…" *op. cit.* pág. 1212; TAPIA HERMIDA, A. J., "La responsabilidad civil …" *op. cit.* págs. 4 y ss.

663 *Cfr.* Considerando (82): "Con el fin de garantizar el derecho a la tutela judicial efectiva, (…) la presente Directiva aborda algunos obstáculos prácticos y procesales para acceder a la justicia a los que se enfrentan las víctimas de efectos adversos, como las dificultades para acceder a las pruebas, la duración limitada de los plazos de prescripción, la ausencia de mecanismos adecuados para las acciones de representación y los costes prohibitivos de los procedimientos de responsabilidad civil".

664 *Cfr.* artículo 217 de la Ley de Enjuiciamiento Civil, recordando que fue modificado el apartado 5 por la disposición final 2.3 de la Ley 15/2022, de 12 de julio (Ref. BOE-A-2022-11589) y fueron reenumerados los apartados 5 y 6 como 6 y 7, además de adicionarse un apartado 5 por la disposición adicional 5.3 de la Ley Orgánica 3/2007, de 22 de marzo (Ref. BOE-A-2007-6115).

665 ALONSO LEDESMA, C., "Una primera aproximación a la responsabilidad de las empresas …" *op. cit.* pág. 19.

666 *Ibidem.*

constituye, *per se,* uno de los principales obstáculos al objeto de generar una compensación efectiva de los daños causados.

Precisamente por esto, de forma semejante a lo que se prevé en el Derecho de la Competencia y en consonancia con los intereses a proteger, se establece el debido acceso a las fuentes de prueba. En efecto, en el tenor sustantivo y material del artículo 29.3 de la *CS3D*[667] es reproducido lo dispuesto en la Directiva 2014/104/UE sobre el Derecho de la Competencia[668] (transpuesta a nuestro ordenamiento por el Real Decreto-ley 9/2017, de 26 de mayo)[669], el cual modificó la Ley Rituaria Civil al objeto de facilitar la prueba en los procedimientos por daños resultantes de la violación de las normas sobre competencia, con el objetivo principal de lograr una mejor tutela de los derechos de los perjudicados en dicho campo.

A mayor abundamiento, el artículo 29.3.e) de la Directiva objeto de análisis expone textualmente "que cuando se presente una demanda, y el demandante presente una motivación razonada que contenga aquellos hechos y pruebas a los que tenga acceso razonablemente y que sean suficientes para justificar la viabilidad de su demanda por daños y perjuicios y haya indicado que la empresa tiene en su poder pruebas adicionales, los órganos jurisdiccionales pueden

---

667 De forma literal el precepto reseña: "Los Estados miembros exigirán que el representante autorizado o la empresa informen a la autoridad de control del Estado miembro en el que el representante autorizado esté domiciliado o establecido y, si esta es diferente, a la autoridad de control competente, tal como se especifica en el artículo 24, apartado 3, de que la empresa cumple los requisitos del artículo 2, apartado 2".

668 Directiva 2014/104/UE del Parlamento Europeo y del Consejo, de 26 de noviembre de 2014, relativa a determinadas normas por las que se rigen las acciones por daños en virtud del Derecho nacional, por infracciones del Derecho de la Competencia de los Estados miembros y de la Unión Europea.

669 *Cfr.* artículo 4 del Real Decreto-ley 9/2017, de 26 de mayo por el que se transponen Directivas de la Unión Europea en los ámbitos financiero, mercantil y sanitario, y sobre el desplazamiento de trabajadores, donde se es introducida en la Ley 1/2000, de 7 de enero, de Enjuiciamiento Civil, una nueva Sección 1 ª bis dentro del Capítulo V ("De la prueba: disposiciones generales") del Título I ("De las disposiciones comunes a los procesos declarativos") del Libro II ("De los procesos declarativos").

ordenar que la empresa exhiba tales pruebas de conformidad con el Derecho procesal nacional"[670].

En consecuencia, los jueces podrán ordenar motivadamente que el demandado (la empresa) exhiba los medios de prueba que se encuentren en su poder de conformidad con el Derecho procesal nacional. No obstante, la exhibición probatoria se circunscribe a antes del juicio y los órganos jurisdiccionales nacionales podrán limitar la exhibición de las pruebas solicitadas y las medidas para su conservación a lo necesario y proporcionado, para sustentar una demanda potencial o una demanda por daños y perjuicios.

Huelga decir que el principio de proporcionalidad deberá aplicarse al objeto de acotar el alcance de la exhibición a lo necesario, atendidas las circunstancias. Bajo esta línea argumentativa, en realidad se trata de determinar si la exhibición de las pruebas es proporcionada, teniéndose en consideración en qué medida la parte que demanda o la defensa se encuentra amparada por hechos y pruebas disponibles que justifiquen la solicitud de la exhibición. Asimismo, también será de aplicación para determinar el alcance y coste de la exhibición de las pruebas, así como los intereses legítimos de todas las partes, incluida cualquier tercera parte afectada, con el objeto de evitar las búsquedas indiscriminadas de información que probablemente, no llegue a ser relevante para las partes en el marco procedimental ante los órganos jurisdiccionales (*ex* artículo 29.3.e citado).

Repárese, por su lado, que los plazos de prescripción para interponer demandas de responsabilidad civil por daños y perjuicios deben ser de, al menos, cinco años, y en ningún caso podrán ser inferiores al plazo de prescripción establecido en los regímenes nacionales generales de responsabilidad civil[671].

---

670 El tenor literal del artículo 29.3.e) de la Directiva coincide plenamente con lo dispuesto en el apartado a) del artículo 283 *bis* de la Ley de Enjuiciamiento Civil. Asimismo, es recomendable para una adecuada interpretación, una pausada lectura del Considerando (83) de la mencionada Directiva.

671 *Cfr.* Considerando (85) de la Directiva objeto de análisis: "a) Su efectividad, cuando establece que las normas nacionales sobre el inicio, la duración, la suspensión o la interrupción de los plazos de prescripción no deberán obstaculizar indebidamente la interposición de demandas por daños y perjuicios. Asimismo, "en cualquier caso, no sean más estrictas que las normas relativas a los regímenes nacionales generales de responsabilidad civil"; b) Su duración mínima de

Con todo, las normas nacionales sobre el inicio, la duración, la suspensión o la interrupción de los plazos de prescripción no deben obstaculizar indebidamente la interposición de reclamaciones por daños y perjuicios, y tampoco deben, bajo ningún supuesto, ser más estrictas que las normas relativas a los regímenes nacionales generales de responsabilidad civil establecidos.

Bajo las anteriores premisas, la *CS3D* dispone específicamente que no concurrirá responsabilidad civil cuando los daños sean causados exclusivamente por los socios comerciales, dentro de la cadena de actividades[672]. Por tanto, las indemnizaciones no podrán llevar a un exceso de compensación o daños punitivos, si bien el perjudicado tendrá derecho a una plena reparación. Asimismo, se introducen medidas procesales favorables al ejercicio de acciones de responsabilidad civil.

A mayor abundamiento, y con relación al ámbito de la legitimación, se reconoce a las personas físicas o jurídicas afectadas o que razonablemente consideren que podrían haber sido afectadas por el impacto de efectos adversos; a sus representantes (entre los que se identifican a las organizaciones de la sociedad civil y defensores de Derechos humanos), y a los sindicatos y otros representantes de los trabajadores que representen a individuos que trabajen en la cadena de actividades, además de a las organizaciones de la sociedad civil en materia de Derechos humanos o del medio ambiente.

---

cinco años y, en cualquier caso, no inferior al plazo de prescripción establecido en los regímenes nacionales generales de responsabilidad civil; c) El día inicial de cómputo cuando dispone que «los plazos de prescripción no empezarán a correr antes de que haya cesado la infracción y el demandante tenga conocimiento, o haya podido razonablemente tener conocimiento del comportamiento y del hecho de que constituye una infracción, el hecho de que la infracción le ocasionó un perjuicio y la identidad del infractor

672 Lo cohonestaremos, *a sensu contrario,* con el Considerando (79) cuando indica de forma explícita que "la presente Directiva no regula la causalidad en el sentido de la responsabilidad civil, con la excepción de que a las empresas no deben ser consideradas responsables con arreglo a la presente Directiva si los daños y perjuicios son ocasionados únicamente por socios comerciales que formen parte de las cadenas de actividades de las empresas ("relación directa" en los términos del marco internacional)".

Sentado lo anterior, los Estados miembros podrán establecer requisitos "razonables" para reconocer la legitimación de los sindicatos y/o de las organizaciones de la sociedad civil, que podrían consistir en reglas procesales sobre la autorización de representación de la víctima, con sustento en el consentimiento explícito de la parte perjudicada. Por tanto, recordaremos que el plazo de prescripción no podrá ser inferior de cinco años, iniciándose su cómputo cuando la infracción haya cesado y el reclamante conozca o pueda razonablemente conocer la conducta y el hecho de que constituye una infracción; el hecho de que la infracción le generó un daño además de la identidad del infractor[673].

Resulta más complejo adentrarse en la cuestión acerca de lo que se entiende como "reparación del daño", siendo de difícil interpretación la exigencia de reparación[674] de los efectos adversos reales que se hayan causado por la empresa o conjuntamente (se supone que con sus socios comerciales directos o indirectos que figuren en su cadena de actividades o con sus filiales) según preceptúa el literal del artículo 12.1. de la Norma a estudio[675].

Como se puede apreciar, la misma constituye una novedad que fue introducida en el Texto definitivo al haberse acogido una enmienda del Parlamento Europeo[676], figurando de la misma forma como una de las medidas adecuadas a adoptar con el objeto de poner fin al efecto adverso al que específicamente refiere el presupuesto

---

673 ALONSO LEDESMA, C., "Una primera aproximación a la responsabilidad de las empresas …" *op. cit.* pág. 20.

674 *Cfr.* artículo 3.1.t) de la Directiva objeto de estudio, en donde es definido el término "reparación" como "devolver a la persona o personas, las comunidades o el medio ambiente afectados a una situación equivalente o lo más similar posible a la que habrían tenido de no haberse producido el efecto adverso real, que guarde proporción con la implicación de la empresa en el efecto adverso, incluso mediante una compensación financiera o no financiera proporcionada por la empresa a la persona o personas afectadas por el efecto adverso real y, en su caso, el reembolso de los costes soportados por las autoridades públicas por cualquier medida reparadora necesaria".

675 El precepto reseña:"Reparación de efectos adversos reales: 1. Los Estados miembros velarán por que una empresa repare un efecto adverso real que haya causado por sí misma o conjuntamente".

676 *Vid.* P9 TA (2023) 0209, artículo 8c.

sustantivo del artículo 11.3. g)[677] de la Directiva. Sin embargo, dicho deber de reparación no está claro en punto a cómo se conjuga con la responsabilidad civil por culpa establecida en el tenor del artículo 29 del referido Cuerpo legal.

En este sentido, parece que el mencionado deber de reparación, incluso mediante la satisfacción de una compensación económica a la víctima (tal y como refiere el artículo 3 del Cuerpo legal expuesto), es algo completamente diferente a la exigencia de responsabilidad civil por incumplimiento de las obligaciones de diligencia debida consagrada en el artículo 29, dado que en su específico contenido no es efectuada ninguna referencia al presupuesto sustantivo del artículo 12 de la Directiva[678]. Así las cosas, y acudiendo al Considerando (58) del Texto legal, el mismo únicamente refiere a que "los Estados miembros deben velar por que no se exija a las partes interesadas afectadas por un efecto adverso que soliciten su reparación antes de presentar una demanda ante un órgano jurisdiccional"[679].

---

677 Como es de ver se indica: "g) en cumplimiento del Derecho de la Unión —del que forma parte el Derecho de competencia —colaborar con otras entidades con el propósito, entre otros y cuando proceda, de aumentar la capacidad de la empresa para eliminar los efectos adversos o minimizar su alcance, especialmente cuando ninguna otra medida sea adecuada o eficaz".

678 En el mismo se da cuenta de la reparación de efectos adversos reales: "1. Los Estados miembros velarán por que una empresa repare un efecto adverso real que haya causado por sí misma o conjuntamente. 2. Cuando el efecto adverso real haya sido causado únicamente por un socio comercial de la empresa, esta podrá repararlo voluntariamente. Asimismo, la empresa podrá recurrir a su capacidad de influir en el socio comercial que esté causando el efecto adverso para repararlo".

679 Literalmente expone el Considerando: "Cuando una empresa haya causado, por sí misma o conjuntamente, un efecto adverso real, debe repararlo. Por "reparación" se entiende devolver a la persona o personas o al medio ambiente afectados a una situación equivalente o lo más próxima posible a aquella en la que se encontrarían de no haberse producido el efecto adverso real, que guarde proporción con la implicación de la empresa en el efecto adverso, incluso mediante una compensación financiera o no financiera proporcionada por la empresa a la persona o personas afectadas por el efecto adverso real y, en su caso, el reembolso de los costes soportados por las autoridades públicas en relación con cualquier medida reparadora necesaria. Los Estados miembros deben velar por que no se exija a las partes interesadas afectadas por un efecto adverso que soliciten su reparación antes de presentar una demanda ante un órgano jurisdiccional. Los Estados miembros deben velar por que, cuando la empresa

Desde una perspectiva metodológica a lo indicado, debe adicionarse que entre las competencias atribuidas a las Autoridades Nacionales de Supervisión y Control figuran, como hemos tenido ocasión de valorar, la de concesión de un plazo a la empresa para la adopción de medidas de reparación (*ex* artículo 25.4 Directiva *CS3D*)[680] además de ordenar a la misma que efectúe una reparación proporcionada a la infracción y necesaria, al objeto de ponerle fin (*ex* artículo 25.5 apartado a) (iii) del citado Texto normativo, lo que parecería confirmar la independencia de la reparación con relación a la mencionada responsabilidad por culpa[681].

Bajo las anteriores circunstancias, habría necesariamente que plantearse, si las medidas de reparación o compensación indicadas, sólo pueden ser ejecutadas por las Autoridades nacionales competentes de conformidad con lo dispuesto en el tenor literal de los preceptos antedichos o, si por el contrario, el deber de reparar no deviene incompatible con la exigencia de responsabilidad civil ante

---

no repare el efecto adverso real en caso de haberlo causado, por sí misma o conjuntamente, la autoridad de control competente esté facultada —por iniciativa propia o sobre la base de inquietudes fundadas que se le comuniquen de conformidad con la presente Directiva —para ordenar a la empresa que lo repare adecuadamente. Ello se entiende sin perjuicio de que, en tal situación, se impongan sanciones por la infracción de las disposiciones de Derecho nacional adoptadas en virtud de la presente Directiva y se reclame la responsabilidad civil ante un órgano jurisdiccional nacional. La empresa puede realizar una reparación voluntaria cuando el efecto adverso real haya sido causado únicamente por un socio comercial de la empresa. La empresa también puede recurrir a su capacidad de influir en el socio comercial que haya causado o contribuido a causar el efecto adverso para posibilitar su reparación".

680 En dicho apartado del precepto se indica: "Si como consecuencia de las actuaciones realizadas con arreglo a los apartados 1 y 2, una autoridad de control detecta un incumplimiento de las disposiciones de Derecho nacional adoptadas en virtud de la presente Directiva, concederá a la empresa afectada un plazo adecuado para adoptar medidas de reparación, si tales medidas son posibles. La adopción de medidas de reparación no excluirá la imposición de sanciones ni la generación de responsabilidad civil, de conformidad con los artículos 27 y 29, respectivamente".

681 Una síntesis del régimen de responsabilidad civil puede verse en PALÁ LAGUNA, R., "La responsabilidad por culpa en la propuesta de directiva de diligencia debida en materia de sostenibilidad" en *Análisis GA_P*, abril 2024. Disponible: *https://www.ga-p.com/categoria-publicacion/analisis/*(acceso 19 enero 2025).

los Tribunales de Justicia, tal y como refiere la exégesis del artículo el artículo 25.4, II de la Directiva *CS3D*[682].

Sea como fuere, la dificultad se plantea fundamentalmente, en relación con la exigencia de responsabilidad civil por los daños generados. Por ello, la Directiva objeto de análisis exige que sea proporcionada a la víctima una indemnización integra por los daños sufridos, de conformidad con el Derecho nacional (*ex* artículo 29.2)[683], recordando que la finalidad general de la indemnización de daños y perjuicios es siempre, como es sabido, el reestablecer la situación existente en el momento del daño, o al menos, paliarla en lo posible, manteniéndose como límite de la indemnización y por tanto, de su extensión, la prohibición de enriquecimiento injusto para la misma. En estas circunstancias, habrá que entender que la compensación del daño causado por el efecto adverso elimina, en esencia, la exigencia de responsabilidad civil, salvo para el supuesto en que el daño generado no hubiera sido reparado en su totalidad[684].

Al hilo de lo hasta aquí relatado, tal como ha reconocido la doctrina más autorizada[685], las mencionadas dificultades de interpretación derivadas, posiblemente, de la falta de coordinación entre los distintos preceptos que se ocupan de ambas cuestiones se podrían haber evitado si se hubiera legislado de manera mucho más pausada, clara y precisa[686].

Finalmente, en punto a las costas procesales generadas, estas no deberán ser excesivamente onerosas al objeto de facilitar a los de-

---

682 *Vid* artículo 25.4, II de la Directiva citada: "La adopción de medidas de reparación no excluirá la imposición de sanciones ni la generación de responsabilidad civil, de conformidad con los artículos 27 y 29, respectivamente".

683 *Cfr.* artículo 29.2 Directiva *CS3D*: "Cuando una empresa sea considerada responsable de conformidad con el apartado 1, una persona física o jurídica tendrá derecho a una indemnización íntegra por los daños sufridos, de conformidad con el Derecho nacional. La indemnización íntegra con arreglo a la presente Directiva no conllevará una compensación excesiva, ya sea mediante indemnizaciones punitivas, múltiples o de otro tipo".

684 HERMIDA, A. J., "La responsabilidad civil ..." *op. cit.* págs. 5 y ss. ALONSO LEDESMA, C., "Una primera aproximación a la responsabilidad de las empresas ..." op. cit. pág. 21.

685 ALONSO LEDESMA, C., "Una primera aproximación a la responsabilidad de las empresas ..." *op. cit.* pág. 22.

686 *Ibidem.*

mandantes el acceso a la justicia. Además, cabrá la solicitud de diferentes medidas cautelares, las cuales se podrán establecer para que se ordene el cese de una acción que pueda vulnerar la Directiva *CS3D* o el cumplimiento de una medida consignada en virtud de los parámetros sustantivos del Cuerpo legal citado[687]. Por tanto, a los fines previstos en la Norma expuesta y con relación a las pruebas, los órganos jurisdiccionales podrán ordenar la revelación por las empresas de aquellas que se encuentren bajo su control, siempre que la parte denunciante haya aportado elementos que corroboren la probabilidad de la responsabilidad de la compañía y de su disposición.

18. Contratación y concesión pública

Al hilo de lo hasta aquí relatado, el cumplimiento de las obligaciones establecidas en las normas de transposición de la *CS3D* se considera como uno de los aspectos medioambientales y sociales que los órganos de contratación deberán tener en consideración, de acuerdo con la normativa de contratación pública, en el momento de decidir sobre la adjudicación o no de contratos y de concesiones públicos; así como la imposición de condiciones especiales de ejecución de los referidos contratos y concesiones públicos. Además, los incumplimientos de esas obligaciones podrían ser considerados por la normativa de transposición como prohibiciones de contratar con el sector público (*ex* artículo 31 de la Directiva *CS3D*)[688].

---

687 *Cfr.* artículo 29. 3 Directiva *CS3D*.

688 El literal del artículo establece: "Los Estados miembros velarán por que el cumplimiento de las obligaciones derivadas de las disposiciones de Derecho nacional por las que se transpone la presente Directiva, o su aplicación voluntaria, se considere un aspecto medioambiental o social que los poderes adjudicadores pueden, de conformidad con las Directivas 2014/23/UE, 2014/24/UE y 2014/25/UE, tener en cuenta como parte de los criterios de adjudicación de los contratos públicos y los contratos de concesión, y como condición medioambiental o social que los poderes adjudicadores pueden, de conformidad con dichas Directivas, establecer en relación con la ejecución de dichos contratos".

IX. HACIA UNA ADECUADA TRANSPARENCIA E INTEGRIDAD DE LAS ACTIVIDADES DE CALIFICACIÓN AMBIENTAL, SOCIAL Y DE GOBERNANZA (*ESG*): VALORACIÓN DEL REGLAMENTO (UE) 2024/3005, DE 24 DE NOVIEMBRE DE 2024[689]

1. Ámbito de aplicación

Como hemos tenido ocasión de exponer en el presente trabajo, la transición hacia una economía sostenible es fundamental para garantizar la competitividad y la sostenibilidad a largo plazo de la economía de la Unión y la calidad de vida de sus ciudadanos, así como para mantener el calentamiento global por debajo del umbral de 1,5°C

Siendo esto así, la sostenibilidad ha ocupado durante mucho tiempo un lugar central en las políticas de la Unión y tanto el Tratado de la Unión Europea como el Tratado de Funcionamiento de la Unión Europea reconocen sus dimensiones social y medioambiental. En efecto, el alcanzar los *ODS* en la Unión requiere canalizar los flujos de capital hacia inversiones sostenibles, siendo necesario aprovechar plenamente el potencial del mercado interior en aras al cumplimiento de dichos objetivos.

En este marco contextual, es esencial eliminar los obstáculos a una circulación eficiente del capital hacia inversiones sostenibles en el mercado interior, evitar que aparezcan dichos obstáculos y definir reglas y normas para, por una parte, promover la financiación sostenible y, por otra, desincentivar las inversiones que puedan ser perjudiciales para la consecución de los mismos.

Sentado lo que antecede, los mercados financieros contribuyen a la canalización de capital hacia las inversiones que son necesarias para cumplir los objetivos climáticos y medioambientales de la Unión. Tomando como antecedente los apartados anteriores del presente trabajo, en su comunicación de 8 de marzo de 2018, la Comisión pu-

---

689 Reglamento (UE) 2024/3005 del Parlamento Europeo y del Consejo, de 27 de noviembre de 2024, relativo a la transparencia e integridad de las actividades de calificación ambiental, social y de gobernanza (*ASG*), y por el que se modifican los Reglamentos (UE) 2019/2088 y (UE) 2023/2859.

blicó su *Plan de Acción sobre financiación del desarrollo sostenible*[690], en el que ponía en marcha su estrategia sobre finanzas sostenibles. En particular, se abogaba por la integración de los factores de sostenibilidad en la gestión de riesgos además de por la reorientación de los flujos de capital hacia inversiones sostenibles con el fin último de lograr un crecimiento sostenible e integrador.

Como parte del mismo, la Comisión encargó en 2021 un estudio titulado "*Study on Sustainability-Related Ratings, Data and Research*" (*Estudio sobre calificaciones, datos e investigación relacionados con la sostenibilidad*)[691] al objeto de hacer balance acerca de la evolución del mercado de productos y servicios relacionados con la sostenibilidad,

690 El Plan de Acción sobre finanzas sostenibles forma parte de los esfuerzos de la Unión de los Mercados de Capitales (UMC) por conectar las finanzas con las necesidades específicas de la economía europea en beneficio del planeta y de nuestra sociedad. También es una de las principales medidas para la implementación del histórico Acuerdo de París y la agenda de la UE para el desarrollo sostenible. Se pretendía, en esencia, establecer un lenguaje común para las finanzas sostenibles, es decir, un sistema de clasificación unificado —o taxonomía— de la UE, que defina lo que es sostenible y señale los ámbitos en los que la inversión sostenible puede tener mayor repercusión; crear etiquetas de la UE para los productos financieros "verdes" sobre la base de este sistema de clasificación de la UE: los inversores podrán así identificar fácilmente las inversiones que cumplen los criterios ecológicos o de bajas emisiones de carbono; clarificar la obligación de los gestores de activos y los inversores institucionales de tener en cuenta la sostenibilidad en el proceso de inversión y reforzar los requisitos en materia de divulgación de información; obligar a las empresas de seguros y de inversión a que asesoren a sus clientes sobre la base de las preferencias de estos en materia de sostenibilidad e integrar la sostenibilidad en los requisitos prudenciales: los bancos y las compañías de seguros son una importante fuente de financiación externa para la economía europea. A tales efectos, se especificaba en dicho Plan que la Comisión examinará la viabilidad de recalibrar los requisitos de capital aplicables a los bancos (el denominado "factor de apoyo verde") para las inversiones sostenibles, cuando así se justificara desde el punto de vista del riesgo, velando al mismo tiempo porque se protegiera la estabilidad financiera. Además, se abogaba por aumentar la transparencia de los informes corporativos, revisando las directrices relativas a la información no financiera para adecuarlas en mayor medida a las recomendaciones del Grupo de Trabajo del Consejo de Estabilidad Financiera sobre Divulgación de Información Financiera relacionada con el Clima. Disponible: *https://eur-lex.europa.eu/legal* (acceso 29 de enero 2025).

691 Disponible: *https://www.greenfinanceplatform.org/research/study-sustainability-related-ratings-data-and-research* (acceso 20 de enero 2025).

identificar a los principales participantes en el mercado y destacar, en su caso, posibles deficiencias[692].

Nótese que dicho estudio, proporcionó un inventario y una clasificación de los agentes del mercado, los productos y servicios de sostenibilidad disponibles en el mercado, y un análisis del uso y la calidad que perciben los participantes en el mercado de los productos y servicios relacionados con la sostenibilidad, poniéndose de relieve la existencia de conflictos de intereses, la falta de transparencia y precisión de los métodos de calificación *ASG* además de la falta de claridad en relación con la terminología y las operaciones de los proveedores de las referidas calificaciones *ASG*.

Interaccionado con las anteriores circunstancias y con relación a los a los parámetros establecido en el Pacto Verde Europeo (tal y como hemos tenido ocasión de analizar en el presente trabajo), la Comisión presentó una estrategia de finanzas sostenible actualizada, la cual fue adoptada en su Comunicación de 6 de julio de 2021 titulada "*Estrategia para financiar la transición a una economía sostenible*"[693]. Asimismo, y como actuación de seguimiento, la Comisión anunció dentro de las pautas contenidas en la mismas, la realización de una consulta pública sobre calificaciones *ASG* para contribuir a una evaluación de impacto. En efecto, en 2022, las partes interesadas confirmaron su preocupación por la falta de transparencia de las metodologías y los objetivos de la calificación *ASG* además la falta de claridad en relación con dichas actividades. Por ello, y habida cuenta de que la confianza es primordial para el funcionamiento de los mercados financieros, dicha falta de transparencia y fiabilidad de las citadas calificaciones debe abordarse con urgencia[694].

---

692 Reglamento (UE) 2021/1119, del Parlamento Europeo y del Consejo, de 30 de junio de 2021 por el que se establece el marco para lograr la neutralidad climática y se modifican los Reglamentos (CE) 401/2009 y (UE) 2018/1999 ("Legislación Europea sobre el Clima") (DO *L* 243 de 9 de julio 2021, pág. 1).

693 Disponible: *https://eur-lex.europa.eu/legal-content/ES/?uri=CELEX:52021DC0390*

694 A escala internacional, la Organización Internacional de Comisiones de Valores (*OICV*) publicó en noviembre de 2021 un informe que recogía una serie de recomendaciones sobre los proveedores de calificaciones y de productos de datos *ASG*. La Comisión y la Autoridad Europea de Supervisión (Autoridad Europea de Valores y Mercados) (*AEVM*) establecida por el Re-

Bajo las pautas indicadas, vemos necesario volver a recalcar que las calificaciones *ASG* desempeñan un papel importante en los mercados de capitales mundiales, ya que los inversores, los prestatarios y los emisores las utilizan, cada vez más, como parte del proceso de toma de decisiones informadas relativas a inversión y financiación sostenibles, por lo que influyen significativamente en el funcionamiento de los mercados y en la confianza de los inversores y los consumidores.

En todo caso, y con el objeto de garantizar que las mencionadas calificaciones *ASG* utilizadas en la Unión sean independientes, comparables en la medida de lo posible, imparciales, sistemáticas y de calidad adecuada, es importante que dichas actividades de calificación sean efectuadas de conformidad con los principios de integridad, transparencia, responsabilidad y buena gobernanza, contribuyéndose, al mismo tiempo, a la agenda de financiación sostenible de la Unión, dado que como propugna el marco reglamentario objeto de nuestro análisis, una mejor comparabilidad y una mayor fiabilidad de las calificaciones *ASG*[695] mejoraría la eficiencia de ese mercado en rápido crecimiento, facilitándose el avance hacia los objetivos del Pacto Verde Europeo, que en apartados precedentes hemos tenido ocasión de exponer.

Junto a las anteriores premisas, es necesario reconocer los distintos modelos de negocio del mercado de calificaciones *ASG*. Por tanto, un primer modelo alude a aquel en el que el usuario "paga", esto es, que los usuarios de dichas calificaciones son principalmente inversores que adquieren dichas calificaciones con el fin de tomar

---

glamento (UE) 1095/2010 del Parlamento Europeo y del Consejo (deben considerar aplicar dichas recomendaciones de la *OICV* al evaluar si la jurisdicción de un tercer país o un proveedor de calificaciones *ASG* cumple los requisitos del presente Reglamento a efectos de equivalencia, validación o reconocimiento.

695 Recordando que las calificaciones *ESG* son una de las herramientas para evaluar los factores de sostenibilidad en las decisiones de inversión de manera similar a cómo los inversores evalúan el riesgo crediticio. Se puede establecer, por tanto, un paralelismo entre los efectos fundamentales de la Reglamento de Calificaciones *ESG* y los de la Reglamento de Agencias de Calificación Crediticia. Véase *https://www.cuatrecasas.com/es/spain/mercado-de-capitales-calificaciones-esg* (acceso 15 enero 2025).

decisiones de inversión. Un segundo modelo de negocio es aquel en el que el emisor paga, es decir, las empresas adquieren calificaciones *ASG* con el fin de evaluar los riesgos y las oportunidades de sus operaciones.

De igual manera, y con el fin de garantizar que las mismas emitidas en la Unión sean más fiables, los elementos calificados o, en el caso de un instrumento financiero o un producto financiero, los emisores de elementos calificados deben tener la posibilidad de verificar los datos utilizados por un proveedor de calificaciones *ASG* y de destacar cualquier error fáctico en el conjunto de datos utilizado que pueda afectar a la calidad de las calificaciones futuras. A estos efectos, un elemento calificado o el emisor de elementos calificados debe poder acceder, previa solicitud, al conjunto de datos utilizado para emitir dicha calificación.

Continuando con el hilo expositivo, la posibilidad de verificar ese conjunto de datos, debe ser una mera herramienta de comprobación de hechos, y los elementos calificados o los emisores de un elemento calificado no deben, en ningún caso, influir en modo alguno en los métodos de calificación o en el resultado de la calificación. En efecto, la obligación del proveedor de calificación *ASG* de notificar el elemento calificado o el emisor del elemento calificado antes de la emisión de la misma sólo debe ser aplicable antes de que se emita la primera calificación, no al cabo de actualizaciones posteriores.

Pues bien, dicha obligación sirve como medio para informar al elemento calificado o al emisor de un elemento calificado de que va a ser calificado por el proveedor de calificaciones *ASG*, recordando que Los Estados miembros no regulan ni supervisan las actividades de los proveedores de dichas calificaciones ni las condiciones para la emisión de las mismas, recalcando que habida cuenta de las divergencias existentes, la falta de transparencia y la ausencia de normas comunes, es probable que los Estados miembros adopten medidas y enfoques divergentes que impidan la armonización con los objetivos de los ODS y el Pacto Verde Europeo, antes indicados, lo que generaría, en última instancia, condiciones de mercado desiguales para los usuarios de calificaciones *ASG*, obstaculizando el mercado interior y distorsionado las decisiones de inversión.

2. *Análisis del marco reglamentario*

Sobre esta cuestión relataremos que el presente Texto reglamentario se aplicará[696] a las calificaciones *ASG* emitidas por proveedores de las mismas que operan en la Unión Europea[697], independientemente de si se encuentran establecidos dentro o fuera de la Unión[698]. No obstante, en supuestos limitados, un usuario de calificaciones *ASG* en el territorio de la Unión debe poder colaborar con un proveedor de dichas calificaciones establecido fuera de la Unión y no autorizado o reconocido con arreglo al presente Reglamento, por lo que serán restringidas, estrictamente, las condiciones específicas con el fin de evitar cualquier riesgo de elusión de los parámetros de este Cuerpo legal.

A sensu contrario, no deberá aplicarse a la publicación o distribución de datos sobre derechos ambientales, sociales y humanos, o

---

696 Asimismo, traeremos a colación, con relación a su ámbito de aplicación, los artículos 101 y 102 del TFUE.

697 Recordaremos que tal y como establece el Considerando 16 de dicho marco reglamentario, el mismo ha sido concebido para regir la emisión, distribución y, en su caso, publicación de calificaciones *ASG*, sin intención de regular su uso. Dado que el ámbito de aplicación territorial del presente Reglamento está vinculado al concepto de "operar en la Unión", los usuarios de calificaciones ASG deben colaborar con los proveedores de calificaciones ASG que estén autorizados o registrados con arreglo al presente Reglamento. No obstante, en casos limitados, un usuario de calificaciones ASG en la Unión debe poder colaborar con un proveedor de calificaciones ASG establecido fuera de la Unión y no autorizado o reconocido con arreglo al presente Reglamento. Estos casos deben restringirse estrictamente a condiciones específicas para evitar cualquier riesgo de elusión de los requisitos del presente Reglamento.

698 El Reglamento será aplicable a partir del 2 de julio de 2026. Los proveedores de calificaciones *ESG* que operen en la Unión en la fecha de entrada en vigor del Reglamento (es decir, el 2 de enero de 2025) deberán notificar a la *ESMA* antes del 2 de agosto de 2026 si desean seguir operando en la Unión y solicitar autorización o un reconocimiento de acuerdo con el Reglamento. En tal caso, solicitarán la autorización o el reconocimiento en un plazo de cuatro meses desde 2 de julio de 2026 (es decir, entre el 2 de noviembre de 2026); de lo contrario, deberán cesar sus actividades. Asimismo, los proveedores de calificaciones *ESG* categorizados como "pequeños proveedores de calificaciones ESG" que operaran en la Unión en la fecha de entrada en vigor de este Reglamento (es decir, el 2 de enero de 2025) deberán notificar a la *ESMA*, a más tardar, el 2 de noviembre de 2026 si desean continuar operando en la Unión, y si no lo hacen, deberán cesar sus actividades.

sobre factores de gobernanza que no den lugar al desarrollo de una calificación *ASG,* ni tampoco, a los productos o servicios que incorporen un elemento de una calificación *ASG,* incluidos los informes de inversiones, tal y como establece la Directiva 2014/65/UE del Parlamento Europeo y del Consejo[699].

---

699 Directiva 2014/65/UE del Parlamento Europeo y del Consejo, de 15 de mayo de 2014, relativa a los mercados de instrumentos financieros y por la que se modifican la Directiva 2002/92/CE y la Directiva 2011/61/UE (DO L 173 de 12.6.2014, pág. 349). Como documentos conexos, debemos adicionar, el Reglamento (UE) 2023/2859 del Parlamento Europeo y del Consejo, de 13 de diciembre de 2023, por el que se establece un punto de acceso único europeo que proporciona un acceso centralizado a la información disponible al público pertinente para los servicios financieros, los mercados de capitales y la sostenibilidad; Reglamento (UE) 2022/2554 del Parlamento Europeo y del Consejo, de 14 de diciembre de 2022, sobre la resiliencia operativa digital del sector financiero y por el que se modifican los Reglamentos (CE) 1060/2009, (UE) 648/2012, (UE) 600/2014, (UE) 909/2014 y (UE) 2016/1011 (Directiva (UE) 2022/2556 del Parlamento Europeo y del Consejo de 14 de diciembre de 2022 por la que se modifican las Directivas 2009/65/CE, 2009/138/CE, 2011/61/UE, 2013/36/UE, 2014/59/UE, 2014/65/UE, (UE) 2015/2366 y (UE) 2016/2341 en lo relativo a la resiliencia operativa digital del sector financiero; Reglamento (UE) 2020/1503 del Parlamento Europeo y del Consejo, de 7 de octubre de 2020, relativo a los proveedores europeos de servicios de financiación participativa para empresas, y por el que se modifican el Reglamento (UE) 2017/1129 y la Directiva (UE) 2019/193; Reglamento Delegado (UE) 2017/565 de la Comisión, de 25 de abril de 2016, por el que se completa la Directiva 2014/65/UE del Parlamento Europeo y del Consejo en lo relativo a los requisitos organizativos y las condiciones de funcionamiento de las empresas de servicios de inversión y términos definidos a efectos de dicha Directiva; Directiva Delegada (UE) 2017/593 de la Comisión, de 7 de abril de 2016, por la que se complementa la Directiva 2014/65/UE del Parlamento Europeo y del Consejo, en lo que respecta a la salvaguarda de los instrumentos financieros y los fondos pertenecientes a los clientes, las obligaciones en materia de gobernanza de productos y las normas aplicables a la entrega o percepción de honorarios, comisiones u otros beneficios monetarios o no monetarios; Reglamento de Ejecución (UE) 2016/824 de la Comisión, de 25 de mayo de 2016, por el que se establecen normas técnicas de ejecución en lo que respecta al contenido y el formato de la descripción del funcionamiento de los sistemas multilaterales de negociación, los sistemas organizados de contratación y la notificación a la Autoridad Europea de Valores y Mercados, de conformidad con la Directiva 2014/65/UE del Parlamento Europeo y del Consejo, relativa a los mercados de instrumentos financieros.

Se disciplina, por otro lado, las verificaciones externas de los *BVEu*, con arreglo a lo previsto en el Reglamento (UE) 2023/2631 del Parlamento Europeo y del Consejo[700], y las verificaciones externas y segundas opiniones sobre los bonos comercializados como medioambientalmente sostenibles, los bonos vinculados a la sostenibilidad y los bonos, préstamos y otros tipos de instrumentos de deuda comercializados como sostenibles, también deben quedar fuera del ámbito de aplicación del presente Reglamento en la medida en que dichas verificaciones externas y segundas opiniones no contengan calificaciones *ASG* emitidas por el revisor externo o el proveedor de segundas opiniones.

Como se puede apreciar, incluyen verificaciones de divulgaciones previas a la emisión, como las fichas informativas sobre los bonos verdes europeos o los marcos de bonos comercializados como sostenibles, así como verificaciones de divulgaciones posteriores a la emisión, como los informes de asignación anuales de los bonos verdes europeos, los informes de impacto de los bonos verdes europeos y los informes de los bonos comercializados como sostenibles.

Además, el presente Cuerpo legal no debe aplicarse a las calificaciones desarrolladas exclusivamente para los procesos de acreditación o certificación, dado que dichas calificaciones no se utilizan para análisis de inversión ni análisis financiero, ni en la toma de decisiones de inversión o financieras, ni tampoco a las actividades de etiquetado *ASG* siempre que las etiquetas que se concedan a entidades, instrumentos financieros o productos no impliquen la divulgación de una calificación ASG[701].

Unido a lo anterior, tampoco será aplicable las calificaciones emitidas por miembros del Sistema Europeo de Bancos Centrales (*SEBC*) cuando dichas calificaciones no se publiquen ni distribuyan con fines

700 Reglamento (UE) 2023/2631 del Parlamento Europeo y del Consejo, de 22 de noviembre de 2023, sobre los bonos verdes europeos y la divulgación de información opcional para los bonos comercializados como bonos medioambientalmente sostenibles y para los bonos vinculados a la sostenibilidad.

701 CERRATO GARCÍA, E., "El mercado de instrumentos financieros "verdes", ¿paradoja o realidad?", *Revista de Derecho del Sistema Financiero*, núm. 4, Madrid, 2022, págs. 297-344. Disponible: *https://doi.org/10.32029/2695-9569.02.10.2022* (acceso 7 diciembre 2024)

comerciales. El motivo inherente a dicha restricción en el ámbito de aplicación, es el poder garantizar que el presente marco reglamentario no tenga un efecto indeseado en las medidas de dicho Sistema Europeo cuyo objetivo sea integrar el clima y otros aspectos ambientales, sociales o de gobernanza en el marco de activos de garantía de la política monetaria del *SEBC* cuando este persiga el objetivo principal de mantener la estabilidad de los precios y, sin perjuicio de este objetivo, apoyar las políticas económicas generales de la Unión.

De la misma forma, no deberá tampoco se de aplicación a calificaciones *ASG* privadas emitidas en respuesta a un encargo individual que se proporcionen exclusivamente a la persona que las encargó y que no estén destinadas a la divulgación pública ni a la distribución mediante suscripción o cualquier otro medio, ni tampoco, a aquellas calificaciones *ASG* emitidas por empresas financieras reguladas en la Unión que se utilicen exclusivamente para fines internos o para proporcionar servicios y productos financieros internos o intragrupo[702].

3. *Transparencia y divulgación de la información*

Con el fin de seguir mejorando el funcionamiento del mercado interior y el nivel de protección de los inversores, es importante garantizar una transparencia suficiente y coherente de las calificaciones ASG emitidas por empresas financieras reguladas en la Unión e incorporadas en sus productos o servicios financieros cuando dichas calificaciones se divulguen y, por tanto, sean visibles para terceros.

Por tanto, los inversores deben recibir información adecuada sobre las metodologías subyacentes a las mismas las cuales deberán divulgarse mediante comunicaciones publicitarias tal y como es prevenido por el Reglamento (UE) 2019/2088 del Parlamento Europeo y del Consejo[703]. En este escenario, también debe exigirse la mis-

---

[702] *Cfr* Considerando 21 del marco reglamentario citado.

[703] Reglamento (UE) 2019/2088 del Parlamento Europeo y del Consejo, de 27 de noviembre de 2019, sobre la divulgación de información relativa a la sostenibilidad en el sector de los servicios financieros. Unido a lo expuesto, recordaremos el Reglamento de modificación (UE) 2023/2869 incorpora en el Reglamento (UE) 2019/2088 un nuevo artículo sobre la accesibilidad de la información relativa al Punto de Acceso Único Europeo (PAUE), establecido con arreglo al Re-

ma información a cualquier otra empresa financiera regulada en la Unión que divulgue una calificación *ASG* emitida por una empresa financiera regulada a un tercero como parte de sus comunicaciones publicitarias, excepto si le es aplicable el Reglamento citado.

Unido a lo expuesto, los inversores deben recibir, a través de un enlace a las divulgaciones en el sitio *web* de la empresa financiera regulada en la Unión, la misma información que la exigida a un proveedor de calificaciones *ASG* en virtud del Anexo III, punto 1, del marco reglamentario[704], teniendo en consideración, al mismo tiempo, el contenido de cualquier información ya divulgada por los participantes en los mercados financieros y los asesores financieros en virtud del Reglamento (UE) 2019/2088, al cual hemos efectuado oportuna referencia.

Finalmente, otras empresas financieras reguladas en la Unión deben divulgar la misma información, teniendo en consideración los diversos tipos de productos financieros, sus características y las diferencias entre ellos, así como la necesidad de evitar cualquier duplicación de información ya publicada en virtud de otros requisitos normativos aplicables, al objeto de evitar duplicación de los requisitos aplicables en esta materia.

4. *Conflictos de interés*

Para hacer frente a los conflictos de interés generados, algunas actividades deben ofrecerse desde entidades jurídicas independientes.

---

glamento (UE) 2023/285 y el Reglamento delegado (UE) 2022/1288 complementa el Reglamento (UE) 2019/2088 en lo que respecta a las normas técnicas de regulación, especificando el contenido, las metodologías y la presentación de la información en los documentos precontractuales, en los sitios *web* y en los informes periódicos relativos a: indicadores de sostenibilidad y efectos adversos sobre la sostenibilidad;

el principio de "no causar un perjuicio significativo"; la promoción de las características medioambientales o sociales y los objetivos de las inversiones sostenibles.

704 En el mismo se alude expresamente a los requisitos mínimos de divulgación pública de información y se establece que de conformidad con el artículo 23 del presente Reglamento, como mínimo, los proveedores de calificaciones *ASG* harán pública en su sitio *web* y a través del PAUE, de la información especificada al efecto en dicho Anexo.

Sin embargo, acotando las mismas, podrían también ofertarse desde dentro de la misma entidad jurídica siempre y cuando el proveedor de calificaciones *ASG* en cuestión disponga de medidas y procedimientos suficientes que garanticen que cada actividad sea ejercitada de manera autónoma, además de evitar la creación de riesgos potenciales de conflictos de intereses en la toma de decisiones dentro del marco de sus actividades de calificación *ASG* mencionadas.

Repárese que dicha excepción no deberá ser posible para aquellas actividades de calificación crediticia ni para las actividades de auditoría y consultoría. Además, las actividades de consultoría incluyen el desarrollo de estrategias de sostenibilidad y de estrategias para gestionar los riesgos o impactos de sostenibilidad[705].

Sentado lo anterior, y en lo que respecta a la actividad de elaboración de índices de referencia, la *AEVM* debe evaluar si las medidas propuestas por el proveedor de calificaciones *ASG* son adecuadas y suficientes en relación con los riesgos potenciales de conflicto de intereses.

En efecto, dicha evaluación debe tener en cuenta si el administrador de índices de referencia ofrece los mismos en aras a perseguir objetivos de sostenibilidad y, en particular, los índices de referencia de transición climática de la UE y los índices de referencia de la UE armonizados con el Acuerdo de París a tenor de las pautas sustantivas que delimita el Reglamento (UE) 2016/1011, del Parlamento Europeo y del Consejo[706].

---

705 TAPIA HERMIDA, A., "El mercado de calificaciones ASG/ESG en la UE y la consideración de los factores ASG/ESG en las calificaciones crediticias". Documentos de consulta de la Comisión Europea y de ESMA, 7 de abril de 2022. Disponible en *https://ajtapia.com/2022/04/el-mercado-decalificaciones-asg-esg-en-la-ue-y-la-consideracion-de-los-factores-asg-esg-en-las-calificacionescrediticias-documentos-de-consulta-de-la-comision-europea-y-de-esma/*(acceso 15 enero 2025).

706 Reglamento (UE) 2016/1011 del Parlamento Europeo y del Consejo, de 8 de junio de 2016, sobre los índices utilizados como referencia en los instrumentos financieros y en los contratos financieros o para medir la rentabilidad de los fondos de inversión, y por el que se modifican las Directivas 2008/48/CE y 2014/17/UE y el Reglamento (UE) 596/2014 (DO *L* 171 de 29 de junio 2016, pág. 1). Es interesante traer a colación que con fecha 9 de abril de 2025 ESMA ha publicado unas recomendaciones con relación a la información *ESG* para los índices de referencia. En el mismo se incluyen recomendaciones para alinear la carga regulatoria de los administradores de los índices de referencia al objeto

De la misma forma, se deben proporcionar calificaciones E, S y G separadas en lugar de una única métrica *ESG* que agregue factores E, S y G. Por tanto, cuando sea emitida una calificación *ESG* agregada, el proveedor deberá divulgar necesariamente la ponderación de las tres categorías principales de factores *ESG*[707].

5. *Supervisión de los proveedores*

En este punto, deberán ser establecidos requisitos para la supervisión permanente de los proveedores de calificaciones *ASG* en la Unión.

Con todo, y a la luz de las similitudes significativas entre las actividades de las agencias de calificación crediticia y las de los proveedores de dichas calificaciones, la consiguiente estrecha armonización de los aspectos centrales del marco regulador de los proveedores de las mismas con el marco regulador para las agencias de calificación crediticia con arreglo al Reglamento (CE) 1060/2009 del Parlamento Europeo y del Consejo, de 16 de septiembre[708] garantizará,

de mejorar la transparencia y compatibilidad de la información de dichos factores. Disponible: *www.espam.europa.eu* (acceso 15 de abril 2025).

707 *Cfr.* Anexo III punto I, (h) del aludido Reglamento. En el mismo, de forma literal se establece: "si se trata de una calificación ASG agregada, la ponderación de las tres categorías de factores ASG generales (por ejemplo, 33% para el factor A, 33% para el factor S, 33% para el factor G) y la explicación del método de ponderación, que engloba el peso de cada categoría A, S y G".

708 No es ocioso recordar que dicho Texto reglamentario fue modificado por el Reglamento (UE) nº 462/2013 del Parlamento Europeo y del Consejo, de 21 de mayo de 2013, con relación a las agencias de calificación crediticia y por el Reglamento (UE) 2022/2554 del Parlamento Europeo y del Consejo, de 14 de diciembre de 2022 sobre la resiliencia operativa digital del sector financiero y por el que se modifican los Reglamentos (CE) 1060/2009, (UE) 648/2012, (UE) 600/2014, (UE) 909/2014 y (UE) 2016/1011). De eta forma y atendiendo a la reforma del Reglamento de 2009 en el Anexo I, sección A, punto 4, el párrafo primero se sustituye por el texto siguiente: "Las agencias de calificación crediticia dispondrán de procedimientos administrativos y contables adecuados, mecanismos de control interno, técnicas eficaces de valoración del riesgo y mecanismos eficaces de control y salvaguardia para gestionar sus sistemas de TIC de conformidad con el Reglamento (UE) 2022/2554 del Parlamento Europeo y del Consejo"; 2) En el Anexo III, el punto 12 se sustituye por el texto siguiente: "12. Infringe el artículo 6, apartado 2, leído en relación con el anexo I, sección A, punto 4, la agencia de calificación crediticia que no disponga de

en última instancia, una aplicación armonizada del presente marco reglamentario, así como una supervisión uniforme, teniéndose en consideración la decisión adoptada con arreglo al Reglamento expuesto, de confiar su supervisión a la *AEVM*[709]. A tales efectos, y para los supuestos de incumplimiento, podrán imponerse sanciones administrativas y cualesquiera otras medidas, como multas, pagos periódicos de penalización y divulgación de dichas acciones, al objeto de derivar, en última instancia, hacia un adecuado funcionamiento del mercado.

X. SIMPLIFICACIÓN DE NORMAS DE LA UNIÓN EUROPEA EN ARAS AL IMPULSO DE LA COMPETITIVIDAD: EL DENOMINADO "PAQUETE DE SIMPLIFICACIÓN *OMNIBUS*"

1. Marco contextual de la simplificación normativa

Como ya hemos puesto de relieve a lo largo del presente trabajo, no cabe duda que el riesgo climático nos ha situado en el momento actual, y a nivel de planeta, ante nuevas incertidumbres generadas

procedimientos administrativos o contables adecuados, mecanismos de control interno, técnicas eficaces de evaluación del riesgo o mecanismos eficaces de control o salvaguardia para gestionar sus sistemas de TIC de conformidad con el Reglamento (UE) 2022/2554, o que no aplique o mantenga procedimientos de adopción de decisiones o estructuras organizativas según lo prescrito en dicho punto".

709 Tal y como reseñan el texto reglamentario a estudio, deben delegarse en la Comisión los poderes para adoptar actos, con arreglo al artículo 290 del TFUE por lo que respecta a las especificaciones del procedimiento para imponer multas o multas coercitivas, incluidas disposiciones sobre los derechos de defensa, disposiciones temporales, disposiciones sobre la percepción de las multas o las multas coercitivas, y normas detalladas sobre los plazos de prescripción para la imposición y ejecución de las mismas y con respecto al tipo de tasas, los conceptos por los que serán exigibles, el importe de las tasas y las modalidades de pago. Reviste especial importancia que la Comisión lleve a cabo las consultas oportunas durante la fase preparatoria, en particular con expertos, y que estas consultas se realicen de conformidad con los principios establecidos en el Acuerdo interinstitucional de 13 de abril de 2016 sobre la mejora de la legislación (DO *L* 123 de 12 de mayo 2016, pág. 1).

por la interrelación e interdependencia producida en los mercados financieros, las cuales son potencialmente irreversibles en términos de daños ocasionados.

Siendo éste el marco contextual, la ausencia de datos no sólo sobre su génesis, sino sobre la específica exposición del sector financiero y empresarial a los mismos, ha producido un impacto en el proceso de descarbonización global, además generar riesgos financieros a medio y largo plazo al no anticipar la evolución de los mercados o la depreciación de determinados activos debido entre otros, a las políticas climáticas[710].

Por lo tanto, desde su concepción hasta su configuración, hemos de partir de la regulación reciente de la sostenibilidad financiera, la cual comienza con la Directiva 2014/95/UE del Parlamento Europeo y del Consejo, de 22 de octubre de 2014, seguida del Reglamento (UE) 2020/852 de Taxonomía de 2020 mediante el que se sustenta un sistema de clasificación unificado de actividades económicas ambientalmente sostenibles a escala de la Unión, en tanto que contiene una lista de actividades económicas que establece umbrales de desempeño (criterios de selección técnica) para las mismas, además de determinar si existe una contribución sustancial a los objetivos medioambientales, si es causado un daño significativo, o si son cumplidas las salvaguardas mínimas inherentes a Derechos sociales, humanos y de gobernanza empresarial.

Con sustento en los cauces legales expuestos, se ha ido incrementando el denominado "escrutinio" normativo debiendo necesariamente traer a colación la Directiva 2022/2464 relativa a la presentación de información sobre sostenibilidad por parte de las empresas, de 14 de diciembre de 2022, en donde se incide en la importancia de la verificación de la información que pivota sobre los estándares y guías aplicadas por la empresa[711] junto a su elemento procedimental centrado en la sistemática a través de la cual debe de llevarse a

710 TAPIA SÁNCHEZ, R., "La inclusión del informe de sostenibilidad..." *op. cit.* pág. 249.

711 Del 17 de octubre al 1 de diciembre de 2023, la Comisión recabó la opinión de 193 partes interesadas sobre posibles medidas de racionalización de los requisitos de información. Disponible en: *https://ec.europa.eu/info/law/better-regulation/have-your-say/initiatives/13990-Administrative-burden-rationalisation-of-reporting-en.*

cabo dicha la verificación, además del peritaje; o la Directiva de diligencia debida en materia de sostenibilidad (*CS3D*) que antes hemos tenido ocasión de analizar, y que incide, de forma sustancial, en la combinación de una supervisión administrativa sólida, al tiempo que desempeña un papel clave para el cumplimiento de las obligaciones de diligencia debida y las posibilidades de actuación con carácter preventivo en todos aquellos supuestos en los que no se hubiera producido ningún daño (en consonancia con el carácter preventivo de la diligencia debida), además de la exigencia de responsabilidad civil cuando tal daño se hubiera producido.

No obstante, el alcance no adecuadamente definido de la normativa citada, la insuficiencia de las pautas legales consignadas en algunos de sus parámetros en relación a las finanzas sostenibles y la consiguiente inseguridad jurídica provocada en el tejido empresarial, entre otros aspectos, hace que la relevancia de las mismas sea realmente cuestionable.

Huelga decir, que los impedimentos prácticos de su aplicación sustantiva, desembocan en la necesidad imperiosa de acometer una revisión en profundidad de los mimbres sobre los cuales se encuentra sustentada la regulación expuesta, en aras a una deseable simplificación de la carga administrativa exigida a las empresas que es, en muchos supuestos, de difícil o imposible cumplimiento.

Así las cosas, es en este marco de actuación donde la Comisión Europea ha mostrado su preocupación[712] no sólo por incrementar la competitividad de la actividad económica empresarial[713], sino tam-

---

712 Como piezas de este proceso de reflexión, en noviembre de 2024, la presidenta de la Comisión, Ursula von der Leyen, anunció su intención de revisar la normativa de sostenibilidad para reducir la carga administrativa sobre las empresas, emergiendo un nuevo ideario que articularía los pilares sobre los que se sostendría la preparación de un Proyecto de Ley Ómnibus, con un enfoque integral en simplificación. A este respecto, ya el Informe *Draghi* 2024 advertía sobre este desafío, señalando que, aunque la UE sigue liderando en sostenibilidad y normativas *ESG*, el exceso de burocracia y las diferentes regulaciones constreñían su aplicación.

713 La Comisión Europea ha experimentado un notable avance en el 2025 en la transformación del sector industrial con la aprobación provisional del *Clean Industrial Deal*. Este pacto tiene el objetivo de impulsar la reindustrialización de Europa mediante la adopción de tecnologías limpias, acelerando la transición

bién, por constreñir los requisitos administrativos impuestos dentro de las que circunscribe el ámbito de la sostenibilidad antes, incluso, de que algunas de sus Directivas hayan sido transpuestas a las diferentes legislaciones nacionales, siendo producido el punto de inflexión en la UE el 29 de enero del presente año, donde ha sido presentada la denominada "Brújula de la Competitividad"[714], que específicamen-

---

hacia una industria más sostenible y competitiva en línea con el *Green Deal*. Se plantan como objetivos específicos una notable reducción de emisiones industriales un 55% para 2030 y en un 90% para 2040, en línea con los compromisos del mencionado Pacto Verde Europeo. Dela misma forma, se propone un impulso a la economía circular proveyendo la reutilización, el reciclaje y la optimización de procesos industriales, con una estimación de 500.000 nuevos empleos para 2030 y un financiamiento total de 100.000 millones de euros. Unido a lo anterior, se incita hacia un avance en innovación en tecnologías limpias fomentando la investigación en captura de carbono, la digitalización, automatización y optimización de procesos, con el fin de fortalecer la competitividad industrial en el mercado global. De misma forma se insta a la necesaria colaboración público-privada potenciando alianzas estratégicas entre empresas, gobiernos y comunidades locales para acelerar la implementación de soluciones sostenibles, además de proponer el establecimiento de fondos específicos para empresas de todos los tamaños y la estructuración de un marco normativo claro y accesible. Además, se plantea la creación de un Banco de Descarbonización Industrial con un fondo objetivo de 100.000 millones de euros, implementando la competitividad económica de Europa, de modo que a medida que los sectores industriales cuentan con tecnologías más limpias y eficientes, esta transposición puede generar 200.000 empleos verdes para 2030, promoviendo, como hemos avanzado, la innovación y fortaleciendo su posición de liderazgo en la economía verde mundial. Sin embargo, la transición también presenta desafíos, especialmente para las PYMES, que pueden enfrentar dificultades para adaptarse a los nuevos estándares. Por ello, el acuerdo incluye mecanismos de apoyo financiero y técnico para facilitar su transformación en su camino hacia la mencionada sostenibilidad.

714 El 29 de enero de 2025, la Comisión Europea emitió una comunicación de prensa dirigida al Parlamento Europeo, al Consejo Europeo, al Consejo, al Comité Económico y Social y al Comité Europeo de las Regiones en la que establece los tres ejes de actuación con los que pretende impulsar la competitividad de la UE. Los tres pilares en los que la Comisión la sustenta son el fomento de la innovación, la alineación del objetivo de descarbonización con las políticas de la Unión para incrementar la competitividad, así como la reducción de las dependencias excesivas de determinados países o proveedores incrementando la resiliencia y la seguridad. Además, lo complementan con cinco medidas esenciales para apuntalar la competitividad en todos los sectores, entre las que se incluyen reducir las barreras al Mercado Único, crear un mercado de capitales eficiente que ayude a que las inversiones fluyan, fomentar las competencias y empleos

te refiere a la "Propuesta Ómnibus" y donde se aboga por una deseada simplificación normativa centrada en alguna de las principales normas en materia de sostenibilidad aprobadas en los últimos años, además de establecerse estándares más estrictos en información no financiera, diligencia debida en Derechos humanos y medioambientales, entre otros aspectos *ESG*[715], los cuales giran hacia un modelo de producción verde y sostenible.

Con sustento en lo que antecede, la nombrada institución europea ha adoptado, de una manera medida, tanto en la forma como en el contenido, e incardinada en sus estrategias de sostenibilidad (las cuales se encuentran engarzadas a los diferentes Cuerpos legales publicados a tales efectos) una serie de propuestas en aras a implementar lo antes expuesto, y con el fin último de liberar una capacidad de inversión adicional tendente a la creación de un entorno empresarial más favorable, además de favorecer la innovación y fomentar, en última instancia, una mejor empleabilidad.

Precisamente por esto, y al aunar los objetivos climáticos y de competitividad, se están generando condiciones para que las empresas de la UE prosperen, atraigan inversiones, alcancen nuestros objetivos compartidos, incluidos los objetivos del Pacto Verde Europeo, además de liberar el potencial económico europeo. En efecto, en enero de 2025, en su discurso del Foro de Davos, la Presidenta de la Comisión destacó la necesidad de que Europa se sumerja en un nuevo cambio de paradigma dentro de un marco contextual de "dura competencia geoestratégica"[716], una necesidad real que se ha intensificado a la luz de los últimos acontecimientos geopolíticos.

---

de calidad, coordinar las políticas a escala nacional y de la Unión Europea y reducir y simplificar drásticamente la carga normativa y administrativa. Por ello, mediante el Plan estratégico de la Comisión para los próximos cinco años se deriva hacia una reducción en un 25% la carga administrativa para empresas y un 35% para PYMES, reforzándose tal iniciativa con el denominado "Paquete *Omnibus*".

715 *Vid European Council. Budapest Declaration on the New European Competitiveness Deal.* En: *https://www.consilium.europa.eu/en/press/press-eleases/2024/11/08/the-budapest-declaration/* (acceso 5 de marzo 2025).

716 *Véase: https://spain.representation.ec.europa.eu/noticias-eventos/noticiasl-de-la-presidenta-von-der-leyen-en-el-foro-economico-mundial-2025-01-21_es* (acceso 4 de marzo 2025).

Siguiendo un *iter* expositivo, en las semanas siguientes, la Comisión presentó su Plan de acción para los próximos cinco años —el denominado *EU Competitiveness Compass*[717]— además del Programa de Trabajo para 2025[718], delimitándose, a tales efectos, una "hoja de ruta" ambiciosa pero con un calendario de implementación muy ajustado.

Puede decirse así, que la piedra angular de la nueva estrategia de la Comisión es el impulso a la innovación, especialmente en el entorno de las empresas emergentes (*start-ups*)[719] como palanca de aumento de la productividad y la competitividad. A la vez, mantiene su apuesta por una "economía descarbonizada"[720], priorizando la inversión en energía limpia, la reducción de costes energéticos y la promoción de tecnologías verdes a través de incentivos a la demanda y la oferta. En parecida sintonía y al objeto de generar un entorno favorable a esta doble transición (digital y verde), la Comisión se ha propuesto, en cumplimiento con los parámetros establecidos "facilitar la vida de las empresas" otorgándoles mayores opciones de financiación.

---

717 En enero de 2025, la Comisión Europea publicó su *Competitiveness Compass* para la UE. Esto estableció los planes de la Comisión Europea para los próximos cinco años y su visión para fortalecer la competitividad de la UE y hacer que la economía de la UE sea más próspera. Los elementos clave identificados incluyeron la necesidad de simplificar el entorno regulatorio en la UE y reducir la carga de informes. Se establecieron objetivos de reducir la carga administrativa en al menos un 25% para todas las empresas y en al menos un 35% para las pequeñas y medianas empresas (PYME). Véase, *Communication from the Commission to the European Parliament, the European Council, the Council, the European Economic and Social Committee and the Committee of the Regions. A Competitiveness compass for the EU, COM (2025) 30 final.*

718 Véase: *https://ec.europa.eu/commission/presscorner/detail/es/ip_25_466* (acceso 10 de marzo 2025)

719 *Vid. https://digital-strategy.ec.europa.eu/es/news/new-initiative-startups-start-and-scale-europe* (acceso 10 de marzo 2025).

720 Traeremos a colación la Comunicación de la Comisión sobre la interpretación y aplicación de determinadas disposiciones legales del acto delegado de taxonomía medioambiental de la UE, el acto delegado de taxonomía climática de la UE y el acto delegado sobre divulgación de información relacionada con la taxonomía de la UE de 5 de marzo de 2025. (C/2025/1373). Disponible en: *https://eur-lex.europa.eu/legal-content/ES/TXT/?uri=OJ:C_202501373OJ:C_202501373* (acceso 22 de abril 2025).

Repárese, por otro lado, que en su sesión del pasado 26 de febrero, la Comisión comenzó a implementar dicho *Plan de Acción* aprobando varias propuestas de simplificación normativa en el ámbito de la sostenibilidad y de la inversión, mereciendo ser destacada su propuesta de estrategia a corto plazo, al objeto de que la industria europea pueda recuperar la deseada competitividad mientras se descarboniza —*Pacto Industrial Limpio*—[721], y que junto a un Plan de Acción de Energía Asequible[722], vaya encaminado a hacer frente a los elevados precios y costes energéticos no sólo para los hogares, sino también, para la industria.

En suma, aunque el tratamiento jurídico que merecen muchas de estas cuestiones no es unívoco al confluir diversos sectores normativos cuyas soluciones no son siempre coincidentes, en las páginas que siguen analizaremos los instrumentos jurídicos que enmarcan las distintas propuestas de simplificación que pueden utilizarse con ese objeto y, partiendo de ellos, considerar la cuestión de su afectación a la información de sostenibilidad, la cual deberá ser presentada, por imposición legal, por parte de determinadas empresas.

---

721 Véase *https://ec.europa.eu/commission/presscorner/detail/es/ip_25_550* (acceso 3 de marzo de 2025.

722 El Plan de Acción pretende reducir los precios de la energía a corto plazo, acelerar la puesta en marcha de reformas estructurales de ahorro de costes y fortalecer los sistemas energéticos europeos para mitigar futuras perturbaciones de precios. Así, la Comisión tratará de reducir los obstáculos para que las industrias electro intensivas celebren contratos energéticos a largo plazo, apoyando los regímenes nacionales e introduciendo herramientas de reducción de riesgos. A estos efectos, la Comisión y el Banco Europeo de Inversiones pondrán en marcha un programa piloto de acuerdos corporativos de compra de electricidad y proporcionarán asesoramiento a los Estados miembros para que puedan combinar este tipo de contratos y los contratos por diferencia. Además, buscará acelerar las inversiones en energía limpia e infraestructuras para reducir los costes de producción de energía, reduciendo los tiempos de concesión de permisos para las energías renovables y las infraestructuras energéticas. Así la cosas, se estima un ahorro de 45.000 millones EUR euros este mismo año, que aumentará progresivamente hasta alcanzar los 130.000 millones EUR de ahorro anual para 2030 y los 260.000 millones EUR en 2040.

2. *Principales medidas del denominado "paquete de simplificación ómnibus"*

El denominado "Paquete de Simplificación *Ómnibus*"[723] de la UE ha marcado un hito significativo para la sostenibilidad en las empresas centrándose en la simplificación de los requisitos de divulgación en materia de sostenibilidad[724] y de diligencia debida al establecer,

---

723 *Omnibus I Brusseles*, 26 de febrero de 2025, COM (2025) 80 final 2025/0044 (COD); *Omnibus* I (COM 2025 81 final; Commission Staff Working Document Accompanying the documents (COM (2025) 80 y COM (2025) 81*; Onmibus* I (COM 2025) 87; *Onmibus* I (COM 2025) 87 Annexes; Commission Staff Working Document Accompanying the documents (COM (2025)87; Taxonomy delegated Acts-Ammenments to make reporting simpler and more cost— effective for companies. Disponible: *https://ec.europa.eu/commission/presscorner/detail/es/qanda_25_615.*

724 Así, está prevista la ejecución de dos medidas de simplificación incluidas en su programa de trabajo para el primer trimestre de 2025, como antes hemos reseñado: la Ómnibus I y la Ómnibus II. La primera de ellas, se centra en la simplificación en materia de información y debida diligencia en el ámbito de la sostenibilidad, y en la revisión de los requisitos del mecanismo de ajuste de frontera por carbono *("CBAM",* por sus siglas en inglés). La segunda refiere, de forma específica, a la simplificación de la inversión (Ómnibus II) el cual se centra en el acceso a los programas e instrumentos de inversión y recoge la propuesta de Reglamento relativa al aumento de la eficacia de la garantía de la UE y a la simplificación de los requisitos de información. Pues bien, todo ello traduce en una serie de modificaciones para simplificar y optimizar el uso de varios programas de inversión, como *InvestEU,* el Fondo Europeo para Inversiones Estratégicas, el Mecanismo Conectar Europa y Horizonte Europa. Respecto al primero, la Comisión busca aumentar la capacidad de inversión de la UE mediante la utilización de los rendimientos de inversiones anteriores, así como el uso optimizado de los fondos aún disponibles. Espera movilizar unos 50.000 millones EUR entre inversiones públicas y privadas. Esta cifra se alcanzará gracias a un incremento en el tamaño de la garantía de la UE de 2.500 millones y al facilitar el uso combinado de la garantía *InvestEU* con la capacidad existente disponible en el marco de tres programas heredados *(FEIE,* Instrumento de Deuda del *MCE* y Mecanismo de Deuda *InnovFin)* para apoyar nuevas operaciones de financiación e inversión. Asimismo, el Ejecutivo europeo pretende facilitar a los Estados miembros la contribución *InvestEU,* simplificar los requisitos administrativos para las empresas (con especial foco en las PYMES) e intermediarios financieros. La Comisión calcula que estas medidas generarán un ahorro de 350 millones para las empresas. Por otro lado, está previsto que la Comisión presente un tercer paquete Ómnibus centrado las pequeñas empresas de mediana capitalización y la supresión de requisitos burocráticos durante el segundo trimestre del 2025.

entre otras medidas sustanciales, el poder retrasar la implementación y aumentar los umbrales de aplicación, manteniendo al mismo tiempo, la alineación con los principios del Pacto Verde de la UE y su complementario Pacto Industrial Limpio (*Clean Industry Deal*)[725] en aras al mantenimiento de prácticas empresariales responsables.

Huelga decir que dicha simplificación ha sido necesaria debido a diversas razones, tales como la pérdida de competitividad[726] de las

---

725 La comunicación del *Clean Industrial Deal* de la Comisión Europea (26 de febrero 2025) tiene como objetivo general promover una industria competitiva y descarbonizada, en la que esta reducción de emisiones sea rentable y alcanzable. Para ello propone, entre otras medidas, las siguientes: 1. Fomentar la demanda de productos descarbonizados, creando mercados líderes para tecnologías y productos europeos limpios. En esta línea, a finales de 2025 se publicará el Industrial *Decarbonisation Accelerator Act;* 2. Apoyo en la economía circular, reduciendo la dependencia de proveedores poco fiables y creando el *Circular Economy Act* que, a partir de 2026, facilitará el mercado de productos circulares y materiales secundarios; 3. Desarrollar planes de transición sectoriales para facilitar decisiones de inversión informadas, con foco especial en las PYMES; 4. Actualizar la Directiva de Contratación Pública para dar más peso a los criterios de sostenibilidad; 5. Apoyo de una transición justa, con medidas como la creación del *EU Talent Pool* —portal de empleo—, la *Union of Skills* —para facilitar el desarrollo de capacidades— o el *Quality Jobs Roadmap*— de apoyo a los empleados—; 6. Disminución del coste de la electricidad. Con sustento en lo expuesto, ha sido publicado el Plan de Acción de Energía Asequible, que propone medidas a corto plazo, como la eficiencia energética o mejorar los mercados de gas y reformas estructurales a medio y largo plazo, como la creación de una Unión Energética. Véase: *https://commission.europa.eu/topics/eu-competitiveness/clean-industrial-deal_es* (acceso 5 de marzo de 2025).

726 La carga regulatoria se ha convertido en un freno para la competitividad de Europa". La complejidad y duración de los procedimientos administrativos y de obtención de permisos hacen que la UE sea menos atractiva para la inversión que otras regiones. Por ello, la Comisión se ha propuesto: Reducir, a través de distintas normas ómnibus, las obligaciones generales de información de las empresas en un 25%, elevando este umbral hasta el 35% en el caso de las PYMES. Simplificar y agilizar los procedimientos para acceder a los fondos de la UE y obtener decisiones administrativas. Utilizar formatos digitales y estandarizados, siempre que sea posible, e impulsar una nueva herramienta —el "*European business wallet*"— para digitalizar la interacción entre las empresas y las administraciones públicas. En la Comunicación "A *simpler and faster Europe*" (dentro de la *Political Guidelines* 2024-2029 *European Commission*) detalla su estrategia para mejora la aplicación de la normativa europea, simplificarla y reducir las cargas administrativas, y aclara que la reducción de cargas burocráticas ("*red tape*") no se limitará a los requisitos de información.

empresas europeas, los elevados costes que han asumido para cumplir con las nuevas regulaciones y el contexto internacional marcado por la administración estadounidense, menos enfocada actualmente en políticas climáticas y en los principios *ESG*.

Siendo este el contexto, entendemos, por tanto, que éste primer "Paquete Ómnibus" reúne propuestas en diversos ámbitos legislativos conexos[727] además de abarcar una simplificación de gran alcance en los cauces de la presentación de información sobre finanzas sostenibles[728], diligencia debida en materia de sostenibilidad, Taxonomía de la UE, los Mecanismos de Ajuste en Frontera por Carbono[729], y los Programas de Inversión Europeos[730].

---

727 La Propuesta, que la Comisión ha solicitado al Parlamento y al Consejo que sea tramitada de forma prioritaria, incluye: Una directiva que retrasaría la aplicación de la Directiva sobre información corporativa en materia de sostenibilidad (2022/2464/UE) —la "Directiva *CSRD*"— y la Directiva sobre debida diligencia en materia de sostenibilidad (2024/1760/UE) —la "Directiva *CS3D*". También una Directiva que modificaría determinados requisitos de los informes de sostenibilidad y de la debida diligencia reformando la Directiva *CSRD*, la Directiva *CS3D*, la Directiva Contable (2013/34/UE) y la Directiva de Auditoría (2006/43/CE) y un acto delegado que modificaría el Reglamento Delegado 2021/2178/UE (la norma técnica del artículo 8 del Reglamento de Taxonomía), el Reglamento Delegado de la taxonomía climática (2021/2139/UE) y el Reglamento Delegado de la Taxonomía no climática (2023/2486/UE). Además, un reglamento de modificación del Reglamento del Mecanismo de Ajuste de Frontera por Carbono (*CBAM*) (2023/956/UE y un Reglamento de simplificación de los programas de inversión europeos.

728 *Vid. Europe Competitive Compass* (*https://commission.europa.eu/priorities-2024-2029/competitiveness_en*).

729 Véase el Reglamento de Ejecución (UE) 2025/486 de la Comisión, de 17 de marzo de 2025, por el que se establecen las normas de desarrollo del Reglamento (UE) 2023/956 del Parlamento Europeo y del Consejo en lo que respecta a los requisitos y procedimientos relativos a la condición de declarante autorizado a efectos del Mecanismo de Ajuste en Frontera por Carbono (MAFC).

730 El Informe *Draghi* 2024 ya advertía sobre este desafío, señalando que, aunque la UE sigue liderando en sostenibilidad y normativas ESG, el exceso de burocracia podría estar limitando el crecimiento económico y la capacidad de sus empresas para competir a escala global. En particular, el informe subrayaba que: "Las empresas innovadoras que buscan escalar en Europa se ven obstaculizadas en cada etapa por regulaciones inconsistentes y restrictivas". Disponible: *https://commission.europa.eu/topics/eu-competitiveness/draghi-report_en* (acceso 4 de marzo 2025).

Como bien pude intuirse, dichas propuestas interconectadas reducirán, sin duda, la complejidad de los requisitos de la UE para todo el elenco empresarial, especialmente con referencia a las PYMES y a las pequeñas empresas de mediana capitalización, además de centrar el marco regulador en las empresas de mayor tamaño, que son las que probablemente, tengan un considerable impacto en el clima y el medio ambiente permitiéndose, al mismo tiempo, el acceso a una financiación sostenible tendente al logro de una deseada transición limpia.

Bajo estas ideas expositivas, la iniciativa adoptada por la Comisión Europea el 26 de febrero, incluye dos propuestas de Directiva por las que son modificadas la *CSRD,* la *CS3D* y es aplazada la aplicación de los requisitos de información de la *CSRD* y el plazo de transposición y aplicación de la mencionada *CS3D.* De la misma forma, es establecido un proyecto de acto delegado por el que son modificados determinados actos delegados en materia de Taxonomía, además de dos propuestas de Reglamento por las que son producidos cambios sustantivos en el Reglamento del Mecanismo de Ajuste en Frontera por Carbono[731] y el Reglamento *InvestEu*[732].

---

731 *Vid.* Reglamento (UE) 2023/956 por el que se establece un Mecanismo de Ajuste en Frontera por Carbono. Adicionaremos, como Documentos conexos, el Reglamento de Ejecución (UE) 2023/1773 de la Comisión, de 17 de agosto de 2023, por el que se establecen las normas de desarrollo del Reglamento (UE) 2023/956 del Parlamento Europeo y del Consejo en lo que respecta a las obligaciones de presentación de informes a efectos del Mecanismo de Ajuste en Frontera por Carbono durante el período transitorio; el Reglamento (UE) 2021/1119 del Parlamento Europeo y del Consejo, de 30 de junio de 2021, por el que se establece el marco para lograr la neutralidad climática y se modifican los Reglamentos (CE) 401/2009 y (UE) 2018/1999 ("Legislación Europea sobre el Clima"); Decisión Delegada (UE) 2019/708 de la Comisión, de 15 de febrero de 2019, que completa la Directiva 2003/87/CE del Parlamento Europeo y del Consejo en lo referente a la determinación de los sectores y subsectores que se consideran en riesgo de fuga de carbono para el período 2021-2030; el Reglamento 2018/841 del Parlamento Europeo y del Consejo, de 30 de mayo de 2018, sobre la inclusión de las emisiones y absorciones de gases de efecto invernadero resultantes del uso de la tierra, el cambio de uso de la tierra y la silvicultura en el marco de actuación en materia de clima y energía hasta 2030, y por el que se modifican el Reglamento (UE) 525/2013 y la Decisión 529/2013/UE.

732 Véase Reglamento (UE) 2021/523 del Parlamento Europeo y del Consejo de 24 de marzo de 2021 por el que se establece el Programa *InvestEU* y se modifica el Reglamento (UE) 2015/1017, en el cual se insertan, como principales objetivos, el abordar los fallos de mercado y las situaciones de inversión subóptimas a es-

Sea como fuere, a nuestro parecer, los cambios propuestos por el legislador europeo a las Directivas *CSRD* y *CS3D* se dirigen mucho más allá de una mera simplificación sustantiva de sus regímenes, asemejándose más a una "desregulación normativa"[733], siendo sus ejes principales objeto de nuestro análisis en los apartados subsiguientes.

2.1. Cambios con relación a la Directiva de información corporativa en materia de sostenibilidad (*CSRD*)

Como ya hemos puesto de relieve, el objetivo de la reforma propuesta por la Comisión es reducir los requisitos de información para las empresas sujetas a la Directiva *CSRD*[734] y los efectos colaterales que el cumplimiento de esta normativa tiene sobre otras compañías de menor tamaño[735].

---

cala de la Unión o específicas de los Estados miembros y establecer pruebas de mercado a escala de la Unión de productos financieros innovadores pensados para hacer frente a los mismos, así como pruebas de sistemas para la distribución de dichos productos, no pueden ser alcanzados de manera suficiente por los Estados miembros, sino que pueden lograrse mejor a escala de la Unión, esta puede adoptar medidas, de acuerdo con el principio de subsidiariedad establecido en el artículo 5 del TUE, siempre acorde con el principio de proporcionalidad establecido en el citado precepto.

733 Como veremos, el Documento de Trabajo de los Servicios de la UE (*EU Staff Woking Document*) que acompaña al Paquete Ómnibus reconoce una serie de mecanismos que siguen en vigor en virtud de los cuales (o de otros textos) se alcanzarían los mismos resultados es muchos aspectos, mostrando que la ambición general de estas normas no ha cambiado (a pesar de que se hayan suavizado los medios para lograr esos fines). Por ejemplo, aunque la *CS3D* ya no obligará a las empresas a ir más allá del nivel 1 de diligencia debida con los proveedores, se prevé está obligación de diligencia debida cuando una empresa tenga "información verosímil" que apunte a la existencia de efectos adversos en otros niveles de su cadena de suministro. Del mismo modo, la eliminación de la obligación de poner en práctica un plan de transición para la mitigación del cambio climático bajo el mencionado Cuerpo legal.

734 Se sigue manteniendo el concepto de doble materialidad. Este planteamiento holístico de captar tanto la materialidad financiera como la materialidad de impacto complementa los procesos tradicionales de evaluación de riesgos para garantizar una visión más completa y granular de los impactos, riesgos y oportunidades.

735 La redacción del artículo 5 (2) *CSRD* (trasposición) dista de ser clara. Parece que la intención de su literal es que respecto a las obligaciones de presentación de la información de las empresas incluidas en su ámbito de aplicación que de-

A tales efectos, se propone una reducción del ámbito de aplicación subjetivo de la Norma citada[736]. En esta sintonía, y de conformidad con el tenor sustantivo del artículo 2 de la inicial Propuesta que, entre otras cosas, modificaba el apartado 1 del artículo 19 *bis* de la Directiva en materia de Contabilidad[737], sólo estarían obligadas a

---

ban presentar información en 2025, si permanecen en el ámbito de aplicación sus próximas declaraciones de sostenibilidad deberían presentarse en 2028 con respecto al ejercicio de 2027. En cambio para las empresas incluidas en su ámbito de aplicación que deben presentar información en 2026 respecto al ejercicio 2025 y 2027 respecto al ejercicio 2026 se aplazarán dos años. Para éste último grupo, ya existía una opción de exclusión de dos años que podía ejercerse para retrasar la presentación de información hasta 2029 respecto al ejercicio 2028.

736 De esta forma, una empresa posea "información plausible" (concepto definido ampliamente en el nuevo artículo 8 (2a) de la Directiva de Diligencia Debida) que indique que un socio comercial indirecto está perjudicando los derechos humanos o el medio ambiente. Se trata, como indicaremos, de un cambio notable con respecto al enfoque horizontal original, que exigía el escrutinio de toda la cadena de valor. A tales efectos, el nuevo texto se ajusta a las prácticas de algunos ordenamientos jurídicos nacionales, como la Ley alemana sobre la cadena de suministro (*Lieferkettensorgfaltspflichtengesetz*), la cual también se centra en los nombrados proveedores directos. Igualmente, se han modificado el apartado 6 del artículo 10 y el apartado 7 del artículo 11 de la Directiva de Diligencia Debida, tal como se propusieron, al objeto de aclarar que cuando exista una expectativa razonable de que un plan de acción de prevención reforzada pudiera llegar a tener éxito, el mero hecho de seguir relacionándose con el socio comercial, no desencadenará, en última instancia, la responsabilidad de la empresa. De la misma forma, la Propuesta restringe la definición de "parte interesada" que figura en el artículo 3(1)(n) de la Directiva de Diligencia Debida al objeto de abarcar únicamente a los trabajadores, sus representantes legítimos y las personas o comunidades "directamente" afectadas por las operaciones de una empresa o sus socios. A estos efectos, las obligaciones de participación de las partes interesadas, que antes se aplicaban en múltiples fases de la diligencia debida, se limitan a fases significativas: la identificación de impactos, el diseño de medidas correctoras y la mejora de los planes de acción (artículo 4 (2) de la Propuesta). De la misma forma, la periodicidad de la supervisión se modifica de anual a quinquenal, sujeta a evaluaciones *ad hoc* si surge nueva información (*ex* artículo 15 de la Directiva de Diligencia Debida, modificado por la Propuesta), además de efectuarse una reducción de las obligaciones de supervisión continua, reconociendo que algunos sectores pueden no necesitar auditorías anuales una vez establecidas metodologías estables de evaluación del cumplimiento normativo, tal y como queda reflejado en el artículo 4 (8) de la Propuesta).

737 *Vid.* Directiva 2013/34/UE del Parlamento Europeo y del Consejo, de 26 de junio de 2013 sobre los estados financieros anuales, los estados financieros consolidados y otros informes afines de ciertos tipos de empresas, por la que se

presentar información sobre sostenibilidad[738] las grandes empresas con una media de más de 1.000 empleados durante el ejercicio fiscal y con un volumen neto de la cifra de negocios superior a 50 millones EUR[739] o con un activo total superior a 25 millones EUR de balance[740].

Bajo las anteriores precisiones, se altera el anterior umbral fijado en una cifra media de empleados durante el ejercicio fiscal de 250, eliminándose el régimen de información obligatoria para las PYMES cotizadas, suprimiéndolas, de esta forma, del circunscrito ámbito de aplicación de la Directiva del Informe de Sostenibilidad. En efecto, la Exposición de Motivos redactada por la Comisión justifica este reajuste efectuando concreta referencia a los problemas de competitividad planteados en recientes comunicaciones políticas (Expositivos (5) y (6) de la Propuesta).

Dentro de dicho ámbito expositivo, una característica destacada del mismo es su efectiva alineación con las disposiciones clave de la Directiva de Diligencia Debida, que también refiere a una referencia de 1.000 empleados. Así las cosas, al reducirse los parámetros de información, la Propuesta pretende aliviar la ingente carga administrativa en materia de cumplimiento normativo para las PYMES cotizadas

---

modifica la Directiva 2006/43/CE del Parlamento Europeo y del Consejo y se derogan las Directivas 78/660/CEE y 83/349/CEE del Consejo.

738 Debemos recordar que como elementos clave de la *CSRD* se sigue manteniendo la obligación de informar para las empresas más grandes, tanto de la UE como de terceros países. Para las empresas fuera del ámbito de aplicación, se fomentará la información voluntaria. Esto significa que las empresas con mayor impacto seguirán teniendo que ser transparentes sobre su gestión y desempeño en materia de sostenibilidad.

739 *Cfr.* artículo 40 *bis* de la Propuesta.

740 Sigue subsistiendo un marco estructurado para los citados informes de sostenibilidad. En efecto, el primer set de los ESRS sigue siendo aplicable, aunque se identifican reducciones en las siguientes áreas: (i) Reducción de los requisitos de información y de los datos que deben comunicarse; (ii) aclaración de determinadas disposiciones; y (iii) mejora de la consistencia con otras legislaciones. En cualquier caso, el objetivo de estas normas consiste en impulsar un lenguaje común sobre sostenibilidad en la UE. Además, se mantiene el aseguramiento limitado obligatorio para los informes con obligación de reportar al objeto de promover la fiabilidad de la información sobre sostenibilidad disponible en el mercado para diferentes usos (a modo ejemplificativo, gestión de riesgos, integración para la toma de decisiones y soporte para la creación de valor).

manteniéndose, al mismo tiempo, las obligaciones de información para las grandes empresas.

Unido a lo que antecede, dado que la "Directiva del Estado de Información No Financiera"[741] (acrónimo en inglés, "*NFRD*") se aplicaba originalmente a las empresas con más de 500 empleados, el alcance de la divulgación obligatoria de la sostenibilidad es en la actualidad mucho más restrictivo que en la nombrada *NFRD*, lo que indudablemente refleja una elección deliberada, como hemos avanzado, de reducir sustancialmente los costes administrativos (artículo 2, apartado 2, de la Propuesta, que modifica el artículo 19 *bis* de la Directiva en materia de Contabilidad expuesta).

En la práctica, quedarían excluidas alrededor del 80% de las compañías actualmente sujetas a la *CSRD*. Esto incluye a muchas de las empresas que, conforme a la actual versión del citado Cuerpo legal deberían presentar información de sostenibilidad en 2025 o 2026, y a las PYMES cotizadas. En efecto, el Texto modificado suprime el mecanismo original que permitía a las mismas aplicar normas de información simplificadas (establecidas anteriormente en el literal de los artículos 19 *bis* y 29 *quater* de la Directiva en materia de Contabilidad). Por tanto, las PYMES que coticen en mercados regulados ya no se encontrarán sujetas a obligaciones de divulgación de información en materia de sostenibilidad, disipando así la preocupación de que dichas empresas soporten costes desproporcionados (artículos 2 (2) (c) y 2 (7) de la Propuesta)[742].

---

741 Véase Directiva 2014/95/UE del Parlamento Europeo y del Consejo de 22 de octubre de 2014 por la que se modifica la Directiva 2013/34/UE en lo que respecta a la divulgación de información no financiera e información sobre diversidad por parte de determinadas grandes empresas y determinados grupos. Disponible en: *https://eur-lex.europa.eu/legal-content/ES/TXT/?uri=celex%3A32014L0095* (acceso 3 de. Las grandes empresas y, a partir del 1 de enero de 2026, las pequeñas y medianas empresas que formen parte de las empresas contempladas en el artículo 2, punto 1, letra a), incluirán en el informe de gestión la información necesaria para comprender el impacto de la empresa en las cuestiones de sostenibilidad, y la información necesaria para comprender cómo afectan las cuestiones de sostenibilidad a la evolución, los resultados y la situación de la empresa.

742 El texto modificado suprime el mecanismo original que permitía a las PYMES cotizadas en mercados regulados aplicar normas de información simplificadas (establecidas anteriormente en los artículos 19 *bis* (6) (7) y 29 *quater* de la Directiva en materia de Contabilidad). Así las cosas, según la Propuesta de nueva

A mayor abundamiento, es posible apuntar que aquellas empresas que no estén sujetas a la Directiva *CSRD* podrán optar por informar sobre sostenibilidad utilizando unos estándares voluntarios los cuales serán aprobados por la Comisión, además de similares a los desarrollados por el *EFRAG*[743] para las PYMES (los "*VSME*"), con lo que a estos efectos, se lograría un mayor incentivo a más compañías para proporcionar una adecuada información de sostenibilidad, además de poder utilizar la pautas delimitadas por el Reglamento de Taxonomía.

Por otra parte, de la lectura de sus presupuestos, no debemos obviar las limitaciones al ámbito de aplicación sobre la cadena de valor y normas voluntarias para las entidades no incluidas en el mismo, teniendo como base jurídica la modificación de los artículos 19 *bis*, apartado 3, y 29 *bis*[744], apartado 3 de la Directiva en materia de Contabilidad, que se han desarrollado en el nuevo artículo 29ca de la reforma proyectada.

En particular, tal y como se propone actualmente, se dispone que las empresas que publiquen sus informes de sostenibilidad en el marco de la Directiva del Informe de Sostenibilidad "no tratarán de obtener de las empresas de su cadena de valor con menos de 1.000 empleados ninguna información más detallada que la especificada en las normas uso de voluntario" (*ex* artículos 2 (2) (b) (i) y (4) (b) (i) de la Propuesta). A su vez, se protege de forma efectiva a los pequeños operadores del mercado de solicitudes desmesuradas de información.

---

redacción de los artículos 19 bis (3) y 29 bis (3) de la Directiva en materia de Contabilidad, las PYMES que coticen en mercados regulados ya no estarán sujetas a obligaciones de divulgación de información en materia de sostenibilidad, disipando así la preocupación de que dichas empresas soporten costes desproporcionados (ex artículos 2 (2) (c) y 2 (7) de la Propuesta).

743 *Cfr.* artículo 29 *sexies* (Normas voluntarias para la presentación de información sobre sostenibilidad de la Directiva de Contabilidad).

744 Las modificaciones propuestas al artículo 29 de la Directiva de Diligencia Debida implican que las reclamaciones de responsabilidad pasarán a depender de los ordenamientos jurídicos nacionales. Esto ofrece a los Estados miembros la oportunidad de mantener o introducir normas específicas respecto a los regímenes de responsabilidad civil, limitando posibles riesgos de dichas reclamaciones debido a los cambios sustantivos y al amplio enfoque armonizador de la Directiva de Diligencia Debida.

De otra parte, resulta significativo mencionar, que la Propuesta faculta a la Comisión para adoptar un acto delegado por el que sean establecidas normas voluntarias de presentación de información sobre sostenibilidad (las "Normas Voluntarias") elaboradas por el *EFRAG* (*European Financial Reporting Advisory Group*[745]) para aquellas empresas que queden fuera del nuevo ámbito de aplicación de la Directiva del Informe de Sostenibilidad (*ex* artículo 2 (8) de la Propuesta.)

Paralelamente, y en lo que refiere a las Normas Voluntarias, éstas ofrecen una alternativa significativamente más simple y proporcionada para que las PYMES muestren sus credenciales en materia de sostenibilidad sin tener que enfrentarse a las exigencias formales insertadas en la Directiva antedicha[746]. Siendo esto así, éste mecanismo, tal y como se ha propuesto, reduce el denominado "efecto goteo" que tanto se había criticado, dado que, con relativa frecuencia, las grandes empresas imponían a sus socios más pequeños requisitos de información casi idénticos a los que ellas mismas estaban sujetas[747].

---

745 Lo complementaremos con los documentos de orientación para la implementación del Estándar de Reporte de Sostenibilidad Empresarial (*ESRS*). Estos documentos, titulados *EFRAG IG Materiality Assessment* (Evaluación de Materialidad), *EFRAG IG 2 Value Chain* (Cadena de Valor) y *EFRAG IG 3 ESRS Data points* (Datos Detallados de las *ESRS*). No debemos olvidar la aprobación del paquete simplificador "*Omnibus*" y la Directiva "*Stop the clock*" 2025 o de suspensión temporal que forma parte del paquete *Omnibus* I que tendremos ocasión de comentar en el presente trabajo, de forma detenida.

746 La Propuesta también contemplaba la posposición de la segunda y de la tercera "oleada" de la Directiva del Informe de Sostenibilidad (Expositivo (5) y artículo 3 de la Propuesta), lo que significa que las grandes empresas y las PYMES recientemente incluidas en el ámbito de aplicación de la Directiva del Informe de Sostenibilidad no tendrían que hacer frente a obligaciones inmediatas de información en 2025 o 2026 para quedar posteriormente exentas por la Propuesta. Este aplazamiento ayuda a evitar un escenario en el que las medianas empresas inviertan grandes cantidades en el cumplimiento de sus obligaciones, para ser posteriormente excluidas del ámbito de aplicación de la Directiva del Informe de Sostenibilidad (tras la aprobación de la Propuesta). Además, se ha relajado la obligación de formato digital, lo que significa que las empresas no están obligadas a proporcionar datos de sostenibilidad en un formato estructurado (*XHTML)* hasta que se adopte un acto de desarrollo de este aspecto (artículo 2(9), que sustituye el artículo 29 d) de la Propuesta).

747 *Cfr.* artículos 19 *bis*, 29 *bis*, 29 *ter*, 29 *sexies* y 34. 2 a) de la Propuesta.

Desde una perspectiva material, debe advertirse que a los fines de la Propuesta, es introducida una salvedad explícita en el segundo párrafo del apartado 3 del artículo 19 *bis*, cuyo literal reseña "que si una empresa incluida en el ámbito de aplicación de la Directiva del Informe de Sostenibilidad respeta los umbrales establecidos en las Normas Voluntarias para las solicitudes de información pertinentes, se considerará que cumple con sus propias obligaciones de información sobre la cadena de valor (*value chain cap*)"[748].

Por otra parte, se prevé, de igual manera, una simplificación de los actuales estándares comunes de divulgación ("*ESRS*")[749] al objeto de una mejora de su consistencia. A tales efectos, la Comisión deberá efectuar una revisión de los mismos[750] con el fin último del logro de simplificación de las obligaciones de información de compañías que continúen estando sometidas a los parámetros de la Directiva *CSRD*, lo que ineludiblemente implica, *per se*, la eliminación del mandato de desarrollar dichos *ESRS* sectoriales[751], además de la posibilidad de que la verificación de la información transite del "aseguramiento o seguridad limitada" a la "seguridad razonable".

Desde otra perspectiva, únicamente las grandes compañías con más de 1.000 empleados y un volumen de negocios de, al menos, 450 millones EUR, tendrán obligación de informar sobre su alineación

---

748 Recordaremos, que la información a divulgar seguirá abarcando toda la cadena de valor, más allá de las operaciones propias. Sin embargo, para poder reducir la carga y la complejidad, las propuestas pretenden limitar la información a cubrir en relación a la cadena de valor.

749 *European Sustainability Reporting Standars*. Disponible: *https://finance.ec.europa.eu/news/commission-adopts-european-sustainability-reporting-standards-2023-07-31_en* (acceso 5 de marzo 2025).

750 Fueron adoptados por el Reglamento delegado 2023/2772, de la Comisión en diciembre de 2023. Disponible: *https://eur-lex.europa.eu/legal-content* (acceso 4 de marzo 2025).

751 El 25 de abril de 2025 el EFRAG ha presentado a la Comisión Europea su plan de trabajo para revisar y simplificar los *European Sustainability Reporting Standards*, en cumplimiento del mandato recibido el 27 de marzo de 2025. El objetivo es reducir la carga informativa para las empresas, manteniendo la calidad y eficacia de los informes, recordando que el proceso incluye una consulta pública entre finales de julio y principios de septiembre, con entrega final prevista para el 31 de octubre de 2025. Disponible: *https://www.efrag.org/en/news-and-calendar/news/efrag-delivers-work-plan-to-the-european-commission-in-response-to-esrs-simplification-mandate* (acceso 12 de mayo 2025).

con la taxonomía. En estas circunstancias, el resto de las empresas que se encuentran sometidas a la Directiva *CSRD* que no logren alcanzar los umbrales referenciados, tendrán la posibilidad de emplear las pautas inherentes a dicha taxonomía de manera voluntaria.

Por tanto, un mayor énfasis en la financiación de transición permite que se informe sobre la alineación parcial con la Taxonomía, siendo deseable reflejar, de esta forma: a) una simplificación de las plantillas de presentación de informes; b) una introducción de un determinado umbral de materialidad al objeto de que la divulgación del alineamiento no sea obligatoria para las empresas con menos del 10% de actividades elegibles; c) el permitir que los bancos puedan excluir del denominador del *Green Assets Ratio* (el ratio de activos verdes)[752] exposiciones relacionadas con compañías no sujetas a la *CSRD* y (d) la posibilidad de introducir simplificaciones factibles de los criterios de "no causar un perjuicio significativo" más complejos, en aras a la prevención y el control de la contaminación relacionados con el uso y la presencia de sustancias químicas, que son aplicadas horizontalmente a cualquier sectores económicos en el marco de la Taxonomía de la UE.

El seguidismo formal de todo ello deriva a que en la mencionada Propuesta se inserte un régimen de "inclusión voluntaria" en el que las grandes empresas con más de 1000 empleados de media (esto es, como hemos avanzado, empresas que tienen más de 1000 empleados y un volumen de negocios superior a 50 millones EUR o un balance superior a 25 millones EUR) y un volumen de negocios neto no supe-

752 En donde se permitirá el uso de estimaciones y aproximaciones para la divulgación y la aplicación del principio de materialidad para excluir partes de negocio no materiales. Este punto lo relacionaremos con el Reglamento delegado (UE) 2021/2178 de la Comisión, de 6 de julio de 2021 por el que se completa el Reglamento (UE) 2020/852 del Parlamento Europeo y del Consejo mediante la especificación del contenido y la presentación de la información que deben divulgar las empresas sujetas a los artículos 19 *bis* o 29 *bis* de la Directiva 2013/34/UE respecto a las actividades económicas sostenibles desde el punto de vista medioambiental, y la especificación de la metodología para cumplir con la obligación de divulgación de información. Disponible en: *https://eur-lex.europa.eu/legal-content/ES/TXT/HTML/?uri=CELEX:32021R2178* (acceso 7 de marzo 2025).

rior a 450 millones EUR, afirmen que sus actividades están alineadas o parcialmente alineadas con la Taxonomía de la UE.

En todo caso se deduce, que la modificación propuesta, tal como se encuentra planteada, ofrece más flexibilidad al permitir que aquellas empresas incluidas en su ámbito de aplicación, puedan informar sobre actividades que cumplan determinados criterios técnicos de selección del Reglamento de Taxonomía, pero sin la necesidad de tener que ejecutar todos ellos.

Bajo esta orientación, deberán hacer públicos su volumen de negocios y los *KPI* de *CapEx* (gastos de capital) y podrán optar por divulgar sus *KPI* de *OpEx* (gastos operativos). Pues bien, bajo este nuevo enfoque eliminará por completo el coste del cumplimiento de las normas de información de la Taxonomía para las grandes empresas con más de 1000 empleados de media, las cuales podrán optar por informar voluntariamente, de conformidad con los estándares voluntarios para PYMES elaborado por el *EFRAG*[753].

Finalmente, la Comisión ha propuesto una demora de dos años la entrada en vigor de los requisitos de información para las grandes empresas que aún no han empezado a reportar bajo estos nuevos parámetros, recordando que no han sido establecidos, hasta el momento actual, nuevos requisitos sectoriales.

---

753 El pasado 17 de diciembre, el *EFRAG* publicó el Estándar Voluntario de Reporte de Sostenibilidad para las PYMES no cotizadas (*Voluntary Sustainability Reporting Standard for non-listed SMEs, "VSME"*). Esta iniciativa forma parte del Paquete de Apoyo a PYMES (*SME Relief Package*) aprobado por la Comisión Europea en 2023 y se suma a las numerosas acciones emprendidas en los últimos años para fomentar que las empresas faciliten más información al mercado sobre sus principales riesgos en el ámbito de la sostenibilidad, su estrategia para abordarlos y su desempeño respecto a empresas similares, y para que esta información sea lo más homogénea posible. El *VSME* ha sido diseñado específicamente para microempresas, pequeñas y medianas empresas (PYMES) que no cotizan en bolsa y no estén sujetas a la Directiva 2022/2464/UE de Informes de Sostenibilidad. Véase *https://www.efrag.org/en/news-and-calendar/news/efrag-releases-educational-videos-on-the-voluntary-sustainability-reporting-standard-for-nonlisted*

2.2. Revisión de las Normas Europeas de Información sobre Sostenibilidad (*NEIS*)[754]

En este mismo contexto normativo, los apartados 3 y 4 del artículo 29b (1) de la Directiva en materia de Contabilidad (modificada por

---

[754] Véase Reglamento delegado (UE) 2023/2772 de la comisión de 31 de julio de 2023 por el que se completa la Directiva 2013/34/UE del Parlamento Europeo y del Consejo en lo que respecta a las normas de presentación de información sobre sostenibilidad Aplicable de forma obligatoria en los Estados miembros desde el 1 de enero de 2024, este catálogo de 12 normas, con 100 requisitos de información y 1000 puntos de datos, está enfocado a la elaboración de unos informes de sostenibilidad que tengan unos criterios y forma comunes para todos los estados miembros. Así, la elaboración de estos informes nace, junto con otras muchas políticas, del Pacto Verde Europeo (https://www.consilium.europa.eu/es/policies/green-deal/) aprobado en 2019, y cuyo objetivo es el de promover negocios sostenibles y que la UE alcance la neutralidad climática en el año 2050. A partir de la CSRD, se desarrolla este catálogo de 12 Normas NEIS que incluyen los criterios para la realización de los informes de sostenibilidad. Las mismas se desarrollan para que tengan una alta interoperabilidad con otros marcos y estándares internacionales de sostenibilidad, como son el *Global Reporting Initiative* (*GRI*) o los Estándares globales de *reporting* en sostenibilidad (*ISSB*), entre otros. De la misma forma, pretende dar una información consistente con otras normativas de finanzas sostenibles (Taxonomía y Reglamento *SFDR*). Así, la información obtenida deberá presentarse en formato *ESEF* (Formato Electrónico Único Europeo) pretendiendo mejorar la comparabilidad y facilidad de uso de la información financiera, tanto por inversores, como por analistas financieros, debiendo la misma estar disponible al público. De la misma forma, la responsabilidad final de estos informes recae sobre la junta directiva de la empresa, por lo que deberán remitir junto con su presentación una declaración de conformidad. Además, será obligatoria una verificación externa de la información presentada en estos informes. Las mismas se dividen en 2 categorías principales que tienen un carácter transectorial (aplicables a todas las empresas, independientemente del sector en el que operen). Unido a todo lo anterior, se delimitan en NEIS Transversales: las 2 primeras normas del catálogo, NEIS 1 y NEIS 2, son normas generales que estructuran el resto de NEIS. NEIS 1: describe la arquitectura de las normas NEIS, las convenciones de redacción y los conceptos fundamentales, y establece los requisitos generales para preparar y presentar la información relacionada con la sostenibilidad. Por otro lado, las NEIS 2 establecen requisitos de divulgación de la información que la empresa debe facilitar a nivel general sobre las cuestiones de sostenibilidad de importancia relativa en relación con los ámbitos de gobernanza, estrategia, gestión de incidencias, riesgos y oportunidades (*IRO*), parámetros y metas.

la Directiva del Informe de Sostenibilidad)[755] exigía a la Comisión adoptar normas sectoriales de presentación de información sobre sostenibilidad antes de junio de 2026.

Así las cosas, la Propuesta suprime la facultad de la Comisión de poder adoptar normas sectoriales específicas mediante actos delegados. Con ello, se pretende evitar un aumento en el número de puntos de datos ("*data points*") sobre los que las empresas deben reportar, permitiendo a las mismas evitar obligaciones sectoriales adicionales (artículo 2(6)(a) de la Propuesta).

Como bien pude intuirse, éste ámbito legal positivo elimina los requisitos establecidos por la Directiva del Informe de Sostenibilidad que obliga a las empresas que se encuentran dentro de su ámbito de aplicación a reportar, con carácter obligatorio, la información en materia de sostenibilidad de conformidad con las citadas Normas Europeas de presentación de Información sobre Sostenibilidad, respondiendo, en esencia, la modificación propuesta a las preocupaciones planteadas por las empresas, que solicitaban que se pospusiera o que se suprimiera la aplicación de normas sectoriales de presentación de información sobre sostenibilidad en el marco de la Directiva del Informe de Sostenibilidad, con el fin de evitar mayores complicaciones durante todo el proceso de elaboración de informes de sostenibilidad.

Continuando con el hilo expositivo, se ha modificado, igualmente, el régimen de verificación, transcurriendo de la denominada verificación restringida a una "verificación limitada". Téngase en cuenta además, que es eliminada la obligación a la Comisión de adoptar normas de verificación razonables para 2028 (véase la modificación del

---

755 *Cfr.* Directiva (UE) 2022/2464 del Parlamento Europeo y del Consejo de 14 de diciembre de 2022 por lo que respecta a la presentación de información sobre sostenibilidad por parte de las empresas. Asimismo, véase la Resolución legislativa del Parlamento Europeo, de 3 de abril de 2025, sobre la propuesta de Directiva del Parlamento Europeo y del Consejo por la que se modifican las Directivas (UE) 2022/2464 y (UE) 2024/1760 en lo que respecta a las fechas a partir de las cuales los Estados miembros deben aplicar determinados requisitos de presentación de información corporativa y de diligencia debida de las empresas en materia de sostenibilidad (COM(2025)0080 —C10-0038/2025— 2025/0044(COD).

artículo 26 *bis,* apartado 3, de la Directiva de Auditoría[756] introducida el artículo 1 de la Propuesta). En su lugar, será creadas directrices de verificación para 2026, que abordarán cuestiones relativas a la planificación, la evaluación de riesgos y la metodología, sin incrementar los estándares de verificación. De igual forma, este cambio refleja un esfuerzo por contener los costes de cumplimiento, en consonancia con las reiteradas peticiones de las partes interesadas, de que elevar los estándares a una "verificación razonable" podría haber generado cargas de auditoría completamente desproporcionadas (Expositivos 3 y 4 de la Propuesta).

2.3. Modificaciones en punto a la Directiva de diligencia debida en materia de sostenibilidad (*CS3D*)

Incardinado en los parámetros sustantivos de este Cuerpo legal se propone, en primer término, ofertar a las empresas una aplicación de plazo en aras a su preparación para cumplir con los nuevos requisitos legales[757]. En concreto, se prevé posponer un año el plazo de transposición de la norma por parte de los Estados miembros (hasta

---

756 Véase la Directiva 2006/43/CE del Parlamento Europeo y del Consejo, de 17 de mayo de 2006, relativa a la auditoría legal de las cuentas anuales y de las cuentas consolidadas, por la que se modifican las Directivas 78/660/CEE y 83/349/CEE del Consejo y se deroga la Directiva 84/253/CEE del Consejo. Texto consolidado tras la reforma operada por la Directiva 2014/56/UE del Parlamento Europeo y del Consejo, de 16 de abril de 2014.

757 Como punto de inicio, no debemos olvidar que las empresas dentro del ámbito de aplicación de la Norma, deberán establecer sistemas adecuados de gobernanza y gestión. Por ello, establecerán medidas apropiadas para identificar y abordar los impactos en materia de derechos humanos y en el medio ambiente dentro de sus operaciones propias. Esto también se aplica a las operaciones de sus filiales, socios comerciales directos y cadena de valor global donde las empresas afectadas tengan "información plausible" de impactos adversos reales o potenciales. En consecuencia, las compañías aún estarán obligadas a mapear sus cadenas de valor en áreas donde los impactos adversos sean más probables y severos. Centrarse únicamente en los socios comerciales directos no estaría en consonancia con la *CSRD,* donde el concepto de cadena de valor no se limita a los socios comerciales directos de la cadena de valor, además, los Estados miembros de la UE designarán una o varias autoridades de supervisión para supervisar el cumplimiento por parte de las empresas de las respectivas obligaciones de la *CS3D.*

el 26 de julio de 2027) y aplazar en un año (al 26 de julio de 2028) la aplicación de los requisitos de diligencia debida en materia de sostenibilidad[758] para las empresas más grandes, esto es, de más de 3.000 empleados de media y un volumen de negocios neto mundial de más de 900 millones de euros. Asimismo, es adelantado en un año (a julio de 2026) la fecha en la que la Comisión debe adoptar las directrices junto con las orientaciones y buenas prácticas sobre cómo ejercer la aludida diligencia debida[759].

---

758 Con fecha 26 de marzo de 2025 los representantes de los Estados miembros (COREPER) aprobaron la posición del Consejo ("mandato de negociación") sobre una de las propuestas de la Comisión para simplificar las normas de la UE e impulsar así la competitividad de la Unión. Así, la Propuesta de Directiva del Parlamento Europeo y del Consejo por la que se modifican las Directivas (UE) 2022/2464 y (UE) 2024/1760 en lo que respecta a las fechas a partir de las cuales los Estados miembros deben aplicar determinados requisitos de presentación de información corporativa y de diligencia debida de las empresas en materia de sostenibilidad contiene las fechas de aplazamiento para la aplicación de determinados requisitos de presentación de información corporativa y de diligencia debida de las empresas en materia de sostenibilidad, así como el plazo de transposición de las disposiciones en materia de diligencia debida, en dos años desde la entrada en vigor de los requisitos de la Directiva sobre la presentación de información sobre sostenibilidad por parte de las empresas (así, dichas obligaciones de diligencia debida se empezarían a aplicar en 2028 a las compañías europeas con más de 3.000 empleados y una facturación superior a 900 millones de euros y a empresas extranjeras que superen este umbral dentro del mercado comunitario. En cuanto a la normativa sobre información corporativa en materia de sostenibilidad, su aplicación se aplazaría hasta 2027 para grandes empresas con más de 250 empleados. A partir de en 2028 cubriría a empresas cotizadas de pequeño y mediano tamaño (COM (2025) 80 final 2025/0044 (COD).

759 Se reduce el ámbito de aplicación de las partes interesadas (*ex* artículo 1 (1) punto n) y artículo 4 de la segunda Directiva de simplificación). Los cambios alinearán los requisitos con los *CS3D* de la Ley alemana sobre la cadena de suministro *(LKSG,* pos sus siglas en alemán) que se centra en los proveedores directos y establece que la diligencia debida se requiere cuando la empresa tiene conocimiento de formación que justifique una investigación más profunda. Sin embargo, los políticos alemanes han expresado en repetidas ocasiones la necesidad de eliminar la *LKSG* alegando que su abolición supondría una menor presión administrativa y financiera para las empresas en relación con el cumplimiento de los amplios requisitos de diligencia debida, lo que conllevaría a un aumento de su competitividad. Esto podría conducir a una falta de responsabilidad en materia de Derechos humanos y normas medioambientales en las cadenas de suministro y un daño reputacional, lo que podría dificultar la entrada

Por otro lado, con relación a la diligencia debida en la cadena de valor, se especifica que las evaluaciones se limitarán a los proveedores directos, a menos que haya información plausible de impactos adversos relacionados con socios comerciales indirectos. Además, el intervalo de evaluación se amplía de anual a cada cinco años, salvo que existan concretos informes de ineficacia[760].

Sistemáticamente, también es restringido a los Estados miembros de la UE, la introducción de normas más estrictas para hacer frente a los impactos en Derechos humanos por parte de las empresas, además de la supresión del régimen de la responsabilidad civil[761] de las compañías en todo el territorio de la Unión, además de la eliminación del límite mínimo de sanciones del 5% del volumen de negocios, pero manteniendo el derecho de las víctimas a una compensación total por los daños que hayan sido generados por incumplimiento[762].

Al hilo de lo hasta aquí relatado, y dentro de las pautas delimitativas de dicha propuesta, también es reducida la carga y el denominado "efecto cascada" sobre las PYMES y las empresas de mediana capitalización (*SMCs),* limitándose la cantidad de información que las grandes empresas pueden interesar dentro del mapeo de la cadena de valor.

---

d de las empresas en mercados que exigen el cumplimiento de estrictas normas en relación con lo expuesto, potencialmente limitando sus oportunidades de crecimiento

760 En concreto, se prevé posponer un año el plazo de transposición de la norma por parte de los Estados miembros (hasta el 26 de julio de 2027) y aplazar en un año (al 26 de julio de 2028) la aplicación de los requisitos de diligencia debida en materia de sostenibilidad para las empresas más grandes, esto es, de más de 3.000 empleados de media y un volumen de negocios neto mundial de más de 900 millones de euros. Asimismo, se adelanta en un año (a julio de 2026) la fecha en la que la Comisión Europea debe adoptar las directrices con las orientaciones y buenas prácticas sobre cómo ejercer la diligencia debida.

761 *Cfr* artículo 29 (2) en relación con el artículo 4 de la segunda Directiva de Simplificación).

762 Se propugna la eliminación de las condiciones de responsabilidad civil a nivel de la UE y la supresión de determinadas "facilidades de acceso a la justicia". No obstante, dicha medida podría dar lugar a una mayor fragmentación de los litigios en el marco de la *CS3D,* con sujetos que demanden a las empresas individualmente en lugar de a través de procedimientos agrupados.

Respecto a los grupos de interés, únicamente será necesario implicar a los trabajadores, las comunidades directas y las personas afectadas. Asimismo, se reduce la obligación de poner fin a las relaciones comerciales cuando haya un impacto en Derechos humanos por parte de la compañía con la que se mantenga una relación comercial.

Además, y en complemento a lo indicado, es eliminado el requisito de la puesta en práctica de un plan de transición para la mitigación del cambio climático con el objetivo de limitar el calentamiento global a 1,5°C en consonancia con el Acuerdo de París[763]. En todo caso, debe subrayarse que es mantenida la obligación de elaboración de planes de acción tendentes a prevenir, mitigar o poner fin a los impactos adversos potenciales o reales, en lugar de imponer un régimen de responsabilidad estricto por no cumplir con los objetivos de reducción de gases de efecto invernadero[764].

Paralelamente, y por lo que respecta al régimen de responsabilidad, se modifica sustancialmente el tenor literal del artículo 29 de la Directiva de Diligencia Debida (artículo 4 (12) de la Propuesta), dado que en el mismo es eliminado el régimen de responsabilidad específico a nivel de la UE inicialmente introducido.

No obstante, en consonancia con el objetivo fundamental de la citada Directiva de garantizar la protección frente a las violaciones de los Derechos humanos y los daños medioambientales derivados de las actividades empresariales, las modificaciones propuestas mantienen los requisitos para el acceso efectivo a la justicia, incluyéndose al efecto, el derecho a una indemnización íntegra en el supuesto de que una empresa sea considerada responsable de un incumplimiento de los requisitos de diligencia debida exigidos con arreglo a la Directiva de Diligencia Debida de conformidad con la legislación nacional, y

---

763 *Cfr.* artículo 22 y artículo 1 (1) punto c de la Propuesta en relación con el artículo 4 de la segunda Directiva de Simplificación.

764 Es importante traer a colación que el el *International Sustainability Standards Board* (ISSB) publicó el pasado 28 de abril de 2025 un borrador de modificaciones a la norma IFRS S2 sobre divulgaciones climáticas. Las enmiendas proponen aclaraciones específicas para abordar desafíos prácticos en la medición y reporte de emisiones de gases de efecto invernadero. El periodo de consulta pública estará abierto hasta el 27 de junio de 2025. Disponible en: *https://www.ifrs.org/projects/work-plan/amendments-to-disclosure-of-greenhouse-gas-emissions-s2/ (acceso* 12 de mayo 2025)

siempre que dicho incumplimiento haya generado daños pese a que, a la vez, se estructural cauces de protección a dichas empresas sobre la obligatoriedad de abonar indemnizaciones consideradas excesivas.

En este sentido, los cambios propuestos al literal del artículo 29 de la Directiva de Diligencia Debida van a implicar que las reclamaciones de responsabilidad pasarán a depender de los ordenamientos jurídicos nacionales, lo que ineludiblemente ofrece a los Estados miembros la oportunidad de mantener o introducir normas específicas respecto a los regímenes de responsabilidad civil, además de limitar los eventuales riesgos derivados de reclamaciones debido a los cambios sustantivos y al amplio enfoque armonizador de dicho Cuerpo Legal

2.4. Modificación de aspectos sustanciales de la Taxonomía europea

Como hemos tenido ocasión de analizar en Capítulos precedentes, un pilar fundamental de la iniciativa de Finanzas Sostenibles de la UE ha sido la elaboración de un sistema de clasificación para proporcionar un lenguaje común y una definición clara de lo que significa una actividad económica sostenible.

Con ese fin, el Reglamento de Taxonomía de la UE —el cual entró en vigor el 12 de julio de 2020 y comenzó a aplicarse a partir del 1 de enero de 2022— definió los parámetros para que una actividad económica se considere ambientalmente sostenible, siendo su ámbito de aplicación aquellas empresas que están obligadas a publicar un Estado de Información No Financiera o un Estado de Información No Financiera consolidado, que incluye en la actualidad a las entidades cotizadas de más de 500 empleados y más de 40 millones EUR en ingresos o más de 20 millones EUR en el balance[765].

---

765 Ahora bien, entendemos que en el acceso al capital financiero para empresas no financieras, el sistema de clasificación para actividades económicas sostenibles seguirá siendo una referencia para dirigir inversiones hacia proyectos y actividades sostenibles en el futuro, lo que significa que para aquellas que ya no se encuentran dentro del alcance del Reglamento de Taxonomía o que no optan por participar pueden enfrentar notables desafíos para acceder a fondos

De la misma forma, el marco reglamentario es aplicable a los participantes del mercado financiero que ofrecen productos financieros, divulgando las compañías la proporción de sus actividades que son elegibles y alineadas según la Taxonomía[766]. De esta forma, indicaremos que dichas actividades elegibles no son necesariamente ambientalmente sostenibles, pero deben poseer el potencial necesario para contribuir a uno seis objetivos ambientales descritos en el literal del artículo 9 del Reglamento expuesto[767].

Sentado lo que antecede, la Comisión propone la modificación del Reglamento Delegado (UE) 2021/2178 en lo que respecta a la simplificación del contenido y presentación de la información que debe publicarse sobre las actividades ambientalmente sostenibles y los Reglamentos Delegados (UE) 2021/2139 y (UE) 2023/2486 de la Comisión, en lo referente a la simplificación de determinados criterios técnicos de selección para determinar si las actividades económicas no causan daños significativos a objetivos medioambientales. Como aspectos más destacados, es introducido un régimen de "*opt-in*"[768]

---

públicos y privados asignados a la financiación sostenible (como los Bonos Verdes europeos, que hemos tenido ocasión de analizar en el presente trabajo).

766 Precisaremos que las enmiendas propuestas al Reglamento de Taxonomía no simplifican los criterios de alineamiento, con la excepción del Apéndice C. En esencia, aunque todo ello permite a las empresas aprovechar las inversiones que ya han realizado para lograr el alineamiento, no se aborda la necesidad de claridad y simplificación en torno a ciertos criterios. En cambio, con relación a los cambios que deben efectuarse y que se reseñan en la propuesta, estos impactan, esencialmente, en los requisitos de divulgación, lo que supone que todas las inversiones efectuadas en aras a logro del alineamiento siguen siendo consistentes con el marco regulatorio.

767 Como ya hemos avanzado, el literal del artículo 9 del Reglamento de Taxonomía especifica como objetivos ambientales: 1. Mitigación del cambio climático; 2. Adaptación al cambio climático; 3. Uso sostenible de los recursos y protección del agua y los recursos marinos; 4. Transición a una economía circular; 5. Prevención y control de la contaminación; 6. Protección y restauración de la biodiversidad y los ecosistemas

768 Estas entidades no estarían obligadas a reportar de acuerdo con la Taxonomía, pero deberán hacerlo si afirman que sus actividades están alineadas (o parcialmente alineadas), en cuyo caso deberán divulgar los *KPIs* de ingresos y *CapEx* y podrán divulgar el *KPI* de *OpE*x. Aquellas empresas con facturación neta de más de 50 millones EUR seguirán debiendo reportar la información requerida de forma obligatoria. Asimismo, el cronograma de la Directiva que modifica la CSRD establece que las grandes empresas con una facturación neta superior a 450

o aplicación voluntaria para las empresas con más de 1.000 empleados[769] y un volumen de negocios neto de más 450 millones EUR[770].

Bajo esta premisa, se eximirá a las empresas de la evaluación de elegibilidad y alineamiento de sus actividades económicas que no sean financieramente importantes, esto es, que supongan un 10% de su volumen de negocio. Así, mediante dicho acto, se abre la posibilidad de excluir del denominador del *Green Asset Ratio* (*GAR*)[771] exposiciones relacionadas con empresas fuera del ámbito de la *CSRD* y solicitar opiniones acerca de alternativas en la simplificación del criterio *Do Not Significant Harm* (*DNSH*)[772].

Acorde con lo anterior, son introducidas opciones para que las empresas informen sobre actividades parcialmente alineadas con la taxonomía, proponiéndose la unificación de las plantillas de reporte y la eliminación de la información resumida de las actividades no elegibles, lo que, según refiere la Comisión, supondrá una reducción

---

millones EUR deben cumplir con las divulgaciones obligatorias. Las grandes empresas con una facturación neta inferior a 450 millones EUR pueden optar por el régimen "*opt-in*" de reporte para demostrar que sus actividades están alineadas o parcialmente alineadas con la Taxonomía de la UE.

769 Las exposiciones a empresas distintas de las grandes compañías con más de 1.000 empleados durante el ejercicio deberán excluirse del denominador de los indicadores clave de rendimiento de las empresas financieras.

770 Para aquellas compañías fuera del ámbito de aplicación de la Propuesta, (esto empresas con volumen de negocio neto de menos de 450 millones de euros), las mismas deberán efectuar una adecuada evaluación sobre si el Reglamento de Taxonomía representa una oportunidad para acceder al capital financiero y seguir siendo competitivas además de considerar la posibilidad de efectuar una evaluación de la Taxonomía de forma voluntaria.

771 El mismo refiere a la proporción de los activos de una entidad de crédito que financian y se invierten en actividades económicas alineadas con la Taxonomía de la UE como una proporción de los activos cubiertos totales.

772 El cambio que se propone se centra en el párrafo del Apéndice C que requiere que las empresas evalúen el uso y la presencia de sustancias que han sido autoclasificadas según el Reglamento de Clasificación, Etiquetado y Envasado (CLP por sus siglas en inglés) y que no tienen una "clasificación armonizada" (10.000 sustancias). Por tanto, son propuestas dos opciones: i) eliminar el párrafo por completo; o ii) limitar la evaluación a las sustancias que tienen una clasificación armonizada y están incluidas en la lista de sustancias candidatas de muy alta preocupación para la autorización publicada por la Agencia Europea de Sustancias y Mezclas Químicas de acuerdo con los criterios del artículo 57 e identificadas en el marco expositivo del artículo 59 del Reglamento REACH.

de los puntos de datos a reportar, en un 70%[773]. También, esta nueva modificación incorpora determinados requerimientos obligatorios de reporte de ingresos y *CapEx* y cláusulas de voluntariedad para el reporte de datos de *OpEx*.

De la misma forma, son simplificados los criterios más complejos de prevención y control de la contaminación relacionados con el uso y la presencia de sustancias químicas que se aplican horizontalmente a todos los sectores económicos en el marco de la Taxonomía de la UE. Además de efectuarse un ajuste entre otros, en el principal indicador clave de rendimiento para los bancos basado en la Taxonomía, el Ratio de Activos Verdes (*GAR*).

En suma, y para aquellas empresas que hayan avanzado hacia objetivos de sostenibilidad pero que no cumplan con todos los objetivos de la taxonomía, podrán informar voluntariamente sobre su "alineamiento parcial"[774].

---

773 Por ello, los requisitos para que las empresas publiquen información de acuerdo con la Taxonomía de la UE se revisarán a través de la directiva propuesta que modifica la *CSRD* y la *CS3D*. También, es propuesta la reducción de *data points* en las plantillas de divulgación, los umbrales de materialidad y la simplificación del Apéndice C (criterios genéricos para No Causar Daño Significativo a la prevención y control de la contaminación) mediante un acto delegado que puede ser adoptado de manera acelerada por la Comisión que, en esencia, modificaría los actos delegados relevantes existentes bajo el *EUTR*. *Cfr.* "Informe EY España" Disponible en: *https://www.ey.com/es_es/insights/rethinking-sustainability/profundizando-paquete-simplificacion-omnibus-ue-implicaciones-clave-empresas* (acceso 28 de marzo 2025)

774 Así son efectuados, cambios en la Directiva de Contabilidad (Directiva 2013/34/EU) para reducir la carga de las obligaciones de presentación de información de la Taxonomía de la UE, limitando al mismo tiempo esas obligaciones a las empresas más grandes. Por tanto, las grandes empresas que no realicen reclamaciones de alineación con la Taxonomía no tendrán que cumplir con sus normas de presentación de información y Las empresas tendrán la opción de informar sobre actividades que estén parcialmente alineadas con la Taxonomía de la UE.

2.5. Mecanismo de Ajuste en Frontera por Carbono (*CBAM*)[775]

El primer paquete de simplificación Ómnibus tiene como objetivo simplificar y fortalecer el aludido *CBAM*[776], proponiendo que los importadores de pequeñas cantidades de bienes, que representan volúmenes reducidos de emisiones incorporadas importadas a la Unión y que, en la mayoría de los casos, corresponden a PYMES y particulares, estén exentos de las obligaciones de este mecanismo[777].

---

775 Con relación a la legislación actual, existen muy pocos cambios con relación a los diferentes productos cubiertos por el *CBAM*. A estos efectos, se espera una guía adicional o legislación *ad hoc* que cambie el alcance de los mismos previsiblemente a mediados de este año. Recordaremos que propuesta legislativa no introduce la opción para que los grupos corporativos realicen informes grupales de *CBAM*, ni tampoco es proporcionada orientación alguna sobre posibles medidas aliviadoras para los fabricantes de la UE intensivos en carbono que exportan productos fuera de la UE y están sujetos a múltiples "capas" de regímenes de precios del carbono a nivel de la UE y nacional. No obstante, la Comisión está llevando a cabo un análisis para posibles alivios a la exportación, y pueden derivar en propuestas adicionales. Unido a ello, consideraremos el documento de trabajo de los servicios de la Comisión de 26 de febrero de 2025 que acompaña al documento Propuesta de Reglamento del Parlamento Europeo y del Consejo por el que se modifica el Reglamento (UE) 2023/956 en lo relativo a la simplificación y el refuerzo del mecanismo de ajuste en la frontera del carbono. Recientemente, debemos traer a colación el Reglamento de Ejecución (UE) 2025/486 de la Comisión, de 17 de marzo de 2025, por el que se establecen las normas de desarrollo del Reglamento (UE) 2023/956 del Parlamento Europeo y del Consejo en lo que respecta a los requisitos y procedimientos relativos a la condición de declarante autorizado a efectos del Mecanismo de Ajuste en Frontera por Carbono (*CBAM*) siendo aplicable desde el 28 de marzo de 2025 (DOUE-L-2025-80454).

776 No es ocioso recordar que el *CBAM* fue establecido para expandirse gradualmente, alineándose con la reducción de las asignaciones del Régimen de Comercio de Derechos de Emisión de la UE (*EU-ETS* por sus siglas en inglés), y se esperaba que cubriera todo el alcance del mismo para 2030. A tales efectos las empresas que importan bienes intensivos en emisiones a la UE están obligadas a informar sobre las emisiones y deberán obtener certificados *CBAM* sustentado en las emisiones específicas de gases de efecto invernadero (*GEI*) incorporadas en sus importaciones. Aplicándose diferentes sanciones financieras por incumplimiento o divulgaciones inexactas durante el período de transición del mismo. Véase el "Informe EY España" Disponible: *https://www.ey.com/es_es/insights/rethinking—.sustainability/profundizando-paquete-simplificacion-omnibus-ue-implicaciones-clave-empresas* (acceso 28 de marzo 2025)

777 Esta simplificación precede a una futura ampliación del Mecanismo de Ajuste en Frontera por Carbono a otros sectores del régimen de comercio de derechos

A tales efectos, la Propuesta incluye un conjunto de simplificaciones para los importadores de bienes sujetos al mismo que superen el umbral basado en la masa establecido (importación de más de más de 50 toneladas de emisiones incorporadas anuales)[778], con el objetivo de facilitar el cumplimiento de los requisitos de reporte[779]. En particular, la propuesta simplifica y optimiza el procedimiento de autorización para las Autoridades nacionales competentes y la Comisión.

En este estadio legislativo, de la misma forma, indicaremos que la consulta entre autoridades nacionales para la autorización de declarantes dejará de ser obligatoria además de ajustarse la forma en que se determinan los valores por defecto, priorizándose datos de los 10 países con las mayores intensidades de emisiones para el supuesto de no existencia de ningún dato fiable y específico por país[780].

---

de emisión, las mercancías transformadoras, seguida de una nueva propuesta legislativa sobre la ampliación del ámbito de aplicación del Mecanismo de Ajuste en Frontera por Carbono a principios de 2026. Véase el Comunicado de prensa de la Comisión europea de 26 de febrero de 2025.

778 Por debajo del mencionado umbral, se deberán de supervisar las novedades regulatorias y evaluar si la posible ampliación para incluir otros sectores y productos derivados al Régimen de Comercio de Derechos de Emisión de la UE en 2026, provocará que la empresa vuelva a entrar en el ámbito de aplicación de la Propuesta.

779 Los cambios propuestos deberían mantenerse alineados con los objetivos medioambientales de la UE y, además, alcanzar los objetivos de simplificación administrativa (25% para las empresas en general. Por ello, se alude, en primer término, al umbral de mínimos basado en la masa propuesto eximiría al 90% de los importadores actuales (estimado en 182.000), pero aún retendría alrededor del 99% de las emisiones incorporadas en los bienes importados dentro del régimen CBAM. En segundo lugar, los cambios administrativos y financieros propuestos abordan una necesaria simplificación, racionalización y mejoras rentables. *Cfr.*"Informe EY España" Disponible en: https://www.ey.com/es_es/insights/rethinking-sustainability/profundizando-paquete-simplificacion-omnibus-ue-implicaciones-clave-empresas (acceso 28 de marzo 2025)

780 Los expertos indican que se debe considerar si las regulaciones anticipadas del *CBAM* en el Reino Unido, Noruega y otras jurisdicciones podrían aumentar las obligaciones del citado *CBAM* en otros territorios. Esto podría crear requisitos adicionales de cumplimiento para las empresas o sus clientes en estas regiones, lo que podría empujar los requisitos de colaboración del *CBAM* a lo largo de la cadena de suministro, como el cálculo y la verificación de las emisiones incrustadas. A tales efectos, sería conveniente considerar cómo el "nuevo" estado del

Por tanto, y al objeto de cumplimiento de los mencionados requerimientos, es aplazado a febrero de 2027 la obligación de adquirir certificados para cubrir las mercancías *CBAM* importadas en 2026, ampliándose del 31 de mayo al 31 de agosto, el plazo anual de presentación de las declaraciones correspondientes al año anterior.

2.6. Comentario a las normas de verificación de emisiones

Unido a lo indicado, es establecido el cálculo de la responsabilidad financiera de los declarantes autorizados del *CBAM* durante el año de importaciones a la UE. Así las cosas, se explicita la reclamación efectuada por parte de los declarantes autorizados del *CBAM* de los precios del carbono abonados en terceros países donde se producen los bienes, además de proponerse la eliminación de arcillas no calcinadas su ámbito al no considerarse como productos de alta emisión de carbono[781].

3. Retos planteados ante el nuevo escenario regulatorio: mención a la Directiva (UE) 2025/794 del Parlamento Europeo y del Consejo, de 14 de abril de 2025

Como ha quedado expuesto, aun a pesar de que existen numerosas evidencias y estudios doctrinales que demuestran que para alcanzar las metas de sostenibilidad, se requiere la implicación de las empresas en tanto actores del mercado, entendemos que contar con una normativa con trascendencia real, que apoye y promueva las estrategias de conducta sostenible de las mismas, y que engloben—como hemos tenido ocasión de abordar a lo largo del presente trabajo— los criterios de desarrollo sostenible (*ESG*) en los que emerge el pluralismo de intereses presente en la actividad empresarial.

CBAM impacta en los requisitos de informes del *CSRD* y las divulgaciones voluntarias y se recomienda el monitoreo de las novedades regulatorias en relación al *CBAM*. Véase el exhaustivo "Informe EY España" Disponible en: *https://www.ey.com/es_es/insights/rethinking-sustainability/profundizando-paquete-simplificacion-omnibus-ue-implicaciones-clave-empresas* (acceso 28 de marzo 2025)

781 Está previsto que durante la segunda mitad de 2025, la Comisión presente un informe de revisión integral del *CBAM*, que allanará el camino para una posible ampliación de su alcance a más sectores.

Es en este nuevo ideario social, donde la senda elegida por el legislador europeo mediante el ya referenciado "Paquete Ómnibus"[782] (aprobado el 26 de febrero de 2025)[783] va a plantear, sin ningún género de dudas, importantes retos tanto de índole política como económica y financiera, y donde la reacción legal y convencional de las instituciones tiene que derivar hacia una concreción tanto a nivel regulatorio como convencional o contractual de los compromisos medioambientales, con el fin último de poder establecer unos parámetros normativos que sean el amparo de su exigibilidad bajo los mimbres de la ambición climática del Pacto Verde[784] y el impulso de la competitividad en su estrategia de financiación del crecimiento sostenible.

Que suscitemos esta cuestión en ese momento, no es causal ni responde a un mero ejercicio teórico abstracto. El ideario político

---

782 El mismo incluye dos propuestas destinadas a recalibrar las obligaciones de la UE en materia de sostenibilidad empresarial: (i) COM (2025) 80 final y (ii) COM (2025) 81 final. La más importante de estas propuestas, la COM (2025) 81 final, tiene como objetivo de modificar tres instrumentos fundamentales en el marco normativo sobre sostenibilidad de la UE: i) la "Directiva de Auditoría" (Directiva 2006/43/CE); ii) la "Directiva en materia de Contabilidad" (Directiva 2013/34/UE), modificada por la "Directiva relativa a la presentación de información sobre sostenibilidad por parte de las empresas" (Directiva (UE) 2022/2464 o la "Directiva del Informe de Sostenibilidad"); y iii) la "Directiva sobre diligencia debida de las empresas en materia de sostenibilidad" (Directiva (UE) 2024/1760 o la "Directiva de Diligencia Debida").

783 El 4 de abril de 2025 El Parlamento Europeo ha aprobado la Directiva *Stop-the-clock* (Directiva de suspensión temporal), que retrasa dos años la aplicación de la Directiva de presentación de información sobre sostenibilidad (*CSRD)* para las grandes empresas y pymes cotizadas, y un año la transposición de la Directiva sobre diligencia debida en materia de sostenibilidad (*CS3D*), cuyo objetivo —que forma parte de la Propuesta Ómnibus I— es proporcionar a las empresas más tiempo para adaptarse y cumplir con la normativa de sostenibilidad, que está siendo revisada, sin incurrir en costes innecesarios, aportando una mayor seguridad jurídica al objeto de evaluar los ajustes que, en su caso, deban realizar en sus políticas y estrategias de sostenibilidad.

784 Como hemos avanzado, los requerimientos de información en materia de sostenibilidad y de diligencia debida se han ampliado significativamente, dando lugar a un panorama normativo complejo que ha suscitado preocupación en relación con los costes administrativos, el solapamiento de marcos legislativos y las posibles consecuencias adversas para la competitividad de la economía de la UE.

y social europeo en torno a la sostenibilidad en sus distintas proyecciones sobre la gran empresa, la generalización de conglomerados empresariales con el consiguiente poder económico y capacidad de incidir en aspectos medioambientales, sociales y de interés general, además de la incidencia transversal de la revolución tecnológica digital aplicadas a las compañías, marcan nuevos hitos que superan la función arbitral y reguladora de la norma, el derecho.

De esta suerte, uno de los puntos centrales de la nueva normativa gira en torno a la necesaria adaptación de los sistemas de reporte en donde las diferentes organizaciones deberán ajustar sus procesos y herramientas para cumplir con los nuevos requerimientos en plazos revisados, en aras a conseguir que la simplificación en la diligencia debida tendente al apoyo de prácticas empresariales responsables y la elaboración de informes en materia de sostenibilidad, no suponga un ejercicio de mero cumplimiento, sino que sea enfocado como una prioridad impulsada por la estrategia, la transparencia y la rendición de cuentas[785].

---

785 En una declaración conjunta, el *MEDEF* francés, el *BDI* alemán y la *Confindustria* italiana apoyaron "firmemente" el anuncio del proyecto "Ómnibus". En cuanto al *CSRD,* solicitan un aplazamiento de 2 años del primer informe de sostenibilidad exigido a las empresas; una reducción significativa del ámbito de aplicación de la directiva: tomando como base los umbrales establecidos en la versión actual de la CSDS (tener al menos 1.000 empleados y un balance total de al menos 450 millones de euros); una reducción drástica del número de datos e indicadores clave que deben presentarse en su informe un abandono de las normas sectoriales una limitación de la cadena de valor que debe tenerse en cuenta (es decir, sólo los proveedores directos) con un aplazamiento hasta 2027 de este requisito. En cuanto al *CS3D,* las organizaciones patronales están especialmente a favor de la suspensión de la aplicación del *CS3D* para realizar un análisis detallado del impacto de sus obligaciones sobre la competitividad de las empresas; reducir el ámbito de aplicación del texto, que se aplicaría únicamente a las grandes empresas con más de 5.000 empleados y un volumen de negocios superior a 1.500 millones EUR; de limitar las responsabilidades teniendo en cuenta únicamente a los proveedores directos (niveles 1 y 2) con los que las empresas tengan relaciones contractuales directas; supresión de la posibilidad de exigir responsabilidades civiles a una empresa e imponer sanciones económicas. También se esperan cambios sustanciales en el reglamento de taxonomía. La Federación Bancaria Europea pide una reducción del *ESRS* y rechaza el *CS3D.* En un documento fechado en febrero de 2025, la Federación Bancaria Europea (FBE) insta a efectuar determinados cambios implícitos a las Normas citadas. Así, con respecto a la *CSRD* aboga por mantener su ámbito de aplicación actual (con

En este estadio legislativo, la propuesta ya ha sido enviada al Parlamento Europeo y al Consejo para su consideración antes de comenzar con su tramitación, instándose por parte de la Comisión a los colegisladores, a la necesariedad de abordar este "Paquete Ómnibus" de forma prioritaria, lo que ha derivado en la aprobación de un instrumento de especial calado, como es, la Directiva 2025/794 del Parlamento Europeo y del Consejo, de 14 de abril de 2025[786], por la que se modifican las Directivas (UE) 2022/2464 y (UE) 2024/1760 en lo que respecta a las fechas a partir de las cuales los Estados miembros deben aplicar determinados requisitos de presentación de información sobre sostenibilidad y de diligencia debida por parte de las empresas, ampliando los plazos de implementación inicialmente previstos.

---

excepción de las filiales y sociedades holding ya incluidas en la información consolidada. A título informativo, hasta la fecha, sólo las filiales y las sociedades holding que son grandes empresas que cotizan en un mercado regulado de la UE deben elaborar un informe individual aunque estén incluidas en el informe consolidado). También solicita que se revisen los umbrales para las entidades pequeñas y no complejas; que se evite el solapamiento entre los requisitos de divulgación relacionados con el *ESRS* y otras normativas de la UE, es decir, que la información solo se comunique una vez; que se revisen las normas del *ESRS* aligerándolas con la información que la Federación considere específica del sector; que se apliquen las normas específicas del sector de acuerdo con los siguientes principios: 1) el trabajo debe centrarse en la orientación específica para el sector bancario necesaria para aplicar las normas agnósticas (*ESRS* existentes) y en ajustar varios puntos de datos específicos del sector, consagrados en las *ESRS* actuales, que no son apropiados para el sector bancario; 2) proporcionar rápidamente orientación a los auditores para garantizar un enfoque pragmático del principio de garantía limitada de los informes de sostenibilidad. Con relación a la *CS3D*: 1) no mantener la cláusula que prevé la eventual inclusión de las entidades financieras en el ámbito de aplicación de la Directiva; 2) garantizar una mejor alineación entre el principio de materialidad definido en la *CSRD* y la *CS3D*. De este modo, únicamente los impactos identificados como materiales en el marco de la aludida *CSRD* constituirían impactos a tratar en el marco de la *CS3D*; 3) no mantener el principio de responsabilidad civil de una entidad en caso de incumplimiento de la misma; 4) garantizar la publicación de directrices al menos 2 años antes de la aplicación de la directiva. Finalmente, en relación a la Taxonomía se propone la reducción del número de modelos sobre ratios de activos verdes para los bancos. Disponible: *https://lefebvre.es/esg/environmental/omnibus-ultimas-posiciones-manifestadas* (acceso 3 de marzo 2025).

786 La Directiva entró en vigor al día siguiente de su publicación en el *DOUE* y su plazo de transposición finalizará el 31 de diciembre de 2025.

Sentado lo anterior, en su Comunicación de 11 de febrero de 2025 titulada "*Una Europa más sencilla y rápida: Comunicación sobre la aplicación y la simplificación*"[787], la Comisión expuso los conceptos subyacentes a un programa de aplicación y simplificación que ofreciera mejoras rápidas y visibles para los ciudadanos y las empresas. A su vez, tal objetivo exige una acción audaz por parte de la Unión, en lugar de un enfoque progresivo, donde el Parlamento Europeo, el Consejo, la Comisión, las autoridades de los Estados miembros a todos los niveles y las partes interesadas deben colaborar para racionalizar y simplificar las normas de la Unión, nacionales y regionales, que tiendan al aplicación de las diferentes políticas de manera más eficaz[788], convirtiéndose esta disciplina legal en marco de actuación protagónico en el futuro más cercano.

Como ha quedado expuesto, y en el marco del compromiso de la Comisión de reducir la carga que supone la presentación de información además de la mejora de la competitividad, es preciso la adopción de modificaciones específicas en las Directivas (UE) 2022/2464[789] y (UE) 2024/1760[790] del Parlamento Europeo y del Consejo manteniendo, al mismo tiempo, los objetivos estratégicos incardinados en

---

787 Véase: *https://commission.europa.eu/law/law-making-process/better-regulation/simplification-and-implementation_en* (acceso 28 de abril de 2025).

788 Considerando (1) de la Directiva (UE) 2025/794 del Parlamento Europeo y del Consejo, de 14 de abril de 2025.

789 Se modifica el artículo 5, apartado 2 de la Directiva (UE) 2022/2464. En su literal son especificadas las fechas, que varían en función del tamaño de la empresa de que se trate, a partir de las cuales los Estados miembros deben aplicar los requisitos de presentación de información sobre sostenibilidad establecidos en la Directiva 2013/34/UE del Parlamento Europeo y del Consejo Directiva 2013/34/UE del Parlamento Europeo y del Consejo, de 26 de junio de 2013, sobre los estados financieros anuales, los estados financieros consolidados y otros informes afines de ciertos tipos de empresas, por la que se modifica la Directiva 2006/43/CE del Parlamento Europeo y del Consejo y se derogan las Directivas 78/660/CEE y 83/349/CEE del Consejo. Disponible: *http://data.europa.eu/eli/dir/2013/34/oj*).

790 En el artículo 37, apartado 1, de la Directiva (UE) 2024/1760, los párrafos primero y segundo son sustituidos. Dado que dicha modificación altera el plazo de transposición y determinadas fechas de aplicación, todas las cuales son futuras, los Estados miembros únicamente necesitarían aplazar las fechas de aplicación con arreglo al artículo 2 de misma, en caso de que ya hayan transpuesto la Directiva (UE) 2024/1760.

el Pacto Verde Europeo tal como son referenciados en la Comunicación de la Comisión, de 11 de diciembre de 2019, titulada "*El Pacto Verde Europeo*" y del Plan de Acción en materia de Finanzas Sostenibles tal como se presenta en la Comunicación de la Comisión, de 8 de marzo de 2018, titulada "*Plan de Acción: Financiar el desarrollo sostenible*"[791].

Bajo las anteriores premisas, unas de las pretensiones legales de la Norma objeto de análisis, es el retraso dos años en la aplicación de los requisitos de información previstos en la Directiva sobre información corporativa en materia de sostenibilidad (*CSRD*) siguiendo un cauce legislativo normal que podría durar, al menos, 9 meses antes de ser aprobada y publicada en el *DOUE*. A partir de ese momento, los Estados miembros dispondrán, entonces, de un periodo de 12 meses para incorporar las disposiciones adoptadas a su legislación nacional.

Asimismo, y en referencia a las grandes empresas y PYMES cotizadas[792], ha sido extendido en el plazo de un año, la transposición de la Directiva sobre diligencia debida en materia de sostenibilidad (*CS3D*)[793], cuyo objetivo —que forma parte de la Propuesta *Ómnibus* I

---

791 *Vid*. Comunicación de la Comisión titulada "El Pacto Verde Europeo" (COM (2019) 640 final). Comunicación de la Comisión titulada "Plan de Acción: Financiar el desarrollo sostenible" (COM (2018) 097 final). No es ocioso mencionar que la Directiva sobre información corporativa en materia de sostenibilidad, que entró en vigor el 5 de enero de 2023, reforzó y modernizó los requisitos para la presentación de dicha información mediante una serie de modificaciones de la Directiva sobre contabilidad, la Directiva sobre transparencia, la Directiva sobre auditoría y el Reglamento sobre auditoría (Reglamento (UE) 537/2014 del Parlamento Europeo y del Consejo, de 16 de abril de 2014). La trasposición de la Norma no ha sido todavía aprobada en España. Recordaremos que el Consejo de Ministros aprobó el 28 de octubre de 2024 el proyecto de Ley de Información Empresarial sobre Sostenibilidad, un paso necesario para poner la sostenibilidad en el centro de la información corporativa.

792 Se exceptúan las microempresas, las cuales, conforme a los parámetros de la *CSRD* podrían optar por no incluir la información sobre sostenibilidad en su informe de gestión hasta el ejercicio que se inicie a partir del 1 de enero de 2028. En este supuesto deberían explicar específicamente los motivos en su informe de gestión.

793 Recordaremos que la Directiva sobre diligencia debida de las empresas en materia de sostenibilidad, adoptada el 13 de junio de 2024, tiene el propósito de contribuir a que la Unión Europea logre su objetivo más ambicioso de pasar a

de medidas de simplificación anunciadas en febrero para reforzar la competitividad de la UE —es proporcionar a las empresas más tiempo para adaptarse y cumplir con la normativa de sostenibilidad, que está siendo revisada, sin incurrir en costes innecesarios, además de aportar una mayor seguridad jurídica al objeto de evaluar los ajustes, que en su caso, deban realizar en sus políticas y estrategias de sostenibilidad. Por tanto, las grandes compañías que debían informar en 2026 (respecto del ejercicio 2025) deberán efectuarlo en 2028 (respecto del ejercicio 2027). Con relación a las PYMES cotizadas que debían informar en 2027 (respecto del ejercicio 2026) lo harán en 2029 (con relación al ejercicio 2028).

Queda claro, a su vez, de la lectura de los sustantivos legales insertos en el citado Cuerpo legal, la recogida de un aplazamiento de los plazos de transposición y de aplicación sobre diligencia debida en materia de sostenibilidad empresarial (*CS3D*) hasta el 26 de julio de 2027, posponiéndose un año (hasta el 26 de julio de 2028, en lugar de julio de 2027) la aplicación de la normativa para las empresas más grandes, esto es, para aquellas que tienen más de 5000 empleados y una facturación de más de 1.500 millones EUR, como a aquellas otras que tienen más de 3.000 empleados y una facturación de 900 millones EUR)[794]. Para los otros dos grupos de empresas, el calendario de aplicación de dicha normativa se mantiene sin ningún tipo de alteración.

Al hilo de lo hasta aquí relatado, la estudiada Directiva "*Stop-the-Clock*" se someterá al Consejo para su aprobación formal, siendo éste un mero trámite, puesto que el Consejo ya refrendó dicho texto

---

una economía sostenible y climáticamente neutra, tal y como se describe en el Pacto Verde Europeo. Dicha Directiva exige que las empresas detecten y afronten los efectos adversos para los derechos humanos y el medio ambiente que se derivan de sus propias operaciones, las operaciones de sus filiales y sus cadenas de actividades.

794 Reflejando la dicción del Considerando (9):"Teniendo en cuenta la urgencia del asunto y para proporcionar seguridad jurídica lo antes posible, conviene aplicar la excepción al plazo de ocho semanas prevista en el artículo 4 del Protocolo nº 1 sobre el cometido de los Parlamentos nacionales en la Unión Europea, anejo al Tratado de la Unión Europea, al Tratado de Funcionamiento de la Unión Europea y al Tratado constitutivo de la Comunidad Europea de la Energía Atómica"

sustantivo el pasado 26 de marzo de 2025 cuando fue remitido a la Comisión Europea. A estos efectos, dicho Cuerpo legal entrará en vigor al día siguiente de su publicación en el *DOUE* y su plazo de transposición finalizará el 31 de diciembre de 2025, y una vez sea efectuada dicha aprobación de la Norma mencionada, se continuarán con las negociaciones de otras propuestas insertas dentro del "Paquete Ómnibus I" las cuales podrían introducir cambios sustanciales en el ámbito de aplicación subjetivo de la Directiva *CSRD,* en la Directiva *CS3D* y en la normativa de Taxonomía dado que su fin último es delimitar con claridad, y bajo un deseable ámbito normativo armonizador, las principales preocupaciones identificadas por las partes interesadas.

De la misma forma, el proyecto de acto delegado por el que se modifican los actos delegados actuales en virtud del Reglamento sobre la Taxonomía[795], será adoptado tras las observaciones del público y se aplicará al final del período de control por parte del Parlamento Europeo y del Consejo.

Finalmente, como es fácilmente constatable, son planteadas nuevas incógnitas sobre qué otros textos legales deberán ser modificados y de cómo las diferentes normas sobre sostenibilidad y la Directiva "*Stop of the clock*" bajo los parámetros de una simplificación regulatoria que reducen, en esencia, a las empresas afectadas y a los indicadores de reporte, se aplicarán en la práctica, poniendo en la balanza el mejoramiento de la transparencia de grandes compañías y la financiación sostenible.

El debate sigue abierto, e ineludiblemente, requerirá una reflexión cuidadosa sobre la "política regulatoria" en el marco de la UE[796] que aporte, en última instancia, certeza y seguridad jurídica, y

---

795 Por lo que respecta a la Taxonomía de la UE, el primer paquete ómnibus contiene también un proyecto de Acto Delegado que propone modificaciones de la normativa vigente. Una vez adoptado formalmente, y tras un periodo de *feedback* de 4 semanas, el Acto Delegado se presentará al Parlamento Europeo y al Consejo para un periodo de escrutinio (normalmente 2 meses) antes de ser aplicable. Por tanto, dicho Acto Delegado revisado sería objeto de aplicación a partir del 1 de enero de 2026 (para el ejercicio fiscal 2025).

796 Es interesante recalcar, que el 10 de marzo de 2025 se produjo el primer debate sobre el "Paquete *Omnibus*" en relación a la reducción de la burocracia y la simplificación de los negocios en la UE (*https://www.europarl.europa.eu/doceo*).

garantice una efectiva transición ecológica y digital, además de evitar que sólidos instrumentos jurídicos recientes y de gran impacto para el tejido empresarial, puedan verse modificados antes de su aplicación efectiva, dependiendo, en esencia, su éxito de aplicación de ciertos mecanismos de salvaguarda, todavía hoy insuficientes[797].

Asimismo, el 26 de marzo de 2025, la *Responsible Business Alliance* se reunió en Bruselas en el marco del *Driving Effective Due Diligence: Omnibus Unpacked*, con participantes del Parlamento Europeo y del Consejo junto con otros actores sociales, para debatir, igualmente, sobre determinados aspectos sobre el "Paquete *Omnibus*", siendo publicada, como hemos mencionado, por parte del Parlamento Europeo el 4 de abril de 2025, la denominada Directiva "*Stop of the Clock*"-Directiva de suspensión temporal, una de las normas incluidas en la Propuesta Ómnibus I de la Comisión que busca, en esencia, la simplificación de la normativa de sostenibilidad en materia de información y debida diligencia.

797 A modo ejemplificativo, baste citar los denominados "controles dinámicos" de la Plataforma Digital Única.

BIBLIOGRAFÍA

AA.VV., *Gobierno corporativo, sostenibilidad y reputación* en Martínez-Echevarría, A. (dir.), Aranzadi Thomson Reuters, Cizur Menor (Navarra), 2022.

ABHAYAWANSA, S. y TYAGI, S., "Sustainable Investing: The Black Box of Enviromental, Social and Governance (ESG) Ratings", *Journal of Wealth Management,* núm. 24, Institutional Investor, USA, 2021, págs. 2-5.

ABRAMSON, L. y CHUNG, D., "Socially responsible investing: viable for value investors?", *The Journal of Investing,* London, United Kingdom, 2020, págs. 73-80.

ABURTO BARRERA, L. y WAGNER, J., "A systematic literature review on sustainability issues along the value chain in insurance companies and pension funds", *European Actuarial Journal,* Vol. 13, núm. 2, Springer, 2023, págs. 653-701.

ALEJOS GÓNGORA, C. L., "La inversión socialmente responsable (ISR): una opción comprometida con el bienestar", *Cuadernos de la Cátedra "La Caixa" de Responsabilidad Social de la Empresa y Gobierno Corporativo,* núm. 22, 2014, págs. 9 y ss.

ALFARO, J., "Introducción a la persona jurídica», *Almacén de Derecho,* 7 de septiembre de 2022 (*almacendederecho.org*).

– "Prefacio a la personalidad jurídica", *Almacén de Derecho,* 10 de octubre 2022 (*almacendederecho.org*).

AL MAMUN, M.; BOUBAKER, S. y NGUYEN, D. K., "Green finance and decarbonization: Evidence from around the world ", *Finance Research Letters,* núm. 46, Elsevier, 2022.

ALONSO ESPINOSA, F. J. y GARCÍA VIDAL, A., *El Derecho Mercantil en el umbral del siglo XXI,* Marcial Pons, Madrid, 2010.

ALONSO, A. y GONZÁLEZ, C. I., "Los productos financieros sostenibles desde el punto de vista de los supervisores y los reguladores: sector bancario", en LÓPEZ JIMÉNEZ Y ZAMARRIEGO MUÑOZ (dirs.), *La sostenibilidad y el nuevo marco institucional y regulatorio de las finanzas sostenibles,* Thomson Reuters Aranzadi, Cizur Menor (Navarra), 2021.

ALONSO GONZÁLEZ, P. y ALBARRÁN LOZANO, I., "Análisis del riesgo en seguros en el marco de Solvencia II. Técnicas estadísticas avanzadas Monte Carlo y Bootstrapping", Fundación Mapfre, Madrid, 2007, págs. 34-32.

ALONSO, A. y MARQUÉS, J. M., "Financial for a Sustainable Economy", *Banco de España,* núm. 1916, Madrid, 2019.

ÁLVAREZ VEGA, D., "La reconstrucción del interés social en la transición hacia la creación de valor empresarial sostenible", *La Ley Mercantil,* núm. 115, Madrid, 2024, págs. 1-31.

AMARGANT, R. y GUTIÉRREZ DEL ARROYO, F., "El efecto del cambio climático y la transición energética sobre el sector financiero y su reacción al desafío", *EsadeEcPol,* Center of Economic Policy, núm. 21, Barcelona, 2022.

ANDREOZZI, L., "When the Reputation in not Enough: Justifying Corporate Social Responsibility", *Corporate Social Responsibility and Corporate Governance,* Palgrave MacMillan, Hampshire, 2011, pág. 256.

ARGANDOÑA, A., "Humilty in management", *Journal of Business Ethics,* núm. 132-1, Elsevier, 2015, págs. 63-71.

ASENCIO GALLEGO, A., "La diligencia debida de las empresas en materia de sostenibilidad. Entre la Propuesta de Directiva y la Directiva UE 2024/1760", *Revista de Derecho del Mercado de Valores,* núm. 35, La Ley, Madrid, 2024, págs. 1-16.

BALDI, F. y PANDIMIGLIO, A., "The role of ESG scoring and greenwashing risk in explaining the yields of green bonds: A conceptual framework and an econometric analysis", *Global Finance Journal,* núm. 52, Elsevier, 2022, pág. 100711.

BAKER, M., BERGSTRESSER, D., SERAFEIM, G. y WURGLER, J., "Financing the Response to Climate Change: The Pricing and Ownership of US Green Bonds", núm. w25194, *National Bureau of Economic Research,* 2018, págs. 1 ss.

BARNEA, A. y RUBIN, A. "Corporate Social Responsibility as a Conflict Between Shareholders, J Bus Ethics, 97, 2010, págs. 71-86.

BERROU R., *et al.* "An Overview of Green Finance", en MIGLIORELLI y DESSERTINE (eds.), *The Rise of Green Finance in Europe,* Palgrave, 2019

BLASCO, J. L. y DELRIEU, J. C., (dirs.), "El rol de las finanzas en una economía sostenible", *Papeles de la Fundación,* núm. 60, Instituto Español de Analistas Financieros y Fundación de Estudios Financieros, Madrid, 2021, págs. 19-23.

CALVO VERGEZ, J., "La delimitación del concepto de inversión financiera sostenible", *Revista Aranzadi de Derecho Ambiental,* núm. 50, Cizur menor (Navarra), 2021, págs. 2 y ss.

CAMPUZANO, A. B. "Sostenibilidad y Derecho privado" *Actas del Congreso Internacional Sostenibilidad y Derecho del Sistema Financiero,* Valencia, 2023, págs. 53 y ss.

CANALEJAS MERÍN, J. F., "Las obligaciones de gobernanza de producto en la *MiFID* II y su transposición al Derecho español", *RMV,* núm. 24, La Ley, Madrid, 2019, págs. 21 y ss.

CAPUTO, F., SCUOTTO, V., PAPA, A., DEL GIUDICE, M., "From Sustainability coercion to Social Engagement: the turning role of Corporate Social Responsibility", *Corporate Governance and Research & Development Studies,* núm. 2, Napoli, 2020, pág. 20. Disponible en: *https://doi.org.*

CARBÓ VALVERDE, S., CUADROS SOLAS, P. y RODRÍGUEZ FERNÁNDEZ, F., "Taxonomy of the Spanish FinTech Ecosystem and the drivers of FinTechs' performance", *Revista de Estabilidad Financiera,* núm. 38, Banco de España, Madrid, 2020, págs. 27-52.

CARTA, M. C., "Il Green Deal europeo. Considerazioni critiche sulla tutela dell'ambiente e le iniziative di diritto UE", *Eurojus,* 2020, págs. 54 y ss.

CARTARINEU, E. y PÉREZ, D., *La titulización de activos por parte de las entidades de crédito: el modelo español en el contexto internacional y su tratamiento desde el punto de vista de la regulación prudencia,* Banco de España, Estabilidad financiera, Madrid, 2023, págs. 27-29.

CASTILLO ROVIRA, P. "La problemática jurídica de los bonos verdes europeos y una aproximación a las soluciones ofrecidas por la tecnología *blockchain*", *RMV,* núm. 34, La Ley, Madrid, 2024.

CLARKSON, M. E., "A stakeholder framework for analysing and evaluating corporate social performance", *Academy of Management Review,* Vol. 20, núm. 1, New York, 1995, págs. 92-117.

CENTENO HUERTA, S., DEL SAZ OROZCO MONSALVE, J. y CARAZO NÚÑEZ C, "El Pacto Verde Europeo: la transformación del marco regulatorio de la UE para lograr una sostenibilidad en la economía" en DE PAZ, J. M. (dir.), *Estudios jurídicos sobre sostenibilidad: cambio climático y criterios ESG en España y la Unión Europea,* Aranzadi, Cizur menor (Navarra), 2023, págs. 53-98.

CERRATO GARCÍA, E., "El mercado de instrumentos financieros "verdes", ¿paradoja o realidad?", *Revista de Derecho del Sistema Financiero,* núm. 4, Madrid, 2022, págs. 297-344.

CIACCHI, S., "The newly-adopted Corporate Sustainability Due Diligence: an overview of the law making process and analysis of the final text", ERA *Forum* 24, 29-48, 2024. Disponible en: *http://doi.org/10.1007/s12027-024-00791-y.*

CURTO POLO, M., "Legislación de urgencia en el Derecho de Sociedades ante la Covid-19 en el primer semestre de 2020" *Ars Iuris Salmanticensis: AIS: Revista europea e iberoamericana de pensamiento y análisis de derecho, ciencia política y criminología,* Vol. 8, núm. 2, Universidad de Salamanca, 2020, págs. 265-272.

CHAN, R., "Ensuring impactful performance in green bonds and sustainability linked loans", *Adelaide Law Review,* núm. 4, University of Adelaide, Australia, 2021.

CHAMORRO DOMÍNGUEZ, Mª C. y VIERA GONZÁLEZ, J., *Derecho de Sociedades y Sostenibilidad,* La Ley, Madrid, 2023, págs. 1 y ss.

– "La financiación de proyectos medioambientales a través de la inversión sostenible: el Reglamento de Bonos Verdes Europeos,", La Ley Mercantil, núm. 12, marzo, Madrid, 2025, págs. 1-10.

CLARKSON, M. E., "A stakeholder framework for analysing and evaluating corporate social performance", *Academy of Management Review,* Vol. 20, núm. 1, New York, 1995, págs. 92-117.

COCHRAN, I., MACKENZIE, C. y BRANDER, M., "EU's sustainable finance disclosure regulation: does the hybrid reporting regime undermine the goal to reorient capital to climate action?", *Climate Policy,* Vol 25, Taylor & Francis, United Kingdom, 2025, págs. 76-88.

COHEN BENCHETRIT, A., "Primera aproximación a la propuesta de Directiva sobre gobierno corporativo sostenible y diligencia debida", La Ley, núm. 10031, Madrid, 2022.

CORREA-GARCÍA, J. y CORREA-MEJÍA, D. A., "Importancia del estado de flujos de efectivo para la gestión financiera sostenible", *Cuadernos de Contabilidad,* núm. 22, Redalyc, México, 2021, págs. Disponible: *https://www.redalyc.org.*

DELGADO, M., "Foro Descarbonizar la economía". El Confidencial. Discurso de apertura, 31 de octubre, 2019. Disponible en: *https://www.bde.es.*

DELLA NEGRA, F., "The civil effects of *MiFID II* between Private law and regulation", *Quaderni di Ricerca Giuridica della Consulenza Legale,* núm. 90, Banca de Italia, Roma, 2020, págs. 4 y ss.

DE LUCA, F., *Mandatory and Discretional Non-financial Disclosure After the European Directive 2014/95/EU: An empirical analysis of Italian listed companies' behavior,* Emerald Group Publishing, Bingley, 2020, pág 17.

DE SADELEER, N., *Environmental Principles: From Political Slogans to Legal Rules,* Oxford Academic, United Kingdom, 2021.

DE PAZ ARIAS, J. M., "Una primera aproximación a algunas cuestiones jurídicas planteadas por la interpretación del Reglamento de Taxonomía Europea" en DE PAZ ARIAS, J. (dir.), *Estudios Jurídicos sobre Sostenibilidad: Cambio Climático y Criterios ESG en España y la Unión Europea,* Aranzadi, Cizur Menor (Navarra), 2023, págs. 167-202.

DE SADELEER, N., *Environmental Principles: From Political Slogans to Legal Rules,* Oxford Academic, Oxford, 2021, págs. 15 y ss.

DEVA, S., "Mandatory human rights due diligence laws in Europe: A mirage for rightsholders?" *Leiden Journal of International Law,* num. 36, Cambridge University press, págs 389-414. Disponible: *https://doi.org.*

DEVALLE, A., FIANDRINO, S., CANTINO, V., "The Linkage between ESG Performance and Credit Ratings: A Firm-Level Perspective Analysis", *International Journal of Business and Management,* Canadian Center of Science and Education, Vol. 12, núm. 9, 2017, págs. 12-19.

DE VIVERO DE PORRAS, C., "Instrumentos financieros, fondos de inversión y derivados" en EDUFINET (dir.), *Situación, tendencias y retos del sistema financiero,* Pamplona, 2022, págs. 15-45.

DONG, X., XIONG, Y., NIE, S. y YOON, S. M., "Can bonds hedge stock market risks? Green bonds vs conventional bonds", *Finance Research Letters,* núm. 52, Elsevier, 2023, págs. 1-9.

DOMÍNGUEZ MARTÍNEZ, J. M. y LÓPEZ JIMÉNEZ, J. M., "El nuevo paradigma de las finanzas sostenibles: consideraciones generales" en AA.VV., *La sostenibilidad y el nuevo marco institucional y regulatorio de las finanzas sostenibles,* Aranzadi, Madrid, 2022, págs. 71 a 148.

DOYLE, T., "Ratings That Don't Rate: The Subjective World of ESG Ratings Agencies", *American Council for Capital Formation,* 2018. Disponible en: *https://accfcorpgov.org.*

EDMANS, A. y KACPERCZYK, M. "Sustainable Finance", *Review of Finance,* Oxford University Press, Oxford, UK, 2022, págs 1309-1313.

ENCISO ALONSO-MUÑUMER, M. Tª, "Transparencia y sostenibilidad: nuevos retos de la información no financiera", *RDMV,* núm. 27, La Ley, Madrid, 2020, págs. 242-281.

- "Los informes de sostenibilidad en el marco de la transición hacia una economía sostenible" en *Derecho de Sociedades, Concursal y de los Mercados Financieros. Libro Homenaje al profesor Adolfo Sequeira Martín,* Sepin, 2022, págs. 451-476.

ESTEBAN RÍOS, J., "Entidades de crédito y medio ambiente introducción y fomento de criterios de sostenibilidad ambiental en el sector financiero", *Revista Aragonesa de Administración Pública,* núm. 19, 2018 (Ejemplar dedicado a: Mecanismos económicos y de mercado para la protección ambiental), núm. 19, Diputación General de Aragón, Zaragoza, 2018.

FANEGO RODRÍGUEZ, M., "Finanzas sostenibles: novedades regulatorias", *RDMV,* núm. 27, La Ley, Madrid, 2020, págs. 1-32.

FERNÁNDEZ PÉREZ, N., "Instrumentos financieros complejos y su tratamiento jurisprudencial" en CASTILLO MARTÍNEZ, C., (dir.), *Jurisprudencia sobre hipotecas y contratos bancarios y financieros: Análisis de la jurisprudencia reciente sobre préstamos, créditos, cláusulas de préstamos hipotecarios, contratos bancarios, tarjetas, productos financieros y usura,* Tirant lo Blanch, Valencia, 2019, págs. 247-264.

FERNÁNDEZ RICO, E. y QUESADA J., *Práctica mercantil para Abogados,* La Ley, Madrid, 2021, págs. 3 y ss.

FINK, L., *Net zero: A fiduciary approach.* 26 de enero 2021. Disponible: *https://www.blackrock.com/corporate/investor-relations/ blackrock-client.*

FLAMMER, C, "Corporate green bonds", *Journal of Financial Economics,* núm. 142, Elsevier, 2021, págs. 499-516.

FLEISCHER, H., "La *business judgement rule* a la luz de la comparación jurídica y de la economía de mercado", *RDM,* núm. 246, Thomson Reuters Aranzadi, 2002, págs. 1148 y 1149.

FONTICIELLA HERNÁNDEZ, B., "La sostenibilidad financiera desde la óptica regulatoria: compendio del panorama normativo actual", *Revista de Derecho del Sistema Financiero,* núm. 5, Madrid, 2023, págs. 259-295.

FONTRODONA, J., MULLER, P. y MARÍN, S., "La inversión sostenible y responsable. Introducción y guía para inversores particulares", *Cuadernos de la Cátedra CaixaBank de Responsabilidad Social Corporativa,* núm. 43, Navarra, 2020, págs. 4-11.

FURLO, N. E., "Greenwashing in the new millennium", *The Journal of Applied Business and Economics,* núm. 10, North American Business Press, 2010, págs. 22-26.

GALLEGO SÁNCHEZ, E. y FERNÁNDEZ PÉREZ, N., *Derecho Mercantil. Parte primera,* Tirant lo Blanch, Valencia, 2024, págs. 459 y ss.

GARCÍA ESCOBAR, J., FERNÁNDEZ GUADAÑO J. y MASCAREÑAS, J., "Como financiar un futuro sostenible. un estudio descriptivo del mercado de Bonos Verdes europeos", *Revista Universitaria Europea,* núm. 41, Universidad Complutense, Madrid, 2024, págs. 53-82.

GARCÍA GIMÉNEZ, U. y ÁLVAREZ GONZÁLEZ-PALENZUELA, "Nueva normativa de divulgación relativa a la sostenibilidad en el sector de servicios financieros" en AA.VV., *La sostenibilidad y el nuevo marco institucional y regulatorio de las finanzas sostenibles,* Aranzadi, Pamplona 2021, pág. 950 y ss.

GARCÍA LUPIOLA, A., "El Pacto Verde Europeo. Adopción y puesta en marcha en un complejo contexto", *Revista Aranzadi de la Unión Europea*, núm. 2, Cizur menor (Navarra), 2023, págs. 61 y ss.

GARCÍA VIDAL, Á., "Propuesta de Directiva sobre alegaciones ecológicas", 2023. Disponible: *https://www.ga-p.com*.

GIMENO BEVIÁ, V., "La tutela de inversores y consumidores frente a la contratación de productos financieros complejos" en DEMETRIO CRESPO, (dir), *Corrupción y delincuencia económica* Ediciones Jurídicas Castillo de Luna, Madrid, 2015.

– "Sostenibilidad, deber de diligencia de los administradores sociales y signos distintivos" *RDMV*, núm. 35, *La Ley*, Madrid, 2024.

GIMENO, R. y SOLS, F., "La incorporación de factores de sostenibilidad en la gestión de carteras", *Revista de Estabilidad Financiera*, núm. 39, Banco de España, Madrid, 2020, págs. 183-203.

GUILLÉN, P., "El legislador de la UE contra el *greenwashing*". Disponible en: *https://baylos.com*.

GÓMEZ RETUERTO, G., "Bonos verdes y finanzas sostenibles", *Revista Inversión*, núm. 1137, Inversor editores, SL, Madrid, págs. 22.

GÓMEZ YUBERO, M. J. y GULLÓN OJESTO, B., "Índices de referencia climáticas y de sostenibilidad y su contribución al cumplimiento de los Objetivos de Desarrollo Sostenible". *CNMV. Boletín Sostenibilidad Trimestral III*, Madrid, 2021, págs. 1-40.

GONZÁLEZ MARTÍNEZ, C. I., "Panorámica de iniciativas institucionales globales y europeas en finanzas sostenibles", Banco de España, núm. 3, Madrid, 2021, págs. 3-8.

– "Sostenibilidad financiera e integración de factores Ambientales, Sociales y de Gobernanza. De lo intangible a lo tangible" en EDUFINET (dir.), *Situación, tendencias y retos del sistema financiero*, Pamplona, 2022, págs. 23-30.

GONZÁLEZ PÁRAMO, J. M., "Las finanzas sostenibles, entre dos emergencias", *Cuadernos de Información Económica*, núm. 282, Funcas, Madrid, 2021, págs. 14-17.

GREEN, M., "Theoretical Developments in Corporate Social Responsibility", *The Palgrave Handbook of Corporate Social Responsibility*, Springer, 2021, pág. 48.

GUICHOT REINA, E. y GUTIÉRREZ ALONSO, J. J., "La transparencia en la regulación bancaria" en MUÑOZ MACHADO, S. y VEGA SERRANO, J., (dirs.), *Derecho de la Regulación Económica*, Sistema Bancario, Iustel, Madrid, 2013, págs. 209-259.

HERRERO BRAÑAS, A. B., "Riesgo operacional en el marco de Solvencia II", Instituto de Ciencias del Seguro, Fundación Mapfre, Madrid, 2012, pág. 55.

HUANG, L., "Green bonds and ESG investments: Catalysts for sustainable finance and green economic growth in resource-abundant economies", *Resources Policy*, Vol. 91, Elsevier, 2024, págs. 104806 y ss.

ÍÑIGUEZ ORTEGA, P., "Perspectivas actuales del sistema de clasificación unificado europeo: hacia un inversor catalizador de productos financieros verdes", *RDMV*, núm. 31, La Ley, Madrid, 2022.

JONES, E., *Reconectando con el Banco Central Europeo, Cuadernos de Información Económica*, núm. 302 (septiembre-octubre), Madrid, 2024, págs. 28-36.

KRAJEWSKI, M., "Analysis of the Third Draft of the UN Treaty on Business and Human Rights", CIDSE. En: *https://www.cidse.org*.

KISKIS, E., "La inversión sostenible como nuevo eje del mercado financiero", *RDMV*, núm. 26, La Ley, Madrid, 2020, págs. 1-20.

KÖRDING, J., y RESCH, F., "Criterios mínimos comunes para incorporar los riesgos climáticos en los sistemas internos de evaluación del crédito del Eurosistema", BCE— Boletín Económico, núm. 6, 2022.

KURPIERZ, J. R. y SMITH, K., "The greenwashing triangle: adapting tools from fraud to improve CSR reporting", *Sustainability Accounting, Management and Policy Journal*, Vol. 11, núm. 6, Emerald Publishing, 2020, págs. 1075-1093.

LEE, P., "Green bonds and green loans: Implementing EU green bond standard, green loan principles, and sustainability linked fund principles", *Lexology*, 2020. Disponible: *https://www.philiplee.ie*.

LIU, C. y WU, S. S. "Green finance, sustainability disclosure and economic implications", *Fulbright Review of Economics and Policy*, núm. 3, SRN Intellectual Resources, 2023, págs. 1-24. Disponible en: *https://doi.org/10.1108/frep-03-2022-0021*.

LLORCA GALIANA, J., "The Relevance of Governance in the Insurance Sector Within the Framework of Sustainable Investments" JUAN BATALLER-GRAU, J., KAWIŃSKI, M. and MARANO, P. (edits) *Sustainability and the Insurance Market Trends and Challenges*, Springer, 2025.

- "El nuevo enfoque europeo para el fomento de las inversiones en actividades medioambientalmente sostenibles", La Ley Mercantil, núm. 108, Madrid, 2023.

LÓPEZ JIMÉNEZ, J. M., "La Ley de Cambio Climático y Transición Energética y el sistema financiero", La Ley, núm. 9864, Madrid, 2021.

LÓPEZ JIMÉNEZ, J. M. y ZAMARRIEGO MUÑOZ, A., *La Sostenibilidad y el Nuevo Marco Institucional y Regulatorio de las Finanzas Sostenibles*, Aranzadi, Cizur menor (Navarra), 2021.

MARAGOPOULOS, N., "Toward a European Green Bond: A Commision's proposal to promote sustainable finance", 6 de abril 2022. *European Banking Institute Working paper*, núm. 1013, 2022. Disponible en: *https://ssrn.com*.

MARÍN, S.; AIBAR, C.; GARCÍA, I y ORTIZ, E., "Visión general de la taxonomía en relación a la información no financiera o en materia de sostenibilidad", *Servicio de Estudios del Consejo General de Economistas de España*, Madrid, 2023, pags. 5 y ss.

MARINA ROSADO, P. J., "Críticas a los ratings de ESG", Revista de Derecho del Sistema Financiero: mercados, operadores y contratos, núm. 7, Thomson Reuters Aranzadi, Cizur menor (Navarra), 2024, págs. 337-370.

MARIMÓN DURÁ, R., "Los principios de la inversión responsable auspiciados por Naciones Unidas (*UN-PRI*)" en BATALLER GRAU, J. y BOQUERA MATARREDONA, J., *Responsabilidad social y sostenibilidad. El marco de actuación de la empresa,* Tirant lo Blanch, Valencia, 2023, págs. 353-375.

MARIS, G. y PSYCHALIS, M., "Energy and environmental challenges in the European Union and green bond", *Social Sciences,* núm. 13, Elsevier, 2024, pág. 50.

MÁRQUEZ CARRASCO, C., "Todos los ojos puestos en Bruselas: las claves de la futura directiva sobre diligencia debida en materia de sostenibilidad empresarial", *Revista Española de Empresas y Derechos Humanos,* núm. 1, Colex, A Coruña (Galicia), 2023.

- "Instrumentos sobre la debida diligencia en materia de Derechos Humanos: orígenes, evolución y perspectivas de futuro", *Cuadernos de Derecho Transnacional,* Vol. 14, núm. 2, Universidad Carlos III, Madrid, 2022, págs. 605-642

MARULLO, C., SALES PALLARÉS, L. y ZAMORA CABOT, F. J. (dirs.), *Empresas transnacionales, Derechos humanos y cadenas de valor: nuevos desafíos,* Colex, A Coruña, 2023.

MARTÍ MIRAVALLS, J., "La Propuesta de Reglamento del Parlamento europeo y del Consejo relativo a los mercados de criptoactivos: la propuesta MICA", *Revista de Derecho del Sistema Financiero: mercados, operadores y contratos,* Thomson Reuters, Aranzadi, 2021, págs. 473-480.

- "Transposición por el RD-Ley 24/2021, de 2 de noviembre, de la Directiva (UE) 2019/2162, del Parlamento Europeo y del Consejo, de 27 de noviembre de 2019", *Ars Iuris Salmanticensis: AIS: Revista Europea e Iberoamericana de pensamiento y análisis de Derecho, Ciencia Política y Criminología,* Vol. 10, núm. 1, Universidad de Salamanca, 2022, págs. 305-309.

MARTÍ MOYA, V., "El incesante proceso de positivización de la responsabilidad social en la UE: de la información no financiera al informe de sostenibilidad", La Ley Mercantil, núm. 93, Aranzadi, Cizur menor, 2022, pág. 4 y ss.

MITCHELL, R. K., AGLE, B. R., WOOD, D. J., "Toward a theory of stakeholder identification and salience: Defining the principle of who and what really counts", *Academy of Management Review,* Vol. 22, núm. 4, New York, 1997, págs. 853-886.

MÍNGUEZ PRIETO, R., "El impacto del marco normativo ESG en las operaciones de financiación crediticia bancaria y en la de los mercados de renta fija", *Revista de Derecho del Mercado de Valores,* núm. 30, Wolters Kluwers, Madrid, 2022, págs. 1-31.

- "La regulación de los bonos verdes europeos como eje central del marco normativo de la renta fija sostenible", *Revista de Derecho del Mercado de Valores,* núm. 32, Wolters Kluwers, Madrid, 2023, págs. 1-30.

MORALES ZAPATA, R., "Cuestiones contables para la clasificación de activos y pasivos financieros con cláusula ESG", *Revista de Técnica Contable y Financiera,* núm. 50, Madrid, 2022, págs. 1-7.

MOTTA, J. y MORERO, H., "La teoría moderna de la innovación y sus antecedentes en el pensamiento económico", en SUÁREZ, D., ERBES, A. y BARLETTA, F. (dirs.), *Teoría de la innovación: evolución, tendencias y desafíos,* Ediciones Complutense, Madrid, 2020, págs. 23-70.

MOYA BALLESTER, J., "El tratamiento jurídico de los objetivos *ESG* y la modificación del deber de diligencia en la propuesta de Directiva sobre diligencia debida", *Cuadernos de Derecho Transnacional,* Vol. 16, núm. 1, Área de Derecho Internacional Privado, Universidad Carlos III de Madrid, Madrid, 2024, págs. 460-482.

MULLER, P. y FONTRODONA, J., "Economía circular. Una revolución en marcha", *Cuadernos de la Cátedra CaixaBank de Sostenibilidad e Impacto Social,* núm. 48 Barcelona 2021. Disponible en: *https://www.iese.edu.*

MUÑOZ PÉREZ, A. F., "Los mercados de capitales y el impulso de las finanzas sostenibles", La Ley, núm. 15563, Madrid, 2019, págs. 1-18.

MURILLO GARCÍA, U. E., "Reglamento de Taxonomía de la UE de Actividades Sostenibles", *Boletín Económico,* núm. 3126, Madrid, 2020, págs. 15-26.

MURILLO GILI, R., "¿Cómo actuar ante el cambio climático? Acciones y políticas para mitigarlo", *Caixabank Research, Informe Mensual,* núm. 439/2019, Barcelona, pág. 34. Disponible: *https://www.caixabankresearch.com.*

NAVARRO LÉRIDA, Mª. S., "El fomento de la visión a largo plazo de las inversiones" en AA.VV. *Derecho de Sociedades y de los Mercados Financieros. Homenaje a Carmen Alonso Ledesma,* Iustel, Madrid, 2018, págs. 623-647.

O'BRIEN, C. y HARTMANN, J., *The European Commission's proposal for a Directive on Corporate Sustainability Due Diligence: two paradoxes.* Disponible: *https://www.ejiltalk.org.*

O'FLYNN, A. "Sostenibilidad financiera y el Reglamento Europeo sobre los Bonos Verdes", *Revista de Derecho del Sistema Financiero: mercados, operadores y contrato,* núm. 8, Thomson Reuters Aranzadi, Cizur menor (Navarra), 2024.

ONTIVEIROS, E., "Finanzas verdes y energía" en AA.VV., *Riesgos y oportunidades en la transición energética,* Civitas, Madrid 2018, págs. 53 y ss.

PACCES, A., "Will the EU Taxonomy Regulation Foster Sustainable Corporate Governance?", *Sustainability Review,* World Bank Open Knowledge Repository, 2021, págs. 1 ss.

PALÁ LAGUNA, R., "Exclusiones de la Directiva sobre diligencia debida de las empresas en materia de sostenibilidad" GA_P Análisis, julio 2024. Disponible en *ga_p.com.*

- "El nuevo Punto de Acceso Único Europeo a la información de carácter financiero y sobre sostenibilidad", GA_P, Análisis, diciembre 2023. Disponible en *ga_p.com.*
- "El informe de sostenibilidad y el gobierno corporativo" en *Estudios de Derecho de Sociedades y Derecho Concursal. Libro en homenaje al profesor Jesús Quijano González,* Ediciones Universidad de Valladolid, 2023, pág. 609.
- "Nuevas obligaciones de transparencia para determinadas entidades financieras en materia de sostenibilidad: exigibilidad a partir del 10 de marzo de 2021". Disponible en: *https://www.ga-p.com.*

– "Directrices de la *ESMA* acerca de cómo supervisar los factores de riesgo del folleto informativo". Disponible en: *https://www.ga-p.com.*
– "Un paso más hacia la efectiva unión de los mercados de capitales: el Punto de Acceso Único Europeo a la información de carácter financiero y sobre sostenibilidad", *La Ley Unión Europea,* núm. 122, La Ley, Madrid, 2024, págs. 1-9.
– "Diez años de la *MiFID* II: hacia un régimen único de los mercados de valores y de quienes en ellos participan", *La Ley Mercantil,* núm. 10597, Sección Tribuna, La Ley, Madrid, 2024.
– "La responsabilidad por culpa en la propuesta de directiva de diligencia debida en materia de sostenibilidad" en Análisis GA_P, abril 2024. Disponible: *https://www.ga-p.com.*
– "Los criptoactivos valores negociables como nueva categoría de los derechos valor", AA.VV., *El Derecho Mercantil y la pandemia, algunos problemas del pasado, la crisis coyuntural y las perspectivas futuras: libro homenaje a Agustín Madrid Parra,* en GUERRERO LEBRÓN M. J. y otros (dirs.), *RMV,* núm. 35, La Ley, Madrid, 2023, págs. 961-975

PALAO MORENO, G., "La Estrategia Europea sobre diligencia debida y "cadenas de valor": una aproximación desde el Derecho Internacional Privado" en ORTEGA GIMÉNEZ, A., HEREDIA SÁNCHEZ, L. y GÓMEZ JENE, M, (dirs.), *Estrategia Europea 2030 y sus retos sociales. Una lectura desde el Derecho Internacional privado,* Tirant lo Blanch, 2023, págs. 33-51.

PEÑAS MOYAÑO, Mª J., "Sostenibilidad en el mercado de seguros. Sostenibilidad del producto", *Actas del Congreso Internacional Sostenibilidad y Derecho del Sistema Financiero,* Valencia, 2023, págs. 171 y ss.

PIETRANCOSTA, A., "Codification in Company Law of General CSR Requirements: Pioneering Recent French Reforms and EU Perspectives", 2022. Disponible en: *http://ssrn.com*

POLLMAN, E., "The Making and Meaning of ESG, *Institute for Law & Economics Research Paper,* núm. 22-23", University of Pensilvania 2022, págs. 7-10.

PORTELLANO DÍEZ, P., "NESSUN DORMA: el verdadero ámbito de aplicación personal de la Directiva sobre diligencia debida y sus pilares", CASTELLANO, MªJ. y CAMPUZANO LAGUILLO, A. B. (coords.), Vol. 2, Tomo 2, Aranzadi, Cizur menor, 2024, págs. 1181-1226.

QUIJANO GONZÁLEZ, J., "La Propuestas de Directiva sobre información corporativa en materia de sostenibilidad (COM (2021) 189 final, 21 de abril 2021". III Congreso Internacional de Gobierno Corporativo, 6 de mayo 2022. CEU. Apuntes del Congreso.

RAMOS MUÑOZ, D., CERRATO, E., y LAMANDINI, M., "The EU's Green finance. Can exit, voice and coercion be enlisted to aid sustainability goals?", *European Banking Institute Working Paper Series,* núm. 90, Frankfurt, 2021.

RECALDE CASTELLS, A., "La obligación de las sociedades de identificar, reducir y reparar los efectos adversos sobre el medioambiente y los Derechos humanos (Notas a la Propuesta de Directiva sobre "diligencia debida" —"*due diligence*"— en materia de sostenibilidad)", *RdM,* núm. 326, Thomson Reuters Aranzadi, Cizur menor, (Navarra), 2022.

RODRÍGUEZ MARTÍNEZ, I., "Líneas directrices de la OCDE para empresas multinacionales y la guía de la OCDE de debida diligencia para una conducta empresarial responsable" en BATALLER GRAU, J. Y BOQUERA MATARREDONA, J., (dirs.), *Responsabilidad social y sostenibilidad. El marco de actuación de la empresa,* Tirant lo Blanch, Valencia, 2023, págs. 229-266.

ROJO ÁLVAREZ-MANZANEDA, C. "La inobservancia por las entidades aseguradoras de las obligaciones de información y conducta en la distribución de productos de inversión basados en seguro", *Revista de Derecho Bancario y Bursátil,* núm. 169, enero-abril, Aranzadi, Cizur menor (Navara), 2023, págs 1-28.

ROLANDO, F. "L'attuazione del Green Deal e del Dispositivo per la ripresa resilienza: siamo effettivamente sulla strada per raggiungere la sostenibilità ambientale?", *Derecho de la Unión Europea,* Giapichelli, Bruselas, núm. 1, 2022, pág. 1 y ss.

ROLDÁN ALEGRE, J. Mª, "Los bancos, pieza esencial en la Agenda 2030", *Conferencia para el XV Encuentro del Sector Bancario.* IESE, Barcelona, 2019, pág 3. Disponible: *https://s2.aebanca.es.*

ROMO GONZÁLEZ, L. A., "Una taxonomía de actividades sostenibles para Europa", *Documentos ocasionales,* núm. 2101, Banco de España, Madrid, 2021.

RYNSKA, E., "Introduction to European Union Taxonomy" RYNSKA, E. (ed.), *Embedding Resilience in the Built Environment Using the EU Taxonomy, Routledge,* Taylor & Francis Group, London, United Kingdom, págs. 1-30.

RZEŹNIK, A.; HANLEY, K. W. y PELIZZON, L., "Investor Reliance on ESG Ratings and Stock Price Performance", *Working paper SAFE,* núm. 310, 2022.

SÁNCHEZ GALLEGO, J., "El marco de referencia internacional y su relación con el Proyecto de Ley de Cambio Climático" en LÓPEZ JIMÉNEZ, J. Y ZAMARRIEGO MUÑOZ, N. (dirs.), *La sostenibilidad y el nuevo marco institucional y regulatorio de las finanzas sostenibles,* Aranzadi, Cizur menor (Navarra), 2021, págs. 167-196.

SERÓN GALINDO, D., "Economía circular: de alternativa a necesidad", *Economistas sin fronteras, Dossieres Esf,* núm. 37, 2020, pág. 17.

SHAUKAT, A., QIU, Y. y TROJANOWSKI, G. "Board Attributes, Corporate Social Responsibility Strategy, and Corporate Environmental and Social Performance", *J Bus Ethics,* 135, 2016, págs. 569-585.

SILVA, D., "The fight against greenwashing in the European Union", *UNIO-EU Law Journal,* Vol. 7, núm. 2, Universidade do Minho, Río de Janeiro, 2022, págs. 25-35.

SINNING, J. y ZETZSCHE, D., "The EU'S Corporate Sustainability Due Diligence Directive: From Disclosure to Prevention of Adverse Sustainability Impacts in Supply Chains". Disponible en: *https://ssrn.com/abstract.*

STERN, N., "The Economics of Climate Change", *The Stern Review,* Cambridge University Press, United Kingdom, 2007.

TAPIA HERMIDA, J. A., "Sostenibilidad financiera en la Unión Europa: el Reglamento (UE) 2019/2088 sobre finanzas sostenibles", *La Ley Unión Europea,* núm. 77, Wolters Kluwers, Madrid, 2020, pág. 16.

- "Sostenibilidad financiera en el mundo posterior al COVID 19", *RDBB,* núm. 159, Madrid, 2020, págs. 12 y ss.
- *Sostenibilidad financiera,* Editorial Reus, Madrid, 2021, págs. 139 y ss.
- "El mercado de calificaciones ASG/ESG en la UE y la consideración de los factores ASG/ESG en las calificaciones crediticias". Documentos de consulta de la Comisión Europea y de ESMA, 7 de abril de 2022. Disponible: *https://ajtapia.com.*
- *La nueva normativa de consumo en España y en la Unión Europea,* Editorial Reus, Madrid, 2022, pág 107.
- "La responsabilidad civil derivada del incumplimiento de la Directiva sobre diligencia debida de las empresas en materia de sostenibilidad", La Ley, núm. 10657, Sección Tribuna, Madrid, 2025.

TAPIA SÁNCHEZ, M. R., "La Taxonomía UE: una regla de oro de las finanzas sostenibles", *Revista del Mercado de Valores,* núm. 27, La Ley, Madrid, 2020, págs. 158-192.

- "La inclusión del informe de sostenibilidad corporativa en el informe de gestión. Implicaciones de la Directiva (UE) 2022/2464 de presentación de información sobre sostenibilidad por parte de las empresas (CSRD)" en CHAMORRO DOMÍNGUEZ y VIERA GONZÁLEZ (dirs.), *Derecho de sociedades y sostenibilidad,* La Ley, Madrid, 2023, pág. 237.

TATO PLAZA, A., "Sobre el uso de alegaciones medioambientales en la publicidad: estado actual y perspectivas de futuro", *RdM,* núm. 32, Civitas, 2024, págs. 101-140.

THOMSON, S., *Green and sustainable finance,* Kogan Page, United Kingdom, 2025, págs. 3-47.

TRIAS PINTO, C., "Finanzas sostenibles y Pacto Verde europeo" en AA.VV., *La sostenibilidad y el nuevo marco institucional y regulatorio de las finanzas sostenibles,* Aranzadi, Cizur menor (Navarra), 2021, págs. 197-199.

VALMAÑA OCHAITA, Mª., "Diez años de regulación europea en materia de sostenibilidad de la Directiva 2024/95/UE, sobre información no financiera, a la Directiva (UE) 2024 (1760, sobre diligencia debida de las empresas en materia de sostenibilidad", La Ley, núm. 10683, Madrid, 2025.

VAN OSTRUM, C. H. A., "Sustainability Through Transparency and Definitions: A Few Thoughts on Regulation (EU) 2019/2088 and Regulation (EU) 2020/852", *ECLJ,* 2021, págs. 15-20.

VENDRELL, C. y SUANCES, C., "*Greenwashing* y prácticas desleales con los consumidores: la Propuesta de Directiva relativa al empoderamiento de los consumidores para la transición ecológica a la luz del contexto actual y algunos casos recientes en el Derecho comparado", *Actualidad Jurídica Uría Menéndez,* núm. 60, Madrid, 2022, págs. 161-179.

VERCHER MOLL, J., *La verificación de la información sobre sostenibilidad,* Marcial Pons, Madrid, 2024, págs. 100 y ss.

VIERA GONZÁLEZ, A. J., "El deber de diligencia de los administradores como forma de aplicación de los principios de desarrollo sostenible" en CHAMORRO DOMÍNGUEZ, Mª C. y VIERA GONZÁLEZ, A. J. (dirs.), *Derecho de sociedades y sostenibilidad*, La Ley, Madrid, 2023, págs. 213-234.

VILLARCORTA HERNÁNDEZ. M. A., "Conectividad entre la información financiera y la información no financiera de sostenibilidad", *Técnica Contable y Financiera*, núm. 78, La Ley, Madrid, 2024.

VIÑALS, J., "Reflexiones sobre la crisis financiera internacional", *Revista del Instituto de Estudios Económicos*, núm. 1, Madrid, 2010, págs. 25-40.

YU, E. P., LUU, B. V., y CHEN, C. H., "Greenwashing in Environmental, Social and Governance disclosures", *Research in International Business and Finance*, núm. 52, Elsevier, págs. 9 y ss.